Aucun guide de voyage n'est parfait. Des erreurs, des coquilles se sont certainement glissées dans celui-ci, malgré toutes nos vérifications. Les informations pratiques, adresses, numéros de téléphone, heures d'ouverture, peuvent avoir été modifiés ; certains établissements cités peuvent avoir disparu. Nous serions très reconnaissants à nos lecteurs de nous faire part de leurs commentaires, de nous suggérer des corrections ou des compléments qui pourront être intégrés dans la prochaine édition.

Insight Guide, Austria
© Apa Publications GmbH & Co Verlag KG, 1991
© Éditions Gallimard, 1991, pour la traduction française.

1er dépôt légal : octobre 1991
Dépôt légal : juin 2000
N° d'édition : 96352
ISBN : 2-07-056600-5

Imprimé à Singapour

BIBLIOTHÈQUE DU VOYAGEUR

LE GRAND GUIDE DE L'AUTRICHE

Traduit de l'allemand et adapté
par Jeanne-Marie Gaillard-Paquet,
Pierre de Laubier et Béatrice Méneux

GALLIMARD

CEUX QUI ONT FAIT CE GUIDE

L'Autriche évoque immanquablement des montagnes et des lacs, des stations de sports d'hiver et de petits villages nichés au creux de vallées verdoyantes dominées par des sommets encapuchonnés de neige. Le pays ne se contente pas d'être un paradis pour le ski et la randonnée ; il évoque aussi de célèbres personnages associés à des hauts lieux historiques et culturels : les Habsbourg et Vienne, Wolfgang Amadeus Mozart et Salzbourg, Johann Strauss et le Danube bleu. Tout le pays est un véritable musée en plein air, témoignage d'un riche passé artistique.

Après le *Grand Guide de Vienne*, le *Grand Guide de l'Autriche* est le second volume de la Bibliothèque du Voyageur consacré à la patrie de Mozart.

Carter

La direction du présent ouvrage a été confiée à **Wilhem Klein**, qui a déjà participé à l'élaboration du *Grand Guide de la Birmanie*, du *Grand Guide de Moscou* et du *Grand Guide de Vienne*. Ce journaliste autrichien avait à cœur d'éditer le guide le plus complet possible sur son pays natal et il a réuni pour cela une équipe d'auteurs et de photographes chevronnés. Il a également pris en charge la réactualisation de cet ouvrage pour la présente édition.

Klein

La journaliste viennoise **Jutta Kohout** présente sa ville natale, métropole danubienne au carrefour de l'Europe, ainsi que les délices de la cuisine autrichienne. Docteur en histoire et en sciences politiques, elle a également collaboré à la rédaction du *Grand Guide de Vienne*. Elle travaille actuellement pour de nombreux magazines, dont *Cosmopolitan* et l'hebdomadaire allemand *Stern*.

L'Anglais **Rowlinson Carter**, historien, journaliste et réalisateur de documentaires pour la télévision, a été chargé d'évoquer le glorieux passé de l'Autriche, des fastes de la cour des Habsbourg à l'énigme de Mayerling. Il brosse également un portrait vivant des Autrichiens.

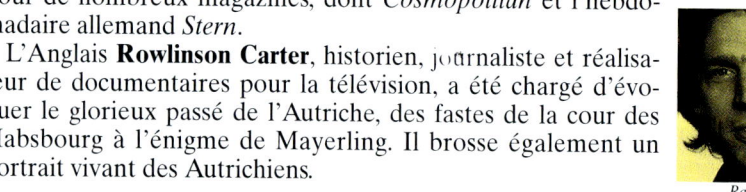
Radkai

Marton Radkai, Américain d'ascendance germano-hongroise, s'est penché sur le patrimoine artistique autrichien. Élevé en Suisse et en France, il a suivi des études supérieures d'histoire, d'allemand et de journalisme et il vit actuellement à Vienne. Il avait déjà collaboré au *Grand Guide de la Hongrie*.

Le baroque autrichien, vestige flamboyant de la puissance des Habsbourg et de la gloire de l'Église, est présenté par **Ute Fischer**, qui est une journaliste spécialisée dans le tourisme.

Evelyn Feichtenberger

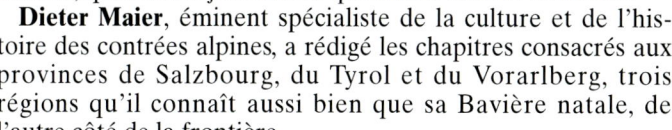
Fischer

Dieter Maier, éminent spécialiste de la culture et de l'histoire des contrées alpines, a rédigé les chapitres consacrés aux provinces de Salzbourg, du Tyrol et du Vorarlberg, trois régions qu'il connaît aussi bien que sa Bavière natale, de l'autre côté de la frontière.

Mais l'Autriche ne se résume pas aux provinces de Salzbourg et du Tyrol, ni même à Vienne. Le centre du pays est dominé par les imposants sommets du Tyrol oriental, couronnés par le Grossglockner. Plus à l'est, les Alpes s'abaissent doucement jusqu'en Styrie pour faire place aux plaines du Burgenland et au lac de Neusiedl, à la frontière austro-hongroise. Au sud s'étend la Carinthie, province frontalière de la Slovénie, et au nord s'étagent les collines de la Basse et de la Haute-Autriche, baignées par le Danube. **Evelyn Tambour-Feichtenberger** et **Kurt Feichtenberger**, journalistes viennois indépendants, ont dressé un vivant portrait de chacune de ces six provinces – auxquelles il faut ajouter la région du Salzkammergut –, toutes dotées d'un caractère et d'un charme particuliers.

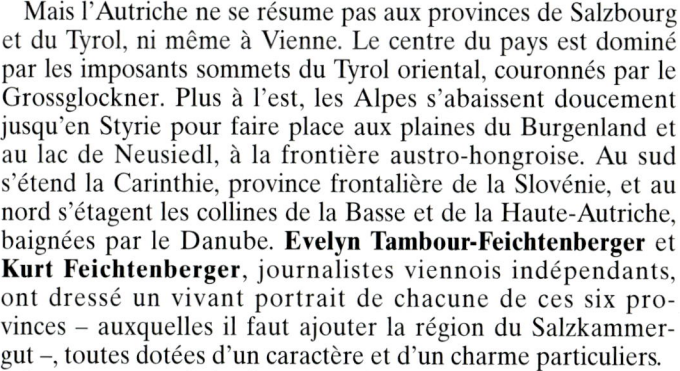
Maier

Neuhold

Les amoureux de la vie au grand air trouveront dans ce guide une présentation exhaustive des nombreuses possibilités sportives qu'offre l'Autriche : ski, escalade, randonnée, *rafting*, pour n'en citer que quelques-unes. Ce chapitre sur les sports de plein air est signé **Christian Neuhold**, rédacteur en chef du magazine viennois *Basta* et sportif émérite, et **Alfred Kölbel**, auteur de plusieurs ouvrages sur la randonnée pédestre en Autriche qui livre son expérience des grandes routes de montagnes de Vienne à Bregenz.

Kölbel

Pour les éditions Gallimard, la traduction, l'adaptation et la mise à jour du présent ouvrage ont été menées à bien par Jeanne-Marie Gaillard-Paquet, qui a déjà traduit le *Grand Guide de la Hongrie* et une partie du *Grand Guide de l'Allemagne*, et Béatrice Méneux.

TABLE

HISTOIRE ET SOCIÉTÉ

Les Autrichiens 23

Des origines au royaume de Babenberg 31

L'entrée en scène des Habsbourg 37

Le péril ottoman et la lutte contre le protestantisme 43

Le café de Kolschitzky 49

L'ère de Metternich 50

Une dynastie qui s'éteint 55

De l'Anschluss à l'Union européenne 63

Les arts en Autriche 75

L'Autriche baroque 80

La cuisine autrichienne 86

Les sports de plein air 102

TABLE

ITINÉRAIRES

Vienne	124
Le Burgenland	154
La Basse-Autriche	167
La Haute-Autriche	184
Le Salzkammergut	194
La Styrie	204
La Carinthie	225
Le Tyrol oriental	241
La province de Salzbourg	249
Le Tyrol	270
Le Vorarlberg	294

CARTES

L'Autriche	114
Vienne et ses environs	122
Vienne	134
L'Autriche orientale	150
L'Autriche du Sud	200
Graz	214
Klagenfurt	228
L'Autriche occidentale	244
Salzbourg	251
Innsbruck	273
Plan du métro de Vienne	320

TABLE

INFORMATIONS PRATIQUES

Préparatifs et formalités de départ 314

Se rendre en Autriche 314

Pour mieux connaître l'Autriche 316

A savoir sur place 317

Comment se déplacer 318

Activités culturelles 322

Les sports 327

Où loger 332

Où se restaurer 338

Vie nocturne 341

Adresses utiles 342

Petit lexique 343

Bibliographie 344

Crédits photographiques 346

Index 347

LES AUTRICHIENS

A la fois têtu bougon et charmeur plein d'humour, ergoteur qui a tout vu et chauvin provincial, optimiste bon enfant et railleur mordant, évaporé et mélancolique, buveur béni des dieux et penseur clairvoyant... voici quelques-unes des multiples facettes de l'Autrichien.

Le cœur de l'Europe

« L'Autriche est le cœur de l'Europe! » clame la fierté nationale, et les Autrichiens font battre ce cœur. Mais ce centre n'est pas seulement géographique, il est aussi historique : héritage des traditions des Habsbourg et de la cour d'Espagne, de la Bohême et de la Hongrie, pour ne citer que les principales possessions du Saint-Empire. Cette histoire millénaire donne des obligations et, à force de lorgner vers le passé, on déforme l'histoire jusqu'à la rendre méconnaissable. Splendeur impériale, fondée par Charles le Grand (Charlemagne pour les Français) et enterrée par Charles le Docile en 1918, il n'empêche que les « tyroliennes » de l'archiduc Jean continuent à retentir gaiement à travers le pays pour bien montrer la survivance des valeurs. La Première Guerre mondiale n'a rien changé à ce sens profond de la tradition, pas plus que la proclamation de la première république et l'interdiction des signes de noblesse. En Autriche, 65 000 aristocrates portent encore fièrement une particule devant leur nom.

Les nationalités

« De tous les États européens, Russie exceptée, il n'en est pas un seul qui comporte autant de nationalités que l'Autriche-Hongrie », pouvait-on lire dans le manuel de conversation de Meyer en 1896. En 1910, l'empire des Habsbourg comptait 51 millions d'habitants répartis en 12 nationalités. C'est l'amalgame d'us et coutumes slaves, bohémiens, tchèques, hongrois, slovènes, allemands, italiens, serbo-croates et roumains qui a façonné l'Autriche, la dotant d'une diversité culturelle qui ne s'est pas perdue dans le creuset national.

Les noms tchèques se bousculent encore dans l'annuaire téléphonique de Vienne ; quant aux gens de Carinthie, leur nom de famille se termine en *tschnig*. La cuisine bohémienne continue à être la meilleure cuisine familiale du pays ; des minorités slovènes et croates vivent en Carinthie, en Styrie et au Burgenland.

Les Autrichiens oublièrent pendant des années amères (1938-1945) leur premier principe : vivre et laisser vivre. En dépit de tous les rêves de *Grossdeutschland*, la diversité culturelle, l'esprit rebelle et l'esprit conciliant qui veut laisser à chacun sa part, bref, le fond de la nature autrichienne a-t-il aussi réussi à survivre au IIIe Reich ?

L'amour de la fête et du spectacle

Les Autrichiens ont en commun l'amour du spectacle et le goût de jouer des rôles dans la vie courante. Ils considèrent la vie comme un jeu et ont une prédilection pour tout ce qui est clinquant et bruyant, tout leur est prétexte

Pages précédentes : surf des neiges ; la vallée de Gosau ; la cathédrale Saint-Jacques à Innsbruck ; peinture murale ancienne ; casse-croûte sur le Pfeilstein. A gauche, un piano de concert Bösendorfer ; à droite, Helmut Qualtinger, dit « Herr Karl », célèbre acteur de cabaret après la Seconde Guerre mondiale.

à faire la fête, dans une ambiance animée, détendue et insouciante : la fameuse *Gemütlichkeit*, art très autrichien de savoir recréer partout l'intimité du cadre familial et de prendre la vie comme elle vient.

Les trois jeux de la Passion du Tyrol, spectacle religieux et populaire créé au Moyen Age à partir de la liturgie pascale, sont devenus, à l'époque baroque, des représentations gigantesques qui durent plusieurs jours. Aujourd'hui, des acteurs laïcs continuent à représenter la Passion du Christ, enrichie d'éléments tirés de l'Ancien Testament et de saynètes amusantes inspirées par les jeux du carnaval.

et autres babioles. Au début de l'automne, les vaches sont ramenées en grande pompe dans la vallée. De jolies guirlandes oscillent entre leurs cornes, leur tête est ornée de fleurs ; vachers et vachères parent leurs chapeaux ou leurs tresses de campanules, de marguerites et de fleurs de bruyère.

Le jour où l'on tue le cochon est aussi une fête pour tout le village. « Voler le cochon » est encore, de nos jours, le sport préféré des jeunes gens, et le soir, à la « danse du cochon », bien des filles à l'humeur joyeuse trouvent l'élu de leur cœur. *« Da hast du aber Schwein gehabt ! »* – en allemand, « avoir du pot » se dit

Le *Vierbergelauf* (course des Quatre Montagnes), spectacle mi-chrétien, mi-païen, se déroule tous les ans en Carinthie, le deuxième vendredi après Pâques. Suivant la marche du soleil, des pèlerins courent du Magdalensberg au Lorenziberg. La course démarre à minuit sur des prés glissants. Superstition, crainte de Dieu, mythes celtiques et légendes diverses imprègnent ce pèlerinage.

La fête du patron du village donne lieu à des kermesses exubérantes, comprenant une messe champêtre, des danses et des fanfares, des soûleries et de violentes bagarres. Des marchands ambulants vendent des citrons pressés, des décapsuleurs

Schwein haben, « avoir du cochon » – s'exclament les Autrichiens dans les grandes occasions, en guise de félicitations. *Schwein* (cochon) est synonyme de prospérité et de bonheur.

En Autriche, plus que partout ailleurs, le théâtre joue un rôle majeur car ainsi que l'affirmait Stefan Zweig : *« L'art atteint son apogée là où il concerne la vie de tout un peuple »*. Chaque nouvelle pièce représentée au Burgtheater, la fameuse scène viennoise, donne lieu à d'âpres discussions dans les coins les plus reculés du pays. Tout le monde – même si la proportion d'Autrichiens qui assistent aux représentations est minime – suit attentivement le programme de ce *« Saint-Pierre du théâtre mondial »*, comme Rolf Hochmuth, ancien directeur du Burgtheater, définissait un jour, avec un enthousiasme communicatif, le théâtre sur le Ring. Pour le directeur, être aimé des Autrichiens est une gageure. C'est pourquoi la nomination d'un Allemand au poste de directeur provoque toujours dans le pays de nombreuses polémiques. Ce fut le cas pour l'actuel directeur, Claus Peymann, nommé il y a presque dix ans. Les Autrichiens continuent de reprocher à ce grand ami de l'écrivain Thomas Bernhardt d'avoir amené avec lui de nombreux comédiens allemands.

Ce qui est privilège pour le peuple devient modèle pour l'écrivain. Déjà, à la belle époque Biedermeier, Johann Nestroy le Farceur attaquait : *« Seul l'innocent peut ignorer le tourment qui perce partout à travers la fausse bonhomie cousue de fil blanc. »* A l'aube du XXe siècle, Karl Kraus, cynique convaincu et chroniqueur amer comme le fiel, surnommait même l'Autriche : *« Laboratoire d'expériences pour la fin du monde. »*

Dans une explosion permanente d'amour mêlé de haine à l'égard de la terre de ses ancêtres, Thomas Bernhard, qui avait le génie tout autrichien de l'indignation face à une société indolente, n'a cessé de lancer des

L'amour du débat et de la provocation

Ceux qui ont le goût de la critique acerbe et du sarcasme se trouveront, en Autriche, en excellente compagnie : gémir et raisonner sont deux talents répandus parmi les Autrichiens ; plus qu'un talent, c'est même une tradition. Le plus grand capital des Autrichiens, c'est le *Schmäh*, terme qui englobe l'humour, la plaisanterie, un brin de tristesse latente, le bon cœur et la rosserie en même temps.

A gauche, Heinz Schimanko, roi des boîtes de nuit viennoises ; ci-dessus, une terrasse de café, à Vienne.

cascades d'invectives et de tirades d'insultes contre l'Autriche, qu'il traitait de *« cloaque catholico-brun, absolument incapable de produire des génies »*. Sauf lui-même, sans doute ? Dans *Heldenplatz* (1988), pièce qui fit scandale avant même d'être jouée au Burgtheater l'année de sa publication, il traque la nostalgie nazie qu'il prête à l'Autriche : *« Six millions et demi de débiles et de fous furieux réclament à gorge déployée un régisseur ; le régisseur viendra et les précipitera définitivement dans l'abîme. »* Voilà de quoi fournir de superbes scandales ! Les Autrichiens en sont friands, non seulement en politique ou en économie, mais surtout dans la vie de tous les jours.

Les festivals

La passion de l'opérette est-elle un symptôme de provincialisme national ? Dans un pays *« où Musi s'harmonise avec Gspusi »*, selon le mot de Karl Kraus, le festival de l'opérette mérite bien tous les soins qu'on lui accorde. Tous les ans, de juin à septembre, l'Autriche organise de nombreux festivals à travers tout le pays. Les bourgs s'amusent à jouer les métropoles internationales ; les airs de Franz Lehár et les mélodies de Robert Stolz exultent par-dessus les champs ; le pathos laïc et l'engagement professionnel triomphent sur les

ruines des forteresses, sous les toiles de tente et sur les scènes flottantes dont les plus célèbres voguent sur le Neusiedler See et le lac de Constance.

Mais le bastion des *tenorissimi*, des dames pimpantes et des messieurs élégants, c'est évidemment Salzbourg. Ah, le festival de Salzbourg ! Époque des grands déploiements de toilettes, de modes saugrenues et de toutes les extravagances. Pendant la cohue du festival, les citadins autochtones, ou du moins ceux qui ne pratiquent pas la *Fremdenzimmer*, abandonnent avec beaucoup de complaisance leur ville aux touristes avides de culture musicale et se réfugient près des lacs voisins du Salzkammergut pour se baigner. Bien rodés, ils suivent les événements de la journée dans les gazettes locales. Qui a dîné au Goldener Hirsch ? Qui s'est laissé marcher sur les pieds dans la Getreidegasse ? Qui a pénétré dans le palais du Festival sous les projecteurs de la télévision ?

On s'amuse aussi à deviner qui pourra donc bien prononcer le discours d'ouverture du festival et quels acteurs joueront le rôle de la *Buhlschaft* et celui de *Jedermann* sur la place de la cathédrale. Le fait que cette pièce, dont le thème est celui de « la mort incorruptible », ait été écrite par Hugo von Hofmansthal pour la création du festival de Salzbourg en 1920, est l'élément le plus autrichien de ce festival international.

Les bals et la musique

A la saison des bals, les Autrichiens sont dans une forme éblouissante. Un bal chasse l'autre. La saison de Vienne en affichait 2 000 sous François-Joseph ; elle en compte encore 300 aujourd'hui. Partis politiques et pâtissiers, police et cafetiers, fonctionnaires des Finances et économistes, médecins, techniciens et chasseurs – tout le monde a son bal, grande réception mondaine ou simple réunion dansante, à la campagne ou en ville. Les enragés de la danse viennent des coins les plus reculés d'Autriche pour assister au bal de la Wiener Philharmonie (Orchestre philharmonique de Vienne). Et le bal de l'Opéra donc ! Voir et être vu, tel est le mot d'ordre de la nuit. Décrocher deux billets d'entrée pour le *« bal des bals »* est le rêve de bien des couples.

Les Autrichiens ont la musique dans le sang, qu'il s'agisse de chansons populaires ou de grands airs d'opéra, la *Marche de Radetzky* ou la *Valse de l'empereur*. On comprend donc que Johann Strauss fils ait obtenu précisément en Autriche le plus grand succès avec ses mélodies à trois temps qui ont fait le tour du monde et remporté un triomphe partout. Pourquoi s'en étonnerait-on puisque l'Autriche est musique... et la *Donauwalzer* (*Le Beau Danube bleu*) son hymne secret ?

A gauche, éleveur de porcs en Styrie ; à droite, bas-relief Jugenstil (Art nouveau) de Barnabitengasse, à Vienne.

xxxvii

So ich nun auff die zeytt Otto des kayſers pin ko
men ſo wil ich von den dingen ſagen die zů ſei
nen zeytten zů auſſpurg geſchehen ſend Do ſich d'
kayſer otto beraytet wider berengarium den künig bo
lamporden als wider ain wietrich vnd geitigen vn
der alle gerechtikait vmb gelt gab Doch ſo forcht
in der ſelb wietrich wan er die mächtikait des kay
ſers wol waiſſet vnd durch rat des hertzogen bo lúth
ringen kom er zů dem kayſer vnd begeret frid Do

DES ORIGINES AU ROYAUME DES BABENBERG

Les traces d'occupation humaine sur le territoire actuel de l'Autriche remontent au paléolithique moyen, soit à 100 000 ans.

La culture de Hallstatt

La Vénus de Willendorf, symbole de fécondité dans une société qui vivait de la chasse au mammouth, a été considérée comme le témoignage le plus ancien (25 000 ans) du paléolithique moyen jusqu'à la découverte, en 1989, d'une statuette aux formes plus sveltes, qui aurait 30 000 ans. A partir du paléolithique supérieur, dont le début remonte à 6000 ou 5000 av. J.-C., la recherche préhistorique permet de suivre plusieurs cultures et de leur donner une chronologie assez exacte. Celles de Mondsee et de Baden ont pris le nom des sites témoignant de leur présence. Le cuivre a fait son apparition en Europe centrale autour de 2000 av. J.-C. L'extraction de ce minerai dans le massif alpin entraîna l'établissement de cités dans les vallées de la Mur, de la Drave, de la Salzach et de l'Inn.

Les dépôts salins allaient aussi acquérir une grande importance. La localité de Hallstatt, qui existait déjà au début de l'âge du fer, vers 800 av. J.-C., a donné son nom à une forme de culture répandue de la France aux Balkans. Elle a notamment apporté les fameuses situles, dont la décoration permet d'imaginer la vie des hommes de l'époque.

A la culture de Hallstatt succéda, vers 400 av. J.-C., la civilisation de la Tène, importée par les Celtes. Athènes n'allait pas tarder à être annexée par Alexandre le Grand et les Macédoniens qui, après avoir soumis la Grèce, se tournèrent vers l'Orient, la Perse et l'Inde. Pendant ce temps, les Celtes, vêtus de cottes de mailles et armés de lourdes épées de fer et de grands boucliers, avançaient dans la direction opposée. Aucune puissance au monde ne réussit à les arrêter dans leur progression à travers

Pages précédentes: le « Privilegium majus ». A gauche, la bataille du Lechfeld, en 955; à droite, la Vénus de Willendorf, symbole de fécondité.

l'Autriche, l'Italie du Nord, la France et l'Espagne. Si les fouilles – en particulier celles du Magdalensberg en Carinthie – ont livré des informations précieuses sur ce peuple, on dispose aussi de sources historiographiques. C'est ainsi que fut fondé le royaume de Norique, qui englobait de vastes territoires de l'Autriche actuelle. La menace germanique le conduira à se mettre sous la protection des Romains.

L'Austria romana

Au début de notre ère, sous le règne de l'empereur Auguste, la plus grande partie

de la future Autriche tomba sous la domination de Rome qui la découpa en trois provinces: la Rhétie, la Norique et la Pannonie. Il s'agissait pour l'essentiel de régions frontalières, sans cesse menacées par des invasions et qui avaient besoin d'une protection militaire. Rome n'en resta pas moins la puissance tutélaire pendant un demi-millénaire. Il fallut la désagrégation du pouvoir central pour l'amener à abandonner ces provinces.

La présence romaine n'apparaît pas seulement dans les champs de ruines de Carnuntum (Basse-Autriche), de Flavia Solva (Styrie) et d'Aguntum (Tyrol oriental), ou encore dans le nombre impressionnant d'objets exposés dans les musées ; on en retrouve aussi l'empreinte dans les vestiges des constructions humaines. Bien des fortifications frontalières établies le long du Danube et des places fortes du *limes* devinrent la base de cités futures dans lesquelles on retrouve aujourd'hui le plan du camp romain, comme à Tulln ou à Vienne. Dans certains noms de localités, on reconnaît les toponymes romains : Linz (Lentia) ou Lorch (Lauriacum).

Pour un territoire aussi vaste que l'empire romain, les voies de communication jouaient un rôle décisif. Les grandes voies romaines ont dessiné le réseau routier pour des siècles ; elles étaient les grands axes de déplacement du Moyen Age, favorisant l'essor économique des régions, telles les vallées du Danube et de l'Inn, et permettant à l'Autriche de devenir le carrefour commercial de l'Europe de l'Ouest.

Le christianisme

C'est aussi par l'intermédiaire de Rome que le christianisme parvint jusqu'au Danube ; on en trouve les premiers monuments dans l'arrière-pays alpin, mieux protégé des attaques étrangères.

D'après la légende, le premier chrétien qui se soit établi dans la région danubienne est saint Florian, soldat romain qui s'était enfui en Norique avec 40 disciples devant la persécution religieuse organisée par Dioclétien. Espérant y trouver une population à l'esprit ouvert, Florian prêcha en public mais, en guise de réponse, les maîtres du pouvoir le firent noyer en 304. En Autriche, on représente souvent saint Florian, patron des pompiers, en train de verser de l'eau sur le feu.

Le royaume des Carolingiens

A l'époque de transition entre l'antiquité et le Moyen Age, la partie orientale de

l'Autriche fut la plus touchée par un grand mouvement migratoire. Des tribus d'origines diverses s'établirent dans le pays pour n'y rester bien souvent qu'une ou deux générations avant de poursuivre leur chemin vers l'Ouest, tels les Goths ou les Langobardes. A partir du VIIe siècle, les Avars, peuple de cavaliers asiatiques, et les Slaves qu'ils avaient soumis à leur pouvoir pénétrèrent dans les Préalpes, en amont du Danube, et jusque dans les Alpes centrales. Là, ils se heurtèrent aux Boïens, qui ne tardèrent pas à tomber sous la domination, assez lâche il est vrai, du royaume franc, dont la capitale se trouvait dans la Gaule lointaine.

En 754, les Carolingiens prenaient le pouvoir au royaume des Francs. Non content d'intégrer les Boïens à son royaume, Charlemagne vainquit les Avars et repoussa les frontières de son empire vers l'est, vers la grande plaine hongroise. La frontière nord de l'ancien empire romain devint de ce fait la marche de l'Est, ce qui fit dire à un auteur du XIIIe siècle que Vienne était *« la porte de l'Europe occidentale »*.

L'empire carolingien se disloqua au IXe siècle. En même temps, un nouvel ennemi fit son apparition à l'est : les Magyars. Ce peuple finno-ougrien mena ses expéditions vers l'ouest et le nord-est de l'actuel territoire allemand, dont l'Enns allait marquer la frontière orientale pendant plusieurs décennies. C'est la victoire d'Othon le Grand au Lechfeld, en 955, qui permit la reconquête progressive des territoires perdus, mais le pays n'allait plus retrouver l'ampleur qu'il avait sous les Carolingiens.

Les « Länder » autrichiens

A la suite des invasions en provenance de l'ouest et de la vague de colonisation qui s'ensuivit, des marches, ou régions limitrophes, virent le jour sur le Danube, sur la Mur et dans la future Carinthie. Au début, elles furent toutes soumises à la Bavière. En 976, le territoire de Carinthie devint un duché indépendant. Le trône ducal de Zollfeld et la pierre qui est exposée au musée du *Land* de Klagenfurt rappellent les cérémonies d'investiture des ducs de Carinthie.

Le royaume des Babenberg

La même année 976, les Babenberg, famille franco-bavaroise, prirent la marche du Danube, et en 996, on désigna pour la

première fois cette région du nom germanique d'« Ostarrichi », qui allait donner par la suite « Österreich » (« l'empire de l'Est »). En 1156, cette marche, qui englobait l'actuelle Basse-Autriche et une grande partie de la Haute-Autriche, fut élevée en duché héréditaire. Henri II Jasomirgott fut le premier à faire de Vienne sa capitale. En 1190, les margraves de la Traun parés du titre ducal en 1180, tombaient dans l'héritage des Babenberg qui cumulèrent les deux duchés. Le prestige de la maison des Babenberg grandit encore sous Léopold III, mais la mort de Frédéric II en 1246 marque la fin d'une dynastie qui avait fait d'un petit margraviat un « territoire princier ».

A gauche, statuette de l'époque de Hallstatt ; Charlemagne, empereur d'Occident ; ci-dessus, la mort de Frédéric II, dernier des Babenberg.

Haupt Ansicht der Residenzstadt Wien, und des größten Theils ihrer Vorstädte, von Belvedere anzusehen.

Vûe de la Capitale de Vienne, et d'une grande partie de ses Fauxbourgs, prise du coté du Belvedere.

L'ENTRÉE EN SCÈNE DES HABSBOURG

En 1246, Frédéric II, dernier des Babenberg était tué au cours d'une bataille sans laisser de descendance. Une lutte violente s'engagea autour de ses possessions, d'où Premysl Otakar II, roi de Bohême, sortit provisoirement vainqueur. A partir de 1257, le Saint Empire connut un interrègne et Otakar sut profiter de cette circonstance pour asseoir son pouvoir. Il fallut attendre 1273 pour qu'un nouvel empereur, le comte Rodolphe de Habsbourg, prince souabe puissant, fût enfin élu. Otakar refusant de se soumettre, on laissa une fois de plus aux armes le soin de trancher. En 1278, Otakar perdait la bataille du Marchfeld... et la vie. A Dürnkrut, en Basse-Autriche, un monument rappelle ces faits. La Styrie et l'Autriche retournèrent à l'empire.

Rodolphe profita à son tour de cette conjoncture. En 1283, il investit ses fils de l'héritage des Babenberg et réussit à établir solidement le pouvoir de sa famille. Il sut aussi remercier ses alliés de l'avoir soutenu contre Otakar ; c'est ainsi que les comtes de Görz furent élevés au rang de duc de Carinthie et de comte du Tyrol.

La pacification des princes allemands représenta un autre défi important : en une année, Rodolphe détruisit 70 de leurs fortifications. Puis il se tourna contre les comtes de Bourgogne et de Wurtemberg qui demandèrent aide et protection à Philippe IV. Le roi de France ordonna à Rodolphe de quitter immédiatement le territoire français. Mais au messager qui lui avait transmis l'injonction royale, Rodolphe répondit : « *Dites à Philippe que nous attendons son arrivée. Nous saurons alors le convaincre que nous ne sommes pas venus jusqu'ici pour danser et nous amuser, mais pour faire valoir nos droits à la pointe de l'épée.* » En fait, Rodolphe n'arrivait pas à assurer l'intendance de ses troupes et, à la première escarmouche, il était à craindre qu'elles seraient anéanties. Aussi risqua-t-il le tout pour le tout – et il gagna.

Pages précédentes : la résidence des Habsbourg à Vienne, en 1784. A gauche, portrait de l'empereur Maximilien Ier ; à droite, le trône ducal de Zollfeld.

A soixante-quatre ans, Rodolphe épousait Agnès de Bourgogne, jolie adolescente de quatorze ans, et sa dernière préoccupation, à soixante-treize ans, fut d'assurer l'avenir de son fils Albert. Il fit tout ce qui était en son pouvoir pour lui obtenir la couronne royale d'Allemagne et la couronne impériale du Saint Empire romain germanique, mais les princes électeurs ne l'entendaient pas de cette oreille : ils lui opposèrent un refus. Peu de temps après, Rodolphe de Habsbourg rendait l'âme, brisé sans doute par cet échec.

Cependant, Albert de Habsbourg réussit un peu plus tard à s'approprier la couronne

d'Allemagne en vainquant son concurrent Adolphe de Nassau, qui avait pris la succession de son père sur le trône. En outre, il réprima plusieurs soulèvements à Vienne et à Steyr, ce qui renforça encore son pouvoir dans ses fiefs.

Les Habsbourg ne réussirent pas à garder la dignité impériale entre leurs mains. Les comtes de Luxembourg reprirent le flambeau et s'emparèrent de la couronne de Bohême. Cependant, après une interruption de près d'un siècle, les Habsbourg étaient à nouveau maîtres de l'empire.

Les fiefs d'origine des Habsbourg, situés aujourd'hui en Suisse, étaient de plus en plus menacés par les sursauts d'émancipation des Confédérés (Guillaume Tell) et, en un siècle, ils furent en partie perdus pour eux. Désormais, ce sont les provinces centrales, appelées *Domus Austriae*, qui virent croître leur importance. Elles s'étendaient de l'Alsace à l'Istrie, englobant depuis le XIVe siècle des territoires éparpillés et morcelés auxquels la Carinthie était venue s'ajouter en 1335.

Un document falsifié

La rivalité fut particulièrement spectaculaire sous le comte Rodolphe IV de Habsbourg, gendre de l'empereur Charles IV de Luxembourg. A ce titre, il s'efforça par tous les moyens d'accroître le pouvoir et le prestige de la maison. Il réussit à acquérir le Tyrol en 1363. La falsification d'un document (*Privilegium majus*) allait lui apporter le titre d'archiduc et le mettre sur un pied d'égalité avec les princes électeurs. De plus, en fondant l'université de Vienne (1365), il chercha à égaler son beau-père, qui avait fondé celle de Prague en 1349.

Les Habsbourg et les Luxembourg n'en restaient pas moins unis par des liens familiaux, et ils conclurent des traités en vue de régler les partages de succession. A longue échéance, ces traités allaient favoriser les Habsbourg qui, en 1439, acquirent de nouveau (en la personne du roi Albert II) la couronne de roi, puis celle d'empereur, qu'ils allaient conserver sans interruption jusqu'à la chute de l'empire. Le faux de Rodolphe IV se trouvait ainsi entériné.

Devant la révolte des hussites en Bohême, le roi Sigismond, débordé, n'arrivait pas à tenir les insurgés en échec; aussi était-il prêt à accepter toute aide, d'où qu'elle vienne, même des Habsbourg. Albert V d'Autriche lui proposa son soutien à condition d'obtenir la main de sa fille. A la mort de l'empereur, le royaume de Hongrie retomberait dans son escarcelle et, avec cette couronne, plus rien ne pouvait

s'opposer au fait qu'il obtienne le titre d'empereur.

Devenu roi de Hongrie et empereur du Saint Empire, Albert se vit dans l'obligation de défendre son pays contre les invasions des Osmans de Turquie, qui avaient déjà conquis de vastes contrées d'Asie mineure, fait le siège de Constantinople et attaqué la Serbie. La Hongrie allait être leur prochain objectif: toutes les résistances contre le nouveau roi furent repoussées à l'arrière-plan devant le danger qui menaçait les frontières.

Toutefois, la guerre n'eut pas lieu car une épidémie de dysenterie frappa les deux camps. Albert lui-même ne fut pas épargné.

«*Je guérirai, s'écria-t-il avec confiance, si seulement je peux revoir les murailles de Vienne, ne serait-ce qu'une fois!*» Mais il mourut sur le chemin du retour.

Pour avoir reconquis le trône des Habsbourg, les membres de sa famille et ses partisans nobles le surnommèrent Albert l'Illustre. Mais, parmi ses sujets, nombreux étaient ceux qui avaient eu à souffrir de ce monarque, en particulier les juifs qu'il avait persécutés. De même, les Hongrois avaient de bonnes raisons de le détester et, après sa mort, ils reprirent aux Habsbourg le trône et la couronne de Hongrie.

La situation n'allait pas s'améliorer sous Frédéric III. Il entretint de perpétuelles querelles avec son bouillant voisin Mathias Corvin, roi de Hongrie. Il dut faire la guerre contre son frère et fut même assiégé deux fois dans la Hofburg de Vienne par sa propre famille.

Comme souvent au haut Moyen Age, les *Länder* autrichiens furent soumis à de nombreux partages, mais toujours au sein de la dynastie gardant ainsi l'empreinte de la maison d'Autriche. Les résidences qui s'élevèrent dans les villes principales en sont le symbole: à Graz, à Klagenfurt, qui remplaça l'ancienne Sankt Veit an der Glan, à Innsbruck, qui supplanta Meran dans le Tyrol, et à Linz. Vienne qui, depuis les Babenberg, avait acquis la fonction de résidence, devint à partir du XVIe siècle, le siège permanent de la cour et de la maison du *Land* (Landhaus) de Basse-Autriche.

Le Vorarlberg, qui faisait partie de l'orbite alémanique par son dialecte et était considéré comme un *Vorland*, se vit bientôt soumis à un régime spécial. Il se disloqua en un grand nombre de seigneuries qui ne passèrent sous la suzeraineté des Habsbourg qu'au XIXe siècle.

Aux XIVe et XVe siècles, ces derniers réussirent à acquérir de nouveaux ports sur l'Adriatique: Trieste, Fiume (Rijeka) et enfin le comté de Görz, régions dans lesquelles il reste, encore aujourd'hui, bien des traces de l'Autriche des premiers temps.

«*Bella gerant alii, tu, felix Austria, nube!*» («Que les autres fassent la guerre, toi, heureuse Autriche, fais des mariages!») Conformément à cette maxime, pastiche d'un vers d'Ovide, le hasard a permis que les contrats de mariage et de succession profitent à la maison d'Autriche; ainsi en fut-il de l'héritage des Luxembourg. Il ne faudrait cependant pas croire que l'Autriche soit parvenue sans guerres ni sacrifices au rang de grande puissance. En 1515, un double mariage cimenta l'alliance que l'empereur Maximilien Ier avait contractée avec les souverains de Pologne et de Lituanie, les Jagellon, qui détenaient aussi la couronne de Hongrie et de Bohême.

Le mariage bourguignon

Maximilien venait juste d'avoir quatorze ans lorsque son père Frédéric III demanda pour lui la main de Marie de Bourgogne, fille de Charles le Téméraire, prince le plus riche d'Europe. Or les candidats étaient nombreux et Charles n'était pas prêt à donner sa fille au premier venu. Ce n'est pas sa fortune qui pouvait permettre à Frédéric III d'obtenir ce qu'il voulait, mais il avait un atout qui, aux yeux du duc de Bourgogne, était plus précieux que l'or: il pouvait lui faire obtenir la couronne du Saint Empire. Ainsi, le duc de Bourgogne supplanterait le roi de France Louis XI, grand rival de

A gauche, Walther von der Vogelweide, célèbre ménestrel à l'époque des Babenberg; à droite, portrait de Rodolphe IV.

Charles le Téméraire. Frédéric III fut bien obligé d'accepter cette condition et Charles passa commande d'un projet de couronne à ses joailliers.

Cependant, Charles avait sous-estimé l'influence de Frédéric III sur les grands électeurs. Traditionnellement, ils étaient ouverts à tout marchandage, mais Frédéric III n'avait pas les moyens de les acheter. L'unique objectif de ce projet de mariage était pour lui d'en tirer de l'argent, non d'en dépenser. Et, lorsque les électeurs se réunirent pour choisir le nouvel empereur, Frédéric III s'éclipsa. Il fallut reporter la date de l'élection.

LOUIS XI
Fils de Charles VII, né à Bourges en 1423.
Très jeune, il eut la soif du pouvoir, se révolta contre son père et à sa mort, en 1461, se fit sacrer à Reims. Malgré ses défauts, Louis XI reste un des créateurs de l'unité nationale. Nul ne connut mieux les ruses de la politique, les passions des hommes, et les moyens de les dominer. Grâce à sa ruse, à sa patience, et sa mauvaise foi, il abaissa les grands, surtout le Duc de Bourgogne, Charles le Téméraire et réussit non seulement à leur enlever leurs pouvoirs, mais à accroître le territoire de la Couronne.
Il mourut en 1483, au Château de Plessis-lez-Tours, livré à toutes les Terreurs du remords et de la superstition.

Charles n'avait ainsi ni marié sa fille ni coiffé la couronne impériale. Il faillit en perdre la raison. Il se lança dans une série de guerres ruineuses et ne fit qu'éparpiller ses forces. En 1476, c'était un homme brisé. Il donna alors son consentement au mariage de Marie de Bourgogne avec Maximilien, sans y attacher la moindre condition. Peu de temps après, on retira son cadavre d'un lac gelé aux environs de Nancy; il avait été à demi dévoré par les loups.

Après avoir donné un héritier à Maximilien, Philippe, puis une fille, Marie, Marie de Bourgogne mourut des suites d'un accident de cheval: elle avait à vingt-cinq ans. Ce décès précoce laissa Maximilien Ier bouleversé de chagrin. Pour ajouter à son désarroi, Charles VIII de France, son ancien rival pour la main de Marie de Bourgogne, mettait tout en œuvre pour obtenir la couronne du Saint Empire romain germanique que Maximilien Ier briguait pour lui-même.

Le mariage italien

Comme la France paraissait plus menaçante que les Turcs, Maximilien Ier chercha de nouveaux alliés. Mais il lui était difficile d'épouser une seconde héritière bourguignonne, aussi se tourna-t-il vers Anne d'Angleterre, âgée de quinze ans.

Charles VIII comprit très vite ce que son rival tramait. Non seulement il refusa de reconnaître un éventuel mariage par procuration mais il partit lui-même pour l'Angleterre, alors que Maximilien Ier était retenu à Francfort par des querelles d'investiture. Charles fit la conquête d'Anne; il trouva un prêtre disposé à l'unir à l'héritière du trône d'Angleterre et consomma aussitôt le mariage.

Maximilien Ier devait donc se contenter d'un parti moins brillant. Il choisit Blanche Sforza, nièce du duc de Milan. Aux yeux de ses courtisans, il lui était difficile de tomber plus bas. Les Sforza étaient considérés comme des parvenus, mais ils passaient pour immensément riches. Cette union enthousiasma la famille de Blanche, qui confia les préparatifs grandioses de ce mariage à Léonard de Vinci, ce qui remplit Maximilien Ier d'aise.

Lorsqu'il fit la connaissance de Blanche, il comprit vite que les rumeurs qui couraient sur ses origines n'avaient rien d'exagéré: il fallut apprendre à la jeune duchesse à ne plus prendre ses repas assise par terre, et Blanche était moins riche qu'on ne le croyait car elle avait dilapidé toute sa fortune dans des fréquentations dissolues, ce qui était encore plus décevant aux yeux de Maximilien Ier.

A la cour, il était de notoriété publique que Maximilien Ier négligeait sa nouvelle épouse pour se tourner vers d'autres femmes, et les premiers petits bâtards firent leur apparition. L'un d'entre eux allait devenir évêque de Salzbourg.

Les mœurs dissolues de Maximilien Ier donna un ton relâché à la cour de Vienne.

Mais la ville attirait aussi de nombreux érudits et artistes qui créèrent une atmosphère analogue à celle qu'on trouvera quelques siècles plus tard à Paris.

Quant à Maximilien Ier, il se révéla le modèle de l'homme de la Renaissance. Il parlait le latin, le français, l'allemand et l'italien. Fort instruit dans les arts et les sciences, il était en même temps écrivain et traita des sujets les plus divers, tels que la religion, les arts martiaux, la chasse, l'élevage des faucons et la cuisine. Mais c'était aussi un souverain éclairé: il divisa son royaume en dix «cercles» afin d'assurer la paix intérieure; il réforma la constitution et supprima une série d'impôts accablants pour le peuple. En outre, Maximilien Ier était un capitaine très courageux et c'est la raison pour laquelle la postérité l'a surnommé «le dernier des chevaliers».

Malgré tout, le règne de Maximilien Ier restera surtout marqué par sa «politique des mariages», qu'il étendit à presque toute sa famille. Il s'ingénia à trouver un parti intéressant pour chaque jeune fille et pour chaque jeune homme de son entourage proche. A la fin de sa vie, il avait réussi à placer un membre de sa famille dans presque toutes les maisons souveraines d'Europe.

Maximilien Ier présida l'ouverture du Reichstag – diète du Saint Empire romain germanique – de 1518, ce qui fut sa dernière apparition officielle. Il va de soi qu'il exploita celui-ci pour assurer à son petit-fils Charles Quint la couronne d'empereur, en «achetant» les voix qui lui étaient nécessaires.

Deux autres points capitaux étaient aussi à l'ordre du jour de cette diète de 1518: d'une part, le péril turc était devenu si menaçant que le pape lui-même se vit dans l'obligation d'appeler à une nouvelle croisade; de l'autre, un moine augustin commençait à faire parler de lui, auquel, il faut bien le reconnaître, l'empereur n'accorda pas une importance particulière. L'année précédente, ce moine, Martin Luther, avait collé sur le portail de Wittenberg ses 95 thèses qui allaient finir par aboutir à la Réforme.

A son décès, en 1519, Maximilien Ier n'avait pas encore la moindre idée des défis que les Turcs et Martin Luther allaient représenter bientôt pour la maison des Habsbourg et pour les pays sur lesquels elle régnait.

A gauche, Louis XI, roi de France, rival de Charles le Téméraire, beau-père de Maximilien Ier; ci-dessus, vue de Vienne vers 1530.

LE PÉRIL OTTOMAN ET LA LUTTE CONTRE LE PROTESTANTISME

Charles Quint, petit-fils et héritier de Maximilien Ier, descendant de la branche espagnole des Habsbourg, fut obligé de réunir une somme d'argent fabuleuse pour éclipser ses rivaux dans l'élection à la couronne du Saint Empire romain germanique : François Ier de France, Henri VIII d'Angleterre, Louis de Hongrie et Sigismond de Pologne. Il finit par sortir vainqueur de la joute et put ainsi récolter les fruits semés par Maximilien Ier. A ses possessions espagnoles, dont faisaient partie Naples et la Sicile, s'ajoutaient aussi d'autres territoires : de sa tante Marguerite, il hérita des Pays-Bas ; sur les pays de langue allemande, il régna en même temps que son frère Ferdinand ; ses frères et sœurs occupaient les trônes de France, de Portugal, de Hongrie, de Bohême, de Danemark, de Norvège et de Suède. Une autre de ses tantes était mariée au roi d'Angleterre. Dès 1522, Charles Quint, jugeant cet héritage trop lourd pour un seul monarque, confia le gouvernement des possessions autrichiennes à son frère Ferdinand.

Le péril ottoman

A la même époque, un nouvel ennemi menaçait l'Europe chrétienne : en 1453, les Ottomans avaient pris Constantinople et se préparaient à assujettir les Balkans. Ils remportèrent la fameuse victoire de Mohacs en 1526 sur l'armée royale de Hongrie. Le jeune roi Louis II fut tué au cours de la bataille. D'après les accords passés, son beau-frère, l'archiduc Ferdinand d'Autriche, petit-fils de Maximilien Ier et futur empereur, devait lui succéder sur le trône. Il n'eut aucune difficulté à prendre possession de son héritage en Bohême et en Moravie mais, sur le territoire magyar, il resta bloqué dans la partie occidentale et se vit confronté à l'agression de l'empire ottoman. Cette situation périlleuse allait déclencher une suite de guerres et de saccages, entrecoupée d'armistices et de brèves périodes de paix, qui mit à rude épreuve la partie orientale de la Basse-Autriche et surtout la Styrie. Par deux fois, Vienne fut assiégée, en 1529 et en 1683.

La lutte contre la Réforme

C'est également l'époque à laquelle les provinces habsbourgeoises furent secouées par les guerres de religion et par les retombées, sur l'Autriche, de la guerre des Paysans. Tandis que le protestantisme

gagnait beaucoup d'adeptes dans les villes, Ferdinand II, fervent catholique qui accède au trône du Saint Empire en 1619, va s'évertuer à faire triompher la Contre-Réforme. Il encourage la compagnie de Jésus à installer des missions et des collèges dans tout le pays. Néanmoins, l'Autriche, dans sa lutte contre les Turcs, ne pouvait se passer de l'aide et du soutien des États protestants ; ainsi se succédèrent concessions et mesures draconiennes, comme des expulsions en masse.

En 1555, Charles Quint était un homme brisé. La menace perpétuelle que les Turcs et les Français faisaient peser sur lui, la résistance des princes allemands qui

A gauche, Martin Luther ; à droite, Kara Mustafa, grand vizir de l'empire ottoman et chef des armées turques.

voyaient dans le protestantisme un moyen de saper la position centrale de l'empire finirent par l'amener à la résignation. Il céda les Pays-Bas et l'Espagne à l'un de ses fils avant de renoncer au trône pour passer les dernières années de sa vie dans un monastère.

Tandis que la Contre-Réforme triomphait de manière éclatante dans les pays espagnols, le successeur de Charles Quint, Maximilien II, se montrait beaucoup plus conciliant vis-à-vis des protestants. Un ambassadeur raconte que l'on se posait alors très rarement la question de savoir *« si tel ou tel était catholique ou protestant ».*

Ce calme relatif dura jusqu'en 1618, date de la «défenestration de Prague» qui servit de conclusion à une querelle politique – ce qui ne devait être ni la première, ni la dernière fois. Les victimes furent quatre lieutenants-gouverneurs catholiques venus dans la capitale de la Bohême pour rencontrer des négociateurs protestants. L'affaire tourna mal et les quatre émissaires de l'empereur furent précipités par la fenêtre dans les fossés du château (ils en sortirent d'ailleurs indemnes). Ce fut le coup de gong qui sonna le début des hostilités entre l'Union protestante et la Sainte Ligue catholique. La guerre de Trente Ans (1618-1648) allait s'abattre sur l'Europe tout entière.

Le siège de Vienne

Lorsque les dernières traînées de poudre de la guerre de Trente Ans se dissipèrent, le destin des Habsbourg se trouvait entre les mains de Léopold Ier, enfant de quatorze ans de faible constitution et d'une laideur incroyable, qui impressionnait ses éducateurs jésuites tant il était attiré par les affaires de l'Église : il sculptait des chapelles de bois et voulait devenir prêtre pour pouvoir célébrer la messe. L'Autriche vécut sous son règne l'une des périodes les plus stables de son histoire, face à des ennemis aussi obstinés que Louis XIV, roi de France, et Kara Mustafa, grand vizir de Turquie. La maison des Habsbourg fut, durant cette période, la puissance dominante en Europe.

Les premières années du règne de Léopold Ier se passèrent d'une manière presque banale : il laissa toute liberté à ses précepteurs jésuites de mener à bien la Contre-Réforme ; il survécut à un attentat perpétré par des protestants hongrois ; Vienne fut frappée par une épidémie de peste en 1679 et Louis XIV tenta à maintes reprises d'envahir son territoire.

L'apparition de la comète de Halley, en 1682, annonçait des événements extraordinaires dont on ne prévoyait pas encore la nature. Léopold Ier écrivit à cette époque : *« Fasse Dieu que je ne cause rien de mal, car je sais que je suis un grand pécheur ! Il est grand temps à présent d'apaiser la majesté divine qui nous manifeste sa colère en nous envoyant une comète, celle que Dieu envoie à tous les hommes pieux en guise d'avertissement, pour que nous fassions pénitence avant que les châtiments les plus terribles nous punissent de nos récents péchés... »*

Kara Mustafa avait déclaré qu'il ne prendrait pas de repos avant de pouvoir remiser son cheval dans la basilique Saint-Pierre de Rome. Et, pour arriver à ses fins, il avait levé une armée de 250 000 hommes qui franchit les Balkans en 1682.

En juillet 1683, les Turcs se trouvaient à quelques kilomètres seulement de Vienne et la panique s'empara de la ville. Le couvent des carmélites en flammes au sommet du Kahlenberg fut l'annonce de l'arrivée imminente des Turcs. Une foule de réfugiés envahit la ville, tandis qu'à l'autre extrémité de Vienne, les familles nobles s'enfuyaient. Les sujets de Léopold Ier le suppliérent de ne pas les abandonner. Celui-ci éclata en sanglots et leur tendit ses deux mains à baiser, alors même que, assis dans sa calèche, il se préparait à partir. Les courtisans se sauvèrent de la Hofburg avec une telle hâte qu'ils en oublièrent de fermer les portes.

La vie des 60000 personnes qui peuplaient alors la ville de Vienne était sous la protection de 20000 fantassins seulement et quelques civils armés, renforcés par une artillerie sur laquelle on ne pouvait guère compter. La cité était fortifiée sur trois côtés, le fleuve assurant la défense du quatrième. A l'approche de la horde turque, on avait fait sauter le seul pont qui l'enjambait.

L'armée impériale, placée sous le commandement du beau-frère de l'empereur, Charles de Lorraine, était disposée en amont du fleuve, prête à intervenir. Heureusement, Jean Sobieski, roi de Pologne, s'était vite rendu compte de la gravité de la situation: il savait que la chute de Vienne ouvrirait la route de Varsovie à l'armée turque.

Le 4 septembre, une détonation puissante secoua les remparts de la ville, à proximité de la Hofburg. Des milliers de Turcs escaladèrent les murs en hurlant: «Allah! Allah!» Ils réussirent à hisser deux étendards sur les créneaux avant d'être repoussés à l'extérieur. Les défenseurs essayèrent de colmater les brèches avec des pierres et des cailloux, des meubles, des pressoirs à vin et des matelas, bref, avec tout ce qui leur tombait sous la main.

Le grand vizir aurait sans doute réussi à prendre la ville d'assaut, mais il attendait une capitulation. Cette erreur lui fut fatale. Une salve venue du haut du mont Kahlenberg annonça l'approche des troupes de secours. Le 12 septembre, une armée de Saxons, de Souabes, de Bavarois et de Bohémiens déferla de la montagne, ce qui permit à la cavalerie polonaise d'enfoncer les rangs des assiégeants.

Lorsque la nouvelle de ce succès triomphal lui parvint, Léopold Ier voguait sur le Danube. Aussitôt, il ordonna d'ajourner toutes les festivités de la victoire jusqu'à son arrivée, en en précisant bien la raison: *«C'est vrai, j'ai donné cet ordre parce que je voulais être le premier à pénétrer dans la ville car, sinon, je me doutais que l'amour de mes sujets se détournerait de moi pour se tourner vers un autre.»*

A gauche, soldat de la guerre de Trente Ans; ci-dessus, le siège de Vienne en 1683.

Une grande puissance

La victoire de 1683 sur les Turcs, aux portes de Vienne, déclencha une contre-offensive dont le prince Eugène de Savoie, cousin de Louis XIV, prit le commandement. La suprématie ottomane sur les Balkans s'effondrera en une génération. La Hongrie et la Transylvanie, la Valachie, le Banat, une partie de la Serbie et de la Bosnie revinrent à l'Autriche. Le triomphe du pouvoir séculier se joignit à la ferveur religieuse pour donner naissance aux plus grandes réalisations du baroque autrichien : monastères (Melk, Göttweig, Stams),

églises (Saint-Charles-Borromée) et palais (le Belvédère et Schönbrunn).

Depuis 1522, la maison de Habsbourg était divisée en deux branches, la branche autrichienne et la branche espagnole ; aussi l'Autriche se vit-elle impliquée au début du XVIIIe siècle dans la guerre de succession d'Espagne. En 1704, Charles, second fils de l'empereur Léopold Ier, monta sur le trône d'Espagne, mais il ne parvint pas à asseoir son autorité. A la mort prématurée de son frère aîné, Joseph Ier, en 1711, il fut rappelé à Vienne pour y recevoir la couronne impériale et l'héritage autrichien, sous le nom de Charles VI. Il abandonna définitivement la couronne d'Espagne à Philippe V mais réussit néanmoins à conserver d'importantes possessions autrichiennes, en particulier dans les Pays-Bas espagnols et en Italie, ainsi que la future Belgique qui allait rester propriété des Habsbourg jusqu'à l'époque napoléonienne.

Afin de se consoler de la déception causée par la perte de l'Espagne, Charles VI transféra à Vienne le cérémonial espagnol de la cour et imposa l'étiquette rigoureuse en vigueur chez les souverains espagnols. Le roi et les courtisans adoptèrent des vêtements espagnols. L'élevage des chevaux et l'entraînement à l'équitation, qui avaient été plutôt négligés et réservés au domaine militaire, se transformèrent en véritable institution, l'école d'équitation espagnole de la cour (Spanische Hofreitschule), dont les lipizzans à la robe immaculée font encore aujourd'hui la célébrité dans le monde entier. A Klosterneuburg devait être construit un Escurial espagnol qui ne fut jamais achevé après la mort de l'empereur (survenue en 1740).

La disparité des fortune étaient particulièrement manifeste en Bohême, où les terres jadis confisquées par les protestants avaient été données en propriété aux nobles catholiques. Cette mesure était destinée à assurer la loyauté des familles et à les empêcher de se tourner un jour ou l'autre vers un rival de l'empereur. Par la suite, les Habsbourg essayèrent de renforcer encore ces liens en libérant l'aristocratie du paiement des impôts.

Marie-Thérèse

A sa mort, en 1740, l'empereur Charles VI n'avait pas de descendant mâle. Il avait tenté, en rédigeant la pragmatique sanction (1713), d'assurer à sa fille, l'archiduchesse Marie-Thérèse, la succession dans les pays proprement habsbourgeois. Cependant, il devint impossible d'éviter une guerre contre les Wittelsbach de Bavière. La victoire revint aux Habsbourg, mais il s'ensuivit d'autres conflits avec le roi de Prusse Frédéric II le Grand pour la possession de la Silésie, qui dut finalement être abandonnée en grande partie. Marie-Thérèse fut

A gauche, le prince Eugène de Savoie, vainqueur des Turcs ; à droite, l'impératrice Marie-Thérèse.

MARIA THERESIA
HVNGARIÆ BOHEMIÆ REGINÆ
AVGVSTÆ CONIVGI
ORBIS DELICIIS
NOSTRI TEMPORIS PALLADI

MARTIN DE MEITENS PINXIT.
PHIL. ANDR. KILIAN SVMPTIBVS SOCIETATIS SCVLPSIT.

D D D
OMNIVM HVMILLIMA
DEVOTISSIMA
AA. LL. SOCIETAS

reconnue reine de Hongrie et de Bohême, et son mari, François-Étienne de Lorraine, élu en 1745 empereur du Saint Empire romain germanique sous le nom de François Ier.

Charles VI avait tenté d'assurer la souveraineté de sa fille par un bon mariage. Alors qu'il hésitait entre Frédéric II de Prusse et un Bourbon espagnol, la jeune archiduchesse, âgée de quinze ans, décida de son propre chef d'épouser François-Étienne, petit-fils du défenseur de Vienne et héritier du duché de Bourgogne. Ce mariage arrangeait la France car, d'après la pragmatique sanction, le fiancé devait

renoncer à ses possessions en Lorraine. Le jeune duc de Lorraine se vit ainsi confronté à un énorme chantage. Au moment de signer le contrat de mariage, il prit sa plume à trois reprises, puis la rejeta loin de lui. *« Pas d'archiduc sans renonciation ! »*, lui signifia le ministre de l'empereur. Et François finit par signer.

Le mariage fut célébré en 1736 et, en quatre ans, Marie-Thérèse mit au monde trois enfants. Durant ces années, le pays traversa des hauts et des bas. Les conditions imposées par la pragmatique sanction l'impliqua dans deux guerres ruineuses à la suite desquelles il perdit la Serbie.

« Je n'avais pas d'argent, pas de crédit, pas d'armée, aucune expérience et je n'y connaissais rien », c'est ainsi que Marie-Thérèse décrit l'état de son héritage. Le problème financier était le plus accablant. Elle possédait bien une armée, mais la solde n'avait pas été versée depuis de longs mois et l'endettement national ne permettait pas d'espérer un changement à brève échéance. Il aurait suffi qu'elle puise dans les richesses fantastiques détenues par les aristocrates mais ils étaient dispensés d'impôts. Quant aux sujets eux-mêmes, ils étaient déjà exsangues.

Comble de malheur, apparut bientôt sur la scène européenne un nouveau concurrent dans la lutte pour la souveraineté : la Prusse, avec à sa tête Frédéric II, jadis candidat à la main de la jeune impératrice. Il venait de succéder à son père sur le trône. En examinant la carte de l'Europe, il estima que la Silésie faisait partie de son domaine et s'en empara.

Marie-Thérèse ne pardonna jamais à Frédéric II de Prusse de lui avoir « volé » la Silésie. *« On devrait toujours avoir présent à l'esprit que le Prussien est l'homme en qui on peut avoir le moins confiance »*, avait-elle l'habitude de dire. Mais ses conseillers ne furent pas en mesure d'interpréter les signes menaçants du temps. La France, envisageant la dissolution pure et simple de l'empire des Habsbourg, prévoyait l'annexion de la Bohême et de la Haute-Autriche à la Bavière, dont le souverain serait alors couronné empereur. La Moravie et la Haute-Silésie reviendraient à la Saxe, la Basse-Silésie et Glatz à la Prusse, et la Lombardie à l'Espagne.

Entre-temps, Marie-Thérèse avait donné naissance à un garçon, le futur Joseph II, ce qui allait résoudre les problèmes de succession de la dynastie. L'impératrice tenta une dernière fois de repousser l'invasion des troupes françaises et bavaroises en allant demander l'aide de ses sujets hongrois. Six régiments furent mis à sa disposition, ce qui découragea Bavarois et Français. Elle ne récupéra pas la Silésie mais, en guise de réparation, le prince électeur de Bavière lui remit la couronne impériale. Comme elle ne pouvait pas la ceindre elle-même, elle fit élire son mari.

A gauche, Frédéric le Grand, adversaire de l'impératrice Marie-Thérèse.

LE CAFÉ DE KOLSCHITZKY

Au printemps 1683, les assiégeants turcs avaient déjà pratiquement forcé Vienne à la capitulation. Tous les jours, le commandant de la ville grimpait jusqu'au sommet de la tour de Saint-Étienne pour examiner la situation de l'armée de dégagement. Mais il n'avait sous les yeux qu'un immense camp turc qui s'étendait à perte de vue et semblait abriter plus de monde que la ville de Vienne elle-même ne comptait d'habitants. *« Non seulement des soldats, mais surtout d'innombrables marchands venu d'Orient qui, avides de butin, attendaient le moment de piller la ville des chrétiens. »*

Il y avait parmi eux un homme qui se faufilait régulièrement dans le camp turc pour essayer de percer les plans de l'adversaire, autrement dit un espion. C'était un Polonais du nom de Kolschitzky ; il avait travaillé pour la Compagnie du Levant et parlait couramment le turc. Fort de son aplomb et de son art du déguisement, il se glissait dans les rangs ennemis. En outre, comme il savait interpréter à la perfection les chansons turques, on l'invitait partout à prendre le café, boisson qu'il avait appris à consommer au cours de ses nombreux voyages en Orient mais qui était encore inconnue dans la Vienne du XVIIe siècle. Ainsi, tout en sirotant des tasses de café, il observait tous les mouvements de troupes de l'ennemi.

Ses observations détaillées étaient immédiatement transmises au duc de Lorraine et au roi de Pologne, Jean Sobieski, et elles allaient être déterminantes dans les opérations futures de la cavalerie polonaise qui apporteraient la victoire.

Dès que les Turcs eurent levé le siège, la population viennoise au bord de la famine se précipita sur les entrepôts de provisions à moitié pleins, abandonnés par les fuyards. Kolschitzky se mêla à eux, mais il savait parfaitement, lui, ce qu'il cherchait : les sacs contenant les petits grains de couleur marron. Les Viennois qui les trouvaient lui demandaient s'il valait mieux les rôtir, les griller ou les faire bouillir. Le courageux Polonais avait une meilleure idée en tête : en échange de ses exploits pendant la guerre, il se fit délivrer une concession exclusive pour le Saint Empire romain germanique de l'époque, à savoir l'ouverture d'un *Kaffeehaus*. Le premier café européen vit le jour dans la Singerstrasse à Vienne, amorçant un succès triomphal à travers toute l'Europe centrale.

Sur les 4 000 cafés que la capitale de l'Autriche comptait avant la Seconde Guerre mondiale, il n'en reste plus que 400. Les connaisseurs en la matière ont une idée très précise et, dans un certain sens, très étonnante aussi, sur ce qui fait un authentique établissement digne de porter ce nom. Tout d'abord, il doit avoir un personnel spécifique. Certes, le service peut être assuré de temps en temps par une jeune femme pleine de charme, mais ce qui fait l'authentique café viennois, c'est le garçon, le *Herr Ober*, *« savant mélange de manières parfaites et de cynisme »*. On dit que ceux du Bräunerhof seraient capables de faire perdre patience à un saint.

Pour les Autrichiens, la passion pour le café s'apparente à *« une discipline scientifique dans laquelle presque toutes les possibilités de dosage du café et du lait sont répertoriées et classifiées de la façon la plus méticuleuse qui soit »*. Commander un simple café est considéré comme un manque total d'imagination, pour ne pas dire d'esprit. Le passage grossier du petit « noir » au café au lait s'agrémente, en Autriche, de trois possibilités : le mocca, le *Kapuziner* (capucin) et le *Franziskaner* (franciscain).

Le *Melange* se situe quelque part entre les deux derniers. A partir de là, on s'aventure en terrain glissant : que faut-il ajouter au café, du lait ou de la crème ? Une chose est certaine : un *Einspänner* sans crème ou crème fouettée n'est pas un *Einspänner*.

Rien qu'en les invitant à boire le fameux *Kaiser-Melange*, mélange impérial, Kolschitzky aurait sans doute poussé les Turcs, traditionalistes de nature, à lever le siège, car il est constitué de café noir... et de deux jaunes d'œufs !

L'ÈRE DE METTERNICH

Les nombreuses guerres menées par l'Autriche avaient mis à mal les caisses de l'État, ce qui nécessita des réformes dans l'administration, l'armée et la justice. La réorganisation de l'enseignement, en particulier, allait avoir des effets durables.

Les réformes de Joseph II

A la mort de François Ier, survenue en 1765, son fils Joseph II ceignit la couronne impé-

riale et fut également nommé corégent par sa mère, Marie-Thérèse, pour les affaires autrichiennes. Joseph II, pénétré des idées de la philosophie des «lumières», poursuivit le train de réformes, mais il s'y montra si abrupt et si ignorant des réalités qu'elles se heurtèrent souvent à une forte résistance, en particulier en Hongrie.

Les mesures qu'il prit dans les affaires religieuses furent particulièrement spectaculaires. Comme il voulait que l'Église soit au service de l'État, il imposa une nouvelle organisation du système diocésain et paroissial. Il améliora aussi la formation du clergé mais, en échange, de nombreux monastères d'ordres contemplatifs durent être abandonnés. Il institua l'égalité des confessions religieuses en donnant la liberté de culte aux protestants et aux orthodoxes et en autorisant les religions non chrétiennes à construire des lieux de culte. Il mit fin à l'obligation pour les juifs de porter un signe distinctif. C'est aussi Joseph II qui introduisit le mariage civil.

Sous la corégence de Marie-Thérèse et de Joseph II, l'Autriche vit son capital territorial s'accroître : elle prit l'Innviertel (en Haute-Autriche) à la Bavière. Dans la foulée des partages polonais, exemples accablants de la politique européenne des puissances, la Galicie revint à l'Autriche et la Bukovine fut enlevée à la Turquie.

L'empire autrichien

A la suite de la Révolution française, l'Autriche fut impliquée, entre 1797 et 1815, dans les guerres que la France révolutionnaire puis impériale mena contre les puissances voisines, au point qu'elle faillit être dépecée. L'élévation de Napoléon Ier à la dignité d'empereur avaient incité François II à prendre, sous le nom de François Ier, le titre d'empereur d'Autriche en 1804 ; en 1806, il déposait la couronne d'empereur du Saint Empire.

En 1814, Vienne fut le théâtre du grand congrès de la paix qui entreprit le remodelage de l'Europe. L'Autriche perdit ses possessions de la première heure mais elle reçut en échange la plus grande partie de la province de Salzbourg. Dans la perspective d'un équilibrage des forces et des grandes puissances, l'Autriche eut aussi, en compensation, le royaume de Lombardie-Vénétie. Cette décision ne tenait pas compte des vœux de la population, exprimés par un référendum, et cette négligence allait entraîner de sévères conséquences. La côte dalmate jusqu'à Cattaro (Kotor) était déjà revenue à l'Autriche pendant les dernières guerres.

Dans le cadre de la Confédération germanique, l'Autriche réussit à conserver la préséance en Allemagne, mais la Prusse ne tarda pas à devenir une concurrente sérieuse. Dans les territoires sur lesquels François Ier régnait, les Autrichiens de langue allemande, au nombre de 4,8 millions, ne représentaient que 17 % de la population totale, autrement dit sensiblement la même proportion que les Italiens ; 11 millions, soit pas moins de 41 %, étaient des Slaves. Aussi fallait-il s'attendre à voir naître à plus ou moins longue échéance des conflits de nationalités.

Cependant, la remarquable stabilité du nouvel équilibre européen mis en place à l'issue du congrès de Vienne (1814-1815) dut convaincre les contemporains du bien-fondé des conceptions philosophiques et idéologiques traditionnelles. Le principe monarchique était considéré comme immuable, les anciennes instances dirigeantes conservaient leur pouvoir et l'on accueillit avec la plus extrême réserve toutes les nouveautés, inévitables, en particulier, dans le domaine économique. Une grande méfiance s'installa aussi à l'encontre des intellectuels et de leurs cercles. Les idées de la Révolution française, véhiculées par les troupes impériales qui avaient sillonné toute l'Europe, étaient loin d'être restées sans écho. Le travail de sape des forces subversives rendit nécessaire un système de répression, de censure et d'espionnage qui est resté lié au nom du chancelier d'État Metternich, architecte de l'ordre européen après 1815.

A gauche, le couronnement de l'empereur Joseph II ; ci-dessus, Napoléon Ier de passage à Schönbrunn.

L'époque Biedermeier

Le prince de Metternich nourrissait des projets qui dépassaient de loin les possibilités offertes par le congrès de Vienne. Pour commencer, il se contenta de servir la couronne en attendant sa chance. Comme le petit Ferdinand Ier, atteint de débilité, était monté sur le trône, les affaires du gouvernement reposaient sur les seules épaules de Metternich.

Soutenu par le ministre de la police, Joseph Sedlnitzky, Metternich mit tout en œuvre pour maintenir le système politique et social traditionnel. La liberté de la pres-

se fut abolie et toute activité politique interdite.

Pour se soustraire à la pression, il ne restait à la population que la possibilité de se retirer dans la sphère familiale et domestique. L'empereur lui-même donna l'exemple de ce style de vie bourgeois qui fut caractérisé, parfois jusqu'à la caricature, par le style Biedermeier : Biedermeier est un personnage qui représente le bon bourgeois, l'équivalent de Joseph Pridhomme.

Il est néanmoins vrai que la culture bourgeoise de la famille et l'organisation des loisirs insufflèrent une nouvelle vie aux arts, à la musique aussi bien qu'aux arts décoratifs et à l'artisanat. Le romantisme viennois atteignit son apogée avec Ludwig van Beethoven et Franz Schubert ; Lanner et Johann Strauss firent la célébrité de la valse viennoise. Les œuvres des peintres de style Biedermeier font partie des réalisations les plus importantes de l'art autrichien.

Au printemps 1831, Metternich jugea le moment venu de marier Ferdinand Ier et il mit la main sur la fiancée rêvée : Marianne de Sardaigne, jeune fille modeste et vertueuse. Les ambassadeurs étrangers levèrent les yeux au ciel à la pensée d'avoir à négocier à l'avenir avec ce Ferdinand Ier

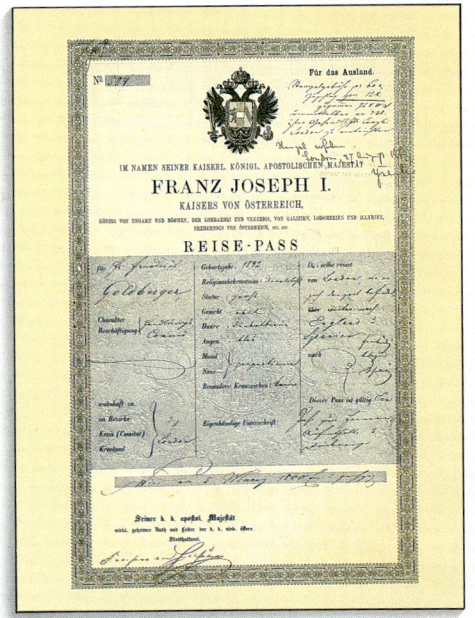

faible d'esprit. Mais les Viennois l'aimaient bien parce que c'était *« une bonne nature sans malice »*.

Le « Vormärz » et la révolution de 1848

Le *Vormärz* (« avant-mars »), trente années qui précédèrent la révolution de mars 1848, n'a pas été une époque bénie pour tous. La formation d'un prolétariat concentré dans les villes entraîna l'apparition de problèmes sociaux auxquels le régime n'était pas préparé.

Les premières semaines et les premiers mois de l'insurrection, les intellectuels et le peuple (petits-bourgeois et ouvriers) marchèrent la main dans la main. Ils obtinrent la chute du chancelier Metternich et des réformes politiques. Mais bientôt, les démocrates radicaux et la classe ouvrière se retrouvèrent isolés : dans les *Länder* autrichiens, l'écho des événements qui agitaient la capitale demeura faible ; quant aux paysans, ils se retirèrent de l'alliance révolutionnaire dès que le Reichstag eut supprimé la subordination fondamentale, privant ainsi le pouvoir féodal de son principe – l'un des rares acquis qui perdura.

Ainsi, la réaction toute-puissante put s'engager dans la contre-offensive qui se solda par la prise d'assaut de Vienne, en octobre 1848. A Prague, en Hongrie et en Italie – où le désir d'autonomie s'était réveillé à grand bruit –, les armes impériales imposèrent le silence. En décembre de la même année, le jeune François-Joseph, âgé de dix-huit ans, montait sur le trône après l'abdication de son oncle Ferdinand Ier.

Au cours de son long règne, François-Joseph Ier assista à une mutation fondamentale de l'État. Durant la première décennie, il exerça un pouvoir absolu, puis ses revers répétés en politique étrangère – il eut deux adversaires de taille, le Prussien Bismarck et l'Italien Cavour, lequel sut trouver appui auprès de Napoléon III, qui continuait la politique de la France hostile à l'Autriche – le forcèrent à revenir à la monarchie constitutionnelle. Il avait hérité d'un grand empire dont il ne put empêcher la désagrégation.

En 1859 et 1866, l'Autriche perdit ses possessions d'Italie du Nord au profit de Victor-Emmanuel II. La défaite contre la Prusse à Sadowa, en 1866, sonna le glas de l'influence de l'Autriche en Allemagne. L'une des conséquences de cette situation nouvelle fut le compromis de 1867 avec la Hongrie et l'union des deux États, qui restaient liés par la personne du souverain, empereur d'Autriche et roi de Hongrie, et des ministères communs : ainsi naquit la double monarchie austro-hongroise.

Le problème le plus sérieux restait la question des nationalités car, avec la Bohême et la Moravie, il était impossible d'arriver à une solution comparable à celle de la Hongrie. Si l'armée et la fonction publique, premiers supports de l'État, maintenaient l'idée du supranationalisme, il allait bientôt falloir admettre que ce n'était plus qu'une fiction.

Le libéralisme

Le règne de François-Joseph vit également la naissance des partis de masse. A partir de 1860, le libéralisme parvint à faire pencher l'État absolu vers la monarchie constitutionnelle.

L'essor de l'industrie se fit relativement tard par rapport aux autres pays d'Europe. A l'époque, à Vienne et dans sa périphérie, en Haute-Styrie et dans le Vorarlberg, naquirent des centres économiques qui s'organisèrent différemment et qui ont dessiné le paysage industriel de l'Autriche. L'essor économique augmenta considéra-

L'effondrement du libéralisme fut provoqué par la petite bourgeoisie qui s'était ralliée aux groupes traditionalistes, féodaux et conservateurs, et constituée en parti social-chrétien au début des années 1890.

Fin de siècle

Autour de 1900, l'Autriche connut une véritable floraison artistique qui a longtemps été considérée sous le seul aspect de la décadence d'une époque et d'une culture. Pourtant, la rupture avec les voies traditionnelles était indéniable.

blement le prestige de la haute bourgeoisie, qui trouva son expression dans la culture spécifique de l'époque appelée *Gründerzeit* (entre 1865 et 1890). L'exemple le plus spectaculaire est la construction du Ring, boulevard circulaire qui entoure le Ier arrondissement de Vienne.

En dépit d'une législation sociale remarquable (congés payés et retraites existaient déjà), les ouvriers s'organisèrent à partir de 1888-1889 et constituèrent un parti social-démocrate.

A gauche, un vieux passeport; ci-dessus, combat dans le quartier du Jägerzeile durant la révolution de 1848.

Dans le domaine de la musique, le système du dodécaphonisme se développa; sur le plan de l'architecture et des beaux-arts, la Sécession et l'Atelier viennois (Wiener Werkstätte) acquirent une influence internationale; dans le domaine scientifique, le nom de Sigmund Freud et la psychanalyse restent liés à cette époque; la littérature vit éclore une pléiade de poètes et d'écrivains qui n'étaient pas obnubilés par le seul besoin de décrire la décadence.

Dans cette évolution, les juifs jouèrent un rôle particulier. C'est eux qui contribuèrent, pour une part essentielle, à la formation de l'idée d'une « culture de l'Europe centrale » qui s'est perpétuée jusqu'à nos jours.

UNE DYNASTIE QUI S'ÉTEINT

« *Rien ne m'a été épargné* », dira tristement l'empereur François-Joseph : en effet, il eut à subir la mort de son fils, de sa femme, de son frère, de son neveu et le déclenchement de la Première Guerre mondiale. Il mourut en 1916, trop tôt pour être témoin de l'effondrement de la monarchie et de la dislocation de son empire.

L'archiduc Rodolphe de Habsbourg

Le mariage de François-Joseph et de la jeune Élisabeth («Sissi»), de la maison bavaroise des Wittelsbach, fut la vingt-deuxième union matrimoniale entre ces deux familles. On spécula abondamment sur les conditions génétiques préjudiciables d'une telle situation qui se trouvèrent confirmées par l'état maladif de leur fils Rodolphe dans sa prime jeunesse. Mais, vers l'âge de dix ans, tous les doutes sur sa santé se dissipèrent. D'un naturel aimable, il s'exprimait avec élégance et se comportait d'une manière digne de ses origines. «*J'ai entendu dire*, déclara-t-il un jour à un historien de renom, *que vous vous intéressiez à l'histoire. L'histoire est aussi une de mes disciplines favorites, mais je n'ai pas encore dépassé l'époque de Servius Tullius.*»

A quatorze ans, il confondit ses précepteurs en émettant des idées qui ne convenaient pas spécialement à un futur empereur d'Autriche. «*L'aristocratie et le clergé manipulaient les masses*, écrivait-il dans un essai, *en les maintenant dans l'ignorance tenace et la superstition.*» Peu de temps après, il fut l'objet d'un pamphlet anonyme, intitulé *L'Aristocratie autrichienne et sa fonction constitutionnelle. Avertissement à la jeunesse aristocratique*, qui montrait les jeunes aristocrates comme des idiots et des paresseux, ne représentant en aucune façon une concurrence pour la bourgeoisie. Néanmoins, Rodolphe continua à être inondé de compliments. « *Il est d'un commerce extrêmement agréable* », notait la reine Victoria d'Angleterre.

Le mariage de Rodolphe avec Stéphanie de Belgique se présentait sous d'excellents auspices. En 1883, lorsqu'elle lui donna une fille, ils semblaient heureux. Mais, tandis que Stéphanie n'était pas d'un naturel enjoué, Rodolphe, lui, aimait s'amuser, fréquentant des jeunes gens portés sur la boisson, des journalistes surtout. Ceux-ci l'encouragèrent à publier ses idées dans des articles de journaux, anonymes, cela s'entend, qui parurent dans le *Neues Wiener Tagblatt*. Comme il avait accès à la plupart des documents relatifs à la politique étrangère et à la politique intérieure, il usa et abusa de ce privilège. Il s'éloigna de plus en plus de la politique de son père. «*L'empereur n'a aucun ami*, écrivit-il à son ancien précepteur, *il se dresse seul sur son créneau... Il ignore presque tout de ce que pensent et ressentent ses sujets. Il croit que l'Autriche traverse actuellement la période la plus heureuse de son histoire, car c'est ce qu'on lui fait croire officiellement, et il ne lit dans les journaux que les articles que l'on a sélectionnés pour lui.*»

Bien que, en fondant la monarchie austro-hongroise, François-Joseph ait reconnu implicitement la domination de la Prusse

A gauche, l'empereur François-Joseph ; ci-dessus, son fils l'archiduc Rodolphe, dont la mort est restée en partie une énigme.

sur les pays de langue allemande, Rodolphe voyait l'avenir de sa souveraineté dans le déplacement du centre de gravité politique vers l'est. Tout comme sa mère, il était très attaché aux Hongrois, et c'est la raison pour laquelle ceux-ci lui offrirent la couronne de leur pays. Mais son père étant officiellement roi de Hongrie, il ne pouvait même pas songer à l'accepter. Rodolphe ne résista pas à ce conflit.

Sa femme fut la première à se rendre compte de l'effondrement moral de l'héritier du trône. *« Non seulement son état de santé de dégradait*, écrit-elle dans ses

mémoires, *mais son instabilité ne faisait que croître. »* Le couple princier se sépara, bien qu'il sauvât les apparences pour les représentations officielles.

La tragédie de Mayerling

Mary Vetsera était la fille de la baronne Hélène Vetsera, laquelle était convaincue que Mary méritait un meilleur parti qu'un diplomate de second ordre, comme l'était son propre mari. Les chemins de l'archiduc Rodolphe et de Mary devaient se rencontrer inévitablement dès que la jeune fille serait introduite dans la haute société viennoise. C'est ce qui arriva en octobre 1888, au cours d'une représentation au Burgtheater. La mère de Mary elle-même n'aurait jamais songé à une telle liaison.

Quelques semaines après cette soirée au Burgtheater, Mary recevait la visite de la comtesse Marie Larisch-Wallersee, cousine et médiatrice occasionnelle de Rodolphe. Peu de temps après, Mary fut amenée un soir à la Hofburg, dans le plus grand secret. Un étui à cigarettes, que Rodolphe lui offrit à cette occasion, porte la date du 13 janvier.

Rodolphe et sa femme se présentèrent ensemble à une réception donnée par l'ambassadeur d'Allemagne le 27 janvier 1889, à l'occasion de l'anniversaire de l'empereur Guillaume II. Par la suite, les invités se rappelèrent le comportement étrange du prince héritier au cours de cette réception. Rodolphe avait l'air triste et troublé et il avait peine à retenir ses larmes. Tous avaient remarqué la baronne Mary Vetsera. Les uns étaient impressionnés par la maturité de cette toute jeune fille de dix-sept ans, les autres par le charme qui émanait de chacun de ses mouvements.

Après la réception, Rodolphe partit pour un rendez-vous secret, mais pas avec Mary. Il passa la nuit chez son amie de longe date, la danseuse Mitzi Caspar, fougueuse beauté du demi-monde. Il lui révéla qu'il allait passer quelques jours à chasser dans son pavillon de chasse de Mayerling.

Dans la matinée, la comtesse Larisch fit porter un message chez les Vetsera pour prévenir Mary qu'elle passerait la prendre afin d'aller «faire des emplettes» avec elle – expression codée qui signifiait une visite chez Rodolphe. Elles partirent ensemble en calèche mais, contrairement à l'habitude, la comtesse revint seule chez les Vetsera, disant qu'elle avait perdu Mary de vue chez un bijoutier. Le message laissé par la jeune fille à l'adresse de sa mère était alarmant : *« Je ne peux pas continuer à vivre ainsi. Je t'ai échappé aujourd'hui. Ne cherche pas à me retrouver, sinon je serai perdue à jamais dans le Danube. Mary. »* En réalité, elle se trouvait dans la calèche de Rodolphe, en route pour Mayerling.

Ce jour-là, l'archiduc Rodolphe avait pour compagnons de chasse son beau-frère, Philippe de Cobourg, et le comte

Hoyos. Ils partirent le lendemain pour Mayerling, mais ils ne virent pas Mary et Rodolphe ne leur donna aucune explication. Rodolphe et Philippe devaient se rendre à Vienne le soir même pour un repas de famille et rentrer le lendemain matin à Mayerling. Mais Rodolphe ne se sentit pas la force d'entreprendre ce voyage et il pria Philippe de l'excuser auprès de l'empereur et de Stéphanie.

Aujourd'hui encore, nul ne sait ce qui s'est passé exactement. Rodolphe dîna avec Hoyos, qui le quitta ensuite pour aller dormir dans une métairie des environs. Rodolphe avait encore envie de bavarder un peu et il fit appeler son cocher, Bratfisch. Mary sortit alors de sa cachette, et Rodolphe lui chanta quelques lieder. Lorsqu'ils se retirèrent dans la chambre à coucher, le valet de chambre, Loschek, reçut l'ordre de ne laisser entrer personne, pas même l'empereur.

De la pièce voisine, Loschek entend Rodolphe et Mary bavarder encore longtemps dans la nuit, mais il ne put saisir le sens de leur conversation. Le matin, vers six heures moins vingt, Rodolphe, habillé de pied en cap, vint trouver Loschek et lui ordonna d'atteler les chevaux. Loschek s'habilla et se dirigea vers l'écurie. Il avait fait quelques pas lorsqu'il entendit deux coups de feu. Il revint en courant, frappa à la porte de Rodolphe et essaya d'entrer: elle était fermée à clef, contrairement aux habitudes de l'archiduc.

Loschek courut chez le comte Hoyos qui lui donna l'ordre de forcer la porte. *« Voici ce que je vis*, écrivit-il dans un mémorandum consigné par son fils plusieurs années plus tard. *Rodolphe étendu tout habillé sur le lit – mort. Mary Vetsera, également habillée, était aussi étendue sur le lit. Le revolver de Rodolphe*

se trouvait à son côté. Il ne fait aucun doute qu'ils ne s'étaient pas glissés sous les draps... De toute évidence, Rodolphe a d'abord tiré sur Mary Vetsera et ensuite sur lui-même. »

A la cour, c'est l'impératrice Élisabeth qui apprit la nouvelle la première, et son devoir lui imposait d'aller prévenir l'empereur. Elle transmit à la baronne Vetsera, inquiète de sa fille, ce que Hoyos lui avait appris, à savoir que Mary avait tué Rodolphe et s'était empoisonnée.

Puis une autre version du drame prit forme. Pour le peuple, Rodolphe était mort d'une défaillance cardiaque. Il ne fallait surtout pas parler à la population de

A gauche, Marie Vetsera; ci-dessus, l'héritier du trône avec son cocher Bratfisch.

meurtre ou de suicide, pas plus que de Mary Vetsera. Les journaux publièrent aussitôt une édition spéciale. La cause officielle de la mort de l'archiduc était tantôt un arrêt du cœur, tantôt un accident de chasse.

Stéphanie publia la lettre d'adieu de son mari dans ses mémoires : *« Chère Stéphanie. A présent, te voilà délivrée de ma présence et de mes tourments. Sois heureuse, à la façon qui t'est propre. Sois gentille avec notre pauvre petite fille, c'est la seule chose qui reste de moi... Je vais à la mort l'âme en paix, elle seule peut préserver l'honneur de mon nom. Je t'embrasse de tout mon cœur. Rodolphe. »*

Ferdinand, dont les perspectives matrimoniales étaient importantes car elles devaient évidemment s'harmoniser avec les devoirs de la dynastie.

Promis à l'une des filles de l'archiduc Frédéric et de l'archiduchesse Isabelle, François-Ferdinand fit un malheureux oubli lors d'un séjour dans leur château de Presbourg : sa montre à gousset contenant le portrait de sa bien-aimée, la comtesse Sophie Chotek von Chotkova und Wognin, dame d'honneur d'Isabelle.

L'empereur ne voulut tout d'abord pas entendre parler d'un mariage entre François-Ferdinand et Sophie Chotek.

François-Joseph n'en avait pas terminé avec la souffrance morale. En 1898, son épouse, qu'il avait surnommée tendrement «Sissi», fut victime d'un attentat. Au cours d'un séjour en Suisse en compagnie d'une de ses dames d'honneur, un anarchiste italien à demi fou l'agressa et la frappa d'un coup de poignard entre les côtes. Sur le coup, Élisabeth ne réagit point, mais son cœur avait été touché.

L'archiduc François-Ferdinand

A partir de ce jour, François-Joseph consacra toute son attention au dernier héritier du trône, son neveu, l'archiduc François-

Mais la jeune fille appartenait à une famille très respectable originaire de Bohême, et son père était un diplomate tchèque qui jouissait d'une grande considération. Ces détails ne suffisant pas à convaincre l'empereur, François-Ferdinand se prévalut de la loi familiale. François-Joseph finit par donner son accord, sous la pression du pape Léon XIII, de l'empereur Guillaume et du tsar Nicolas II. Il autorisa un mariage morganatique, ce qui signifiait que ni l'épouse ni ses enfants ne pourraient porter le titre ni jouir des privilèges de leur époux et père. Il conféra néanmoins à Sophie Chotek le titre de princesse de Hohenberg.

L'archiduc François-Ferdinand, qui se préparait à sa fonction d'empereur d'Autriche-Hongrie, croyait pouvoir dédommager l'empire de la perte de pouvoir que la Prusse lui avait infligée à l'ouest, en consolidant ses possessions à l'est. Il pensait surtout à la Bosnie-Herzégovine, qui avait été enlevée à la Turquie au congrès de Berlin en 1878. En agissant ainsi, il espérait obtenir un élargissement du système dualiste qui réglait les relations entre l'Autriche et la Hongrie. Chaque nation devait ainsi pouvoir acquérir une relative autonomie, sous la coupe de l'empire.

mécontentement qui régnait en Bosnie ; aussi se montra-t-il d'autant plus heureux de recevoir une invitation à participer aux grandes manœuvres militaires de l'été 1914.

Il arriva avec sa suite à Ilidze le 25 juin 1914. On avait fait une grande publicité autour de ce voyage et la ville s'était parée pour le recevoir. Comme on connaissait l'attirance marquée de l'héritier du trône pour les objets anciens, les antiquaires avaient orné son hôtel de leurs plus belles pièces. Flatté de cette attention, François-Ferdinand décida d'aller faire le tour des magasins d'antiquités de Sarajevo le soir

Sur la route de Sarajevo

Les projets de François-Ferdinand avaient toutefois un point faible : il imaginait que ses futurs sujets se déclareraient satisfaits d'une autonomie limitée et renonceraient définitivement à toute exigence d'indépendance. Or le danger venait surtout des extrémistes serbes de Bosnie, qui rêvaient de la renaissance d'une grande Serbie. François-Ferdinand était conscient du

A gauche, le cercueil contenant le corps de Rodolphe, au départ de Mayerling ; ci-dessus, l'archiduc François-Ferdinand et Sophie sortent de l'hôtel de ville de Sarajevo.

même. Au cours de sa promenade dans le bazar, le couple croisa un jeune homme aux lèvres minces qui ne souriaient pas.

C'était Gavrilo Princip, âgé de dix-neuf ans, fils d'un employé de poste d'Oblej, village situé dans les montagnes sauvages qui séparaient la Bosnie de la côte dalmate. Serbe de naissance, Gavrilo avait fréquenté l'école de Sarajevo ; en 1912, il était parti s'installer à Belgrade, capitale de la Serbie, et n'était revenu à Sarajevo que quelques semaines avant l'arrivée du couple princier.

Seuls quelques initiés savaient qu'il appartenait à la Main noire, groupe de nationalistes serbes qui aspiraient à la reconstitution de la grande Serbie. Ils considéraient l'assassinat de l'héritier du trône impérial comme l'acte le plus important pour la réalisation de leur rêve. La tâche assignée à Princip était exactement celle qu'il accomplit trois jours plus tard, le 28 juin, jour anniversaire de la défaite des Serbes contre les Turcs au Kosovo. Cet anniversaire devait être le signal de la renaissance de la Serbie.

Le premier attentat contre François-Ferdinand fut réalisé par un des complices de Princip. Mais la bombe manqua son but; elle toucha le carrosse, rebondit et alla s'écraser dans une rue adjacente où elle blessa quelques passants. Imperturbable, l'archiduc poursuivit son chemin. Profondément choqué par cette tentative d'assassinat, le maire de la ville qui le reçut fut incapable d'improviser quelques paroles de circonstance et débita le discours intégral qu'il avait préparé.

Dans sa réponse, François-Ferdinand se montra parfaitement maître de la situation. *« J'éprouve un plaisir tout particulier à constater votre loyalisme inébranlable à l'égard de Sa Majesté notre empereur et roi. Je vous remercie du fond du cœur, monsieur le maire, de cette réception grandiose que la population nous a réservée, à mon épouse et à moi-même – d'autant plus que je sens que vous vous réjouissez sincèrement de l'échec de cet attentat... »*

Tandis que l'archiduchesse Sophie s'entretenait avec une délégation de femmes musulmanes, l'archiduc François-Ferdinand reçut les notabilités locales dans le vestibule. On lui avait assuré que les lanceurs de bombes avaient été arrêtés. Les conseillers proposèrent néanmoins que, pour sa dernière visite, consacrée au musée de la ville, l'archiduc emprunte un autre chemin que celui, qui avait été prévu. Malheureusement, ils oublièrent d'en informer le cocher. C'est ainsi que le destin suivit son cours.

Après la première tentative d'assassinat, la troupe des conjurés s'était dispersée, à l'exception de Gavrilo Princip. Lorsque le carrosse s'approcha du musée, il bondit, brandit son revolver et tira deux coups de feu presque à bout portant. Le premier frappa François-Ferdinand à la nuque, le second atteignit Sophie au ventre. Tous les deux moururent dans les minutes qui suivirent.

Le déclenchement de la Grande Guerre

Gavrilo Princip fut aussitôt arrêté. Au cours de ses interrogatoires, il dévoila le rôle particulier joué par les hommes politiques serbes et la Main noire dans la préparation de l'attentat. Le 23 juin, Vienne lançait un ultimatum à la Serbie : arrêt immédiat de toutes les activités terroristes sur le sol serbe et arrestation d'un des hommes politiques responsables. Celui-ci fut arrêté, mais il réussit à s'échapper et on ne le revit plus. Le 28 juillet, un mois jour pour jour après la mort de François-Ferdinand, l'Autriche déclarait la guerre à la Serbie.

La Russie, qui ne veut pas perdre toute influence dans les Balkans, se mobilise contre l'Autriche. L'Allemagne, qui avait signé en 1879 un pacte d'assistance mutuelle avec l'Autriche, déclare la guerre à la Russie le 1er août. Le 2 août, elle exige de la Belgique le libre passage de ses troupes et, le 3, elle engage les hostilités contre la France. Le 4 août, l'Angleterre, qui s'était tenu sur la réserve, entre en guerre lorsque l'Allemagne envahit la Belgique. En moins de deux semaines, la crise balkanique s'est transformée en conflit général.

La république autrichienne

La Première Guerre mondiale marque l'extinction définitive de la souveraineté de la maison de Habsbourg.

Le 21 octobre 1918, les députés de langue allemande de la chambre de Cisleithanie (ceux qui n'étaient pas hongrois) se constituaient en Assemblée nationale provisoire pour l'Autriche germanique. Cette décision était la suite logique du processus enclenché à Paris le 26 septembre par le conseil national tchécoslovaque qui avait proclamé la fondation d'un État autonome. Le *Manifeste des peuples de l'empereur Charles Ier*, daté du 16 octobre, qui annonçait la restructuration de la monarchie en État fédératif, venait trop tard. Le 11 novembre, Charles Ier abdiqua et, le lendemain, la république fut proclamée.

La tunique de l'archiduc François-Ferdinand, encore tachée de sang.

DE L'ANSCHLUSS A L'UNION EUROPÉENNE

Après la dissolution de l'empire autro-hongrois, l'État autrichien, réduit à des proportions modestes, n'inspirait guère confiance. Le traité de Saint-Germain, signé en septembre 1919, lui interdit de s'incorporer à la république d'Allemagne, en dépit du vœu clairement manifesté par les populations. La république fédérale, constituée en octobre 1920, fut gouvernée par une coalition des deux grands camps politiques, chrétiens-sociaux et sociaux-démocrates, qui ne dura que très peu de temps.

« Vienne la Rouge »

Sur les neuf *Länder* autrichiens, Vienne, centre administratif et industriel du pays, était le seul à être gouverné par le parti social-démocrate. Elle réussit à faire adopter des mesures socialistes à l'échelon communal, en matière d'affaires sociales. Les huit autres *Länder*, assez pauvres, comptaient une majorité de paysans et de bourgeois soutenant le parti chrétien-social. Ils formèrent un front politique commun contre la capitale, opposition qui, en fin de compte, allait nuire à l'économie du pays tout entier.

L'Autriche avait à surmonter les contrecoups de la guerre et de l'inflation galopante, grâce, notamment, au concours de la Société des Nations. Mais si l'aide internationale sauva le pays de la faillite immédiate, elle le soumit à des conditions si draconiennes qu'elles compromirent son avenir. La politique d'austérité qui s'ensuivit entraîna en effet une tendance à la déflation et à la montée du chômage, et, la crise mondiale aidant, le pays sombra dans le marasme – préparant un terrain propice à la propagande nazie.

En 1933, le parlement achoppa sur une question d'ordre du jour du conseil national. Le chancelier Dollfuss parla d'« auto-dissolution du parlement » et il l'empêcha de se réunir de nouveau. Depuis 1919 régnait à Vienne une atmosphère de guerre civile du fait de l'affrontement permanent entre les *Schutzbund*, milices des sociaux-démocrates, et les *Heimwehren*, organisation du prince de Stahremberg. En 1927, le palais de Justice fut incendié. En février 1934, à la suite de violents combats de rues, Dollfuss interdit le parti social-démocrate et tous les autres partis. Tandis que le parti national-socialiste intensifiait ses activités avec le soutien d'Hitler, Dolfuss instaura un État corporatif autoritaire. En juillet 1934, il fut assassiné au cours d'un coup d'État national-socialiste.

L'Anschluss

Au début de mars 1938, le successeur de Dolfuss, Kurt von Schuschnigg, après avoir échoué dans sa tentative de compromis avec Hitler, se vit imposer comme ministre de l'Intérieur le nazi autrichien Artur Seyss-Inquart. En dernier recours, Schuschnigg organisa pour le 12 mars un référendum sur la question de l'indépendance, mais, le 11 mars, il était contraint à la démission.

Le lendemain, les troupes allemandes entrèrent en Autriche, accueillies avec un grand enthousiasme par la population, et Hitler proclama l'Anschluss. Le plébiscite

A gauche, Adolf Hitler, né en 1889 à Braunau (Haute-Autriche); à droite, affiche annonçant un discours d'Adolf Hitler à Vienne.

organisé quelques jours plus tard et approuvé à 97 % par les populations des deux pays, ne fit qu'entériner un état de fait.

Les noms Autriche, Haute-Autriche et Basse-Autriche disparurent et devinrent respectivement Ostmark (« marche de l'Est »), Haut-Danube et Bas-Danube. L'Ostmark était désormais une province allemande gouvernée par Seyss-Inquart. Ce dernier allait appliquer organiser la persécution des juifs et des opposants au régime.

Les communautés juives furent les plus touchées. Un journal britannique décrit des

Durant les semaines qui suivirent l'Anschluss, le nombre des suicides devint très important (plus de 100 par jour).

L'industrie de l'armement, qui monopolisa les matières premières de l'Autriche (pétrole et minerai de fer) permit de vaincre le chômage. Mais l'enthousiasme délirant des débuts de l'Anschluss ne tarda pas à faire place au désenchantement. Quelques mois seulement suffirent à la plus grande partie de la population pour se rendre compte du revers de la médaille. Ceux qui avaient des origines slaves n'avaient plus droit au titre d'« Allemands à part entière ». *« La faux nazie impitoyable*

scènes de rue quotidiennes, dans le quartier de Leopoldstadt, où vivait la majorité de la population juive de Vienne : « En ce moment, jour après jour, des troupes d'assaut nazies, entourées dans la bousculade par une foule railleuse et hostile de "cœurs d'or viennois", chassent les juifs, hommes et femmes confondus, de leurs boutiques, de leurs bureaux ou de leurs maisons, ils leur mettent des brosses dures entre leurs mains, les aspergent d'acide et les obligent à s'agenouiller devant eux. » Sur les 200 000 juifs d'Autriche, moins d'un tiers réussirent à émigrer et 150 000 périrent dans les camps de concentration (ceux de Dachau et de Buchenwald).

détruit sans relâche la vie intellectuelle et professionnelle florissante de Vienne, impatiente d'anéantir les dernières traces de cette civilisation et de cette culture qui, pendant cinq cents ans, ont marqué la différence entre l'Autriche et l'Allemagne », peut-on lire dans un rapport anglais.

La Seconde Guerre mondiale

En 1939, le pays entra dans le Seconde Guerre mondiale en tant que province allemande. Alors que les officiers autrichiens étaient regardés d'un œil méfiant au sein du IIIe Reich, les citoyens étaient obligés de répondre à la mobilisation comme tous les autres. Plus de 300000 soldats ne devaient jamais revoir leur foyer.

La vague d'arrestations qui suivit l'Anschluss avait sérieusement décimé les partis politiques et, de ce fait, ils ne réussirent à organiser qu'une résistance sporadique. On sait que 35 000 résistants autrichiens furent exécutés, assassinés ou déportés, mais on a relativement peu de détails sur les mouvements.

L'Anschluss n'avait pas vraiment été reconnus par les Alliés, si bien que l'Autriche était considérée comme pays neutre. La déclaration de Moscou, de novembre 1943, confirma cette position ; après la guerre, l'Autriche serait jugée uniquement sur le comportement de ses citoyens : allaient-ils se laisser manipuler comme de simples outils du national-socialisme ou, au contraire, *« apporter leur contribution à leur libération »*. A la conférence de Téhéran (novembre et décembre 1943), les Alliés déclarèrent l'Autriche *« première victime de l'agression nazie »* et lui promirent l'indépendance sous certaines conditions.

A gauche, troupes allemandes sur le Ring, en 1938 ; ci-dessus, par le traité d'État de 1955, l'Autriche s'engageait à respecter la neutralité après le retrait des troupes d'occupation alliées.

Les Autrichiens jouèrent un rôle important, le 20 juillet 1944, dans l'attentat contre Hitler perpétré par le comte von Stauffenberg. A un signal convenu d'avance, des combattants clandestins arrêtaient une série de chefs nazis et les enfermaient dans l'ancien ministère de la Guerre, sur le Ring. Au moment où on vint leur annoncer que le coup d'État avait échoué en Allemagne – Hitler n'avait été que blessé –, le capitaine Szokoll était occupé à proclamer la dissolution de la milice des SS. Les chefs nazis sortirent de leur prison et ordonnèrent sur-le-champ une énorme vague d'arrestations. Tous les Autrichiens

membres de la Wehrmacht qui appartenaient à l'aristocratie furent mis à pied et il y eut de nombreuses exécutions.

Quant à Szokoll, celui qui voulait dissoudre les SS, il réussit non seulement à survivre aux arrestations, mais il gagna même les galons de commandant. Cette fonction lui permit de falsifier les informations et de faire passer de nombreux résistants dans les rangs les plus élevés de la Wehrmacht, à Vienne, dans le but de combattre avec les premières troupes alliées les unités de SS. Mais ce furent les troupes soviétiques qui, en 1945, arrivèrent les premières à Vienne, dévastée par les bombes, et le plan de Szokoll tomba à l'eau parce qu'un des chefs du complot autrichien perdit le contrôle de ses nerfs.

Dès le mois de mars 1945, l'Autriche était divisée entre les Soviétiques, les Américains, les Britanniques et les Français, et Vienne découpée en quatre zones d'occupation, le Ier arrondissement étant administré à tour de rôle par chacune des puissances d'occupation. Le comportement brutal des troupes soviétiques dans leur secteur se fit sentir rapidement : lors des élections de novembre 1945, les communistes n'obtinrent que 4 des 165 sièges. La victoire des Alliés avait convaincu la population qu'il valait mieux être Autrichien qu'Allemand. Et la présence des troupes russes lui fit comprendre qu'il valait mieux appartenir au camp occidental.

La IIe république

A sa proclamation, la IIe république trouva une situation déplorable : une économie à bout de souffle, un pays exsangue, occupé par les puissances alliées, avec de nombreux Autrichiens encore en captivité ou portés disparus. La situation politique s'était modifiée en profondeur : les adversaires politiques d'antan avaient réussi à se rapprocher et la grande coalition entre le parti populaire autrichien (ÖVP) – nouveau nom donné au parti chrétien social pour rompre avec la période tourmentée des années 20 et 30 – et le parti socialiste (SPÖ), qui allait marquer les années 1945 et 1946, représenta, malgré ses dissensions internes, le symbole de l'Autriche nouvelle. La coopération entre les « partenaires sociaux » était le mot d'ordre de la reconstruction.

Après avoir été menacée pendant dix ans du spectre de la division, à l'instar de l'Allemagne, l'Autriche retrouva son autonomie le 15 mai 1955, avec la signature du traité du Belvédère. Le 26 octobre

de la même année, le parlement votait une loi constitutionnelle conférant à l'Autriche le statut permanent de pays neutre. Toute alliance militaire lui est interdite.

Le 14 décembre 1955, l'Autriche adhérait à l'ONU et se chargeait de missions internationales. En 1956, Vienne devient le siège de la Commission internationale à l'énergie atomique et, en 1967, de l'Organisation des Nations unies pour le développement industriel. A partir de 1979, Kreisky éleva Vienne au rang de médiateur dans les principales négociations internationales. Troisième ville de l'ONU après New York et Genève, elle a accueilli les conférences sur le désarmement.

DE L'ANSCHLUSS A L'UNION EUROPÉENNE

En politique intérieure, après le traité du Belvédère, l'ancienne coalition politique fut remplacée par une alternance, l'éventail des partis s'élargit et la grande majorité du pays accepta la voie démocratique. De 1970 à 1983, le chef du parti socialiste, Bruno Kreisky, élu chancelier, renforça le modèle de l'État-providence. Tous ses efforts se portèrent sur la sécurité de l'emploi, les salaires élevés et les allocations familiales, sans soulever la question du prix à payer pour y accéder.

En dépit de sa fonction de médiateur près du «rideau de fer», l'Autriche neutre s'était toujours tournée vers l'Occident et était

En 1994, un référendum fut organisé; le «oui» remporta 60 % des suffrages et, le 1er janvier 1995, l'Autriche devint membre à part entière de l'Union dont elle assura la présidence dès le deuxième trimestre 1998.

Cependant, depuis 1986, l'Autriche a vu ressurgir ses vieux démons, avec tout d'abord l'accusation portée contre le président Kurt Waldheim d'avoir participé à des opérations contre les juifs pendant la Seconde Guerre mondiale. Par ailleurs, 1986 avait aussi marqué l'essor du parti d'extrême droite (FPÖ) avec l'élection à sa présidence de Jörg Haider. Avec son discours radical-populiste, il réussit à attirer

devenue membre de la zone de libre échange en 1959. En 1989, avec la chute du mur de Berlin, elle vit s'ouvrir ses frontières avec la Hongrie et la Tchécoslovaquie.

L'Autriche dans l'Union européenne

Afin d'intensifier ses relations économiques déjà importantes avec des pays membres de l'Union européenne, elle déposa une demande d'entrée dans la Communauté.

A gauche, Thomas Klestil, élu président en 1992, prête serment à l'Assemblée nationale; ci-dessus, en 1994, par référendum, les Autrichiens ont dit oui à l'Union européenne.

tous ceux qui étaient tentés par le vote protestataire contre l'Europe, la politique d'austérité, la corruption, la main-mise des deux grands partis sur le pouvoir. En octobre 1999, le FPÖ devint la deuxième force politique du pays en obtenant 27% des suffrages aux législatives. En 1996 déjà, il avait atteint 28% des voix aux élections européennes, record de l'Union pour un parti nationaliste. Au début de l'an 2000, l'Union n'a pas caché son inquiétude face à la formation de la coalition conclue entre le FPÖ et le parti conservateur, de même qu'elle est restée très sceptique lorsque, le 28 février, Jörg Haider quitta la présidence de son parti.

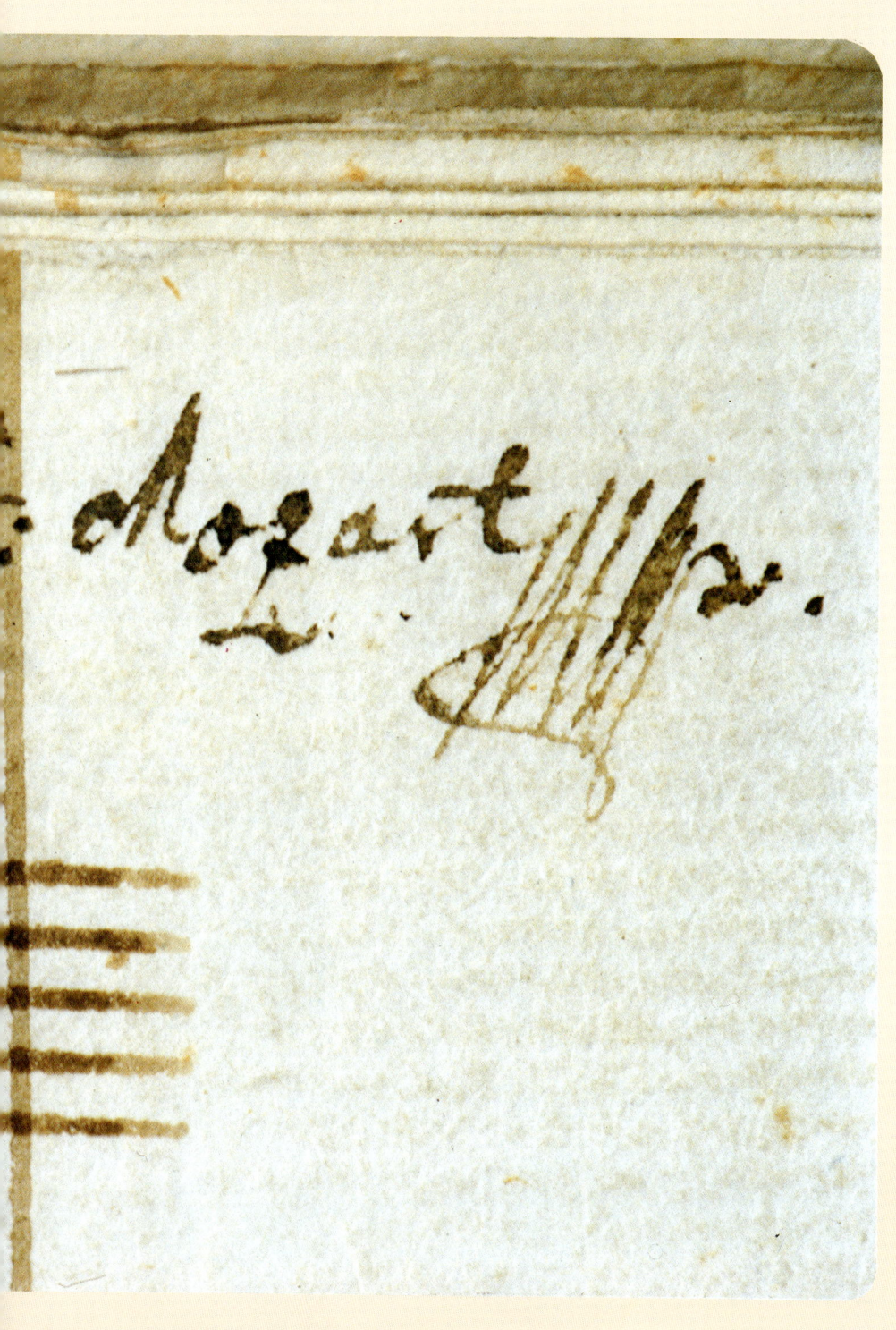

LES ARTS EN AUTRICHE

Le monde doit à l'Autriche quantité de musiciens, de peintres, de sculpteurs et d'écrivains, d'architectes et d'artisans.

La richesse culturelle de l'Autriche est née de sa remarquable capacité d'ouverture aux mouvements artistiques originaires de toute l'Europe. En tant que marche frontalière, elle devait servir de bastion et de zone tampon au sud-est du royaume carolingien et, plus tard, du royaume franc. Elle s'est donc trouvée soumise à l'influence d'autres cultures.

Les croisés, qui étaient obligés de traverser le territoire autrichien pour se rendre en Terre sainte, contribuèrent à faire connaître l'art byzantin. Cette influence a surtout porté ses fruits dans la peinture (par exemple dans les fresques des églises de Lambach et de Freisach) et les miniatures de manuscrits, dont le centre était installé à Salzbourg.

Le gothique

Vers le milieu du XIIIe siècle, le style gothique, introduit par les ordres mendiants français et les artistes ambulants italiens, commence à dominer le paysage artistique autrichien. Les clochers et les tours d'église se dressent haut dans le ciel. La lumière se répand dans les églises à travers des fenêtres en ogives; des tableaux remplacent peu à peu les peintures murales par manque de place. L'autel, qui se réduisait jusqu'alors à une petite table, se transforme en construction complexe, avec des ailes latérales et des boiseries sur la face arrière.

Artistes et architectes quittent l'anonymat et deviennent des maîtres artisans reconnus. Quelques-uns, parmi les meilleurs, sont originaires d'Autriche: Hanns Puchsbaum, Michael Knab et Anton Pilgram, ainsi que les peintres et sculpteurs Jakob Kaschauer et Michael Pacher.

Pages précédentes: la signature de Wolfgang Amadeus Mozart; monument à Johann Strauss fils dans le Stadtpark; un peintre au travail: Arnulf Rainer. À gauche, affiche du peintre expressionniste Oskar Kokoschka.

Commerce et prospérité

Grâce au développement du commerce, les villes prospéraient. Les bourgeois, principaux bénéficiaires de cet essor, exhibaient leur richesse à travers des commandes fastueuses: par exemple, faire couvrir une fenêtre à encorbellement de tuiles dorées, comme c'est le cas pour la «maison au toit d'or» d'Innsbruck.

C'est l'époque des guildes et l'artisanat d'art profite en particulier du goût pour la dépense manifesté par les communes. On peut admirer les pièces de mobilier gothique aux riches ornementations qui sont conservées dans les châteaux et les musées du pays tout entier.

Même la construction des châteaux forts subit des changements considérables. Les murailles s'épaississent, les systèmes de défense se perfectionnent; la tendance de l'époque voulait que tout puisse résister aux attaques, aussi bien à celles de l'ennemi qu'à celles du temps. Hohensalzburg, Hochosterwitz en Carinthie ou Hohenwerfen témoignent du talent de leurs bâtisseurs.

Le réalisme nouveau qui caractérise l'art gothique se traduit dans la sculpture et dans la peinture: les statues se détachent des murs et se dressent libres de tout support latéral; la nature devient un thème important des compositions et les événements historiques sont représentés dans un style tout à fait nouveau. Certains peintres originaires d'Autriche et d'Allemagne du Sud, comme Albert Altdorfer, qui a composé l'autel de Saint-Florian, Lukas Cranach l'Ancien, Jörg Breu, ont porté cette approche naturaliste à son point le plus extrême. Ceux que l'on a rassemblés sous l'étiquette d'école du Danube dépeignent une société de damnés peuplée d'ivrognes, de malades, de monstres, d'individus contrefaits, scrofuleux.

Le maniérisme

La fin du XVe siècle vit peu à peu disparaître toute certitude. Les Turcs arrivaient du sud, la science voulait remettre les postulats de l'Église en question et la Réforme opérait une scission au sein de l'Europe. Ces troubles ont probablement empêché la noblesse italienne de la Renaissance de s'établir définitivement en Autriche.

Le maniérisme, déformation du nouvel idéal artistique, y trouva un terrain d'élection. Les châteaux forts servent alors plutôt à faire étalage de son train de vie qu'à défendre la population et les villes; les chemins de ronde sont remplacés par de gracieuses arcades; parapets et barbacanes deviennent des mots du passé.

Peu d'artistes autrichiens se sont illustrés au cours de cette période. Toutefois, on peut citer les peintres Jakob Seisenegger, Josef Heintz et Bartholomäus Spranger. On préférait collectionner l'art et les artistes d'ailleurs, en particulier les Italiens, puis quelques Allemands et Flamands.

Le baroque

L'art baroque naquit vers 1620. A plus d'un titre, c'est un prolongement direct de l'ère précédente. Il adopte de nombreux éléments de l'architecture de la Renaissance, leur donnant, par la composition et l'ornementation, un accent nouveau. Les artistes italiens s'y illustrèrent avec brio. Santino Solari a construit la cathédrale de Salzbourg et Carlo Antonio Carlone a été chargé de la responsabilité des églises de Sankt Pölten et de Sankt Florian, ainsi que du château du prince Esterházy à Eisenstadt.

La comédie italienne apporta également un regain de vitalité dans le monde du théâtre et l'opéra italien fut, pendant un siècle, l'objet des ovations du public. A l'occasion des cérémonies nuptiales de Léopold Ier et de Marguerite d'Espagne, en 1667, on construisit un nouveau théâtre sur l'ancien bastion viennois, le Burg (Burgtheater) afin d'y représenter l'opéra *Il Pomo d'Oro*. L'italomanie incita même quelques compositeurs à se donner des noms italiens : Rössler devint Rosetti et Jan Vaclav Stich, Giovanni Battista Punto.

L'apogée du baroque coïncide avec la victoire sur les Turcs en 1683. Certains compositeurs découvraient le charme de la musique militaire en provenance de l'empi-

re ottoman. Cet engouement s'est prolongé pendant un siècle et c'est à lui qu'on doit la *Marche turque* de Mozart, le rondo de son *Concerto pour violon en la majeur* et *Les Ruines d'Athènes* de Beethoven.

Le rococo

A la fin du XVIIe siècle, Joseph Bernhard Fischer rendait au baroque une note de sobriété germanique. Johann Joseph Fux, maître de chapelle à Saint-Étienne, théoricien de la musique et compositeur, revenait au contrepoint rigoureux de l'Allemagne du Nord, au risque même de paraître désuet.

LES ARTS EN AUTRICHE

L'ère du rococo commençait en Autriche. Les critères du bon goût et de la distinction perdaient de leur extravagance ; la fraîcheur, l'ordre et la transparence étaient mis à l'honneur. Le goût pour l'exotisme, entretenu par le commerce avec l'Extrême-Orient, reste très présent dans l'art, avec toutefois une nuance de légèreté et de limpidité.

En 1705, le peintre Peter Strudel von Strudendorf fonda l'académie des Arts, à Vienne, où Paul Troger allait attirer une génération d'artistes éminents. Parmi eux, on peut citer Franz Anton Maulpertsch, souabe de naissance, ainsi qu'un artiste bohémien moins connu, Jan Vaclav Bergl,

L'école classique de Vienne

La scène politique était dominée par l'absolutisme et le droit et l'ordre reprenait leur place sur le plan culturel. Les chefs de file du *Wiener Klassik*, l'école classique de Vienne, Joseph Haydn, Wolfgang Amadeus Mozart et le moins célèbre Ditters von Dittersdorf, enchantait la capitale en établissant de nouvelles règles révolutionnaires. Ludwig van Beethoven, leur héritier légitime, ne détruisit jamais, même dans ses passages les plus fougueux, cet équilibre délicat entre la forme et le fond, entre le sentiment et la

dont les peintures murales des *Goesser Zimmern* («chambres de Goess»), au château de Schönbrunn, sont des exemples remarquables de l'art rococo.

Puis vint l'âge de l'*Empfindsamkeit*, terme suggérant que l'art pouvait aussi traduire ou donner des émotions. Les sujets traités sont plus graves. Le *Sturm und Drang*, mouvement littéraire revendiquant les droits du sentiment sur la raison, étendit rapidement son influence à la musique: on redécouvrait le mode mineur.

A gauche, Franz Grillparzer et Franz Schubert; ci-dessus, une soirée avec Johann Strauss au piano.

raison. Franz Schubert se plaça modestement à l'ombre de Beethoven et essaya pendant une période de sa vie d'imiter la voix du titan.

Le romantisme

Tout le XIXe siècle a été bercé par les luttes entre les classiques et les romantiques, par les éclats des partisans de Johannes Brahms et de ceux de Richard Wagner, et Vienne a été l'un des champs de bataille de ce conflit pacifique. Brahms lui-même y prit part ; c'est lui qui a qualifié les symphonies d'Anton Bruckner de *«serpents géants»*. Ce dernier, fils de paysan de Sankt Florian, près de Linz, pria même l'empereur d'intervenir contre les attaques violentes d'un critique viennois qui faisait profession de décréter ce qui était de la musique sérieuse et ce qui n'en était pas, et pourquoi la musique de Franz Liszt, de son gendre Richard Wagner et d'Anton Bruckner n'en faisait pas partie.

En littérature et en peinture, le romantisme se caractérise par un retour aux sources, à la terre. Peter Rosegger, né en Carinthie, est le chef de file de ce courant. Des peintres tels que Schwind, Franz Eybl, Rudolf Thoma et Leopold Kuppelwieser mettent en scène des gens simples et composent des scènes de genre avec l'éclat et la fraîcheur réservés autrefois aux têtes couronnées.

Mais la révolution industrielle transformait déjà le monde. Les nouvelles orientations stylistiques s'exprimèrent pour l'essentiel à Vienne. Lorsque l'extension de la capitale au-delà des boulevards (les anciens remparts) fut autorisée, l'historicisme, amalgame de styles d'époques passées, fit fureur. Eduard van der Nüll, August von Siccardsburg, Heinrich Ferstel, Gottfried Semper et d'autres se mirent à l'ouvrage et bâtirent des façades néo-baroques, néo-gothiques et néo-Renaissance. Mais ce mouvement n'alla pas plus loin.

La sécession

Durant les premières années du XXe siècle, une révolution culturelle secoua le monde des arts. Elle commença avec la sécession, mélange d'exotisme, d'orientalisme et d'érotisme. Ses membres se dressaient contre ce qui était ancien et caduc. Les têtes de ce soulèvement, Joseph Maria Olbrich, Otto Wagner et Gustav Klimt, sacrifièrent leur réputation et une importante somme d'argent pour défendre leurs idées.

A leur exemple, Arnold Schönberg et Joseph Matthias Hauer, inventeurs de la trope musicale, faisaient table rase du

concept d'harmonie. Freud explorait les rêves des Viennois. Stefan Zweig donnait une expression littéraire à ses théories politiques, historiques et sociales, tandis qu'Arthur Schnitzler disséquait avec tendresse et ménagement la réalité sociale de la fin du siècle. Il ne faut pas oublier le philosophe et romancier Hermann Broch, ainsi que Hugo von Hofmannsthal qui, outre son *Jedermann*, a écrit de nombreux livrets d'opéra en collaboration avec Richard Strauss. A noter aussi les «bêtes noires» de la province : Jaroslav Hasek, Bohémien typique avec sa satire mordante du *Brave soldat Chvéik* ; Odon von Horvath, auteur d'*Un enfant de notre époque*, pièce émouvante dans laquelle il fait l'apologie de l'antimilitarisme ; Franz Kafka, l'employé de bureau de Prague qui inventait la nuit des univers absurdes.

Cette génération inspira la suivante. Egon Schiele commença une carrière littéraire pour se tourner vers la peinture à la suite de son maître Klimt. Les peintres Oskar Kokoschka, Herbert Boeckl et Alfred Kubin prirent leur élan dans la sécession, tout comme Gustav Meyrink et le poète symboliste Georg Trakl.

La Première Guerre mondiale fut un choc, mais c'est l'Anschluss de 1938 qui mit un terme brutal à cette époque d'ébullition.

peut unir l'art, l'architecture et la fonctionnalité. La maison construite à Vienne par Hundertwasser est une application à la ville des réflexions écologiques de son auteur. Autre figure caractéristique de la créativité nouvelle, André Heller, à la fois poète, chanteur et maître pyrotechnicien.

Hans Weigel a échoué dans sa tentative de fonder une école littéraire viennoise au café Raimund dans les années d'après-guerre car, à cette époque, le Gruppe 47 d'Allemagne de l'Ouest offrait aux jeunes auteurs des perspectives plus séduisantes. Il faut attendre les années 70 pour que la vie littéraire connaisse un renouveau,

La Seconde Guerre mondiale elle-même n'a pu avoir raison de la vitalité culturelle de l'Autriche.

L'art depuis 1945

Durant la seconde moitié du XXe siècle, l'Autriche produira toutes sortes de créations, des blocs d'immeubles des années 50 et 60 aux « sexcapades » d'un Otto Mühl.

Des artistes comme Anton Krejcar, Richard Matouschek ou Freidensreich Hundertwasser ont réfléchi sur le lien qui

A gauche, Johannes Brahms ; ci-dessus, ballet à l'ouverture du bal de l'Opéra.

avec Peter Handke, Ingeborg Bachmann, Elfriede Jellinek, Alfred Kolleritsch, Barbara Frischmut et Thomas Bernhard, qui a interdit la représentation de ses pièces de théâtre en Autriche après sa mort, en 1989.

Le cabaret politique, par sa nature nihiliste et sarcastique, trouve un nouvel essor grâce à Helmut Qualtinger, Werner Schneyder, Wolfgang Ambos et Reinhard Feindrich, chanteurs pop du groupe Erste Allgemeine Verunsicherung, dont le « Tango corrupti » met en scène la politique autrichienne secouée par les scandales. Le caricaturiste Manfred Deix a immortalisé d'un crayon acéré les points faibles de l'Autriche.

L'AUTRICHE BAROQUE

Environ 20 000 églises, monastères, palais et châteaux représentent la période artistique la plus éclatante de l'Autriche. Ce paysage architectural est sans égal en Europe centrale.

Du baroque primitif au rococo

Le baroque de la première heure, appelé baroque primitif (1620-1683), est né en 1620, date à laquelle la Contre-Réforme commençait véritablement à s'épanouir, entraînant une floraison de l'architecture sacrée. Les églises d'ordres religieux (franciscains, pauliniens, carmélites, dominicains et jésuites) construites à cette époque sont empreintes d'une piété profonde. Sobres, dépourvues de transept et de coupoles à tambour, beaucoup d'entre elles n'ont ni tour ni clocher.

Le haut baroque (1683-1740) est né en 1683, date de la victoire définitive sur les Turcs qui menaçaient le pays depuis des siècles. Contrairement au baroque primitif, c'est un art exubérant et théâtral, à la gloire de l'empire, gardien de la chrétienté.

Le caractère monumental est le premier attribut du style baroque. Il symbolise les pouvoirs en place depuis la guerre de Trente Ans, détenus par la cour, l'Église et la noblesse. Clochers ampoulés, portails et palais pompeux, statues géantes de héros et vastes perrons, sont les nouveaux signes de puissance et de prospérité. De 1740 à 1780, le baroque tardif autrichien laissera la place au rococo français.

Les grands maîtres

Johann Bernhard Fischer von Erlach (1656-1723), son fils Joseph Emanuel, Johann Lukas von Hildebrandt (1668-1745) et Jakob Prandtauer (1660-1726) sont les architectes les plus éminents de l'Autriche baroque.

La famille italienne des Carlone a également été très active: Pietro Francesco, le père, Carlo Antonio et Giovanni Battista, les fils, les architectes Carlo Martino Carlone, Domenico Carlone, Joachim Carlone, ainsi que le peintre Carlo Carlone et le stucateur Bartholomeo Carlone.

La route du baroque

En arrivant à Salzbourg, on se trouve d'emblée sur ce qu'on a appelé la «route du baroque», qui mène vers le sud de l'Autriche en passant par Vienne. A Salzbourg, le château Mirabell, érigé sous le règne des princes-archevêques Wolf Dietrich von Raitenau (1587-1612) et Marcus Sitticus von Hohenems (1612-1619), porte la signature de Lukas von Hildebrandt, même s'il a été reconstruit par Peter von Nobile après l'incendie de 1818. Hildebrandt a aussi collaboré à la façade principale de la Résidence, siège de la principauté ecclésiastique jusqu'en 1882.

Les environs de Salzbourg regorgent d'édifices baroques: le château de Klessheim, construit par Johann Bernhard Fischer von Erlach de 1700 à 1709; la basilique de pèlerinage de Maria Plain, bâtie de 1671 à 1674 par Giovanni Antonio Dario et dotée d'autels sculptés par Thomas Schwanthaler et, enfin, à Michaelbeuern, l'imposante abbaye bénédictine fondée en 977 mais dont les bâtiments actuels sont du XVIIe siècle.

A Mondsee, l'ancienne abbatiale a reçu une décoration de style baroque primitif, tout comme les trois autels de l'église gothique de Sankt Georgen an der Mattig (près de Braunau), dus aux frères Martin et Michael Zürn et portant la date de 1650.

A Traunkirchen, on peut admirer l'église du Couronnement de la Vierge, de style baroque jésuite, dont la chaire de la pêche miraculeuse (*Fischerkanzel*) a la forme d'un bateau orné des statues en bois des apôtres. Si toute la petite cité de Lambach a un cachet baroque, c'est l'abbaye bénédictine qui retient surtout l'attention: elle abrite le seul théâtre baroque encore existant construit dans un monastère.

On peut aussi visiter, à Paura, l'église de la Trinité de Johann Michael Prunner ainsi que l'abbaye des augustins de Reichersberg, à laquelle Giovanni Battista Carlone a travaillé.

Kremsmünster

L'abbaye bénédictine de Kremsmünster, qui domine la ville du même nom sur les rives de la Krems, est considérée comme l'un des centres culturels les plus anciens du territoire austro-bavarois. Elle a été fondée en 777 par le duc Tassilo III de Bavière. Son église abbatiale, de 1232, a été remaniée en style baroque de 1613 à 1731 par Jakob Prandtauer et Carlo Antonio Carlone, à qui on doit aussi l'abbaye des augustins de Sankt Florian. Derrière l'église s'élève, à 50 m de hauteur, la curieuse « tour mathématique » (1759) est le plus ancien immeuble d'Europe. Sept de ses huit étages ont été transformés en musée d'Histoire naturelle. Autre ouvrage d'une beauté unique : le vivier (*Fishkalter*), enfilade de cinq bassins entourés d'arcades commencée par Carlo Antonio Carlone et achevée par Jakob Prandtauer.

La présence de Jakob Prandtauer se fait plus forte encore dans la vallée du Danube, avec l'abbaye bénédictine de Melk – dont la reconstruction a été la tâche de sa vie – et plusieurs édifices de la ville de Sankt Pölten où il a habité : la résidence épiscopale, l'institut des Demoiselles anglaises, l'hôtel de ville et l'église des Carmélites.

Melk

L'abbaye de Melk, perchée sur un rocher qui domine le Danube, est sans doute l'édifice le plus représentatif du baroque

Le nom de Prandtauer est également lié à la ville de Christkindl, près de Steyr. Il succéda à Carlo Antonio Carlone dans la construction de l'église de ce lieu de pèlerinage. Il ne fit que concevoir celle de Sonntagsberg, en Basse-Autriche ; commencée en 1706, elle ne fut terminée qu'en 1732 par son neveu, tyrolien lui aussi, Josef Munggenast. Tout deux avaient déjà travaillé ensemble à l'abbaye des augustins de Herzogenburg, située à l'ouest de Vienne.

Le belvédère supérieur, somptueuse résidence baroque du prince Eugène de Savoie, à Vienne.

autrichien à son apogée. Ravagée par un incendie à la fin du XVIIe siècle, elle a été entièrement reconstruite par Jakob Prandtauer. Il avait l'art de placer ses ouvrages en parfaite harmonie avec le paysage. A Melk, contrairement à de nombreux monastères baroques, les éléments sacrés, en particulier l'église, dominent nettement l'ensemble.

Prandtauer trouva en l'abbé Berthold Dietmayr, âgé de trente ans seulement, un partenaire enthousiaste. Ce dernier savait parfaitement ce qu'il voulait et trouvait toujours les moyens et les fonds nécessaires pour imposer ses idées, malgré les réticences de sa propre communauté.

Pendant près de trente-cinq ans, de 1702 à 1736, Prandtauer fit venir à Melk les artistes baroques les plus éminents, parmi lesquels Johann Michael Rottmayr et Paul Troger. Le premier est l'auteur des impressionnantes fresques du plafond de l'église, illustrant la vie de saint Benoît : le combat contre le mal ; la colombe, symbole de l'âme de Scholastique, sœur de saint Benoît, qui monte vers les cieux ; saint Benoît dans la gloire de Dieu. Le second a réalisé les fresques du plafond de la bibliothèque. La foi y est représentée sous une forme allégorique : une femme tient le livre aux sept sceaux et l'agneau de l'Apocalypse dans une main, un

Dürnstein

Avant de traverser le Danube pour gagner la petite cité de Dürnstein, on se laissera surprendre par la situation naturelle de l'abbaye bénédictine de Göttweig qui lui a valu de jouer un rôle dans la défense contre les Turcs, en 1529. Elle a été reconstruite à partir de 1719 d'après les plans de Johann Lukas von Hildebrandt.

A Dürnstein, les ruines du château dans lequel le roi d'Angleterre Richard Ier Cœur de Lion a passé deux ans en captivité (1192 et 1193) veillent encore sur la ville du haut de leur éperon rocheux.

bouclier dans l'autre. Autour d'elle planent les quatre vertus cardinales : la sagesse, la justice, la force et la tempérance. Troger a aussi peint les fresques du plafond de la salle de marbre (*Marmorsaal*) : sur un char tiré par des lions, Pallas Athénée quitte le royaume des ténèbres pour rejoindre le celui de la lumière et du bien. L'entretien de l'abbaye a toujours été onéreux et la Bible de Gutenberg a dû être vendue pour financer la rénovation extérieure des bâtiments. Depuis près de neuf cents ans, Melk est le centre d'une activité intense : les moines exploitent les terres de l'abbaye et administrent un collège, un lycée et un internat.

L'ancienne abbaye des augustins de Dürnstein, joyau du baroque autrichien, est l'unique abbaye à avoir été conçue par un moine, l'abbé Hieronymus Übelbacher. Dans son journal, il a fait un récit minutieux des travaux qu'il a supervisés. Presque tous les symboles représentés vont par quatre : quatre saisons, quatre continents, quatre évangélistes, quatre éléments, quatre portaux. L'entrée principale ne se trouve pas, comme c'était la coutume, dans l'axe central de l'église, mais sur le côté nord. Une entrée supplémentaire devant l'édifice accentue le contraste entre l'obscurité de la cour et le ruissellement de lumière qui illumine l'intérieur de l'église.

Il a retrouvé son bleu d'origine, recouvert par un badigeon jaune au fil des ans.

Vienne, capitale baroque

Parmi les édifices baroques les plus anciens de Vienne, il faut citer l'église dite « Am Hof » (gothique de la fin du XIVe siècle), dont l'intérieur et la façade de Carlo Antonio Carlone datent de 1662. C'est un joyau du baroque primitif dans le style des églises jésuites de Rome.

A partir de 1682, Fischer von Erlach a commencé à attirer l'attention de la cour de Vienne. Alors qu'il travaillait depuis dix ans à la colonne de la Peste, il est choisi pour le projet de construction des portes triomphales destinées à accueillir l'empereur Joseph Ier à Vienne. Cet événement célébrait la victoire de l'art allemand sur l'art italien. Par la suite, il reçut des commandes de l'empereur et de la haute aristocratie. En 1693, son second projet concernant le château de Schönbrunn fut accepté par Léopold Ier, le premier, colossal et démesuré, ayant été refusé trois ans plus tôt.

A peu près à cette époque surgirent de somptueuses demeures, comme le palais Schwarzenberg. Le Belvédère, réunion de deux palais, fut érigé entre 1714 et 1723 par Hildebrandt. Son commanditaire, le prince Eugène, vivait, disait-on, sur un plus grand pied que l'empereur lui-même. Le château de Schönbrunn, terminé en 1749 par Nikolaus Pacassi, porte déjà les marques du rococo naissant. En 1733, Hildebrandt achevait l'église Saint-Pierre (Peterskirche) puis, en deux ans, l'actuelle chancellerie fédérale.

Fischer von Erlach proposait encore le meilleur projet pour l'église Saint-Charles-

Borromée (Karlskirche) qui avait été fondée par Charles VI pour obéir à un vœu formulé durant la peste de 1713. Il y a travaillé jusqu'à sa mort en 1723 et c'est son fils, Joseph Emanuel, qui l'a achevé en 1739. On dit qu'elle a été conçue sur le modèle de Saint-Pierre de Rome, ce qui confirmerait l'idée que certains voulaient faire de Vienne une nouvelle Rome.

Joseph Emanuel Fischer von Erlach succéda à son père dans plusieurs projets, dont la grandiose bibliothèque de la cour impériale, l'actuelle Bibliothèque nationale. A la demande de Charles VI, il a construit aussi le chef-d'œuvre baroque qu'est le Manège d'hiver de l'école espagnole.

A gauche, la Bibliothèque nationale, à Vienne ; ci-dessus, plafond de la nef de la basilique baroque de Stams, dans le Tyrol.

Les environs de Vienne

A 13 km au nord de la capitale, l'abbaye des augustins de Klosterneuburg, imposant palais-monastère reconstruit vers 1730, est un but d'excursion intéressant si on veut voir un bel ensemble baroque. A 50 km à l'est de Vienne, dans le Marchfeld, se dresse le Schlosshof, édifié par Hildebrandt à la demande du prince Eugène de Savoie pour servir de pavillon de chasse. Le château de Halbturn, à 50 km au sud-est de Vienne, dans le Burgenland, porte également la signature de cet architecte. Frauenkirchen, à 4 km au sud de Halbturn, est connue pour

son importante église de pèlerinage, la Maria Himmelfahrt Kirche (Ascension de la Vierge).

A 50 km au sud de Vienne, Eisenstadt est restée fidèle au souvenir de la famille Esterházy, seigneurs hongrois qui y résidèrent pendant deux siècles. Leur château a été remanié de 1663 à 1672 dans un style baroque primitif d'Italie du Nord par Carlo Martino Carlone. Les figures grimaçantes des façades de la cour intérieure sont de véritables curiosités : elles représentent les agents de l'administration impériale qui s'enrichirent sur le dos des ouvriers employés aux constructions, lesquels se vengèrent par ces sculptures.

La Styrie et la Carinthie

La route du baroque traverse Vorau, au sud-ouest de Vienne, avec son abbaye des augustins, puis Mariazell, le plus important lieu de pèlerinage catholique d'Autriche. L'intérieur de l'église Notre-Dame de la Nativité représente l'apogée du baroque en Styrie, avec le célèbre maître-autel de Johann Bernhard Fischer von Erlach et l'autel d'argent de la chapelle des Grâces, dû à son fils, Joseph Emanuel.

Graz compte aussi de nombreux édifices baroques : le château d'Eggenberg (1623-1633) de Laurenz von der Sype, qui abrite un musée du baroque ; l'église de la Miséricorde (1735-1740) de Johann Georg Stengg ; le mausolée de l'empereur Ferdinand II (1614-1636) et l'église Notre-Dame du Bon Secours (1607-1611) de Giovanni Pietro de Pomis ; l'église des Ursulines (1696-1700) de Bartholomäus Ebner ; la Welsche Kirche (1721-1725) de Joseph Carlone ; le palais Attems (1702-1716) d'après les plans d'Andreas Stengg et le palais Welsersheim (1689-1694), d'après ceux de Joachim Carlone, ainsi que l'église de pèlerinage Notre-Dame de la Consolation (1714-1724) d'Andreas et Johann Georg Stengg.

De Graz, on rejoint, 40 km plus au sud, Ehrenhausen, où le grand Fischer von Erlach a mis tout son talent dans la décoration intérieure du mausolée du prince d'Eggenberg, vainqueur des Turcs.

En Carinthie, le style baroque s'est épanoui de façon plus modeste. Wolfsberg et Sankt Veit an der Glan possèdent de jolies églises paroissiales. L'ancienne basilique de l'Assomption, à Gurk, est aussi une étape intéressante. A Villach, l'église de la Sainte-Croix, lieu de pèlerinage célèbre, présente un plan croisé avec une coupole centrale et deux tours jumelles ; elle a été construite vers 1735 par Andreas Siegel. Le haut lieu de l'art baroque en Carinthie est Ossiach, avec son ancienne abbatiale bénédictine, basilique romane à piliers, mise au goût baroque par la suite. Des concerts et des récitals très appréciés s'y donnent chaque année dans le cadre du festival d'été de Carinthie.

A gauche, détail du retable de Schwanthaler, dans l'église de Saint-Wolfgang ; à droite, la bibliothèque de l'abbaye de Melk.

LA CUISINE AUTRICHIENNE

La cuisine autrichienne mêle recettes traditionnelles du terroir et emprunts aux pays voisins: entremets au *Powidla* (terme tchèque qui désigne la compote de pommes), goulache au paprika de Hongrie, *Letscho* poivré des Balkans et plantureuses portions de pâtes d'Italie.

Une petite histoire en dit long sur la remarquable capacité d'assimilation des Autrichiens dans ce domaine. Toutes les maîtresses de maison attribuent l'invention du *Wiener Schnitzel* («escalope viennoise») à leur arrière-grand-mère. Or, les recherches historiques révèlent que, après son retour d'Italie en 1848, l'année de la révolution, le maréchal Radetzky, dans son rapport au gouvernement impérial, ne parla pas seulement de la répression du soulèvement mais aussi d'un certain *Costoletto alla Milanese*, dont il transmit la recette au cuisinier de la cour, sous le sceau du secret. Depuis, cette escalope panée de veau, de porc, de volaille et de poisson passe pour un plat typiquement autrichien !

En Autriche, on aime bien manger – il suffit de se promener dans les rues pour s'en convaincre et les partisans de la cuisine macrobiotique sont souvent considérés d'un œil narquois. Lorsque, le 3 juillet 1742, l'impératrice Marie-Thérèse vint faire une visite d'une journée à Melk avec toute sa cour, le chef de cuisine eut fort à faire, ne serait-ce que pour organiser le transport des victuailles. Sa liste d'achats prévoyait, entre autres choses: 587 livres de bœuf, 743 livres de viande de veau, 9 têtes de veaux, 40 pieds de veaux, 4 livres de moelle et 4 langues de bœuf. A cela s'ajoutaient 1404 œufs, 1,3 kg de saindoux et 9 pots de cannelle. Les portraits de l'époque montrent d'ailleurs une Marie-Thérèse plutôt bien en chair. Deux cent cinquante ans plus tard, les Autrichiens seraient encore capables de manger tous les jours comme une impératrice.

Les modes gastronomiques ne sont guère prisées dans ce pays où l'on reste très conservateur même dans l'alimentation. « Ce que le paysan ne connaît pas, il *ne le mange pas.* » Cette maxime reste valable à Vienne et dans les capitales des provinces. Heureusement, la cuisine autrichienne est assez variée pour satisfaire les plus difficiles.

La cuisine des régions

Dans le Vorarlberg, *Land* le plus occidental d'Autriche, les vieilles recettes, transmises de génération en génération, sont encore aux menus de nombreux restaurants. Parmi ces plats traditionnels, on peut citer: les *Kässpätzle*, galettes de farine, de lait et d'œufs, servies avec du beurre et du fromage; le *Marend*, collation à base d'emmenthal ou de gouda accompagnée en général de pain et de cidre; la truite, le corégone et le brochet – qui peut peser jusqu'à 10 kg – en provenance du lac de Constance, où les Romains pêchaient déjà leur dîner.

La cuisine tyrolienne est tout aussi soignée et nourrissante. L'hospitalité de cette région, qui accueillit de nombreux voyageurs, est légendaire. Le lard et le porc fumé sont les ingrédients essentiels d'un authentique *Speckknödel* tyrolien qu'on accompagne traditionnellement d'un petit verre de schnaps (eau-de-vie) distillé maison. Le robuste *Bauernschöpsernes* est idéal pour les appétits féroces. Il s'agit d'agneau qu'on fait revenir légèrement avec des oignons coupés en rondelles, puis cuire lentement à l'étuvée pour que la viande reste tendre et moelleuse. On le sert avec des pommes de terre coupées en quartiers, du persil et une feuille de laurier pour relever la sauce, le tout accompagné de vin rouge. Les amateurs de desserts goûteront au *Kirchtagkrapfen*, beignet à la cerise ou à la compote de pommes, qui se marie remarquablement avec un petit verre d'*Obstler* (alcool de fruits).

Dans le pays de Salzbourg, les princes-archevêques ont laissé des traces ineffaçables dans les livres de cuisine. Les restaurants historiques de la vieille ville servent sous des voûtes plusieurs fois centenaires ou dans des cours intérieures ombragées, l'incontournable *Salzburger Nockerl*, soufflé très crémeux à la vanille

L'Autriche est réputée pour ses pâtisseries, dont la plus célèbre est la Sachertorte.

qui, traditionnellement, est hérissé de trois toques. On goûtera aussi au *Salzburger Bierbraten*, rôti sauté à la bière, et au *Gespicktes Kalbsvögerl*, escalope farcie de choux et garnie de lardons.

La bière de Salzbourg est aussi excellente, servie de préférence dans des bocks d'une pinte. Les princes-archevêques s'étaient réservé jadis le privilège de brasser la bière, activité qui représente encore aujourd'hui un secteur florissant de l'économie de la ville. Autre fleuron salzbourgeois : la confiserie, comme en témoignent les fameux *Mozart Kugeln*, boules de chocolat fourrées de massepain.

Bauernschmaus (littéralement : « choucroute paysanne »). La Haute-Autriche est le fief des *Knödel*. Les restaurants locaux organisent tous les ans des « semaines du *Knödel* » pendant lesquelles on les prépare sous toutes les formes possibles, sucrées, salées ou piquantes.

Ce fief a aussi sa forteresse, l'Innviertel, qui s'étend sur la rive droite de l'Inn, aux confins de l'Autriche et de l'Allemagne. Dans cette région, un déjeuner sans *Knödel*, même copieux, est considéré comme un misérable casse-croûte.

Dans le Mühlviertel voisin, toujours en Haute-Autriche, on n'imagine pas un

Dans le Salzkammergut, une visite à la pâtisserie Zauner, à Bad Ischl, s'impose. Elle se trouve juste à côté de l'ancienne villa de François-Joseph. Bad Ischl est un véritable pays de cocagne pour tous les amateurs de gâteaux, brioches, bonbons et chocolat.

La Haute-Autriche, qui s'étend des montagnes du Salzkammergut à la forêt de Bohême, était à l'origine une région purement agricole, comme en témoignent quelques plats typiques : viande fumée, choucroute et *Knödel* (boulettes de pommes de terre, de mie de pain ou de semoule) ne doivent jamais manquer sur une carte, pas plus que la plantureuse

repas sans une bonne rasade de *Most*, sorte de moût dont la teneur en alcool est faible. Ce jus fermenté de pommes et de poires est en général assez âpre. De nombreux paysans le font encore eux-mêmes. A l'automne, les fruits frais sont pressés puis leur jus repose dans des tonneaux de chêne jusqu'à ce qu'il soit parfaitement clair. Selon les règles de l'art, on le sert dans une cruche en grès, avec du pain, du beurre et du lard.

Au sud, la Carinthie ressemble à une énorme coquille : un cercle de montagnes – les Alpes Carniques et le massif des Karawanken au sud – la borde sur son pourtour, formant au centre une cuvette ensoleillée et chaude, avec des lacs aux eaux tièdes et cristallines. Dans cette région, les légumes et les fruits venus du sud arrivent plus tôt que partout ailleurs et on leur réserve les meilleures préparations.

Très appréciée en Carinthie, la salade dite *Krauthappelsalat* est un mélange de chicorée et de laitue qui craque sous la dent. Autres plats typiques : les poissons d'eau douce souvent cuisinés au vin rouge et les spécialités au lait et au fromage, présents sur toutes les cartes de restaurants, entre Villach et Klagenfurt. Mais le plat le plus répandu et qui a le plus de succès, est à base de farine de froment et de seigle. Une authentique miche de pain de campagne peut peser jusqu'à 4 kg, et mesurer jusqu'à 50 cm de diamètre. Une bonne tartine de ce pain, avec une tranche de lard ou une couche épaisse de saindoux ou encore avec du beurre et du miel, cale les plus affamés.

La Styrie, surnommée «la marche verte», est une grande province agricole avec plusieurs milliers d'hectares de terres labourées, de prés et d'alpages. Elle a su conserver ses traditions culinaires comme en témoignent les plats savoureux que sont le *Heidensterz*, à base de farine

sans conteste les *Kasnudeln*, sortes de gros raviolis fourrés de fromage et de feuilles de menthe, servis avec du beurre brun et des carrés de lard rissolés. Dans leur variante sucrée, ils sont fourrés de *Kletzen* (prunes sèches) ou de poires sèches, et coupés en fines lamelles. Si, l'été, les rives du Wörthersee deviennent très animées, l'arrière-pays, à quelques kilomètres de là, réserve une cuisine nourrissante et d'excellente qualité dans ses paisibles petites auberges. Avec un peu de chance, on y découvrira le pain fait maison,

A gauche, un **Kaiserschmarrn***; ci-dessus, des* **Knödel** *aux abricots.*

de sarrasin, d'eau et de saindoux et la *Klachlsuppe*, bouillon agrémenté de lamelles de viande de porc fumé, d'herbes potagères, de baies de genévrier et de poivre en grains. On l'accompagne de pommes de terre à l'eau et de raifort râpé. Si l'on cherche des mets plus légers, les jardins et les potagers fournissent une grande variété de légumes frais. Les spécialités au potiron, en particulier, ont toujours beaucoup de succès.

La salade servie dans cette région ne ressemble à aucune autre : elle est assaisonnée à l'huile de graines de potiron. Cette huile aux reflets irisés et sombres et au goût de noix, a longtemps été décriée et

qualifiée d'«huile de moteur». Aujourd'hui, c'est le *nec plus ultra* des buffets froids de la capitale.

Le goulache aux pleurotes et la viande aux fines herbes, les poulardes et toutes les variétés de porc sont quelques-uns des plats riches et nourrissants qu'offre la verte Styrie. Ceux qui auraient décidé de s'alléger par un «régime fruits», doivent se rendre impérativement dans le sud du pays, vers la frontière slovène. De nombreuses plantations d'arbres fruitiers s'étendent le long des routes. On y fait de succulents jus de fruits (pomme) et de l'eau-de-vie (poire).

de pommes de terres bouillies, garnissent aujourd'hui les assiettes des plus fins gourmets. Le Danube et les lacs et torrents de la région sont très poissonneux. La truite meunière remporte tous les suffrages : on fait rissoler le poisson dans du beurre et on y ajoute un peu de citron et de persil. Les spécialités de gibier, du faisan «en chemise de lard» au jambon de sanglier, sont dignes des grandes cuisines princières. Pour arroser le *Milirahmstrudel*, dessert qui a acquis une renommée nationale, on prendra un petit verre de liqueur ou d'alcool d'abricot en provenance de la Wachau, vallée qui s'étend de Melk à Dürnstein.

La Basse-Autriche, *Land* le plus vaste du pays, est une région riche en vignobles. Elle est divisée en *Viertel*, terme qui désigne à la fois le quart de vin et le quartier : les *Viertel* situés au-dessus et au-dessous du Manhartsberg, le Waldviertel, *Viertel* qui entoure la forêt viennoise et le Weinviertel.

La cuisine y est aussi variée que les paysages. Les plats du pauvre, comme la *Stosuppe* faite de lait, de crème fraîche et

A gauche, Liesl Wagner-Bacher, cordon-bleu et arbitre de la gastronomie en Autriche; ci-dessus, le pavillon de chasse du comte Recke, dans le Pinzgau.

La cuisine du dernier-né des *Länder* autrichiens, le Burgenland, est à l'image de sa population. Nombre de Croates, de Hongrois et de Tziganes y sont restés et continuent à préparer leurs plats nationaux ; c'est ce qu'on appelle la cuisine pannonienne, synthèse de toutes les cuisines d'Europe centrale. Beaucoup de plats ont conservé le nom de grandes familles, comme l'*Esterhazy-Rostbraten* (rôti de bœuf) associé aux seigneurs hongrois d'Eisenstadt. La cuisine hongroise ne se limite pas au goulache épicé et aux potées. On peut aussi essayer les délicieuses *Palatschinken*, crêpes épaisses sucrées ou salées. Pour déguster le vin du Burgenland, il est recommandé de l'accompagner d'un *Fogosch* (sandre) du Neusiedler See – la «mer des Viennois» –, doré à la poêle et croustillant.

A Vienne

Vienne, avec ses traditions culinaires vieilles de plusieurs siècles, est la ville rêvée pour clore cette «promenade gastronomique». Les Viennois sont profondément convaincus que toute la cuisine autrichienne est d'origine viennoise, ce qu'ils se gardent bien de dire lorsqu'ils sont en province.

accompagné de légumes. Un déjeuner perd la moitié de sa saveur s'il ne commence pas par un potage : *Griessnockerlsuppe* (bouillon aux boulettes de semoule), *Leberknödelsuppe* (bouillon aux boulettes de foie) ou *Fridattensuppe* (bouillon aux crêpes coupées en fines lamelles). Après avoir satisfait leur amour des potages, les Viennois ont le choix entre un rôti de porc avec des *Semmelknödel* (*Knödel* au pain blanc), une choucroute ou un *Beuschel* aux abats de veau (cœur, poitrine, foie, etc.) agrémenté de toutes sortes d'herbes, de racines et d'épices. On peut boire avec l'un ou l'autre de ces plats

Hormis la fameuse escalope viennoise, le *Tafelspitz* est la spécialité la plus célèbre de cette ville gourmande. L'empereur François-Joseph lui-même s'était pris de passion pour cette sorte de pot-au-feu. La viande cuite dans un bouillon est servie avec une sauce aux fines herbes, des épinards et du raifort, le tout accompagné de pommes de terre rissolées dans le beurre. Le goût pour la viande de bœuf date de la fin du XIXe siècle, époque à laquelle un célèbre restaurant du Kohlmarkt proposait chaque jour sur sa carte 26 plats à base de bœuf. Aujourd'hui, tous les restaurants, du petit bistrot (*Beisel*) aux établissements les plus huppés, offrent du bœuf bouilli

un *G'spritzter*, composé à parts égales de vin blanc sec et d'eau gazeuse.

A Vienne, capitale de la pâtisserie, on déborde d'imagination dans ce domaine. Mais il faut d'abord goûter l'incontournable *Apfelstrudel* dont la pâte feuilletée doit avoir été étendue jusqu'à ce qu'on puisse lire le journal à travers! On la garnit d'un mélange de pommes coupées en petits carrés, de cannelle et de raisins secs. Cette merveille est cuite au four et servie tiède et croustillante. Le *Sachertorte* est aussi célèbre. Si tous les pâtissiers ont leur version de ce fameux gâteau au chocolat, c'est à l'hôtel Sacher de Vienne qu'on sert l'*Original Sachertorte*.

Chipoter sur les quantités et les calories est inutile lorsqu'on aborde la cuisine tchèque, dont la spécialité en pâtisserie est le *Buchtel*. Ces petites brioches à base de farine, rappelant les *Knödel*, sont faites d'une pâte levée fourrée à la marmelade de prunes, le tout arrosé de beurre fondu. On pourra se laisser tenter par les *Dukatenbuchtel*, *Buchtel* un peu plus petites et arrosées de sauce à la vanille chaude.

Quand un Autrichien a particulièrement apprécié un repas, il peut, réjoui et repus, lancer ces quelques mots : « *Es war ein Gedicht* », (c'était un poème).

transforme, en ville, en un cadre intime et chaleureux, proche de l'atmosphère familiale. Vienne a créé son propre style d'auberge : les *Beiseln*.

Un authentique *Beisel* sert de la cuisine familiale de qualité, de bons vins et de la bière fraîche. Le Pudl, dans Bäckerstrasse, ou le Zu den drei Hackn, dans Singerstrasse, sont assez représentatifs de ce type d'établissements. Les plus fins gourmets, s'ils sont prêts à vider leurs poches, vont au Korso, restaurant du luxueux hôtel Bristol. Le Steirereck, dans le IIIe arrondissement, est aussi l'une des meilleures tables de la capitale, dotée

Les « Beiseln »

L'Autriche est connue pour son hospitalité. Avec ses presque huit millions d'habitants, elle compte près de 50 000 restaurants. A moins de s'égarer dans un coin perdu, chaque ville ou village possède de quoi satisfaire toutes les papilles et toutes les bourses.

C'est dans une simple auberge qu'on est peut-être le mieux servi. Le style rustique propre aux établissements de campagne se

A gauche, Juliette Gréco de passage à la pâtisserie Demel; ci-dessus, André Heller au café du Zoo de Schönbrunn.

d'une des meilleures caves du pays. Le chef, le bien nommé Helmut Österreicher (Helmut « l'Autrichien »), compose tous les soirs de merveilleuses spécialités autrichiennes : gratins de cèpes, *Dalken* au boudin (sortes de pâtés à la pâte levée), cocktail de fromages servi avec du pain aux graines de potiron. Il n'est pas rare d'y voir les clients se lever pour applaudir l'auteur de ces délices, lorsqu'il vient faire son tour de tables.

Ce retour en force de la cuisine traditionnelle a fait école dans les coins les plus reculés des provinces. On peut goûter des spécialités venues de toute l'Autriche au Mesnerhaus, à Mauterndorf (Styrie), à la Villa Hiss, à Badgastein (pays de Salzbourg), au Bleibergerhof (Carinthie) ou chez Schafelner, à Haag (Haute-Autriche).

Le milieu de la restauration a également beaucoup évolué. Le vieux préjugé qui cantonnait les femmes à la cuisine familiale ou dans de simples cafétérias, est tombé en désuétude. De jeunes femmes ambitieuses ont séduit les critiques gastronomiques les plus difficiles. Liesl Wagner-Bacher, Gerda Schickh et Sissy Sonnleitner dirigent aujourd'hui de grands restaurants. Les deux premières ont mis leurs talents en commun en créant, dans la petite ville pittoresque de Dürnstein, le Goldener Strauss. Sissi Sonnleitner, elle, est à la tête du très huppé Kötschach-Mauthen, dans un petit village de Carinthie, et a été élue chef de l'année en 1990.

Les joies de la vie agreste

« Il faut célébrer les fêtes au moment où elles se présentent », affirme un dicton qui est toujours d'actualité dans ce pays. A chaque grande occasion, qu'il s'agisse d'un baptême, d'un mariage ou d'un enterrement, un repas réunit la famille et les amis. Les jours de fêtes, celles des saints patrons par exemple, donnent lieu, comme par le passé, à de grandes réjouissances. Les repas sont suivis de jeux traditionnels : rouler sur les tonneaux, grimper aux arbres... On fête ainsi le 11 novembre, la Saint-Martin, par un festin appelé *Martinigansl-essen* et dont la pièce principale est une oie dorée et croustillante, farcie de pommes et de marrons, qui rappelle la légende du saint.

Mais, même en Autriche, la mode de la cuisine légère commence à gagner du terrain. Les grands hôtels, dans toutes les provinces, s'y sont mis, servant des buffets de salades, des *Muësli* frais ou du poisson cuit à l'eau ou à la vapeur.

Tous les ans, à l'époque des vendanges, de nombreux citadins en mal d'exercice partent faire les vendanges dans la région du Neusiedler See ou dans le sud de la Styrie, dans le Weinviertel ou sur les coteaux de Gumpoldskirchen. A midi, on sert une collation en plein air : pain, lard et saucisses arrosés de jus de raisin frais. Attention au *Sturm*, ce vin nouveau qui tourne rapidement la tête !

Peu de choses séparent le *Sturm* du fameux *Heuriger*, autre vin nouveau qui est le médicament préféré des Autrichiens.

Quelques-unes des spécialités de la riche cuisine du Pinzgau.

Ce vin léger que l'on doit servir frais et savourer à petites gorgées est censé remettre en place les âmes dolentes et les estomacs déficients.

Les « Heurigen »

La dégustation du *Heuriger*, pour être parfaite, doit s'effectuer dans un établissement du même nom (*Heurigen*), situé de préférence dans sa région d'origine : les faubourgs de Vienne. Grinzing, Sievering, Salmannsdorf, Kahlenbergdorf ou Nussdorf, tous ces villages viticoles cernant la capitale font rêver les Viennois ! Voici quelques indices pour arriver à bon port : une maison au plafond bas, une branche de sapin accrochée au-dessus de la porte d'entrée, une cour intérieure exiguë ou un jardin abrité par quelques bouleaux ou noisetiers et, surtout, des rires et des cliquetis de verres !

Les viticulteurs proposent souvent des dégustations dans leurs caves fraîches, à l'odeur piquante de tonneau de bois et de vin en cours de fermentation.

Aux portes de Vienne, les petites bourgades du Weinviertel sont prêtes, elles aussi, à accueillir les visiteurs attirés par les *Kellergassen*, ces ruelles bordées de maisons badigeonnées de blanc : presque toutes sont des caves ou des *Heurigen*. Autre excursion particulièrement agréable : le sud du Burgenland, région viticole où l'on croise souvent dans les rues, assis sur un banc devant l'escalier, de vieux paysans encore vêtus de leur tablier bleu s'accordant quelque repos en tirant sur leur pipe.

Les « Keller »

Plus animées et plus bruyantes encore que les *Heurigen*, les *Keller* (« caves ») sont ces tavernes creusées profondément sous terre qui fourmillent à Vienne.

Parmi les plus connues et les plus appréciées, on peut citer : Piaristenkeller, dans Josefstadt, Matthiaskeller, Augustinerkeller et Zwölf-Apostel-Keller dans le Ier arrondissement. On y mange du rôti de porc, des *Stelzen* (jarrets de porc grillé) ou du poulet rôti ruisselant de graisse, bercé par le doux bruit d'une cithare, par des *Heurigerlieder* ou encore par le solo d'un premier violon tzigane.

Des émigrés nostalgiques et des hommes d'affaires astucieux ont bien essayé de copier leurs tavernes bien aimées, dans leur pays d'adoption. Mais le résultat n'est qu'un pâle reflet de l'authentique *Keller*.

Les cafés viennois

Les secrets de l'authentique *Kaffeehaus* (café viennois) n'ont jamais été découverts. On peut, tout au plus, énumérer les éléments indispensables à la réussite d'un établissement de ce type. La première clé du succès est de s'établir, si possible, à Vienne ou, à la rigueur, à Salzbourg, Linz ou Graz. Le deuxième impératif concerne le cadre : bancs rembourrés couverts de velours rouge, petites tables de marbre, miroirs et lustres en cristal. Troisième élément caractéristique de ce sommet de la culture viennoise : le maître d'hôtel qui, selon l'écrivain Karl Kraus, est aussi sacré pour les Viennois que le scarabée l'est pour les Égyptiens ! Il doit être bourru et souverain. Et, enfin, derniers détails d'importance : l'odeur du café fraîchement moulu, des croissants au beurre et des *Mohnweckerl* (brioches aux graines de pavot), et le bruissement des journaux du monde entier. A Salzbourg, le Tomaselli et le café Bazaar possèdent sans doute le petit « plus » qui fait l'authentique *Kaffeehaus*. Des fonctionnaires très dignes et de jeunes étudiants en musique du Mozarteum voisin s'y partagent aimablement cendriers et sucriers.

A Vienne, on a l'embarras du choix. Peut-être le Prückl, sur le Stubenring, avec son charme discret et ses dames d'un âge certain qui, le samedi, se penchent avec la plus grande concentration sur des problèmes de bridge ardus. Ou mieux encore, le café Museum, dessiné par Adolf Loos : tapissé de programmes d'expositions et de théâtre puisque c'est le bastion des artistes, des poètes et des étudiants. Les maîtres d'hôtel ont bien plus que les qualités requises puisqu'ils veillent sur leurs clients comme un parrain sicilien sur sa famille nombreuse. Autre grande institution : le très populaire Hawelka, dans la Dorotheergasse, qui vit et qui voit encore défiler bien des artistes et des intellectuels. Il ne faut pas manquer d'y commander les *Buchteln* de la patronne, petites brioches chaudes servies à partir de 22 heures.

LES SPORTS DE PLEIN AIR

L'Autriche est un pays essentiellement alpin puisque 70 % de sa superficie est couverte par les massifs des Alpes orientales. Les amateurs de ski ont donc l'embarras du choix : 700 stations les attendent chaque année. Lech am Arlberg, Sankt Anton am Arlberg, Innsbruck, Kitzbühel et Saalbach sont les plus réputées, immortalisées par de prestigieuses compétitions (coupe et championnat du monde, jeux Olympiques).

La « Streif-Piste » à Kitzbühel

Kitzbühel, la station la plus connue d'Autriche, a célébré en 1990 le cinquantenaire de la fameuse piste du Hahnenkamm, sur la *Streif-Piste*, la descente la plus difficile et la plus dangereuse du monde. Aux yeux des skieurs de compétition, remporter une victoire sur cette piste a plus de valeur qu'une médaille d'or au championnat du monde. Là-haut, derrière le portillon, tous sans exception sentent leurs genoux flageoler à la perspective des deux kilomètres de descente vertigineuse qui les attendent.

Ski de piste

L'Autriche est la patrie du ski moderne. Vers la fin du XIXe siècle, à Lilienfeld, petit village de Basse-Autriche, Matthias Zdarski inventait la technique du *Stemmbogen* (ou stemm), le fameux chasse-neige qui fit faire aux débutants des progrès spectaculaires dès leurs premières heures de ski.

Depuis les premiers virages de Zdarski jusqu'à la technique de l'*Einstock* qui a conquis le monde du ski, l'Autriche est parvenue à la première place des centres européens de sports d'hiver. Dans ce domaine, seule la Suisse peut prétendre à une tradition aussi longue.

Quant aux noms des vainqueurs, ils sont rentrés dans les annales du ski mondial. Plusieurs étaient des Autrichiens : Toni Sailer, le premier à avoir obtenu les trois médailles d'or des trois disciplines de ski alpin, Karl Schranz, le champion des années 60, et Franz Klammer, *der Kaiser* (« l'empereur »), champion olympique qui a réussi à vaincre le grand skieur italien Gustavo Thöni, à un millième de seconde !

Pour le skieur ordinaire, la *Streif* n'est praticable que si la neige est bonne sur toute la longueur de la piste. Mais, en fait, cette descente devrait être exclusivement réservée aux excellents skieurs.

La *Streif* ignore les compromis. Dès le départ, elle est dure comme la pierre. A 100 m environ du départ, elle est presque plate et rassurante, puis vient la partie la plus dangereuse : la fameuse «souricière». La pente est si raide que la neige n'y tient que lorsque l'hiver est particulièrement rude. Pour les courses, ce passage est revêtu d'un mélange de neige et de glace. De là, les skieurs s'élancent vers la vallée, en position accroupie, à une vitesse qui avoisine 100 km/h. Le flanc amont du corps du skieur frôle la montagne, d'où le nom donné à la piste (*streifen* signifie frôler).

dernière partie, le schuss d'arrivée, qui est un à-pic que les champions abordent à plus de 130 km/h, surpasse encore les difficultés précédentes. On se demande comment les skieurs peuvent lui résister à des allures aussi démentielles. Franz Klammer a descendu la *Streif* en 2 mn et 4 s. Il faut l'avoir fait pour comprendre ce que cela signifie.

Ski hors piste sur le Dachstein

Le ski hors piste (ou de randonnée) sur neige poudreuse est extrêmement populaire au point de devenir ces dernières

La partie médiane du parcours est une véritable épreuve de force. Les skieurs arrivent à la Hausbergkante, ils abordent la deuxième phase clé de la *Streif* et la porte du schuss d'arrivée. Cette partie dite «plane» est en réalité un terrain truffé de bosses, extrêmement difficile à franchir ; la piste dépasse de très loin à cet endroit le niveau de difficulté d'une piste noire. La

Pages précédentes : un Styrien tire son chapeau devant ses montagnes ; démonstration de surf des neiges ; deltaplane sur la Nordkette, près d'Innsbruck. A gauche, randonnée à ski ; à droite, skieur en plein vol après le saut du tremplin.

années l'une des activités principales de la saison hivernale. Avec l'aide de guides chevronnés (sans lesquels il serait suicidaire de se lancer dans la neige profonde des pentes raides à cause du danger d'avalanche), on peut savourer les joies du ski en poudreuse, dans d'excellents domaines skiables, comme celui du Dachstein, par exemple, qui est ouvert toute l'année.

Le meilleur moyen de l'aborder est de prendre le téléphérique (Dachsteinbahn) qui monte au glacier du Dachstein. A la station d'arrivée, il faut d'abord marcher dans la poudreuse pendant une bonne heure, skis sur l'épaule, avant d'atteindre une dépression profondément enneigée, à 100 m à peine sous le sommet. Là, on peut enfin chausser les skis.

La déclivité est de 60 % et la pente est couverte d'un mélange explosif de plusieurs mètres de poudreuse et de glace. La dépression elle-même, large de 50 m environ, est bordée de parois rocheuses de plusieurs mètres de haut et parsemée de pics et d'arêtes très dangereuses. Pour la traverser, il faut basculer le poids du corps en arrière, opérer par petits virages rapides et, surtout, ne pas prendre de vitesse. Il arrive parfois qu'on s'enfonce jusqu'au cou dans la neige. Deux guides encadrent le groupe de skieurs, toujours prêts à aider ceux qui sont en difficulté. Cette aventure ne dure que 10 mn, mais 10 mn de totale euphorie, malgré les genoux qui flageolent tant l'effort est extrême. Rien à voir avec les pistes dûment préparées par les chenillettes!

Le reste de la descente dans la vallée se déploie dans un panorama unique. Cette étape est relativement facile. Toutefois, il faut veiller à ne pas donner trop de carres pour ne pas abîmer les jeunes arbres qui poussent sous la neige. Dans les Alpes centrales, les arbres sont d'une importance vitale : ils protègent les vallées des avalanches, l'hiver, et des glissements de terrain, l'été.

Monoski, «swingbo» et «snowboard»

L'industrie du ski, toujours soucieuse d'invention, a lancé récemment quelques innovations qui offrent une solution de rechange à l'éternel ski alpin. Monoskis, swingbos et snowboards sont les nouvelles vedettes de la neige. La technique la plus exigeante et la plus perfectionnée est sans aucun doute celle du monoski. Deux fixations parallèles sont montées sur un très large ski de piste. Il faut avoir un sens de l'équilibre quasi acrobatique ; sur le plan de la difficulté, on peut le comparer au monoski nautique.

Le swingbo et le snowboard sont encore plus amusants. Le premier fonctionne comme la planche à roulettes – roulettes exceptées. La fixation est montée sur un petit socle, légèrement au-dessus de la surface du ski qui réagit immédiatement, au moindre déplacement du poids du corps.

Le snowboard est analogue au surf. Avec des chaussures de montagne normales, on met les pieds dans des chaussons fixés directement sur la planche et on dirige l'engin uniquement par des mouvements de hanches. La force centrifuge permet aux virtuoses de la glisse d'exécuter des virages d'une tenue à couper le souffle ! Les chutes sont nombreuses mais ces deux sports ne comportent aucun risque.

Depuis quelques années, presque toutes les écoles de ski d'Autriche proposent des cours de monoski, de swingbo et de snowboard et certaines, comme l'Abenteuerclub Dachstein-Tauern-Region (club

d'aventure de la région du Dachstein et des Tauern), ont même renoncé complètement au ski alpin pour se consacrer à ces sports à la mode.

Rafting dans la neige et ski tracté

Le snowrafting, qui consiste à dévaler les pistes de ski à bord de grands canots pneumatiques de rafting, ravit les amateurs de sensations fortes. On peut atteindre une vitesse vertigineuse avec cet engin, mais il est malheureusement impossible de le diriger. C'est pourquoi toute expérience de snowrafting se termine par une chute spectaculaire !

Dans la vallée, plusieurs stations de sports d'hiver se sont équipées pour accueillir un nouveau type de glisse, le *jöring* (ski tracté), l'équivalent sur glace du ski nautique. Les skieurs, deux en général, se font tirer sur un terrain gelé par des chevaux et, pour les plus doués et les plus téméraires, par des motocyclettes tout-terrain ou des voitures de rallye. Les lacs de Carinthie et de Styrie, qui sont gelés en hiver sur plusieurs mètres d'épaisseur, constituent les principaux centres de *jöring*. Ce sport est assez dangereux et est réservé aux skieurs confirmés.

Voile sur glace

Lorsqu'il gèle durement, le Neusiedler See devient la plus vaste patinoire naturelle d'Europe, avec une superficie de 40 km². De fin décembre à début février, on peut souvent le traverser en patins de Pamhagen à Rust. C'est également le lieu de rendez-vous des amateurs de voile sur glace. Avec un voilier ultra-léger (quelques kilos seulement), on atteint facilement les 80 km/h, ce qui dépasse de loin la vitesse de n'importe quel bateau à voile. La voile sur glace exige beaucoup de technique et une bonne expérience de navigateur. Attention aux coups de vent brutaux et aux trous dans la glace !

Patinage

En Autriche, le patinage sur glace est une vieille tradition – la patineuse autrichienne Trixi Schuba remporta de nombreux titres. Les villes d'une certaine importance sont toutes équipées de patinoires qui attirent un public nombreux de tous âges. Celles d'Engelmann, de Vienne (la Stadthalle et la Eisring Süd), de Graz, de Klagenfurt et de Villach ne désemplissent pas de tout l'hiver.

A gauche, ascension d'une cascade prise par la glace ; ci-dessus, course de traîneau à chiens.

Golf sur glace

Le Weissensee, en Carinthie, est le seul lac d'Europe qui possède un terrain de golf sur glace – quand il fait évidemment suffisamment froid. Les golfeurs puttent non plus sur un green mais sur un «white» et, quand la balle tombe au fond du trou, elle est irrécupérable ! (le Weissensee a plus de 100 m de profondeur). Une fois l'an, le lac sert aussi de cadre au fameux marathon sur glace de Carinthie (200 km à parcourir d'une traite).

Hockey sur glace et curling

Au sud du massif des hautes Alpes, le sport national est le hockey sur glace. En Autriche, il ne se pratique qu'au niveau des clubs. Les rencontres entre le KAC de Klagenfurt et ses éternels adversaires de Villach sont toujours très attendues. Les stades de hockey sur glace sont toujours bondés et l'ambiance qui y règne est plus animée que dans n'importe quel stade.

Le curling, en revanche, est accessible à tous et presque toutes les localités touristiques possèdent leur piste. Ce sport consiste à lancer le plus loin possible un

(ouverte en 1976). Pourtant, les professionnels autrichiens font partie des meilleurs du monde : en 1990, deux d'entre eux ont gagné les médailles d'or et d'argent du championnat d'Europe.

Mais les véritables héros d'Innsbruck sont les coureurs de skeleton, ces spécialistes de descente «la tête la première». Si le club d'Innsbruck n'a pas la renommée de celui de Saint-Moritz, des records de vitesse ont tout de même été atteints sur les parois abruptes d'Innsbruck.

Les courses de luge sont également très populaires, surtout lorsqu'elles sont organisées sur des pistes naturelles, des

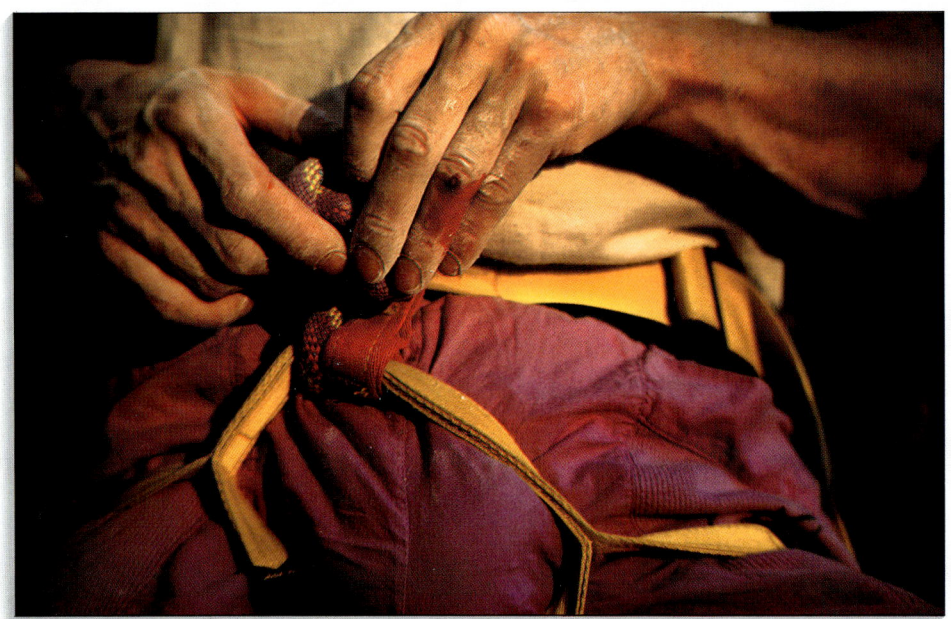

palet de pierre ou de fonte armé d'une tige, d'environ cinq kilos. Il compte des dizaines de milliers de supporters, surtout dans les régions occidentales de l'Autriche. C'est un Autrichien qui détient le record du monde avec un peu plus de 200 m. Dans de nombreux villages, le match de curling du dimanche est l'un des événements de la semaine.

Bobsleigh, skeleton et luge

Le cercle des coureurs de bobsleigh est beaucoup plus exclusif. En Autriche, il n'existe qu'une seule piste de glace artificielle pour le bobsleigh, à Innsbruck-Igls

chemins creux ou des sentiers forestiers souvent gelés artificiellement. Les vitesses de pointe dépassent 60 km/h. Ceux qui cherchent une solution de rechange au ski se mettent à la luge qui continue d'amuser petits et grands. Il n'est pas rare de terminer une joyeuse soirée dans un refuge par une descente en luge dans la vallée à la lumière des flambeaux.

Courses de traîneaux

Les courses de traîneaux, importées des États-Unis et du Canada, rencontrent un grand succès auprès du public autrichien. Le musher autrichien est une des meilleures races de chien du continent européen pour ce genre de compétitions. Horst Maas, originaire de Linz, a été le premier à traverser avec son attelage de chiens le massif de l'Himalaya et le royaume du Zanskar, jusque-là presque inconnu. Il est aussi l'un des rares Européens à avoir participé à la fameuse course de l'Iditarod en Alaska.

Alpinisme

L'Autriche est un des berceaux de l'alpinisme. Au XXe siècle, les Autrichiens ont plus que rattrapé leur retard sur les Anglais, qui, au XIXe siècle, avaient vaincu pour la première fois presque tous les sommets de plus de 3 000 m des Alpes orientales. Des alpinistes comme Habeler, Fritz Morawetz, Heinrich Harrer et Edi Koblmüller ont réalisé des performances exceptionnelles dans l'Himalaya (l'ascension de nombreux sommets de plus de 8 000 m). Tous ont fait leurs premiers pas sur les montagnes de leur village natal (les Karawanken ou les Toten Gebirge), ont obtenu leur baptême du feu dans les passages difficiles de la paroi sud du Dachstein et se sont évidemment attaqués à la reine des montagnes autrichiennes, le Grossglockner.

L'ascension du Grossglockner

Le rêve de tout alpiniste autrichien est l'ascension du Grossglockner, le plus haut sommet d'Autriche (3 798 m). Les brusques intempéries qui le traversent ont fait sa réputation, de même que sa route panoramique, la première du monde. A l'époque de sa construction, entre 1930 et 1935, elle était considérée comme une véritable prouesse technique. Elle a surtout permis à un large public de pénétrer au cœur des Alpes autrichiennes.

La fin de cette route marque l'entrée dans le véritable cœur du Grossglockner. On laisse la voiture au parc de stationnement de Franz-Josephs-Höhe, plateau qui surplombe le Pasterze, le plus long glacier du pays. Sa traversée dure une heure; on longe des crevasses qui ont jusqu'à 25 m de profondeur. Par temps très chaud, lorsque la surface du glacier fond, on parcourt les derniers mètres à travers un névé, dans une neige molle de plusieurs centimètres d'épaisseur. Puis vient une ascension fatigante de sept heures

A gauche, une course en montagne se prépare avec minutie; ci-dessus à gauche, varappe à Bad Ischl; à droite, bivouac sur le glacier.

et demie dans la Leitertal jusqu'au refuge Salm, à 2644 m d'altitude et à 140 m au-dessus du Hochtor, point le plus élevé de la route du Grossglockner. Les 1 000 m de dénivelé restant à gravir pour atteindre le sommet sont émaillés de quelques passages d'escalade pure. C'est pourquoi il vaut mieux poursuivre la course avec un guide de haute montagne.

Le départ du lendemain matin est fixé à l'aube, il s'agit d'atteindre l'Adlerhorst (3 400 m), l'un des points clé de cette ascension. Le chemin devient de plus en plus raide, la pente atteignant souvent 50 % de déclivité. Au bout d'une heure de marche, on arrive au bas de la muraille de l'Adlerhorst. Il faut une bonne demi-heure pour escalader ce mur et atteindre l'arête, puis une autre demi-heure sur un sentier étroit – 40 cm à peine – pour arriver au sommet le plus bas du massif. L'étape suivante est le «Petit Glockner» (3 000 m), qu'on atteint après une heure et demie de marche sur un sol de plus en plus glacé.

De là, il n'y a plus que le «toit» à traverser. A gauche et à droite de cette arête relativement plane, de larges crevasses tombent presque à pic dans la vallée. Une grande partie du chemin consiste uniquement en corniches de neige tassée et gelée, il faut donc être encordé pendant cette dernière épreuve d'une demi-heure. Le panorama inoubliable qu'offrent les Alpes orientales dédommage les grimpeurs de leur terrible effort. Par une belle journée d'été, la vue s'étend jusqu'à la Silvretta.

Les alpinistes peuvent mettre leur talent à l'épreuve dans bien d'autres endroits en Autriche : le Grossvenediger, le massif de la Silvretta, le Dachstein, l'Ötscher en Basse-Autriche, le Wilder Kaiser au Tyrol ou les aiguilles des Karawanken en Carinthie.

Ceux qui veulent apprendre à grimper ont de nombreuses écoles d'escalade à leur disposition. Celle de Kaprun, dépendant du Club alpin autrichien, est dirigée par Fritz Morawetz qui fut le premier, dans les années 50, à vaincre le Gasherbrum III, l'un des sommets de plus de 8 000 m de l'Himalaya. Il est également connu pour les excellents cours qu'il donne aux enfants. Les exercices pratiques ont lieu sur les parois rocheuses du Grossglockner.

Voile et planche à voile

Les centres de voile les plus connus sont le Neusiedler See dans le Burgendland, l'Attersee et le Wolfgangsee dans le Salzkammergut et le lac de Constance et l'Achensee dans le Tyrol.

Les dériveurs sont sur les embarcations les mieux adaptées aux lacs autrichiens, souvent balayés par des vents très forts. Le Neusiedler See, autour de la ville de Neusiedl, est le principal centre de planche à voile qui a supplanté le bateau en Autriche. De nombreux véliplanchistes de classe internationale y ont fait leurs premières virées. Le plus connu, le Viennois Hari Dorfner, a détenu pendant plusieurs années le record de vitesse du monde. Avec ses eaux calmes et lisses et ses vents constants, le «Nouveau Danube», dans le Lobau, est aussi un lieu idéal pour les débutants en planche à voile.

Canoë et kayak

Depuis plusieurs décennies déjà, l'Autriche est l'un des centres européens de descente en kayak et en canoë. Les amateurs peuvent pratiquer cette activité sur l'Enns, la haute Salzach, l'Isel dans le Tyrol oriental, la Drave, la Gail, la Steyr et le Kamp dans le Waldviertel, rivière plus calme que les précédentes et qui se prête admirablement aux courses à la pagaie. De nombreuses écoles y proposent cours et randonnées. Au printemps, la fonte des neiges rend les torrents plus dangereux.

Rafting, «hydrospeed» et «canyoning»

Un solide bateau pneumatique, une équipe de neuf personnes, neuf pagaies en bois, des casques et des combinaisons de plongée, un torrent impétueux et bouillonnant, voilà ce qu'il faut pour pratiquer le rafting qui est devenu encore plus populaire que le canoë et le kayak.

Les plus casse-cou et les plus courageux peuvent essayer l'*hydrospeed*, sorte de surf sur torrent. Un flotteur gonflable en forme de planche est muni de deux

L'escalade de cascades prises par les glaces, un sport spectaculaire.

crochets de fixation et c'est sur cet équipage sommaire qu'on doit se faufiler entre les parois rocheuses, résister aux violents remous et surnager, après la chute. L'*hydrospeed* permet de descendre des torrents beaucoup plus difficiles qu'à bord d'un canot pneumatique. Mais, souvent, à la fin du voyage, il ne faut pas être surpris d'avoir quelques bons hématomes !

Le *canyoning* consiste à descendre les torrents à la nage, avec pour seul équipement un gilet de sauvetage ! Les nombreux torrents autrichiens permettent sa pratique.

En revanche, les fonds d'un noir d'encre du Toplitzsee sont interdits aux plongeurs, malgré le parfum d'aventure qui s'en dégage : en fait, le trésor fabuleux englouti depuis 1945, dans les derniers jours de la guerre, s'est révélé à l'examen être une montagne de ferraille et de faux billets de banque.

Vol à voile

Les Alpes font de l'Autriche le paradis du vol à voile. Sur les versants abrupts de la montagne, les conditions thermiques sont idéales en été pour les vols de longue

Plongée

La grande clarté des lacs alpins, en particulier à 2 000 ou 2 500 m d'altitude, permet aux amateurs de plongée sous-marine de découvrir une grande variété de poissons d'eau douce et une flore abondante.

Le premier centre de plongée autrichien est le lac de Hallstatt (Hallstätter See), où la famille Zauner, dans la ville même de Hallstatt, tient l'école la plus connue et certainement la plus originale. Mais on peut aussi plonger dans l'Attersee, le Grundlsee, le Fernsteinsee au col du Fernpass dans le Tyrol, et dans l'Erlaufsee en Basse-Autriche, près de Mariazell.

durée. Les principaux centres se situent dans la région du Rax-Schneeberg, avec les petits aérodromes du bassin viennois, dans la vallée de l'Inn (Tyrol) et en Carinthie. La pratique de ce sport nécessite un permis international et il faut déclarer les vols aux autorités de la navigation aérienne.

Parapente

En Autriche, il y a longtemps que le parapente a remplacé le deltaplane. L'été venu, les amateurs, équipés d'énormes parachutes se déployant derrière eux, dévalent les versants des montagnes, ponctuant le paysage de nombreuses taches de couleurs vives.

Les centres les plus importants de parapente sont Kössen, dans le Tyrol, où les championnats du monde se sont tenu en 1989, et la vallée de Garstner, dans la région de Phyrn-Priel. Les montagnes entourant Hallstatt, dans le Salzkammergut, et le Zettersfeld à Lienz, dans le Tyrol oriental, sont également de bons points de départ pour pratiquer cette activité. Une bonne trentaine d'écoles de deltaplane et de parapente sont dispersées à travers le pays. L'apprentissage est assez rapide.

au-delà, est également bien équipée. Ce parcours comprend la traversée de la Wachau, célèbre région viticole de Basse-Autriche. Le transport des bagages par autobus d'une étape à l'autre est souvent possible.

Depuis quelques années, le succès du vélo tout terrain a gagné l'Autriche. Dans la province de Salzbourg, paradis de ce sport, des kilomètres de pistes forestières et de randonnées hors piste ont été aménagés. Dans presque toutes les forêts domaniales autrichiennes, les cyclistes sont autorisés à rouler sur les sentiers balisés.

Cyclisme

Le Burgenland est la région idéale pour les vacances à bicyclette. Tout autour du Neusiedler See et, en particulier, dans le pittoresque Seewinkel («coin du lac») à son extrémité nord jusqu'à la frontière hongroise, s'étend un réseau de pistes cyclables très bien entretenues, ponctué d'auberges pour cyclistes. La vallée du Danube, de la Strudengau (Haute-Autriche) jusqu'à Vienne et même

A gauche, descente en parapente; ci-dessus, chars à voile sur le Neusiedler See pris par la glace.

Randonnée en montagne

La passion des Autrichiens pour la randonnée est née en 1825, lorsque Josef Kryselak, chambellan à la cour de Vienne, prit un congé et partit sillonner son pays à pied.

Dans chaque endroit qu'il traversait, il peignait son nom sur les murs, les rochers, les tours, les églises et les ponts. Les chasseurs et les bergers des coins les plus reculés d'Autriche tombèrent sur ces nombreuses signatures et se mirent à parler de cet original. Josef Kryselak a fait le récit de son périple dans un ouvrage de deux tomes, qui est considéré comme le premier guide autrichien de randonnée. Il rencontra un grand succès dans toute l'Europe, et même en Amérique.

Chaque année, de nombreux amateurs de randonnées pédestres suivent les pas de cet excentrique et joyeux vagabond. Dès que le temps le permet, le dimanche ou pendant les vacances, les Autrichiens ont envie de nature et bien des touristes suivent leur exemple.

Dans le Vorarlberg, région appréciée des Français pour sa proximité, le Bregenzerwald est idéal pour la randonnée en famille. Ce n'est pas une forêt comme son nom pourrait le laisser supposer mais un massif

de moyenne montagne très boisé qui dépasse rarement les 2000 m. Le Montafon offre des paysages très variés sur plus de 500 km de chemins balisés.

Dans le Tyrol, les Kitzbüheler Alpen offrent de nombreuses possibilités de randonnée et d'escalade, comme l'ascension du Grosser Rettenstein (2363 m). Proche du Tyrol par son relief, le pays de Salzbourg possède trois grandes régions de randonnée : le massif de l'Osterhorn (entre le Salzkammergut et le Dachstein), les montagnes du Pinzgau (Saalback, Zell am See, Uttendorf) et la vallée de Rauris, qui fait partie du parc national des Hohe Tauern connu pour ses sentiers à thème.

L'un d'eux permet de découvrir les vestiges des anciennes mines d'or de cette région.

En Carinthie, le massif des Nockberge est un but de promenade très agréable, de même que les Niedere Tauern, le massif du Hochschwab et le Koralpe, en Styrie. En Haute-Autriche, on peut recommander les montagnes de Warscheneck et du Salzkammergut ainsi que le plateau légèrement vallonné du Mühlviertel. En Basse-Autriche, le massif de l'Ötscher, la vallée de l'Ybbs et le Waldviertel sont les lieux de randonnée préférés des Viennois.

Enfin, deux itinéraires méritent d'être cités pour les surprises qu'ils réservent. Le premier relie le pays de Salzbourg à la Carinthie ; il part de Böckstein, dans la vallée de Gastein, traverse les montagnes de Korntauern et se termine à Mallnitz. Sur la face nord, l'ascension du col, dont certaines parties existaient déjà il y a 5 000 ans, s'effectue sur de grossières marches taillées dans la pierre, probablement placées là par les Celtes. La seconde randonnée est la découverte des 100 lacs qui se sont formés à la dernière période glaciaire, dans le Klafferkessel, situé dans les Niedere Tauern, au sud de Schladming.

Mais il ne faut pas s'aventurer en montagne sans s'y être préparé. Les guides spécialisés et les brochures éditées par les syndicats d'initiative locaux donnent toutes les indications nécessaires à une randonnée sans risque : le temps qu'il faut pour aller d'un endroit à un autre, les difficultés auxquelles on doit s'attendre, les heures d'ouverture des refuges et des auberges de montagne, comment abréger ou interrompre une excursion en cas de mauvais temps, et où se mettre à l'abri.

Les refuges sont un des grands plaisirs de la randonnée en Autriche. Le début de l'automne, avec ses longues périodes de beau temps, est l'époque idéale pour les randonnées de montagne. Mais à la mi-septembre, l'ouverture de la chasse entraîne dans maintes régions d'Autriche, particulièrement en Styrie, la fermeture des refuges de moyenne montagne.

A gauche, randonnée à cheval dans la montagne ; à droite, un regard sur la Sonnenspitze avant d'attaquer l'ascension.

ITINÉRAIRES

Cœur de l'Europe, l'Autriche est entourée de sept pays : l'Allemagne, la République tchèque, la Slovaquie, la Hongrie, la Slovénie, l'Italie et la Suisse. Sur ses 525 km de long, 500 km sont occupés par les massifs des Alpes orientales, ce qui équivaut à 70 % de la superficie totale (85 000 km²). Cet arc alpin, qui se concentre à l'ouest du pays, culmine presque au centre de l'Autriche, dans les Hohe Tauern (Grossglockner, 3 798 m) et est prolongé à l'est par les Alpes centrales (Niedere Tauern) et méridionales (Alpes carniques). Les plaines et les collines ne se développent qu'au nord (vallée du Danube) et à l'est (Burgenland) de l'Autriche.

Les Alpes orientales ont façonné l'identité essentiellement montagnarde du pays, qui a choisi de commencer son hymne national par : *« Pays de montagne... »* Ces imposants reliefs offrent des paysages caractéristiques : cimes enneigés, falaises, alpages, forêts, lacs et torrents. Ce qui rendait autrefois la vie si dure aux paysans des hautes terres s'est transformé en gigantesque paradis touristique, parfaitement aménagé pour

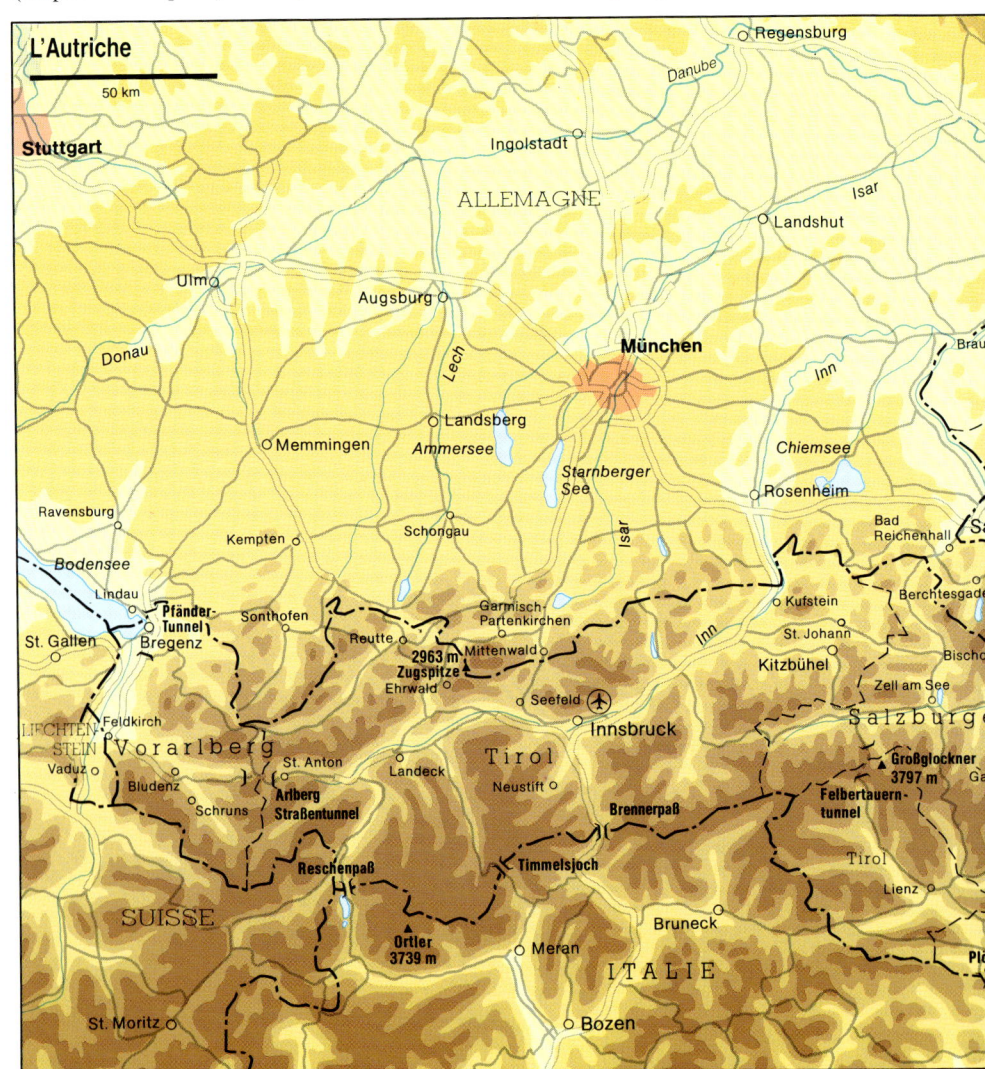

des vacances sportives été comme hiver : tout type de ski (700 stations), randonnée et alpinisme (40 000 km de sentiers balisés), sports sur glace (voile, golf, curling, hockey, bobsleigh, traîneau) sports nautiques (voile, planche à voile, canoë, kayak, *rafting*, *canyoning*, plongée), sports aériens (vol à voile, parapente).

L'Autriche a également un passé glorieux qui se double d'un patrimoine extrêmement riche, vieux de plus de mille ans. La culture du baroque, que le visiteur découvrira en faisant son « grand tour », est un phénomène essentiel de la civilisation autrichienne. Châteaux, églises, abbayes font de ce pays un endroit de rêve pour les amateurs d'art et d'histoire, sans oublier les innombrables musées des capitales de *Länder* comme Innsbruck, Graz, Salzbourg et de Vienne qui a pratiqué pendant des siècles l'art de la collection.

« *Il faut être léger, / de cœur léger, de mains légères / tenir et prendre, tenir et laisser...* » écrivait Hugo von Hoffmannsthal dans son *Chevalier à la rose*. Ces vers évoquent assez bien la *Gemütlichkeit* autrichienne, cette façon de prendre la vie comme elle vient, qui fait la joie des visiteurs. Que serait l'Autriche sans son hospitalité légendaire et son art de vivre « impérial » ?

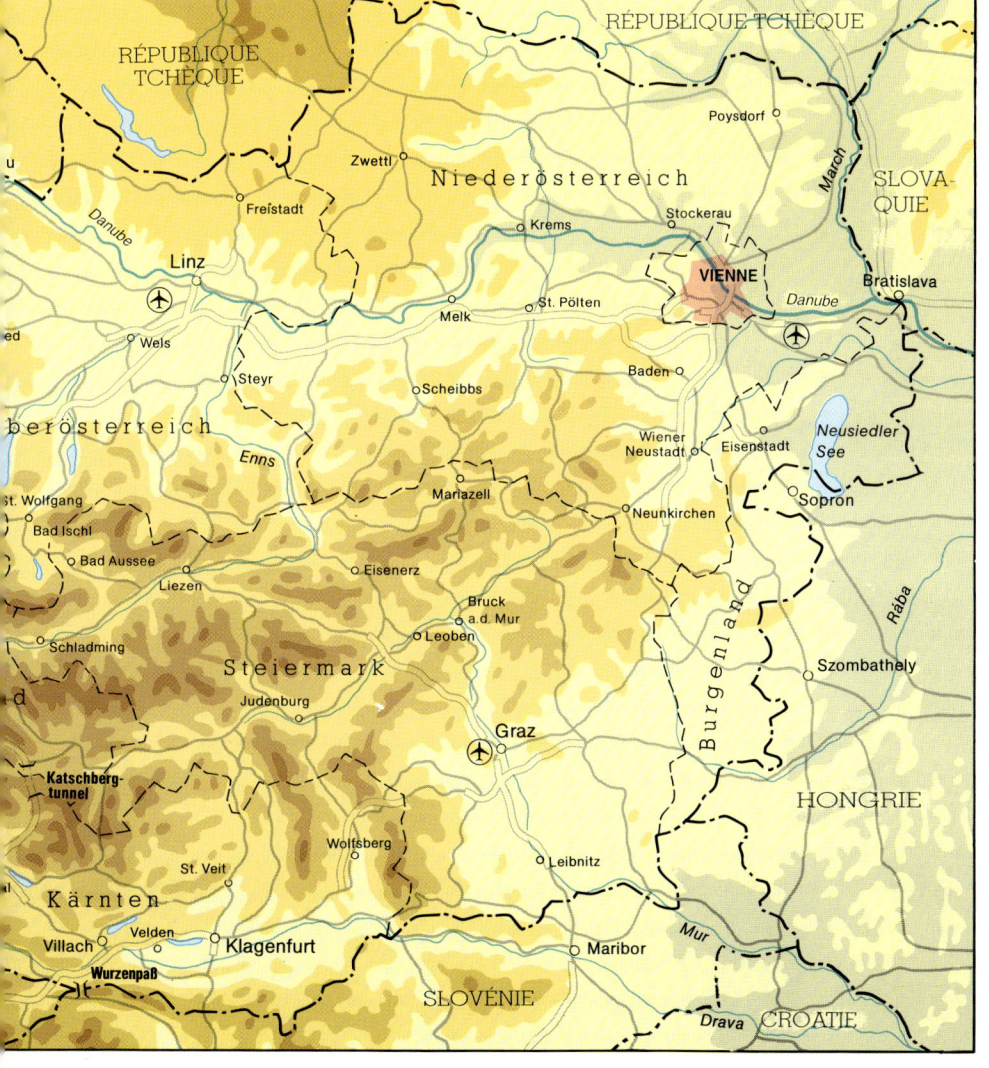

VIENNE

Sur les presque huit millions d'habitants que compte l'Autriche, un million et demi vivent à Vienne. Au cœur de la capitale, les somptueux bâtiments administratifs de la monarchie ont survécu aux coups de boutoir de l'histoire et à l'usure du temps, et ils s'imposent avec majesté aux visiteurs de passage. L'ancien ministère de la Guerre, sur le Stubenring, abrite actuellement les départements de l'Agriculture, des Eaux et Forêts, du Travail et des Affaires sociales. Une équipe de fonctionnaires à peine moins nombreuse qu'à l'époque de l'empire s'efforce d'occuper les vastes salles et les corridors spacieux.

Dans les vénérables cafés, le velours rouge des banquettes est un peu élimé et quelques miroirs se sont ternis. Mais, dès qu'il s'agit de trésors hérités du passé, les Viennois s'empressent de restaurer et de réparer, pour conserver leur patrimoine intact. Bastion de la civilisation depuis des temps immémoriaux, centre du pouvoir pendant près d'un millénaire, capitale divisée et occupée après la Seconde Guerre mondiale, Vienne a connu tous les statuts, du plus glorieux au plus misérable. Après 1945, ce rôle de capitale d'un pays aussi exigu semblait presque trop lourd, et les Viennois avaient pris l'habitude de se réfugier dans le passé dès le moindre signe de morosité. Cultivant avec mélancolie ses clichés, Vienne faillit n'être plus qu'un immense musée en plein air.

Les temps nouveaux

Il a fallu attendre les années 70 pour que Vienne sorte de sa somnolence. Un vent nouveau souffla alors dans les rues pavées de la capitale. Les vieux monuments viennois reprirent vie sous les

Pages précédentes : les toits de Vienne et la cathédrale Saint-Étienne ; le café Wilhelmshof ; Vienne d'hier et d'aujourd'hui. A droite, Leopold Hawelka, le plus célèbre des patrons de café de Vienne.

éloges : « *Magnifique !* » s'écriaient les touristes sur la Michaelerplatz et dans la Naglergasse, devant l'opéra et la cathédrale Saint-Étienne, ou pendant la promenade en fiacre vers le château de Schönbrunn.

Vienne s'est enfin réveillée. Elle sait vendre son art son riche passé culturel, même si elle regimbe encore un peu devant son époque. L'avenir, incarné par l'architecture contemporaine, reste un sujet de méfiance. Les Viennois contournent encore prudemment la cité des Nations unies (UNO-City) qui dresse ses tours paraboliques au milieu de l'île cernée par le Nouveau et le Vieux Danube.

Vindobona la romaine

Vienne a deux mille ans d'histoire. Après une période de colonisation celtique, le bassin viennois devint, vers 15 av. J.-C, une province de l'empire romain, la Norique.

Des camps retranchés ont été installés le long du *limes*, la fameuse ligne de fortifications élevée le long du Danube pour contenir les Germains. Vindobona, qui équivaut aujourd'hui au Ier arrondissement de Vienne, c'est-à-dire la partie comprise à l'intérieur du Ring, est l'un de ces fortins frontaliers. L'empereur romain Marc Aurèle y rédigea ses *Pensées* peu de temps avant sa mort à Vindobona en 180 apr. J.-C.

Vers 395, les Germains franchissaient le Danube et déferlaient sur Vindobona, obligeant les légions romaines à évacuer ce bastion. Avec la domination des Avars du VIe au VIIIe siècle, le christianisme, apporté par les soldats romains, perdit de son influence. Il faudra attendre la fin de cette époque troublée pour que l'activité missionnaire se réveille dans la région : elle viendra de l'ouest avec les Bavarois, qui rechristianiseront l'ancienne Norique en la colonisant peu à peu.

Le nom de Wiena, sans doute d'origine slave, est mentionné pour la première fois en 881. La marche de l'Est, fondée par Charlemagne et agrandie

Exécution du bourgmestre de Vienne en 1522.

des territoires pris aux Hongrois, fut confiée en 976 à Léopold de Babenberg, premier margrave héréditaire d'Autriche.

Des Babenberg aux Habsbourg

Des documents écrits, datant de 1137, évoquent pour la première fois Vienne en tant que cité. En 1155, Henri II Jasomirgott, de la dynastie des Babenberg, y transférait sa cour ducale en faisant bâtir sa résidence au lieu dit « Am Hof ». Grâce à sa nouvelle fonction, Vienne connut un essor rapide. De nouvelles murailles étaient édifiées grâce à la rançon du roi d'Angleterre Richard Cœur de Lion.

La cour des Babenberg devint le foyer d'une culture chevaleresque raffinée, teintée d'influences byzantines et orientales. Elle attirait de nombreux marchands et de célèbres ménestrels. La Vienne du début du XIIIe siècle, avec son centre et ses faubourgs, était une vraie cité, la plus importante du nord des Alpes, après Cologne.

L'extinction de la dynastie des Babenberg a été suivie d'un interrègne troublé qui a pris fin avec l'arrivée des Habsbourg. Tout au long du XIVe siècle, ces derniers ont consolidé leur souveraineté grâce à la personnalité du duc Rodolphe IV dit le Fondateur. En 1359, il posait la première pierre de la tour de Saint-Étienne, fondait l'université en 1365 et engageait des réformes économiques et sociales.

En 1396, une ordonnance plaça sur un pied d'égalité les riches marchands et artisans et les bourgeois, ce qui évita à Vienne le sort de nombreuses villes allemandes, qui furent durement secouées à cette époque par des luttes sanglantes pour le pouvoir. La fonction de bourgmestre de Vienne n'était pourtant pas facile à exercer face aux Habsbourg, comme en témoignent les exécutions de trois d'entre eux : Conrad Vorlauf, Conrad Holzer et le Dr Martin Siebenbürger. En 1526, par une ordonnance de Ferdinand Ier, le bourgmestre ne pouvait plus prendre aucune décision sans l'accord de l'empereur.

Vienne en 1609.

Luttes religieuses et péril turc

Deux événements ont ébranlé l'Europe centrale au XVIe siècle : l'apparition de la doctrine de Luther et la menace turque. En 1529, l'armée turque, sous le commandement de Soliman le Magnifique, arrivait aux portes de Vienne. L'hiver précoce sauva la ville de ce premier siège. A la place des anciennes murailles des Babenberg, on construisit des bastions (*Basteien*), fortifications Renaissance importées d'Italie. La bourgeoisie ayant été destituée de ses privilèges, les nobles, les fonctionnaires de la cour et le clergé façonnèrent une Vienne à leur image : les palais baroques de l'aristocratie remplacèrent les maisons bourgeoises de style gothique médiéval.

La lutte entre catholiques et protestants eut également des conséquences importantes. Vers 1580, on estime que les trois quarts des Viennois étaient devenus protestants. Devant ce raz de marée, les jésuites lancèrent le mouvement de la Contre-Réforme. Sous l'impulsion du cardinal Melchior Khlesl, ils se chargèrent de l'instruction publique, appelèrent à Vienne de nombreux ordres religieux et bâtirent de nouvelles églises.

En 1683, Vienne confirmait pour la deuxième fois son titre de «bastion de la chrétienté». Pendant trois mois, Vienne, assiégée par 250 000 Turcs, leur opposa 20 000 défenseurs. Les armées du roi de Pologne et du duc de Lorraine sauvèrent la situation juste à temps.

La capitale des arts

La victoire sur les Turcs ouvrit une ère de grande allégresse pour Vienne, qui se métamorphosa sous les fastes du baroque. L'aristocratie fit construire de somptueuses résidences d'été dans les faubourgs incendiés. Lukas von Hildebrandt érigea le Belvédère pour le prince Eugène de Savoie ; Jakob Fischer von Erlach conçut les plans du château de Schönbrunn pour la famille impériale. Un art d'empire était né : le baroque autrichien.

Karl Lueger fut un maire de Vienne très populaire au début du XXe siècle.

Sous Marie-Thérèse (1740-1780), Vienne devint le centre d'un grand empire. L'impératrice et son fils aîné, Joseph II, apportèrent des changements profonds dans tous les domaines : politique, social et économique. L'instruction publique fut réformée, le servage aboli et le statut des juifs amélioré. Sur la requête du médecin personnel de la souveraine, le Dr Sonnenfels, la torture fut supprimée. Van Swieten fonda la première école viennoise de médecine. Les parcs du Prater et d'Augarten furent ouverts au public et l'on vit surgir les premiers *Heurigen*.

Le XIXe siècle commença dans la tourmente : Napoléon Ier s'empara de la ville par deux fois, en 1805 et en 1809. Après la chute de Napoléon, la capitale accueillit en 1814 et 1815 le fameux congrès de Vienne. La réorganisation de l'Europe se réduisait en fait, selon les mots de Gentz, porte-parole du chancelier Metternich, au *« partage entre les vainqueurs des dépouilles enlevées aux vaincus ».* L'atmosphère joyeuse du congrès a été immortalisée par une phrase célèbre du prince de Ligne : *« Le congrès ne marche pas, il danse. »* Pourtant, le mécontentement grondait parmi la population, qui souffrait de plus en plus de la pauvreté et de la politique répressive de Metternich.

L'époque Biedermeier

L'accession au pouvoir de la bourgeoisie donna naissance à un mode de vie caractéristique, le Biedermeier. Les tableaux de genre de cette époque en sont l'expression la plus parfaite ; ils montrent une Vienne remplie d'enfants heureux aux bonnes joues rouges et de jeunes filles se promenant sous des ombrelles légères.

L'époque Biedermeier prit fin le 13 mars 1848, quand Vienne fut touchée par la vague de révolutions qui frappait l'Europe. Étudiants et ouvriers exigèrent la démission de Metternich. La cour se réfugia dans le Tyrol. L'insurrection fut écrasée en octobre 1848, après une lutte sanglante avec les troupes impériales conduites par le prince Windischgrätz. En décembre 1848, François-Joseph Ier fut couronné empereur ; il n'avait que dix-huit ans.

L'ère du Ring

En 1850, Vienne comptait déjà plus de 400 000 habitants et la ville était divisée en huit arrondissements. Sous le long règne de François-Joseph, la capitale va entièrement se transformer. En 1857, il donna l'autorisation de raser les anciennes fortifications : ce fut le coup d'envoi d'une réalisation qui fait l'admiration du monde entier, le Ring (« l'anneau »). Ce projet grandiose attira des architectes de toute l'Europe. Sur ce grand boulevard de ceinture qui entoure la vieille ville s'élevèrent de nombreux édifices publics, des palais pour la noblesse et des immeubles de rapport pour la bourgeoisie. L'ère du Ring était née. Vienne vit se déployer une fébrile activité de construction, donnant une nouvelle impulsion à l'art et à la littérature.

La cathédrale Saint-Étienne bombardée, en 1945.

La première canalisation d'eau courante fut posée sous l'égide du bourgmestre Cajetan Felder et la deuxième sous le populaire Karl Lueger. De 1891 à 1905, Vienne s'agrandit considérablement: elle gagna treize arrondissements, le XXIe correspondant à l'ancien village de Floridsdorf, sur l'autre rive du Danube. De 1894 à 1900, la construction du métro (Stadtbahn) marque les débuts du Jugendstil: les gares d'Otto Wagner sont de véritables joyaux de cet «art nouveau».

En 1916, en pleine Première Guerre mondiale, François-Joseph mourut après soixante-huit ans de règne. Alors que le convoi funèbre empruntait le Ring, de la Hofburg à la cathédrale, Vienne exhibait sa pompe et son faste pour la dernière fois.

«Vienne la Rouge» et le fascisme

Après la Première Guerre mondiale, le suffrage universel instauré en 1919 donna aux sociaux-démocrates la majorité absolue au conseil municipal. C'est l'époque de «Vienne la Rouge», qui durera jusqu'en 1934. Les sociaux-démocrates durent faire face à la crise économique qui se traduisit tout d'abord par celle du logement. Ils tentèrent d'y remédier en construisant des milliers d'immeubles. Le **Karl-Marx-Hof**, avec ses 1 000 m de long et ses 1 382 appartements, est le plus vaste de ces grands ensembles ouvriers. On ouvrit aussi des jardins d'enfants et des écoles. On réforma l'hygiène publique, on déclara la guerre à la mortalité infantile et à la tuberculose.

L'équilibre politique restait fragile et, en février 1934, les sociaux-démocrates et les *Heimwehren* (associations nationalistes) s'affrontèrent dans les rues. En juillet 1934, le chancelier Dollfuss, qui avait mis en place un État corporatiste autoritaire en 1933 pour lutter contre les sociaux-démocrates et les nazis, fut assassiné lors d'un coup d'État national-socialiste. Le 12 mars 1938, l'Anschluss fut proclamé.

Le jour même, des dizaines de milliers d'autrichiens envahirent la Heldenplatz (la place des Héros) et les trottoirs du Ring pour acclamer le Führer. Mais la nuit suivante, des milliers de personnes furent arrêtées. Dans la nuit du 9 novembre 1938 («nuit de Cristal»), les vitrines des magasins juifs volèrent en éclat et presque toutes les synagogues et les maisons de culte juives furent incendiées. Très peu des 200 000 juifs viennois ont survécu à la guerre.

Au cours de la Seconde Guerre mondiale, la ville a subi de nombreuses attaques aériennes (plus de 50 dans les six derniers mois de la guerre). La cathédrale Saint-Étienne fut bombardée et incendiée en avril 1945.

Un État neutre

Le traité du 15 mai 1955 mit fin à l'occupation de l'Autriche par les armées alliées et définit les termes de sa neutralité. Du balcon du Belvédère, Leopold Figl, ministre des Affaires étrangères, entouré d'Antoine Pinay, Foster Dulles, Molotov et McMillan, exhibe ce jour-là les précieuses signatures devant la foule des Viennois en liesse.

Depuis, la ville s'efforça de s'adapter à un rôle nouveau. La métropole d'autrefois ne joue plus qu'un rôle secondaire sur la scène politique. Amère pilule pour bien des «monarchistes fidèles à l'empereur» et profondément traditionalistes. Depuis la fin des années 80, un vent nouveau souffle de l'Est. Trieste, Prague, Budapest, ces noms éveillent d'anciens souvenirs mais aussi des visions d'avenir. En 1996, la ville a fêté dignement le millénaire du nom du pays, «Ostarrichi».

Promenade dans Vienne : de Stephansplatz à Michaelerplatz

La **place Saint-Étienne** (Stephansplatz) est le cœur de la cité. C'est ici que convergent les rues les plus commerçantes de la ville et que se croisent des promeneurs de tout horizon: Viennois, groupes scolaires de toute l'Autriche, visiteurs du monde entier... On y rencontre des racleurs de violon

construite après la guerre, la cathédrale Saint-Étienne est redevenue l'emblème de Vienne.

et des cracheurs de feu, des prédicateurs et des amoureux. Dès les premiers rayons de soleil, les cafés sortent leurs tables et leurs chaises. Toute la place se transforme en immense scène de théâtre.

Dans ce décor, la célèbre **cathédrale Saint-Étienne** (Stephansdom), symbole de Vienne, est reconnaissable à sa flèche (137 m) et à son toit couvert de tuiles vernissées. Cet édifice, l'un des les plus représentatifs de l'art gothique, était à l'origine une basilique romane, bâtie à la fin du XIIe siècle, à la demande de Henri II Jasomirgott, de la dynastie des Babenberg. De sa reconstruction du XIIIe siècle – après l'incendie de 1258 – ne subsiste que la façade ouest avec la **porte des Géants** et les deux **tours des Païens**. Il faut attendre le XIVe siècle pour que Saint-Étienne reçoive son empreinte gothique, avec tout d'abord le chœur (1304-1340), puis la nef à trois vaisseaux et la tour sud (1359-1511). C'est Rodolphe IV dit le Fondateur qui finança les travaux les plus importants de la cathédrale. L'intérieur abrite de nombreux trésors : la **chapelle de la Croix** où le prince Eugène de Savoie est enterré ; la **Vierge des Servantes**, du XIVe siècle, qui est la plus belle sculpture de la cathédrale. La **chaire** gothique flamboyant du XVIe siècle a été sculptée par Anton Pilgram, qui s'est représenté dans l'encadrement de la fenêtre, sous l'escalier.

Les Autrichiens ont surnommé familièrement la tour de la cathédrale Saint-Étienne « Steffl » – diminutif de Stephan. Tous les ans, le 31 décembre à minuit précis, la Pummerin, l'une des plus grosses cloches du monde, annonce la naissance de l'année nouvelle. On danse la valse jusqu'au petit matin. Les Autrichiens ont pris très à cœur les projets de rénovation de la place Saint-Étienne.

Pendant des années, des discussions ardentes ont précédé la réalisation d'une galerie marchande, la **Haas Haus**, juste en face du portail de la cathédrale. Cet immeuble couvert de

L'opéra de Vienne.

vitres miroirs est l'œuvre de Hans Hollein.

Après avoir passé cet édifice, on arrive au **Graben**, zone piétonnière la plus élégante de Vienne et lieu favori des amateurs de lèche-vitrines. Cette place est aussi le royaume des magasins de souvenirs : porcelaine d'Augarten – les petits lippizans font toujours référence ; broderies au petit point, spécialité de Vienne ; bonbonnières d'un mètre de haut remplies de bonbons et de chocolats faits maison – surnommées « mètres d'amour ». Au n° 30, la grande confiserie du Graben **Altmann & Kühne**, qui a fabriqué des emballages originaux pour ses pralines – commodes, valises ou cartons à chapeau miniatures – exporte dans le monde entier. Au n° 19, l'épicerie fine **Julius Meinl** est, le samedi matin, le rendez-vous des gourmets. Depuis 1989, Meinl a ouvert plusieurs magasins dans les capitales de l'ancien empire austro-hongrois.

Au milieu de la cohue des acheteurs se dresse la **colonne de la Peste** (Pestsäule). Ce monument votif a été commandé par Léopold Ier pour remercier le Ciel d'avoir mis fin en 1679 à ce fléau qui fit 100 000 morts à Vienne. On l'appelle aussi Dreifältigkeitsäule parce qu'il est dédié à la Sainte-Trinité. Le socle de ce spécimen de pur baroque viennois est dû à Johann Fischer von Erlach.

Entre le n° 21 et le n° 25 du Graben, on aperçoit, à l'extrémité de la courte Jungferngasse, l'**église Saint-Pierre** (Peterkirche). Elle a été construite de 1702 à 1733 par Johann Lukas von Hildebrandt à l'emplacement d'une église romane. C'est l'une des œuvres les plus originales de l'architecture baroque, avec ses deux tours posées de biais, sa façade légèrement concave et sa coupole ovale, ornée d'une fresque de Johann Rottmayr représentant l'Assomption.

Le **Kohlmarkt** (« marché au Chou »), qui part du Graben, est également le siège de plusieurs institutions viennoises. Au n° 6, le magasin du fabricant de meubles **Thonet**, fondé par le

Arnold Schwarzenegger dans le manège de l'École espagnole.

menuisier Michael Thonet, qui avait découvert un procédé pour plier les tiges de hêtre au XIXe siècle. La plus connue de ses œuvres est la chaise de bistrot dont 40 millions d'exemplaires se sont vendu dans le monde. Aujourd'hui, quelques chaises de série atteignent des prix exorbitants.

Au n° 14, la **pâtisserie Demel**, fondée il y a 200 ans, était un des fournisseurs de la cour. Dans ce paradis des gourmands, les serveuses, vêtues de noir, apportent la «crème du jour» délicatement fruitée, tandis que, devant les vitrines, les badauds s'agglutinent pour contempler l'empereur François-Joseph ou le chancelier Kreisky... en sucre glace.

Au coin de la **Michaelerplatz**, à l'angle du Kohlmarkt et de Herrengasse, se dresse la **maison Adolf Loos**, du nom de l'architecte qui la construisit en 1909-1911. A l'époque, sa façade d'une sobriété inhabituelle et franchement sécessionniste fit couler beaucoup d'encre.

La Hofburg

La **Hofburg** (Palais impérial) donne aussi sur la Michaelerplatz, avec ses nombreuses ailes et cours intérieures.

On peut commencer la visite par la **Stallburg** (Palais des Écuries), à gauche de la place en prenant la Reitschulgasse. Avec sa cour carrée bordée de trois étages d'arcades, il est considéré comme la construction Renaissance la plus importante de Vienne. Il abrite la **Hofapotheke** («pharmacie de la cour»), fondée par l'impératrice Marie-Thérèse, et sert d'écurie à la célèbre **École d'équitation espagnole** (Spanische Hofreitschule). Les représentations équestres sont données dans le **manège d'hiver** (Winter Reitschule), en face de la Stallburg. Il est prudent de réserver son billet d'entrée... très à l'avance !

De la Michaelerplatz, on pénètre dans un premier hall circulaire surmonté d'une énorme coupole ; à gauche, l'entrée des appartements

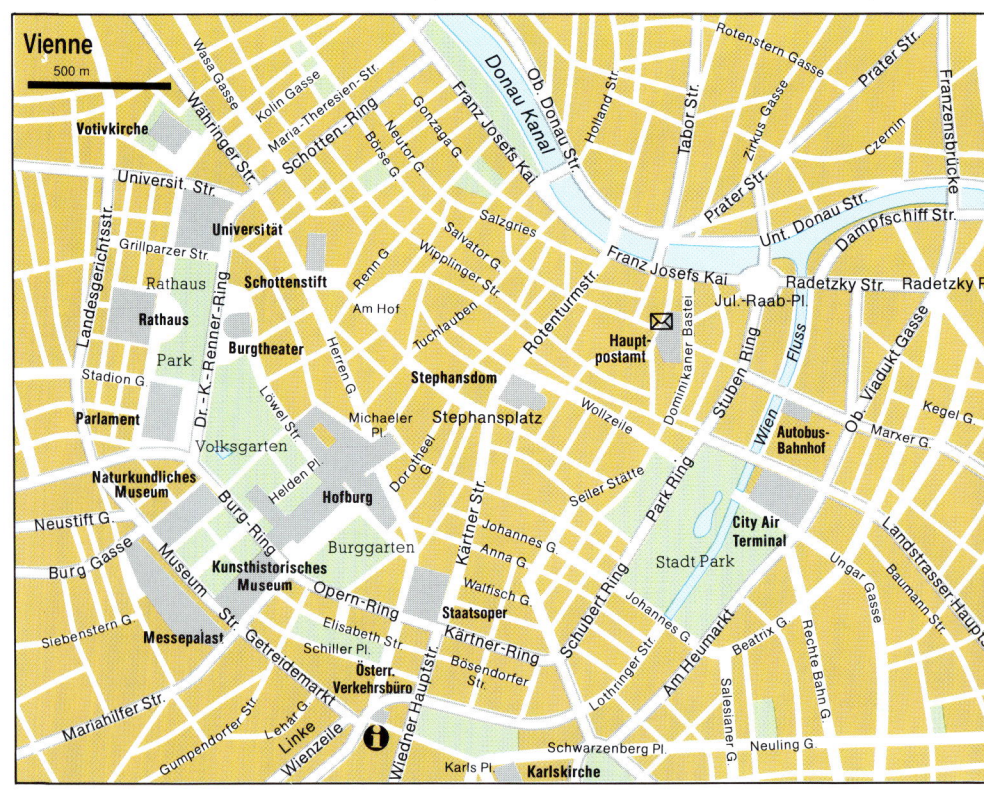

impériaux. Par la **cour des Suisses** (Schweizerhof), on accède à la partie la plus ancienne du palais (Alte Burg). On peut y visiter la **chapelle**, mentionnée dans les chroniques dès l'année 1296, et dans laquelle les petits chanteurs de Vienne chantent souvent la messe du dimanche matin. C'est là aussi qu'est conservé le **Trésor impérial** (Schatzkammer), divisé jadis en deux sections distinctes: le trésor de la couronne et le trésor ecclésiastique.

La **cour d'honneur** (In der Burg) est formée par l'ensemble des bâtiments qui ont été réunis au Vieux Palais: l'**aile de la Chancellerie impériale** du XVIIIe siècle et les **ailes Léopoldine** et **Amélie** (Amalienhof) du XVIe-XVIIe siècle. La première, transformée en musée, abritait les appartements de François-Joseph, la deuxième ceux d'Élisabeth et du tsar Alexandre Ier. Marie-Thérèse résida dans la troisième, actuellement siège de la présidence de la République.

De la cour d'honneur, un passage mène à la majestueuse **place des Héros** (Heldenplatz), fermée au sud-est par la colonnade en hémicycle du **Nouveau Palais** (Neue Hofburg). Construit de 1881 à 1914 dans le style néo-Renaissance du Ring, il abrite, entre autres, le **musée d'Éphèse** (archéologie), le **musée ethnographique** et certains départements de la **Bibliothèque nationale**. C'est du haut du grand balcon que Hitler proclama l'Anschluss le 12 mars 1938.

De Michaelerplatz à l'église votive

La **Herrengasse** relie Michaelerplatz au **Freyung** – place triangulaire dont le nom rappelle le droit d'asile que le couvent des Écossais (Schottenkirche) voisin accordait jadis. Le tracé de la Herrengasse correspond à une voie qui longeait le *limes* romain. La proximité de la cour incita de nombreuses familles aristocratiques à s'y installer au XVIe siècle, d'où son nom qui signifie « rue des Seigneurs ». Les palais se concentrent sur le côté droit de la rue. Construits entre le XVIe siècle et le début du XIXe siècle, ils sont encore en parfait état: le **palais Porcia**, au n° 23, le **palais Trauttmannsdorff**, au n° 21, et le **palais Batthyany** au n° 19. De l'autre côté de la rue, on aperçoit la façade arrière des **palais Harrach et Frestel**.

A gauche de la Herrengasse, deux monuments méritent le détour: l'actuelle **chancellerie fédérale** (Bundeskanzleramt) tout d'abord, sur la **Ballhausplatz** (place du Jeu-de-Paume). L'ancienne chancellerie de l'empire fut construite au début du XVIIIe siècle par Hildebrandt. Le 25 février 1934, le chancelier Dollfuss y fut assassiné par les nationaux-socialistes. A quelques pas, la très ancienne **place des Frères-mineurs** (Minoritenplatz) est dominée par le **palais Starhemberg**, demeure du défenseur de Vienne contre les Turcs, et par **Sainte-Marie des Neiges** (Minoritenkirche Maria Schnee), église des Italiens de Vienne datant du XIVe siècle.

En revenant sur la Herrengasse, on longe l'actuelle **Landhaus**, maison de la Basse-Autriche, où se déroulèrent

Coiffure spectaculaire pour le bal de l'opéra.

les émeutes qui déclenchèrent la révolution de 1848. En face, à l'angle de Herrengasse et Strauchgasse, le légendaire **café Central** était le lieu de rencontre de la Vienne intellectuelle à la fin du XIXe siècle et au début du XXe siècle. L'écrivain Stephan Zweig aimait y retrouver ses amis, en particulier un passionné de jeu d'échecs, Lev Davidovitch Bronstein, alias Trotzki, en exil à Vienne.

La **Schottengasse** («rue des Écossais»), qui prolonge la Herrengasse, est bordée des deux côtés par d'anciens monastères : à gauche, le **Schottenhof** de Josef Kornhäusel, de la première moitié du XIXe siècle ; à droite, le **Melker Hof**, ancien palais de ville des abbés de Melk construit aux XVe et XVIe siècles. Les caves historiques de ces deux établissements ont été transformées en restaurants. La Schottengasse débouche sur la **Schottentor** («porte des Écossais»), place qui doit son nom à la porte de la ville qui s'élevait autrefois à cet endroit.

L'autre côté du Ring est dominé par les deux clochers (99 m) de l'**église Votive** (Votivkirche). Longtemps décriée, elle est considérée aujourd'hui comme un bon exemple du néogothique. Elle rappelle l'attentat auquel le jeune empereur François-Joseph a échappé par miracle en 1853. A l'initiative de l'archiduc Maximilien, frère de François-Joseph et futur empereur du Mexique, on recueillit une somme d'argent pour construire cette église, qui fut solennellement consacrée le 22 avril 1879, jour des noces d'argent du couple impérial.

Le Ring

De l'église Votive, on aperçoit le vaste ensemble que forment l'université, l'hôtel de ville (Rathaus), le Burgtheater et le Parlement (Parlament). La réunion de ces quatre monuments forme la plus belle expression de l'historicisme. Tous les styles du passé y sont représentés, formant pourtant une unité remarquable. L'université

Rendez-vous du tout Vienne : le café Landtmann sur le Ring.

(1873-1883), construite par Heinrich Ferstel, s'inspire du style de la Renaissance italienne. Friedrich Schmidt choisit le néo-gothique pour l'hôtel de ville (1872-1883), pour rappeler la Vienne bourgeoise du haut Moyen Age. Le Burgtheater (1874-1888) a été édifié par Gottfried Semper et Carl Hasenauer dans un style mi-baroque, mi-Renaissance. Theophil von Hansen, Danois passionné de classicisme qui quitta Athènes pour Vienne, construisit l'actuel Parlement (1873-1883) en style hellénistique, en hommage à la patrie d'origine de la démocratie.

L'**université** est la plus ancienne université de langue allemande d'Europe. Elle était destinée à remplacer l'ancien bâtiment universitaire fondé par Rodolphe IV en 1365. A l'intérieur, la cour en forme de cloître, accessible à tous, est propice au recueillement: sous les arcades, des statues d'hommes de science célèbres veillent sur les étudiants studieux qui viennent y feuilleter des piles de livres.

L'imposant **hôtel de ville** (Rathaus) est couronné par une tour de 100 m, surmontée du célèbre **Rathausmann** («l'homme du Rathaus»), statue en cuivre représentant un chevalier porte-étendard. Au printemps et en été, des concerts sont donnés le soir dans la vaste cour à arcades. L'hôtel de ville est précédé d'un des plus beaux parcs de Vienne, orné de huit statues de personnages importants de l'histoire viennoise: Karl Renner, président de la République de 1945 à 1950, Karl Seitz, maire de Vienne très populaire entre les deux guerres, le peintre Georg Ferdinand Waldmüller, principal représentant du Biedermeier et l'inoubliable duo de compositeurs, Josef Lanner et Johann Strauss.

En décembre, le **Christkindlmarkt** («marché de l'Enfant-Jésus») y dresse ses étals et ses baraques et propose des pommes et du raisin glacés, du pain d'épices et du vin chaud. La place est alors dominée par un immense sapin de Noël, cadeau des *Länder* autrichiens à leur capitale.

Le musée du Sexe.

Lorsqu'un Viennois dit: *«Ce soir, je vais au Burg»*, il ne parle pas de la Hofburg, mais du **Burgtheater**. Ce théâtre classique, comparable à la Comédie-Française, donne directement sur le Ring, juste en face de l'hôtel de ville. Les programmes et les créations du Burgtheater passionnent tous les Autrichiens. Ce n'est pas sans raison que le Burgtheater est considéré comme le théâtre de langue allemande le plus éminent. Il fut construit en remplacement du théâtre de la Michaelerplatz, élevé à la dignité de «théâtre national» par Joseph II. L'édifice frappe surtout par la façade convexe de son avant-corps central. Les plafonds des escaliers d'honneur dans les deux ailes latérales, ont conservé leurs peintures d'origine; certaines sont dues aux pinceaux de Gustav et d'Ernst Klimt.

Juste à côté du Burgtheater, le **café Landtmann** est le plus grand et le plus beau de tous les *Kaffeehäuser* de Vienne: lustres de cristal et miroirs montant jusqu'au plafond, «loges» aux sièges couverts de velours et journaux du monde entier disséminés sur de petites tables. C'est le rendez-vous des comédiens, des journalistes et des parlementaires qui y tiennent de discrets conciliabules. La cuisine y est excellente et les prix abordables.

Le **Parlement** évoque un temple grec, avec sa balustrade surmontée de 60 statues de marbre représentant de célèbres figures de l'antiquité grecque et romaine. Devant le bâtiment s'élève une fontaine avec, au centre, une monumentale **Pallas-Athéna** (1902) de marbre blanc entourée de figures allégoriques (les vertus et les fleuves).

De l'autre côté du Ring, en face du Parlement, s'étend le **jardin public** (Volksgarten), dont les roseraies sont célèbres pour leur parfum envoûtant au printemps et en été. Johann Strauss, «roi de la valse», y a donné des concerts qui étaient de véritables triomphes. La place des Héros est fermée par une porte imposante, la **Burgtor**, où un monument à la mémoire de la résistance autrichienne a été érigé après la Seconde Guerre mondiale.

L'église Saint-Charles-Borromée.

A la hauteur de la place des Héros, le Ring déploie ses fastes architecturaux avec ses deux grands palais-musées, construits entre 1870 et 1891. Le **musée d'Histoire de l'art** (Kunsthistorisches Museum) et le **muséum d'Histoire naturelle** (Naturhistorisches Museum) se font face dans une parfaite symétrie. Le premier abrite la quatrième galerie de peinture du monde, avec notamment la plus belle collection de Pierre Breughel l'Ancien (14 tableaux). Le second abrite, entre autres, la Vénus de Willendorf et les tombeaux de Hallstatt ainsi que les collections de pierres et de cristaux les plus riches d'Europe.

Entre les deux musées, le Maria-Theresien-Denkmal est un monument de 20 m de haut représentant l'impératrice tenant la pragmatique sanction. Elle est entourée de ses généraux et chanceliers ainsi que de 16 personnalités de son époque, dont Haydn, Mozart et Gluck.

En quittant cette impératrice résolue, on n'a que quelques centaines de mètres à parcourir pour atteindre l'édifice qui est sans aucun doute le plus célèbre du Ring: l'**opéra** (Staatsoper) de Vienne. Il fut inauguré le 25 mai 1869 avec la représentation du *Don Juan* de Mozart. Ses architectes, Siccardsburg et Van der Nüll ne trouvèrent pas grâce aux yeux des Viennois, et lorsque la rumeur publique annonçait que l'empereur lui-même avait émis des critiques sur le style de l'édifice, Van der Nüll se donna la mort. Bouleversé, François-Joseph se contenta, lors des différentes cérémonies d'ouverture, d'un compliment banal: *« C'est très beau, je suis très content. »* L'opéra d'origine a été presque entièrement détruit par le bombardement de mars 1945. Il fallut attendre dix ans pour que le monument restauré soit de nouveau inauguré, le 5 novembre 1955, avec cette fois *Fidelio* de Beethoven.

Depuis cette date, l'opéra domine la scène culturelle viennoise. Il offre au public des premières brillantes, avec la participation de vedettes adulées. Tous les ans, le dernier jeudi de février, l'opéra se métamorphose en gigantesque salle de bal pour le traditionnel bal de l'Opéra qui couronne et clôt la saison des bals. Bien que le prix d'une loge bien placée soit exorbitant, les amateurs du monde entier s'y ruent pour participer à cet événement d'un éclat exceptionnel.

De part et d'autre de la **Kärntnerstrasse**, l'artère commerciale qui est le lieu de promenade favori des Viennois, l'opéra est entouré d'hôtels et de restaurants élégants qui, sont devenus des institutions: le **Sacher**, le **Bristol**, l'**Impérial**, pour n'en citer que quelques-uns. La *Sachertorte*, le plus célèbre des gâteaux viennois, a été le sujet d'un débat mouvementé, qui n'est pas prêt de se tarir. Sa recette exacte est toujours restée secrète depuis son invention en 1832 par Franz Sacher, cuisinier du chancelier Metternich. La maison Sacher s'est battue pour qu'on lui reconnaisse le privilège exclusif de l'*Original Sachertorte*, la pâtisserie Demel ayant elle-même depuis toujours fabriqué ses propres *Sachertorte* «à la Demel».

La «guerre des gâteaux», ne s'acheva qu'en 1965 lorsque la justice trancha en faveur de Sacher.

De l'opéra, il faut retraverser le Ring pour atteindre l'église Saint-Charles-Borromée, qui domine la vaste **Karlsplatz**, défigurée par la circulation.

Le joyau baroque de Vienne

L'**église Saint-Charles-Borromée** (Karlskirche) a été fondée à la suite d'un vœu formulé par Charles VI pendant l'épidémie de peste de 1713. Commencée en 1716 par Johann Fischer von Erlach, elle fut achevée en 1737 par son fils Josef Emmanuel, qui respecta scrupuleusement les plans de son père. Elle impressionne tous les visiteurs par son originalité, née de l'association inattendue d'une immense coupole baroque, de deux tours extérieures et d'un portique romain flanqué de deux colonnes imitées de la colonne Trajane. Celles-ci sont décorées de bas-reliefs en spirales illustrant

Sur la Kärntnerstrasse, l'American Bar, conçu par Adolf Loos a rouvert ses portes.

la vie de saint Charles Borromée. A l'origine, elle dominait un paysage de vignobles au milieu desquels la **Wien** coulait encore à ciel ouvert. Fischer von Erlach l'avait d'ailleurs conçue pour être admirée à distance.

Le bâtiment néo-Renaissance du **Musikverein** tout proche fut érigé de 1867 à 1869 par Theophil von Hansen pour l'Association des amis de la musique, fondée en 1812. La célèbre **salle dorée**, avec sa décoration somptueuse, est considérée par beaucoup comme la première salle de concert du monde pour l'acoustique. Chaque année, l'orchestre philharmonique de Vienne y donne son concert du nouvel an, bouquet d'anciennes mélodies viennoises. Il est diffusé par la télévision dans le monde entier.

Il ne faut pas manquer pas de faire un grand tour sur la **Schwarzenbergplatz**, avec son monument élevé à la gloire du prince de Schwarzenberg, commandant des armées alliées contre Napoléon Ier dans les campagnes de 1813 et 1814.

Le Belvédère

Sur le chemin qui mène au **château du Belvédère**, on passe devant la **Hochstrahlbrunnen** («fontaine lumineuse») et le monument à l'Armée rouge élevé par les Russes en 1945.

Le prince Eugène de Savoie, jeune maréchal, acheta en 1693 un terrain à bâtir aux portes de la ville destiné à son futur palais d'été. Il ne fit commencer les travaux que vingt ans plus tard, alors qu'il se trouvait à l'apogée de sa gloire. Johann Lukas von Hildebrandt dessina pour lui un ensemble baroque grandiose, composé de deux palais, le **Belvédère supérieur** (Oberes Belvedere) et le **Belvédère inférieur** (Unteres Belvedere). Le terme de «belvédère» ne se justifie en fait que pour le palais supérieur (1721-1722) : construit sur une petite butte, il offre une vue superbe sur la ville. Un parc orné de statues, de fontaines et de jets d'eau descend jusqu'au Belvédère inférieur (1714-1716).

Vente aux enchères dans la salle François-Joseph du Dorotheum.

Le prince Eugène était un mécène, passionné par les arts. De passage à Vienne, Montesquieu fut invité à la Hofburg, puis au Belvédère; il ne cacha pas sa surprise: *« Comme on se sent bien dans un pays où les demeures des sujets sont plus somptueuses que celle de leur souverain! »* Après la mort de son propriétaire, les palais du Belvédère furent rachetés par la maison impériale. Avant la Première Guerre mondiale, ils servaient de résidence à l'héritier du trône, l'archiduc François-Ferdinand. Après la Seconde Guerre mondiale, le traité fut signé en 1955 dans la salle de marbre du Belvédère supérieur. Il abrite depuis 1953 la très riche **galerie d'Art autrichien du XIXe et du XXe siècle**, qui rassemble, entre autres, la plus grande collection d'œuvres de Klimt, Schiele et Kokoschka, ainsi que des tableaux de Moll, Munch, Makart, Alt, Amerling et Waldmüller. Le Belvédère inférieur accueille le **musée d'Art baroque** et le **musée d'Art médiéval**.

Les monuments de la Sécession

Au tout début du XXe siècle, Vienne devint le champ d'expérience des artistes de la Sécession (1897-1907), association formée pour rompre avec l'art académique qui triomphait sur le Ring. Le Jugendstil s'exprime à Vienne à travers un petit nombre d'édifices qui sont toutefois très représentatifs.

Par l'Operngasse, qui fait face à l'Opéra, on rejoint la Friedrichstrasse. Au n° 12, le **pavillon de la Sécession** a été construit en 1897-1898 pour exposer les œuvres du jeune mouvement. Il se reconnaît de loin à son dôme couvert de branches de laurier en fer doré, surnommé par ses détracteurs, la « tête de chou ». Joseph Maria Olbrich, élève d'Otto Wagner, s'inspira du temple antique tout en lui donnant la sobriété et le raffinement propre au Jugendstil. La « **frise Beethoven** » (1902) de Gustav Klimt, fresque située au sous-sol du pavillon, fut un tournant dans l'œuvre du peintre.

Le palais de Schönbrunn

Au sud du pavillon de la Sécession, la **Linke Wienzeile**, qui relie la Hofburg au palais de Schönbrunn, est bordée de nombreux édifices Jugendstil. Les plus beaux sont d'Otto Wagner. La **Majolikahaus** («maison aux majoliques»), au n° 40, déploie sur l'ensemble de sa façade des motifs floraux en faïence. L'immeuble du n° 38, appelé **maison aux Médaillons**, est recouvert d'un décor de palmiers, de plantes grimpantes et de médaillons dorés dû à Koloman Moser.

Il faut remonter la partie est du Ring pour admirer l'œuvre majeure d'Otto Wagner, place Georg-Coch: la **Caisse d'épargne de la poste** (Postsparkassenamt). C'est le premier bâtiment viennois qui tient compte des techniques modernes. La fixation du placage de marbre de la façade grâce à des clous d'aluminium doré permit de réduire la durée de construction (1904-1906) tout en formant un décor. Otto Wagner employa le même procédé pour **Saint-Léopold**, église de l'hôpital psychiatrique Am Steinhof.

De la Caisse d'épargne de la poste, on peut aller jeter un coup d'œil à la fameuse **maison Hundertwasser** (1983-1985), de l'autre côté du Ring, dans le IIIe arrondissement. A travers cette construction toute de guingois, bariolée et armée de tours en bulbe d'oignon, son architecte, le peintre Friedensreich Hundertwasser a exprimé ses conceptions écologiques et esthétiques pour rompre avec la monotonie des grands ensembles.

Le palais de Schönbrunn

Il faut compter une demi-journée pour visiter le palais de **Schönbrunn** et ses jardins, situés à quelques kilomètres du Ring et du centre de la ville.

En 1683, après sa victoire sur les Turcs, Léopold Ier confia à Johann Fischer von Erlach la charge de dresser les plans d'un château d'agrément. Les premières esquisses prévoyaient une construction monumentale juchée sur la colline du parc. Trop onéreux, ce projet, qui voulait rivaliser avec le châ-

Moment de repos dans le Stadtpark.

teau de Versailles, ne fut jamais réalisé. En 1693, la seconde proposition, plus modeste, de Fischer von Erlach fut acceptée et les travaux commencèrent en 1696. En 1743, l'impératrice Marie-Thérèse demanda à son architecte Nikolaus Pacassi de remanier le château afin d'en faire une résidence d'été. Pacassi réussit un ensemble parfait, un des chefs-d'œuvre du rococo autrichien.

Les **jardins** ont été redessinés à la française à la fin du XVIIe siècle par Jean Trehet, puis remaniés dans la deuxième moitié du XVIIIe siècle. Au sommet de la colline, la **Gloriette**, qui ferme la perspective dans l'axe du château, offre une belle vue sur la ville. Cet arc de triomphe de style néo-classique fut construit par Ferdinand de Hohenberg en 1775.

Schönbrunn devint à bien des égards le symbole d'une époque et d'un mode de vie. La couleur des murs du château, le fameux «jaune Marie-Thérèse», alliée au vert foncé des volets, a marqué l'image de la monarchie au moins autant que le noir et jaune du drapeau des Habsbourg. C'est ce contraste de couleurs qu'ont adopté partout bâtiments et villas officiels, que ce soit à Meran, Trieste, Czernowitz, Sopron ou Ollmütz.

Le nom de Schönbrunn évoque aussi pour les Viennois l'âge de leurs premières visites au **zoo** du château. Fondé en 1752, c'est la plus ancienne ménagerie du monde.

Espaces verts et découverts

Parmi les nombreux parcs viennois, le **Stadtpark** («parc de la ville»), le long du Ring, est l'un des plus vastes. Il fut dessiné et réalisé d'après les plans du peintre paysagiste Josef Selleny en 1862. La **Wien** y coule à ciel ouvert; ses rives sont bordées de petits pavillons, d'escaliers et d'une promenade agrémentée de statues (Schubert, Bruckner, Hans Makart…); paons, flamants et cygnes y vivent en liberté.

Au milieu du parc, le **Kursalon** est un salon de thé prestigieux dont les murs

Chez May, « Heuriger » de la Pfarrplatz.

sont recouverts du fameux jaune ocre de Schönbrunn. Depuis le siècle dernier, concerts et bals y sont donnés avec le même entrain. A l'époque Biedermeier, on y avait installé un kiosque de distribution d'eau minérale, vite remplacé par un marchand de glaces. Un personnage illustre, son violon serré sous le menton, se tient, imperturbable, au milieu de la foule des passants : c'est la statue de Johann Strauss fils.

Après une journée de visite bien remplie, on peut aller barboter dans l'**Amalienbad** (Favoriten, X^e arrondissement), magnifique piscine couverte décorée en Jugendstil. Une lumière laiteuse tombe du plafond vitré sur les carreaux de céramique d'origine turque. Les bains de vapeur (*Dampfbad*) sont également ornés de belles mosaïques.

Les turfistes prendront la direction du Prater. La **Krieau** est le domaine du trot, la **Freudenau**, celui du galop. Rendez-vous de la société mondaine à l'époque impériale, la Freudenau est encore de nos jours un superbe hippodrome, à l'atmosphère un peu désuète. A la fin de chaque course, les perdants lancent des loges leurs tickets déchirés en petits morceaux. Le parc alentour abrite le seul terrain de golf de Vienne (18 trous).

Tout autour du **Vieux Danube** et sur l'**île du Danube** (Donauinsel) s'étend un centre de loisirs et de sports. On peut y faire du surf face aux bâtiments de la cité de l'ONU, ramer, nager, et patiner en hiver.

Le Prater

La réserve d'oxygène de Vienne reste sans conteste le Prater. Jusque dans le courant du XVIIIe siècle, les empereurs interdisaient à leurs sujets de pénétrer dans la zone de forêt et de verdure qui s'étendait aux portes de la capitale ; ils la réservaient à leur propre usage, pour les chasses impériales. Il fallut attendre 1766 et les réformes libérales de Joseph II pour que le Prater soit ouvert à tous les Viennois.

Le Naschmarkt au petit matin.

Pendant le congrès de Vienne, il servit de cadre à de superbes manifestations. Le développement du Prater fut favorisé par l'amour des Viennois pour le spectacle. On y installa des manèges, des balançoires et des pistes de boules, des stands de tir et de loterie.

En 1855, on y dressa le **Calafatti**, personnage en bois de 9 m de haut représentant un Chinois affublé d'une longue tresse fine, qui servait d'axe central à un manège. Mais le véritable emblème du Prater a toujours été le **Kasperl** (l'équivalent du Guignol), surnommé par les Viennois « Wurstel » (comme les fameuses saucisses !). Les Viennois se sont toujours sentis proches de cet être tragi-comique, malmené par la vie.

Pour l'exposition universelle de 1897, qui devait également célébrer le jubilé de l'accession au trône de François-Joseph, on construisit la fameuse **grande roue** (Riesenrad) qui était à l'époque la plus grande du monde, avec ses 67 m de haut. Gravement endommagé dans les derniers jours de la Seconde Guerre mondiale, le Prater fut reconstruit à partir de 1948. L'année suivante, Carol Reed y filma Orson Welles dans une scène célèbre de son film *Le Troisième Homme*, sur la Vienne en ruine de l'après-guerre.

Aujourd'hui, le Prater tend à se transformer en parc d'attractions à l'américaine. Les machines à sous ont délogé les manèges et les fast-food ont remplacé les gourmandises traditionnelles. Pour retrouver un peu de l'atmosphère d'antan, on peut prendre le **Liliputbahn**, train miniature qui traverse une partie du Prater, flâner à pied ou à vélo sur la Grande Allée, bordée d'arbres géants, ou s'asseoir à la terrasse du **Lusthaus** (« pavillon de plaisance ») pour déguster quelques spécialités viennoises.

Au sud de la capitale, dans le quartier de Favoriten, le **Prater bohémien** est le dernier vestige des briquetiers venus de Bohême qui y travaillèrent jusqu'au milieu du siècle dernier. La vie y était très dure : ils dormaient la plupart du temps à la belle étoile, une brique en

« Le Fantôme de l'Opéra » à l'affiche du Theater an der Wien.

Le Kaktus café, dans le Triangle des Bermudes », quartier « branché » de Vienne (dans le Ier arrondissement, autour de Rabensteiggasse et Seitenstettengasse).

guise d'oreiller. Les ouvriers, les cuisinières et les domestiques bohémiens étaient appréciés dans les usines et dans la haute aristocratie de la capitale impériale. Travaillant dur, ils furent les héros de chansons sentimentales et émouvantes.

Dans ce quartier, des cabanes en bois toutes de guingois se cachent au milieu des jardins et des bosquets de bouleaux. Le manège le plus ancien, qui a même été classé monument historique en 1985, tourne encore, abrité sous un baldaquin en bois datant de 1840.

L'art de vivre viennois

A Vienne, il existe des institutions sans lesquelles on ne peut vivre : les *Kaffeehäuser*, les *Beiseln*, les *Heurigen* et les stands à saucisses...

« *Pas à la maison, mais pas non plus dehors...* », telle est la devise que prônent depuis des siècles les amoureux du café viennois, à la fois fumoir, salle de séjour, atelier d'artiste, lieu de rendez-vous. « *L'endroit idéal pour les gens qui veulent être seuls, mais ont besoin de compagnie pour l'être* », ainsi que l'écrit le poète Alfred Polgar.

En ce qui concerne le breuvage, l'initié fait la distinction entre le petit et le grand *Braunen*, l'*Einspänner*, une portion de *Gold*, un *Verlängerter* ou encore un *Melange*. Le verre d'eau, de rigueur, est toujours servi en même temps que le café sur un plateau d'argent et renouvelé tacitement à intervalles réguliers. On peut ainsi passer des heures bien au chaud à bavarder, à lire les journaux ou à observer les clients, dans une atmosphère agréable et feutrée.

Le **café Museum**, le **Prückl**, le **café Hawelka**, le **café Central** et le **café Landtmal**, déjà cités, sont cinq des 400 cafés traditionnels de Vienne. Le pavillon de la Sécession abrite le **Wiener-Secession**, dont le décor mêle audacieusement le mobilier traditionnel et les céramiques italiennes. Le **Diglas**, au n° 10 de la Wollzeile, est assez austère, avec ses dalles de pierre et ses tables recouvertes

de marbre, mais on peut y savourer de gigantesques gâteaux maison. On peut citer également le **Braunerhof**, au n° 2 de Stallburggasse, où l'on peut écouter du violoncelle le week-end.

En dehors du Ring, le **Sperl** a ouvert ses portes en 1880; à cette époque, l'*Apfelstrudel* n'avait peut-être pas encore fait sa réputation.

Pendant les chaudes soirées d'été, les habitués des cafés viennois échangent volontiers leur banquette moelleuse contre les bancs de bois des *Heurigen*, ces petites guinguettes des faubourgs de Vienne (**Sievering, Nussdorf, Kahlenbergdorf, Stammersdorf**). Un authentique *Heurigen* ne doit pas être bondé, mais calme et pas trop bruyant. Une fois attablé, on va chercher au buffet une tranche de pain noir et du saindoux avec de fines rondelles d'oignon cru; on commande un litre de vin blanc sec, un Veltliner par exemple, ou un Neuburger. Puis, souvent, on bavarde avec ses voisins, on rit et on chante. Il est possible aussi qu'un quatuor de *Schrammelmusik* fasse le tour des salles et des jardins en jouant et en chantant la vie, la mort et le caractère éphémère de toute chose...

On reconnaît l'authentique *Beisel* à sa salle lambrissée au parquet en bois, ses tables de bois couvertes de nappes à carreaux et son comptoir (*Schank*) où l'on peut boire une bière en vitesse. Les menus sont restés traditionnels: un potage appelé *Suppe mit Einlag* avec des *Griessnockerln* (boulettes de semoule) pour commencer, puis du bœuf accompagné de légumes, un goulache ou un *Beuscherl* (ragoût d'abats). Le vendredi, on fait un repas de poisson ou de *Knödel* aux quetsches ou aux abricots.

Une visite aux marchands de saucisses efface les soucis de la journée. Leur répartition sur le territoire de la capitale est très étudiée. Chaque Viennois a sa petite adresse; c'est là, autour d'une saucisse, que se rencontrent d'élégants mélomanes sortant de l'opéra, des messieurs en smoking, des dames en robe longue à décolleté plongeant, les «belles de nuit», les «entraîneurs» et les clochards.

Au cours des siècles, Vienne a développé un fabuleux sens du spectacle. Si l'on a peu de passion pour le théâtre ou le bal et si l'on préfère les distractions plus actuelles, une soirée dans un cabaret viennois marquera certainement tout séjour dans la capitale. Après la crise des années 70, le cabaret, qui avait connu un premier renouveau après la Seconde Guerre mondiale, a fait un retour en force dans la capitale. On peut y prendre un repas tout en assistant à un spectacle corrosif. Les établissements les plus connus de ce genre sont le **Metropol** et la **Kulisse** à Hernals, le **Spektakel** près du Nashmarkt et le **Niedermair** dans la Josefstadt. Le **Simpl**, sur la Wollzeile, est le dernier vestige de la grande époque du cabaret viennois de l'entre-deux-guerres; on y perpétue la bonne vieille tradition du *Wadlbeissen* (littéralement: «mordre le mollet»).

Si les Viennois aiment bien manger, bien boire et s'amuser aux dépens d'autrui, ils n'oublient jamais que toutes ces réjouissances ont une fin et prennent très au sérieux les rites mortuaires. La fascination des Viennois pour la mort n'est pas une légende. On aime les beaux enterrements: la dernière demeure est choisie avec grand soin, de préférence avec une vue romantique et sous de grands arbres.

Dans la capitale, les cimetières ne sont pas seulement des lieux où l'on pleure et où l'on prie. Se promener dans ses allées ombragée en bavardant à bâtons rompus et en donnant à manger aux écureuils et aux moineaux, est très habituel. Le **Cimetière central** (Zentralfriedhof), dans le Xe arrondissement, est le plus grand d'Autriche avec ses 240 ha. C'est un peu l'équivalent du Père Lachaise à Paris. Au bout de l'allée centrale qui prolonge l'entrée principale sont enterrés de nombreux artistes: les musiciens Beethoven, Brahms, Gluck, Schönberg, Schubert, Strauss père et fils, Mozart (un cénotaphe seulement car il est enterré au Sankt-Marx Friedhof, dans le IIIe arrondissement) et les peintres Alt, Amerling, Makart.

La grande roue du Prater.

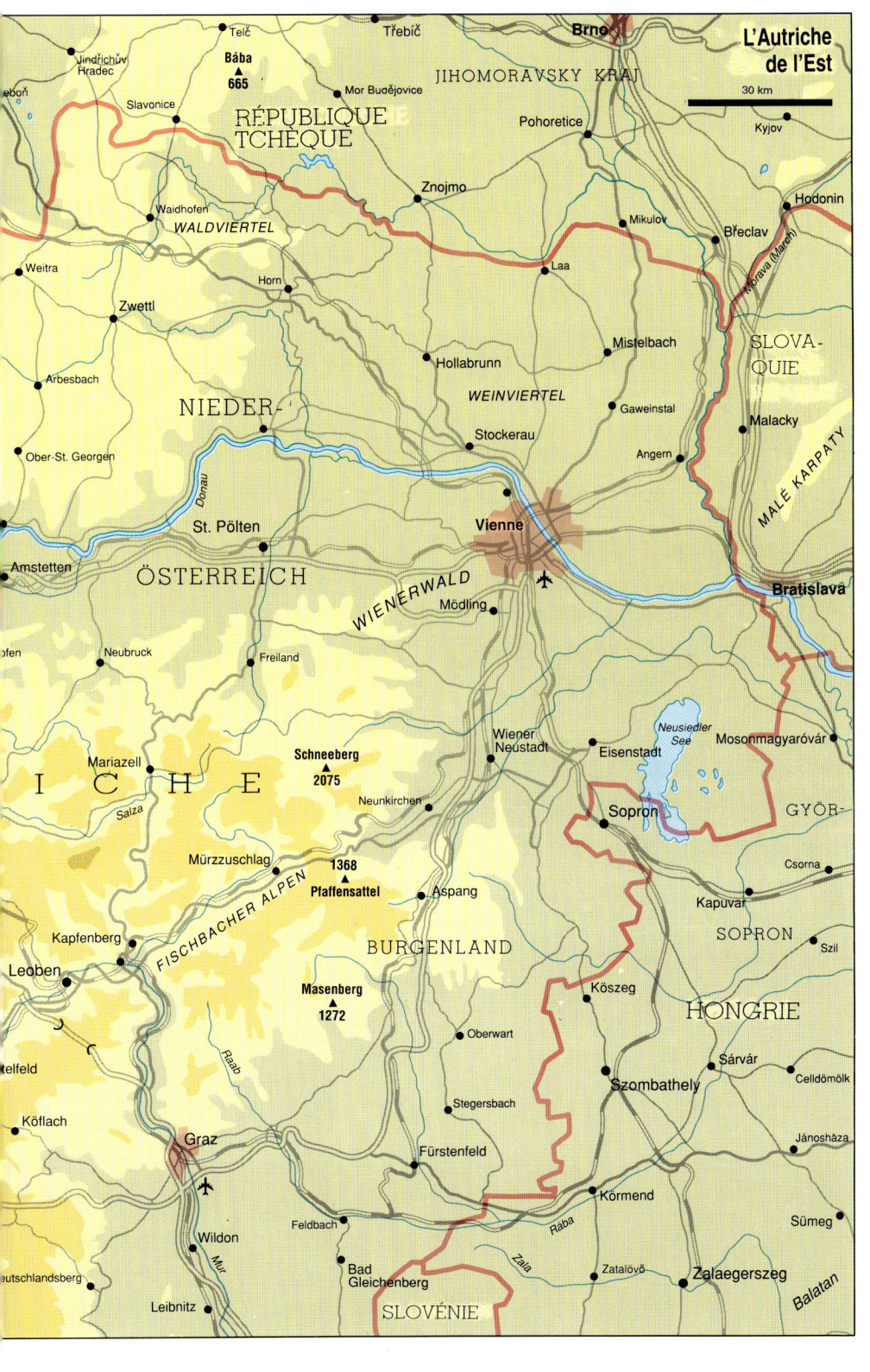

LE BURGENLAND

On pourrait croire que le Burgenland («pays des forteresses») doit son nom aux châteaux forts qui s'élèvent sur son territoire. Or, il n'en est rien. Son histoire commence après la Première Guerre mondiale, avec le démantèlement de l'empire austro-hongrois.

Lors du compromis de 1867, l'empire avait été divisé en deux États égaux, la Cisleithanie (Autriche) et la Transleithanie (Hongrie), la Leitha servant de frontière. La Deutsch-Westungarn (Hongrie occidentale germanique) se composait de quatre secteurs administratifs (les comitats), portant le nom de leur ville principale et dont la majorité des habitants parlait allemand : les comitats de Presbourg, Wieselburg, Ödenburg et Eisenburg.

En 1919, au traité de Trianon, la Hongrie céda des territoires à la Slovaquie, à l'ancienne Yougoslavie et à la Roumanie, mais les prétentions autrichiennes sur la Hongrie furent éludées. Les protocoles de Venise fixèrent les frontières définitives de l'Autriche orientale, à condition que les habitants du comitat d'Ödenburg entérinent cette décision. L'Autriche dut accepter le principe du plébiscite bien qu'il fût perdu pour elle : la majorité des habitants de ce comitat était d'origine hongroise. Mais elle n'avait pas le choix : c'était le prix à payer pour la cession des autres comitats.

Après le plébiscite de 1921, la plus grande partie de cette région revint à l'Autriche et fut baptisée d'après la dernière syllabe (*burg*) du nom des comitats d'origine. Wieselburg, Ödenburg et Eisenburg, se trouvent en Hongrie et Presbourg (Bratislava), en Slovaquie.

La ville d'Ödenburg, l'actuelle Sopron, forme une avancée en territoire autrichien et, sans le plébiscite, elle serait probablement devenue la capitale du Burgenland. C'est Eisenstadt qui a pris ce titre en 1925, accueillant cinq ans plus tard le gouvernement du *Land*.

Pages précédentes Rust, au bord du lac de Neusiedl. Ci-dessous, séance de dégustation de vin.

Eisenstadt et les Esterházy

Eisenstadt, la plus petite capitale autrichienne (10 000 habitants), est une cité pleine de charme où plane encore le souvenir de la cour des Esterházy et du plus célèbre de ses hôtes: Joseph Haydn.

L'imposant **château Esterházy**, résidence favorite de la grande famille hongroise, domine l'ensemble de la ville. Les travaux de transformation de la forteresse initiale, de type médiéval, commencèrent en 1663 sous Paul Ier, fils de Nicolas Esterházy von Forchtenstein; ils furent confiés à un maître d'œuvre italien, Carlo Carlone. Les quatre tours d'angle étaient à cette époque coiffées de bulbes. A partir de 1794, l'architecte français Charles Moreau entreprit un remaniement de la façade dans le style néo-classique, la dotant d'un portique monumental à colonnes corinthiennes. Il fit combler les douves qui entouraient le château et créa un parc à l'anglaise. C'est également lui qui construisit le **temple de Léopoldine** (Leopoldinentempel), qui abritait autrefois la statue en marbre sculptée par Antonio Canova représentant la princesse Léopoldine Esterházy, devenue par son mariage Léopoldine de Liechtenstein. Les transformations achevées, le château comptait 200 pièces et 6 grandes salles.

Joseph Haydn habita de 1766 à 1778 au n° 21 de la rue qui porte son nom (Haydngasse), et il fut pendant trente ans maître de chapelle de la famille Esterházy, poste qui lui valut les honneurs et la fortune. En 1792, le prince Paul-Antoine Esterházy lui rendit sa liberté, et le maître se retira à Vienne. En 1795, il fut rappelé une nouvelle fois au château Esterházy; c'est à cette époque qu'il composa ses deux chefs-d'œuvre: les deux grands oratorios *La Création* et *Les Saisons*. Haydn mourut à Vienne en 1809 et, onze ans plus tard, le prince Nicolas II Esterházy fit transporter son corps à Eisenstadt. On s'aperçut alors que le cadavre avait perdu son crâne et il s'ensuivit une chasse macabre de la *«vraie tête»* de Haydn, qui dura jusqu'en 1954. On la rapporta alors solennellement à Eisenstadt et on la déposa dans le mausolée de Haydn, rotonde en marbre blanc qui se trouve dans la **Bergkirche** (église du Calvaire). On célèbre tous les ans la mémoire du maître par les **journées internationales de Haydn**, qui ont lieu en septembre au château Esterházy.

Le lac de Neusiedl

Au nord du Burgenland, à 70 km à peine de Vienne s'étend le **Neusiedler See**, lac de 320 km^2 surnommé la «mer viennoise». Il abrite, dans l'épaisse frange marécageuse qui l'entoure, l'une des dernières grandes réserves naturelles d'oiseaux aquatiques (300 espèces rares), qui y viennent à la saison de la couvaison ou pour se reposer d'un long voyage. Seuls la Camargue et le delta du Danube peuvent soutenir la comparaison avec le lac de Neusiedl.

Les derniers contreforts des Alpes convergent ici avec le début de la *puszta* hongroise, créant un climat continental de steppe: des étés très chauds,

Karl Eidler, fondateur du Musée pannonien.

des hivers extrêmement rigoureux, de faibles précipitations et une brise constante. L'action conjuguée de ce climat de type méditerranéen et de la variété des taux de salinité du lac et des innombrables étangs engendre un milieu parfaitement adapté à l'épanouissement d'une flore et d'une faune tout à fait originales.

Nichée dans le **Seewinkel** («coin du lac»), à l'est du lac, **Illmitz** est la localité la plus étendue du Burgenland. Cette station balnéaire est connue pour son ensoleillement (2 000 h par an). Avec son toit couvert de roseaux, la **Florianihaus** est considérée comme la plus jolie maison de la région. Autre joyau d'Illmitz classé monument historique, la **Pusztascheune**, est une ferme baroque qui a été transformée en *Heuriger*. Là, aux accents enflammés des *czardas*, il s'est bu bien des petits verres...

Illmitz est aussi le point de départ idéal pour explorer la région du Seewinkel sous la conduite d'ornithologues chevronnés. Plusieurs types d'excursions sont possibles : en voiture, à cheval, à bicyclette ou à pied. Des panneaux le long de sentiers balisés donnent toutes les informations concernant le travail de la **station biologique**. Si le **parc naturel de Lange Lacke**, près d'**Apetlon**, n'est pas ouvert au public, on peut le contourner sur un parcours fort instructif de plus de 10 km.

A 13 km au nord se trouve **Podersdorf am See**, station la plus importante des bords du lac. La «perle du Neusiedler See» doit sa réputation à 4 km de plage sans roseaux, à un petit port de plaisance et au plus vaste terrain de camping d'Autriche. Ce petit paradis vit dans une atmosphère de vacances perpétuelles. Podersdorf peut aussi se glorifier de faire tourner les ailes d'un des plus vieux moulins à vent (200 ans) du Burgenland. Seul Retz, centre viticole du Weinviertel (Basse-Autriche) peut se vanter de la même chose.

Plus au nord, **Weiden am See** est un ravissant petit village de vignerons qui se niche au pied d'une formation géo-

Char à voile sur le lac de Neusiedl gelé.

logique appelée **Parndorfer Platte**. Pendant tout l'été, dans la rue principale, les paysannes passent leurs journées assises sur des chaises en bois devant leurs maisons basses, offrant aux passants toutes sortes de produits : des fruits et des légumes de leurs jardins et de petits ouvrages d'artisanat en paille tressée qu'elles fabriquent pendant l'hiver.

Avant de poursuivre le circuit autour du lac, il est recommandé d'aller faire un petit tour à **Halbturn am See**, village proche de la frontière hongroise. C'est le type même du village établi autour d'une place occupée par une prairie. Au XVIIIe siècle, le comte Harrach confia à Lukas von Hildebrandt le soin de construire le **château** baroque qui se dresse à l'entrée du bourg. L'empereur Charles VI venait y chasser. Il servit également de résidence à sa veuve, Élisabeth. Sa fille, l'impératrice Marie-Thérèse, le fit transformer et c'est grâce à elle qu'on peut y admirer aujourd'hui de précieuses fresques de Maulpertsch. Gravement endommagé pendant la Seconde Guerre mondiale, il fut remarquablement restauré lors d'une campagne engagée en 1971. Actuellement, il accueille des expositions temporaires.

Neusiedl et le Musée pannonien

L'étape suivante de ce circuit est la petite ville de **Neusiedl am See** (4 000 habitants), à l'extrémité nord du lac. Une visite au **Musée pannonien** de Karl Eidler s'impose. De 1979 à 1991, ce sexagénaire plein de vitalité a constitué sans aucune aide l'un des plus grands musées privés d'Autriche. Plus de 6 000 objets exposés racontent les traditions et les mutations du Burgenland. De la souricière du XIXe siècle au camion de pompiers, en passant par un très vieux tour restauré avec amour, Karl Eidler a transporté et rassemblé dans son village-musée à la fois tout ce que les gens trouvaient désuet et tout ce qu'il découvrait dans les endroits les plus insolites.

Garages de bateaux à Rust.

Avec le temps, Karl Eidler est devenu une institution dans le nord du Burgenland. On vient le voir de partout, ethnologues, sociologues, équipes de radio et de télévision. Depuis sa fondation, le musée a vu défiler plus de 80 000 visiteurs de tous les coins du monde. Il possède cinq énormes livres couverts de signatures qui valent la peine d'être regardés de près. Karl Eidler aime s'asseoir avec ses visiteurs au milieu de cet univers singulier, leur raconter des blagues et leur offrir un verre de bon vin du terroir. *« La tournée du patron*, précise-t-il, *vous ne trouverez cela dans aucun musée du monde. »* Les visiteurs apprécient et reviennent volontiers écouter cette grande figure de Neusiedl am See.

Après avoir plongé dans cette mine de souvenirs, l'étape suivante est **Jois**, où l'on prospecte en profondeur, au sens littéral du terme. En 1982, on a retrouvé sur le territoire de cette commune une tombe romaine contenant deux squelettes, la mère et sa fille. La *Boiteuse de Jois*, exhumée quelques années plus tard, présente deux marques de fractures mal réduites à la cuisse. Une des découvertes les plus macabres est celle d'un caveau mortuaire d'une famille princière de l'âge du bronze. Il est entouré de douze autres tombes contenant des squelettes d'hommes au crâne défoncé, évoquant les coutumes des Scythes, qui avaient l'habitude d'emmener une partie de leur cour avec eux dans l'au-delà...

A **Breitenbrunn**, une atmosphère plus sympathique attend les visiteurs. La **tour des Turcs** (Türkenturm), tour de garde haute de 32 m, remonte, comme son nom l'indique, à l'époque des guerres contre les Turcs. Elle est devenue l'emblème de la ville et les habitants y tiennent beaucoup. Elle offre une très belle vue d'ensemble sur le lac. Les fermes baroques et les ruelles pittoresques complètent l'image de ce joli village qui s'est, lui aussi, établi autour d'une vaste place couverte d'herbe. Comme dans toutes les localités d'une certaine importance, les amateurs de sports nautiques trouveront un port de plaisance et une école de surf.

On peut accéder par bateau ou planche à voile à **Purbach am Neusiedler See**, localité voisine qui possède un grand terrain de camping, une école de voile et toutes sortes d'équipements de loisirs. Ce village a aussi beaucoup souffert des Turcs; il a été presque entièrement incendié en 1683 et en a gardé une couleur noire très curieuse. Chose rare, Purbach am Neusiedler See conserve encore des fragments de remparts et de portes de l'époque ottomane. Dans la **cave des Turcs** (Türkenkeller), une statue en pierre semble surgir de l'intérieur de la cheminée: la légende affirme qu'il s'agit du *« dernier des Turcs »* !

Donnerskirchen

Légèrement à l'écart du lac, à 24 km de Rust, **Donnerskirchen** est un village vinicole de 1 700 habitants. En 1926, on a découvert près de ce bourg une agglomération de l'époque de la civilisation de Hallstatt.

A gauche et à droite, deux habitants de Mörbisc

Entre le 15 avril et le début du mois de mai, Donnerskirchen offre un spectacle original: la *Kirschblüte* (littéralement: « floraison des cerises »). Les milliers de cerisiers en fleurs ponctuant de petites tâches blanches les pentes des monts Leitha, forment un tableau féerique. Tout le pays est en fête pour célébrer la naissance du printemps.

L'**église Saint-Martin**, église fortifiée qui domine le village (1676-1680), est l'occasion de mentionner quelques épisodes de la vie du saint patron du Burgenland et d'évoquer une coutume toujours observée dans le pays. La version locale de la légende raconte que, poursuivi par des importuns qui troublaient sa méditation, saint Martin s'échappa pour chercher refuge dans une cachette, mais il fut trahi par les criaillements d'un troupeau d'oies. Aussi tous les ans, le 11 novembre, donne-t-on dans le Burgenland et en Basse-Autriche, le *Martinigansl-essen* («le repas d'oies de saint Martin»). Étant donné les étroites relations que les citoyens de ce *Land* entretiennent avec le jus de la treille, on fête aussi ce jour-là l'arrivée du vin nouveau.

Vin et œnologie

Le Burgenland produit de très bons vins, en particulier au sud du *Land* et sur les coteaux de la rive ouest du lac de Neusiedl. A Donnerskirchen, les férus d'œnologie peuvent satisfaire leur passion, avec le forum du Vin qui se tient au **Leisserhof**, centre de documentation consacré à l'industrie viticole du Burgenland. La **Weindom** («cathédrale du vin») présente 42 clos et 126 vins. A la **Weinbörse** («bourse du vin»), 125 000 bouteilles des vins les plus rares et les plus nobles attendent les visiteurs, qui ont même la possibilité de louer un coffre à vin.

Pour se remettre d'une très lourde séance de dégustation à la Weinbörse, on peut conseiller aux amateurs de golf le superbe parcours de 18 trous du très réputé club de Neusiedler See-Donnerskirchen.

Oggau, la cité voisine, plus proche de Rust (19 km) que de Donnerskirchen, a deux points communs avec cette dernière: les premières traces de peuplement y remontent à plusieurs milliers d'années et son essor économique est dû à la viticulture. Si l'on en juge à ses proportions actuelles, l'**église paroissiale**, érigée en 1717 d'après les plans du célèbre architecte Pilgram, n'a pas été achevée.

Rust

La ville classée de **Rust** a été surnommée la «villégiature des cigognes». Avec l'aide du Fonds mondial pour la Nature (WWF), on y a inauguré le «bureau de postes des cigognes», ouvert toute l'année (code postal A-7073). Le timbre à l'effigie des cigognes est très prisé des philatélistes et des amis des animaux qui peuvent aussi se procurer toute une variété de cartes postales et d'enveloppes célébrant ces volatiles migrateurs. Avec le produit de ces ventes, les habitants de Rust et le WWF essayent de trouver de nouvelles sources d'alimentation et

Des hottes bien garnies de raisin local.

de nouveaux nids sur les toits des maisons de la vieille ville, afin d'assurer la survie et de favoriser la reproduction de leurs aimables estivants.

Aussi célèbre que les cigognes, le vin de Rust est sain et généreux, aux proportions harmonieuses. Aucune autre commune ne propose une telle profusion de vins titrés : les bouchons sont frappés d'un R pour attester l'appellation d'origine. Le vin de Rust peut même aider les œnologues en herbe à obtenir un titre universitaire, en suivant un cours d'une semaine à l'**académie d'Œnologie du Burgenland**.

Il faut visiter l'édifice le plus précieux de Rust, sur le plan de l'histoire de l'art et de la civilisation : l'**église des Pêcheurs** (Fischerkirche), Elle se dresse sur la grand-place, face à l'hôtel de ville. Aux vestiges de la chapelle romane d'origine, on a adjoint deux chœurs et une nef gothiques. Des insignes de corporations comme la serpette du vigneron ornent les clefs de voûte du chœur principal. Avec un peu de chance, on aura peut-être l'occasion d'assister à un des traditionnels concerts aux chandelles, qui s'y donnent ici tous les ans en été.

A 4 km à l'est de Rust, le village de vignerons de **Sankt Margarethen im Burgenland** est connu pour ses **grandes carrières** (Römersteinbruch) déjà exploitées par les Romains et qui ont servi à la construction de la cathédrale Saint-Étienne et du Ring. L'été, des artistes venus du monde entier y sculptent des œuvres monumentales.

Le circuit autour du Neusiedler See se termine à **Mörbisch am See**. On y sent la proximité de la frontière hongroise : les maisons anciennes blanchies à la chaux sont décorées d'une profusion de fleurs et d'épis de maïs séchés liés en bottes, caractéristiques du Burgenland. Les fenêtres garnies de bacs remplis de géraniums rouge feu et d'énormes lauriers aux fleurs éclatantes confèrent à la longue rue de ce charmant village une atmosphère méditerranéenne.

Attelage au milieu des vignes.

Festival d'opérette sur le lac

Mörbisch am See a connu la célébrité à partir de 1957, grâce à son festival consacré à la «muse légère», qui se donne sur le lac. Tous les ans, une nouvelle opérette est mise en scène et représentée pendant les mois de juillet et d'août. Il est recommandé d'utiliser un produit antimoustiques avant le début de la représentation, car ces insectes ont une prédilection pour les soirées chaudes au bord du lac.

Les localités établies sur les rives mêmes du lac possèdent toutes la même infrastructure : plages et aire de baignade, locations de bateaux et de surf, terrains de camping, location de bicyclettes, etc. Le surf et le bateau à voile sont les principaux sports nautiques qui se pratiquent ici, pour deux raisons évidentes : le lac est très peu profond (1 ou 2 m) et il est très souvent balayé par un vent de force 6.

Le petit **train Raab-Ödenburg-Ebenfurt** circule entre ces trois localités depuis plus de 100 ans comme si la frontière n'existait pas ; il roule à faible allure et on peut interpeller les paysans travaillant dans les champs, lesquels prennent en général le temps de saluer les passagers.

De Forchtenstein à Güssing

A une vingtaine de kilomètres au sud d'Eisenstadt, la majestueuse **forteresse de Forchtenstein** (Burg Forchtenstein) dresse ses murailles et ses tours sur une butte de la chaîne des Rosaliengebirge. Aucune autre forteresse ne donne une telle impression d'enchevêtrement. De la partie la plus ancienne qui date du XIVe siècle, il ne reste que le donjon dont le toit rappelle par sa forme la quille d'un navire. Après la destruction complète du reste du château, le comte Nicolas Esterházy commença à le rebâtir en 1635. Il dirigea lui-même la construction du bâtiment de l'entrée dans la cour intérieure, du corridor voûté qui mène à la partie surélevée du bastion, de l'entrée proprement dite du châ-

Représentation d'une opéra sur les rives du Neusied See, à Mörbisch

teau, de l'arsenal et de la chapelle. Au milieu du XVIIe siècle, son fils Paul Ier poursuivit les travaux d'agrandissement et donna à l'ensemble son aspect actuel. De cette époque datent également de nombreuses ferrures et serrures de portes qui sont de superbes réalisations artisanales, des fragments de vitraux d'origine, des sols en brique, des cheminées. La **citerne des Turcs**, dans le bastion oriental, est profonde de 142 m. Elle doit son nom aux prisonniers turcs qui la construisirent de 1660 à 1690. Le village de Forchtenstein a un autre titre de gloire : le **restaurant Reisner**, célèbre pour ses spécialités régionales.

Un peu plus au sud, à mi-chemin entre Forchtenstein et Lockenhaus, le joli village de **Stoob**, qui se réduit à une longue rue bordée de maisons, est connu pour sa céramique. En plus d'une corporation traditionnelle de potiers – c'est ici que sont fabriquées les véritables *Pluzer*, cruches pansues à col étroit –, Stoob possède l'unique école de céramique d'Autriche.

Lockenhaus am Geschriebenstein, dans la vallée de la Güns, est mentionnée pour la première fois sous ce nom dans des documents du IXe siècle ; à cette époque, elle formait déjà une agglomération. L'imposante **forteresse romaine**, qui sert de cadre à des manifestations culturelles (concerts de musique de chambre), était jadis propriété de l'ordre du Temple, dissous en 1311. Aux XVIIe et XVIIIe siècles, elle abritait un monastère d'augustins et un collège de philosophie et de théologie. En 1669, l'italien Orsolini érigea une **église baroque**, devenue un lieu de pèlerinage.

A l'est de Lockenhaus, **Bernstein** possède le seul gisement connu au monde de serpentine, pierre semi-précieuse vert sombre. Le **musée des Roches** (Felsenmuseum) donne d'intéressants détails sur cette pierre rare et sur l'histoire du village. C'est à lui également qu'on doit la carte du ciel qui y est exposée. La **forteresse** du XIIIe siècle a toujours été un enjeu stratégique dans les luttes territoriales entre l'Autriche et la Hongrie, à la différence du **château de Schlaining** – plus au sud –, propriété des Babenberg, qui était plutôt l'objet de guerres locales.

Les personnes souffrant de rhumatismes ou d'affections de la colonne vertébrale, de maladies cardiaques, de troubles de la circulation, ainsi que d'affections vasculaires ne manqueront pas de séjourner à **Bad Tatzmannsdorf**. Cet ancien village magyar et croate possède un établissement thermal qui était, dès le XVIIe siècle, un lieu de rencontre de l'aristocratie et qui propose aujourd'hui des programmes de cure variés.

Oberwart, carrefour des axes nord-sud et ouest-est, est la ville la plus importante du sud du Burgenland. Sa population est hongroise à 50 %.

Güssing enfin est célèbre pour son eau minérale pétillante et pour sa situation exceptionnelle : son magnifique **château fort** du XIIe siècle est juchée au sommet d'une colline. Il comprend, entre autres, un musée historique, une galerie des ancêtres et un arsenal. Sa **chapelle gothique** renferme les plus anciennes orgues du Burgenland.

La cigogne est l'un des emblèmes du Burgenland.

LA BASSE-AUTRICHE

Bien des régions portent un nom qui est une première source d'information pour le visiteur. Celui de la Basse-Autriche (Niederösterreich) est plutôt trompeur car ce *Land*, dans sa majeure partie, n'est pas particulièrement «bas»; il culmine même par endroits à plus de 1800 m (le Schneeburg et l'Ötscher).

Parmi les images que la Basse-Autriche évoque, on peut citer deux grandes figures, Schubert et Blondel le ménestrel, la fameuse vallée du Danube avec ses châteaux entourés d'eau, ses abbayes et ses stations thermales, ses forêts et ses bois, ses vignes et ses cultures qui font d'elle la première région agricole de l'Autriche. C'est un pays de doux contrastes dont la richesse satisfera les plus exigeants.

La forêt viennoise

Des portes de Vienne jusqu'aux Alpes centrales, à l'ouest, toute la région est couverte de forêts: la **Wienerwald** (forêt viennoise). En quittant la capitale par la nationale 14, en direction du nord-ouest, on passe, à gauche, au pied de deux montagnes, le Kahlenberg et le Leopoldsberg, avant de rejoindre **Klosterneuburg**, sur la rive droite du Danube. L'édifice le plus important de cette petite cité située sur les contreforts de la forêt viennoise est l'énorme **abbaye capitulaire des augustins** (Augustiner-Chorherrenstift), visible de loin avec sa coupole en forme de couronne impériale. Elle fut fondée en 1108 par le margrave Léopold III de Babenberg, saint patron de la Basse-Autriche, qui est enterré en ces lieux. L'abbatiale de style roman date du début du XIIe siècle et fut sans cesse agrandie et complétée au cours des siècles suivants. La décoration intérieure, dans son aspect actuel, avec le maître-autel et les orgues, remonte au milieu du XVIIe siècle.

La très belle route qui relie Klosterneuburg à Hüttendorf est connue sous le nom de Wiener Höhenstrasse («route viennoise des hauteurs»); elle escalade les versants du **Kahlenberg** et du **Leopoldsberg**, dont on peut faire l'ascension. Du sommet du mont Kahlenberg (485 m), la vue sur la capitale et, au-delà, sur le Marchfeld, est magnifique. Il ne faut pas manquer d'aller boire un café sur la terrasse du restaurant panoramique. Pour terminer, on peut grimper à pied ou en voiture jusqu'au sommet du Leopoldsberg voisin, où l'**église Saint-Léopold** est dédiée au patron de la Basse-Autriche.

Pour rejoindre Mauerbach, il faut passer sur **Sophienalpe**, où se trouve un ravissant café champêtre, **Jausenstation** (*Jause* est un mot autrichien qui signifie le «goûter»), étape rêvée pour une collation au milieu de prairies réservées aux pique-niqueurs! Puis on traverse des bois de contes de fées avant de découvrir, à **Mauerbach**, les vestiges d'une **chartreuse** fondée en 1313. Une église baroque vint la compléter 300 ans plus tard. Tous ces bâtiments, auxquels il faut ajouter les cellules des moines bâties à l'extérieur, forment un ensemble architectural très intéressant.

C'est plus au sud, à **Purkersdorf**, que fut ouvert le premier relais de poste sur la route royale de Linz. Le **bâtiment des Postes** a été construit en 1796 dans le style néo-classique. Les bas-reliefs de la façade montrent des représentations symboliques du secret postal. Près de cette petite ville au charme fin de siècle, le **parc naturel de Sandstein-Wienerwald**, aménagé depuis peu, comprend des enclos pour le gibier.

La limite ouest de la Wienerwald est marquée par un petit lac artificiel, le **Wienerwaldsee**. On entre alors dans une zone résidentielle, discrète et élégante: **Tullnerbach**, **Pressbaum** et **Rekawinkel** sont les villégiatures typiques des Viennois.

Neulengbach, «perle de la forêt viennoise», se niche entre deux monts très fréquentés par les randonneurs, le **Buchberg** et le **Kohlreith**. Le cœur de la petite cité a été construit vers 1200 autour du château fort des seigneurs de Lengbach; la ville actuelle doit son charme à ses édifices Renaissance qui ont été très bien conservés. Au sud, **Altlengbach**, avec sa belle **église paroissiale** en gothique flamboyant du XVIe siècle, est le point de départ de l'ascen-

Pages précédentes: le sphinx du château de Reillenstein, gauche, vue du haut des monts Untagsberg.

sion du **Schöpfl**, point culminant de la région (895 m). Il offre une vue panoramique remarquable sur toute la forêt viennoise.

Après avoir passé plus à l'est **Klausenleopoldsdorf**, où le **défilé du Schwechatbach**, avec ses deux guérites en bois, forme un spectacle charmant, on arrive à Alland et à Mayerling. **Alland** était la résidence des Babenberg et c'est là qu'est né Frédéric d'Autriche. Aujourd'hui, le principal centre d'intérêt de la ville, en dehors du sport et des loisirs, est une grotte de stalactites. **Mayerling** a été rendue célèbre par la tragédie qui se déroula dans le pavillon de chasse du prince héritier Rodolphe de Habsbourg. Le monastère des carmélites a été construit par l'empereur François-Joseph à l'endroit où l'on a retrouvé les corps de l'héritier de la couronne et de sa maîtresse, Marie Vetsera.

De Mayerling, on a la possibilité d'aller directement à Baden par **Helenental**, vallée romantique qui a été chantée par de nombreux poètes et écrivains, notamment par Edmond Rostand dans *L'Aiglon*. Mais on peut aussi prendre un chemin de traverse car bien des sites valent le détour.

Heiligenkreuz, par exemple : l'**abbaye cistercienne** du même nom (la Sainte-Croix) est un régal pour l'œil. L'abbatiale, commencée en 1135, possède les voûtes sur croisées d'ogives les plus anciennes d'Autriche ; le chœur gothique a servi de modèle à de nombreuses basiliques d'Allemagne du Sud. Derrière le cloître roman adossé au flanc sud de l'église se trouve une superbe fontaine en bronze. La salle capitulaire abrite 13 tombes de princes Babenberg, y compris celle du dernier de la dynastie ; elle est émouvante de sobriété et de perfection.

On dit que Schubert composa le célèbre lied *Am Brunnen vor dem Tore* (*Près de la fontaine devant la porte*) à **Hinterbrühl**, sous le grand tilleul qui se dresse devant le moulin appelé Höldrichsmühle. **Mödling**, localité toute proche, témoigne d'une implantation humaine vieille de 8000 ans. D'innombrables artistes y ont séjourné pour

La Häuserl am Stoan est l'un des buts d'excursion favoris des Viennois.

peindre, écrire, composer: Adolf Loos et Oskar Kokoschka, Anton Wildgans et Johannes Mario Simmel, Johann Strauss et Arnold Schönberg. Beethoven fit un jour cette confidence au peintre August von Kloeber: *« Il faut absolument que vous alliez voir Mödling de près car c'est très beau. »* En effet, tout y est intéressant: l'**ossuaire roman de Saint-Othmar**, la somptueuse **colonne de la Peste** et l'hôtel de ville de Schrannenplatz, une promenade jusqu'à la **Tour noire**, la mystérieuse **Seegrotte** ou tout simplement à travers la charmante zone piétonnière aménagée dans la vieille ville. Un bon «tuyau» pour les alpinistes chevronnés: les murailles rocheuses qu'on trouve, par exemple, sur la route d'Hinterbrühl servent de parois d'exercices aux écoles d'escalade; elles atteignent le plus haut niveau de difficulté.

Pour admirer le château de **Laxenburg**, il faut faire un petit détour de 6 km vers l'est. Le **château** s'offre à la vue dans tout l'éclat de son «jaune Schönbrunn». Les jardins n'ont pas la régularité de ceux de Versailles, ils donnent plutôt l'impression d'avoir été dessinés par la nature. Un vaste étang qui part du milieu et s'étend vers la droite invite à une promenade en bateau ou à une visite au **Franzensburg**, situé sur une petite île. Le pavillon est accessible par un bac ou par le pont romain; il abrite un musée et un café. A l'extrémité de l'allée de peupliers, le long du canal, un centre de loisirs a été aménagé, comprenant un restaurant, une piscine, un minigolf et un terrain de camping.

Puis on suit la route de Mödling jusqu'à **Gumpoldskirchen**, grand centre viticole du sud de Vienne. Emprunter la route qui traverse les vignobles vallonnés est une préparation idéale à une dégustation du célèbre *Gumpoldskirchner*. **Pfaffstätten** n'est pas loin et, là aussi, les amateurs de bon vin ne seront pas déçus.

Baden, où plane une certaine nostalgie de l'époque impériale, est à elle seule une invitation à aller aux eaux, à passer une soirée au théâtre ou au casino. L'établissement thermal et son parc conservent,

Les habitants de la Basse-Autriche sont connus pour leur gentillesse.

dans leur architecture et leur agencement, le charme désuet de la fin du XIXe siècle, que des représentations d'opérettes viennent renforcer l'été.

Sooss, toute proche, nichée sur les derniers contreforts de la forêt viennoise, est une cité viticole classique.

Après un petit bain matinal dans les eaux de la station thermale de **Bad Vöslau**, célèbre pour la splendide architecture de son complexe, ce périple à travers la forêt viennoise s'achève à **Berndorf**. Son luxueux théâtre municipal est le centre culturel incontesté de la **vallée du Triesting**. Construit dans l'esprit de l'architecture du Ring, sa décoration rococo évoque une scène princière. La coupole de **Sainte-Marguerite**, d'un vert éclatant, domine les toits de cette jolie petite cité. Cette église néo-baroque est flanquée de deux écoles d'aspect ordinaire bâties en 1808 mais dotées d'une décoration intérieure très surprenante. Les 12 salles de classe reprennent 12 grands styles architecturaux : mauresque, gothique, égyptien, dorique, entre autres.

Le Marchfeld et la vallée du Danube

Une excursion dans la vallée du Danube (Donau en allemand) est tout à la fois une randonnée à travers l'histoire, une course de château en château et un plongeon en pleine nature. Les petites localités du Marchfeld – région délimitée à l'ouest par Vienne, au sud par le Danube et à l'est par la frontière slovaque – baignent dans une atmosphère pleine de charme.

Grossenzersdorf, qu'on rejoint par l'A 23, est un bon point de départ d'itinéraire dans le Marchfeld. Cette ravissante petite agglomération, mentionnée dans un document de 1158, a réussi à conserver la majeure partie de ses remparts médiévaux. De même, l'**hôtel de ville**, ancienne église conventuelle, et les nombreuses demeures soigneusement restaurées témoignent d'un riche passé. Pour les gourmets, une visite à la taverne **Am Sachsengang** s'impose.

A quelques kilomètres, le **château de Sachsengang** surgit au milieu des forêts

Les poissons abondent dans les plans d'eau et les rivières de Basse-Autriche.

sombres qui entourent **Oberhausen**. Construit en 1120 et plusieurs fois modifié, il est actuellement propriété de la famille Thavonat. A l'intérieur, il ne faut pas manquer pas de visiter l'atelier de céramique.

Orth an der Donau possède un **château** entouré d'eau, digne des contes de fées. Cet ensemble imposant remonte au XIIe siècle et fut transformé vers 1550, où on lui donna son aspect actuel. En 1784, il fut complété par un nouveau château, sur son flanc occidental. La propriété passa aux mains des Habsbourg en 1824 et devint plus tard le séjour de prédilection de l'archiduc Rodolphe. Il abrite trois musées, dont les plus intéressants et curieux sont le **musée de la Pêche** et le **musée d'Apiculture**. L'**Uferhaus** («maison du rivage»), restaurant très fréquenté par les amateurs de poisson de la capitale, sert de savoureuses carpes à la serbe.

Le **pavillon de chasse Eckartsau**, auquel on parvient après avoir traversé Wagram an der Donau, a été détruit en 1945 mais restauré de main de maître.

Au XVIIIe siècle, de grands artistes, tels Fischer von Erlach, Lukas von Hildebrandt, Lorenzo Mattielli et Daniel Gran, ont participé à la transformation complète de l'ancien château du XIIe siècle.

On peut compléter cette excursion par une randonnée à pied sur les rives du Danube, près de **Stopfenreuth**. Le promeneur attentif découvrira dans les fourrés des martins-pêcheurs, des castors, des cormorans, des hérons et même des tortues d'eau douce, dans un paysage qui compte parmi les dernières forêts tropicales d'Europe.

Malgré les transformations que Marie-Thérèse lui fit subir, le superbe **château de Niederweiden**, plus au nord, porte nettement la griffe de Fischer von Erlach qui l'a construit à la fin du XVIIe siècle pour le comte Ernst Rüdiger Starhemberg, à la place du château fort de Grafenweiden, réduit à l'état de ruine par les Turcs.

A 3 km au nord, **Schlosshof** est le véritable centre de la vie monarchique et aristocratique du Marchfeld. Le prince Eugène de Savoie acheta à cet endroit

Paysage de bords de rivière aux environs de Hainburg.

un château du XVIIe siècle, dont il confia les transformations à Lukas von Hildebrandt; celles-ci furent achevées en 1729. A la construction initiale furent adjointes deux ailes formant une cour d'honneur. Doté de vastes escaliers extérieurs et de superbes fontaines, le Schlosshof se voulait le château de plaisance le plus somptueux et le plus coûteux de la région. Il a également été conçu de manière à pouvoir être défendu en cas de nécessité. Marie-Thérèse le racheta en 1755 et le fit modifier et agrandir. Avec son faste et son parc magnifique, Schlosshof devint le séjour préféré de la cour. Après avoir subi des dommages importants, il fut, dans les années 80, l'objet d'une grande opération de restauration qui s'avéra difficile. Aujourd'hui, il sert de cadre à des expositions.

On repasse devant le château de Niederweiden pour rejoindre la nationale 49 qui enjambe le Danube, et arriver à **Hainburg**, ancien château fort des Babenberg. Cette jolie petite ville au pied du **Braunsberg** n'a rien perdu de sa vocation défensive, comme on peut le voir si on arrive par l'ouest, c'est-à-dire par la **Wienertor** («porte de Vienne»), qui date du XIIIe siècle. Deux autres portes y donnent également accès, la **Fischertor** («porte des pêcheurs») et l'**Ungartor** («porte des Hongrois»).

Outre des fragments du XIe siècle, la vaste **forteresse de Schlossberg** possède encore un énorme portail voûté en plein cintre ainsi qu'une tour de garde avec voûte sur croisée d'ogives de 1120 et un porche de 1514. Ce château, inhabité depuis le XVIIe siècle, n'a pourtant cessé d'être modernisé et restauré. La Wienertor a été aménagée en musée qui contient une exposition permanente sur la paysannerie dans les Carpates allemandes. De la route panoramique qui monte sur le Braunsberg, on a une vue superbe sur toute la région, en particulier au coucher du soleil.

En prenant la direction de Vienne, on passe par **Bad Deutsch Altenburg**. Les sources de cette station thermale étaient déjà exploitées par les Romains au IIe siècle. L'**église Notre-Dame**, ou Saint-

Paysage du sud de la forêt viennoise.

Étienne, juchée sur une hauteur, date, dit-on, de l'an 1000 et fut agrandie aux XIIIe et XIVe siècles.

A quelques kilomètres de là, dans le parc du château de **Petronell**, le **champ de fouilles de Carnuntum** est le plus vaste d'Europe centrale. A l'apogée de sa gloire, la ville romaine comptait 70 000 habitants et s'étendait sur une superficie de 10 km², comprenant le camp militaire. Un **musée** en plein air montre, entre autres, le plan de tout un quartier de la ville, avec ses maisons, ses thermes, ses ateliers, etc. Les grands thermes, l'amphithéâtre et la Heidentor («porte des païens»), haute jadis de 20 m et qui est encore imposante avec ses 12 m actuels, comptent parmi les éléments les plus marquants de cette plongée dans le passé.

L'étape suivante est le village de **Rohrau**, plus au sud. C'est là que naquit Joseph Haydn le 31 mars 1732 ; sa maison natale a été transformée en **musée Haydn**. A proximité, le **château des comtes Harrach**, dont l'origine remonte au XVIe siècle, a été remanié plusieurs fois ; il abrite l'une des plus importantes collections privées d'Autriche qui donne un bon aperçu de la peinture classique flamande, italienne, espagnole et française.

Bruck an der Leitha, ville-frontière entre la Basse-Autriche et le Burgenland, marque la fin de cet itinéraire à travers le Marchfeld danubien. Le **château de Prugg**, château entouré d'eau datant du XIIIe siècle, s'élève à la lisière de cette petite cité. C'est une fois de plus Lukas von Hildebrandt qui fut chargé de le remanier dans le style baroque en conservant le beffroi des premiers temps du gothique, appelé **Heidenturm** («tour des païens»). Bruck, ville importante au Moyen Age, continue à jouer le rôle de carrefour des grands axes de cette région.

Le Weinviertel

A 20 km au nord-est de Vienne, **Deutsch-Wagram** est encore à la lisière du Marchfeld, mais sur le chemin du **Weinviertel** («région du vin»). Cette petite commune est citée pour la première fois dans les documents officiels de 1250 et le beffroi de l'église est même âgé de 1000 ans, mais c'est à Napoléon Ier qu'il doit sa célébrité. En 1809, à la veille de la bataille de Wagram, l'empereur des Français avait établi son quartier général à cet endroit. Le **monument commémoratif** sur le site même du champ de bataille ainsi que les nombreux objets du **musée** local donnent de précieuses informations sur cette époque. Deutsch-Wagram, avec son restaurant, le **Marchfelderhof**, promet des voluptés gastronomiques dans une chaude ambiance rustique.

Wolkersdorf est considérée comme la véritable porte du Weinviertel. La bataille de Wagram a, là aussi, laissé des traces. L'empereur François Ier avait d'abord installé son quartier général dans le presbytère et, plus tard, après sa victoire, Napoléon Ier s'établit dans le **château** qui est devenu l'emblème de cette agréable ville. Il remonte à 1050 et fut transformé en pavillon de chasse par l'empereur Charles VI en 1720.

Au nord-est, **Grossschweinbarth** se cache dans une combe, à la lisière du

L'abbaye de Melk.

Weinviertel. Les vignobles et la **forêt de Hochleithen**, qui couvre près de 1 000 ha, invitent à de longues promenades qu'on peut compléter par une visite au **musée d'Art populaire** ou au **musée international de la Bergerie**.

Encore plus au nord, **Niedersulz** est à lui seul un village-musée avec ses 30 bâtiments construits dans le style local et parfaitement conservés. Cet ensemble permet d'imaginer un village du Weinviertel avant l'industrialisation. On y découvre, entre autres, deux chapelles, divers ateliers, un pressoir, un moulin à eau et l'inévitable taverne.

La bourgade de **Wilfersdorf**, toujours plus au nord, au milieu de champs et de vignobles, a une tout autre atmosphère. Siège d'un tribunal dès le XIVe siècle, son passé de centre de commerce et d'artisanat est toujours vivace. Le regard est inéluctablement attiré par le **château Liechtenstein**, lumineux avec ses murs couverts d'ocre doré.

Les amateurs de vin sont très bien accueillis par les nombreux viticulteurs de **Poysdorf**, aux ruelles pittoresques. Vingt domaines agricoles se sont associés et ce groupement d'intérêts leur permet d'offrir un choix d'une centaine de vins différents, parmi lesquels il faut surtout citer le *Grüner Veltliner*, le *Rheinriesling*, ainsi que le *Weisser Burgunder* («bourgogne blanc»). La région produit aussi des vins rouges d'excellente qualité.

De Poysdorf, il faut effectuer un demi-tour vers le sud pour rejoindre **Mistelbach**, à quelques kilomètres à l'est de Wilfersdorf. Ce village s'est consacré au sport en construisant un grand centre doté d'une vaste piscine, d'immenses pelouses et d'un minigolf. Les amateurs d'art peuvent visiter l'église-halle gothique, un ossuaire du XIIe siècle, le collège avec ses fresques de Maulpertsch et un petit château baroque.

Asparn an der Zaya se trouve sur les premiers contreforts des **Leiser Berge** («monts silencieux»), à l'est de Mistelbach. Le cœur de ce vieux village viticole est la **forteresse** avec ses fossés, son église, son chemin de ronde et son monastère. Le **musée du Vignoble** et le

Scène matinale à Weitra, dans le Waldviertel.

Musée préhistorique sont installés dans cet ensemble, l'un des plus beaux d'Autriche.

Michelstetten, localité à l'est de la précédente, abrite un musée très original : le **musée scolaire de la Basse-Autriche**. Possédant la plus vaste collection du pays, il offre une documentation complète sur l'évolution du système scolaire autrichien. Michelstetten se trouve au centre du **parc naturel des Leiser Berge**. On peut étudier, à pied ou à bicyclette, la vie et l'évolution de plantes et d'animaux qui ont disparu des autres régions depuis longtemps.

A 10 km au nord de Michelstetten s'étend le village de **Fallbach**, autour duquel on peut rayonner. **Loosdorf** et son château, **Winkelau** et sa maison de la culture, **Hagenberg** et sa grand-place, **Friebitz**, lieu de pèlerinage romantique, proposent de nombreuses activités : le service d'information sur le biotope, les cours d'art créatif et le laboratoire musical ne donnent qu'un aperçu des possibilités de loisirs qui y sont apparu au fil du temps.

A quelques pas de la frontière tchèque, **Laa an der Thaya** fut fortifiée par les Babenberg vers 1200 afin de servir de bastion contre les Bohémiens. On peut encore voir certains fragments des fortifications et d'autres vestiges. Le **château de Laa**, de la même époque, héberge un **musée de la Bière**. Le pilori gothique (XVIe siècle), la colonne de la Peste (XVIIe siècle) sur la grand-place et les églises valent également un coup d'œil.

A l'est de Laa an der Thaya, **Alberndorf im Pulkautal** est une commune aux riches traditions. Le conseil de l'Europe l'a couronnée d'un prix pour son hospitalité. Les paysans et les maîtres potiers du village ont toujours le temps de bavarder un peu ; l'atmosphère romantique de la Kellergasse et l'animation qui règne sur le marché agricole laissent d'agréables souvenirs aux visiteurs.

Dès qu'on arrive dans la commune de **Retz**, on sent la vie qui l'anime : d'immenses caves (dont la plus vaste d'Autriche) ont percé les fondations de la ville dans tous les sens. Le réseau

souterrain est un véritable labyrinthe, plus étendu que la ville elle-même ; les galeries sont creusées dans le sable, sur deux ou trois niveaux en sous-sol. Le circuit des visites guidées quotidiennes, qui traverse 900 m de tunnel, n'explore pourtant que 5 % de l'ensemble. En outre, la ville possède de nombreux édifices baroques et Renaissance et un moulin à vent en état de marche qui lui sert d'emblème.

Le Waldviertel

Le **Waldviertel** («région des forêts») possède un charme âpre et merveilleux. Le soir, lorsqu'une brise fraîche oblige à se couvrir, on se rend compte qu'on est au nord de l'Autriche. Les nuits d'été brûlantes et lourdes, comme en connaît la Carinthie, sont rares ici. C'est une destination idéale pour ceux qui recherchent le calme et un mode de vie paisible.

Hardegg, ville la plus petite d'Autriche, se presse contre la frontière tchèque au milieu de vastes forêts de conifères, dans la pittoresque **vallée de la Thaya**. Un puissant **manoir féodal** du XIIe siècle trône au-dessus de la ville, sur une crête rocheuse. Sur le pont qui enjambe la Thaya, les amateurs de pêche auront quelques battements de cœur : de grosses truites de rivière s'ébattent dans l'eau claire.

A quelques kilomètres à l'ouest, sur la route de Geras, s'élève le superbe **château baroque de Riegersburg**, auquel il faut consacrer une visite. Ce lieu de villégiature doit son succès au prieur du **monastère de Geras**. Ses stages de peinture de meubles rustiques, d'icônes et de peinture sur verre ont attiré tous ceux qui veulent pratiquer une activité en se reposant.

Pour prendre des leçons d'équitation, c'est à **Drosendorf** qu'il faut se rendre. La perfection des installations et des équipements (manèges couverts et manèges en plein air), les moniteurs et chevaux d'école, facilitent les premiers pas dans l'art équestre.

Raabs an der Thaya mérite bien son qualificatif de *«perle de la vallée de la Thaya»*, surtout vue du haut de son pittoresque **château** du XIe siècle, juché sur un rocher abrupt qui domine le confluent de la Thaya allemande et de la Thaya morave.

Le circuit à travers le Waldviertel passe par Gross-Siegharts et Dietmanns pour arriver à **Waidhofen an der Thaya**, cité traditionnelle née d'un village fortifié du XIIe siècle. Aujourd'hui, elle a bien des attraits pour les visiteurs : l'hôtel de ville du XVe siècle, le palais de justice ou l'église paroissiale bâtie entre 1716 et 1723, et des musées, comme le **musée du Tissage** et le **musée du Silo**. Ceux qui préfèrent les activités sportives ont le choix entre le tir à l'arc, la pêche ou le téléguidage de modèles réduits d'avions.

La situation agréable du bourg de **Thaya im Waldviertel** est due à un ensoleillement exceptionnel et à un climat stimulant. Deux fontaines Renaissance ornent la place du Marché, entourée de maisons bourgeoises parfaitement restaurées et d'une église paroissiale romane. Dans le bois des environs se trouvent les fouilles du village médiéval de **Hard**. La visite du **château de**

La vieille ville de Krems.

Peigarten, tout proche, est une excellente conclusion à ce circuit.

Vers Zwettl

Les amis des bêtes seront comblés par le **parc naturel de la Thayatal** : cette ancienne forêt primaire, dotée de sentiers aménagés pour les promeneurs, est l'un des plus beaux sites de la région. Le village de **Dobersberg**, avec son **château** du XVIe siècle, est également un centre de villégiature grâce aux forêts de conifères et aux petits étangs qui l'entourent. La route traverse ensuite les bourgades reposantes de **Kautzen** et d'**Eggern** pour arriver à **Litschau**, ville la plus septentrionale d'Autriche. Cette cité très touristique est un but idéal d'excursion pour les familles avec son golf de 18 trous, ses courts de tennis, ses manèges pour l'équitation et son lac, le **Herrensee** dont les rives sud sont couvertes de pissenlits.

Les célèbres tailleurs de verre de Waldviertel vivent dans les petites localités de cette région telles qu'**Altnagelberg** et **Neunagelberg**, **Angelbach** ou **Hirschenwies**. On y trouvera des pièces de grande qualité pour enrichir sa collection.

La ville romantique de **Heidenreichstein** prend un air de conte de fées avec son **château** entouré d'eau. Cité pour la première fois dans les documents officiels de 1205, il a conservé son pont-levis de forteresse médiévale.

Gmünd im Walviertel possède un **château** un peu plus récent que le précédent. Ce chef-lieu de canton proche de la frontière tchèque est un carrefour important dans la région, avec ses deux passages frontaliers et sa fonction de centre administratif et scolaire. C'est de Gmünd que part le petit **train à vapeur du Waldviertel**, en direction de **Gross Gerungs** ; mais la plus grande attraction locale est l'étrange **parc naturel de Blockheide Eibenstein**, à l'atmosphère presque mystique. Pour les gourmets, le restaurant **Hackl** est idéal pour goûter les spécialités du Waldviertel.

Après avoir traversé **Weitra**, siège de la plus ancienne et plus petite brasserie

Paysan et paysanne du Waldviertel.

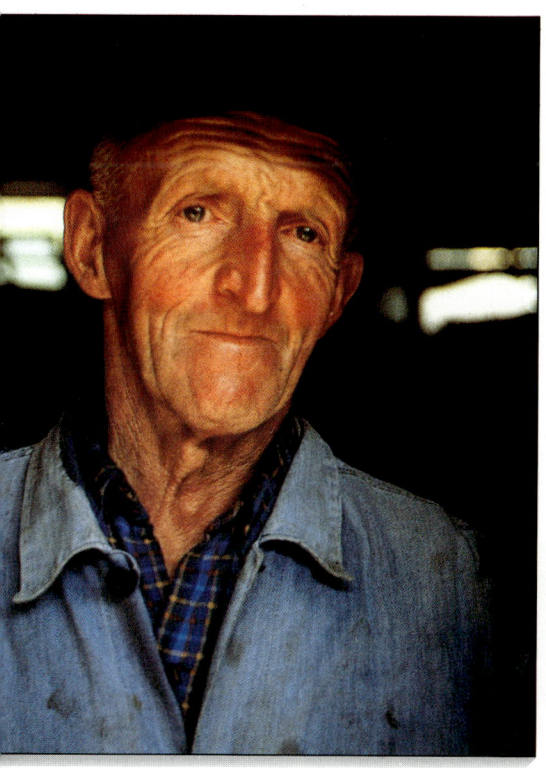

d'Autriche, on rejoint la station thermale de **Moorbad Harbach**. Le centre de cure, tout neuf et très moderne, est à la hauteur de sa réputation, avec ses sources thérapeutiques pour jeunes et moins jeunes. On y traite les troubles du métabolisme, les différentes formes de rhumatismes et même la sensibilité aux variations atmosphériques.

La ville de **Zwettl**, résidence des seigneurs de Kuenring dès le haut Moyen Age, est le siège de la plus grande brasserie privée d'Autriche, dont le produit exige une petite dégustation. De l'époque médiévale, cette cité romantique a gardé ses remparts et l'**église des Prémontrés** du XIe siècle. Un somptueux **monastère cistercien**, fondé en 1138, s'étend à la lisière de la ville.

Légèrement à l'écart, le **château de Rosenau**, de style baroque, et son musée présentent d'intéressants documents sur la franc-maçonnerie. La visite de ces lieux aiguise l'appétit et il ne faut pas manquer de faire étape au restaurant du château pour y déguster un *gedämpfte Schweinsschlögel im Wurzelwerk*, cuisse de porc cuite à la vapeur et servie avec des carottes et du céleri.

En plein cœur du Waldviertel, **Ottensteinsee** est un lac de barrage caractérisé par d'innombrables petites criques en forme de fjords.

La station de **Rastenfel** est un bon point de départ pour découvrir ce centre consacré aux sports nautiques, véritable paradis des pêcheurs et des amateurs de voile et de surf. Sur la terre ferme, une infrastructure sportive complète a été aménagée : 35 km de sentiers balisés avec soin agrémentés d'un «parcours santé», locations de vélos, courts de tennis et terrains de boules.

Le **château d'Ottenstein** – avec sa chapelle romane décorée de fresques –, les **ruines de Lichtenfels** et le **château de Rastenberg** attendent la visite des touristes tentés par la chasse aux fantômes.

Sur la route qui mène à Gars am Kamp, on traverse **Krumau am Kamp**, à proximité de deux lacs de retenue : **Thurnbergersee** et **Dobrasee**.

Le coquet petit bourg de **Gars am Kamp** se niche au pied des ruines d'un

La cour bordée d'arcades du vieux château de Scheibbs.

château fort des Babenberg. Pour illustrer et expliquer les 5 000 ans d'implantation humaine sur le site de Gars, on peut se plonger dans un vaste champ de fouilles et consulter une riche documentation. Gars vaut aussi la visite pour l'**église Sainte-Gertrude**, romano-gothique, ses fières maisons bourgeoises et le très couru hôtel de Willy Dungl, avec ses «cures biologiques» qui régénèrent et réactivent l'organisme.

En amont du Kamp, près de **Mold**, on ne tarde pas à découvrir, au milieu d'un cadre féerique, le **château de Rosenburg**. Mentionné pour la première fois dans les documents de 1175, ce magnifique ensemble architectural abrite une «cour des tournois» unique ainsi que de nombreuses œuvres d'art, depuis des armes précieuses jusqu'à du mobilier Renaissance.

Le circuit du Waldviertel s'achève à **Maisau**, petite cité au passé intéressant, dominée par un château romantique. Ville-frontière entre le Waldviertel et le Weinviertel – le Manhartsberg –, elle a toujours été un nœud de communication. Dès l'époque préhistorique, Manhartsstrasse, route principale reliant la Wachau à l'Elbe et à l'Oder, passait par Maisau.

La Wachau

Fleurs d'abricotier, Richard Cœur de Lion, vagues du Danube, châteaux forts, poisson et vin... telles sont les images intimement liées à la vallée la plus riante de l'Autriche.

Telle une couronne imposante, la magnifique **abbaye de Melk** (360 m de long) semble monter la garde sur son piton rocheux aux parois abruptes. L'architecte génial de cette merveille, qui est l'édifice le plus représentatif du baroque autrichien, est Jakob Prandtauer. A l'origine, le piton était occupé par une forteresse, résidence de la famille Babenberg, qui passa aux mains des bénédictins en mars 1089. Depuis cette date, c'est à Melk que vit et œuvre cet ordre monastique, à qui l'on doit le monastère dans son état actuel.

Les bidons de lait sèchent au soleil.

A 5 km de Melk, en aval, sur la nationale 33, l'agréable villégiature de **Schönbühel** possède un **château** du XIIe siècle juché lui aussi sur un piton rocheux de 40 m qui plonge à pic dans le Danube. Sur un des murs extérieurs, un intéressant bas-relief représentant la Cène a été sculpté.

Il faut s'accorder un peu de temps pour explorer les richesses du village voisin, **Aggsbachdorf** : la **chartreuse** du XIVe siècle et ses pierres tombales, aux armes de la famille Maissau, fondateurs du monastère. D'Aggsbachdorf, on peut entreprendre une randonnée à pied jusqu'aux ruines d'**Aggstein**, vieilles de 700 ans. Autrefois, à cet endroit, les chevaliers brigands de la famille Kuenring fermaient le passage du Danube avec des chaînes pour arraisonner et piller les bateaux. De nos jours, c'est plutôt la vue fascinante sur toute la région qui fait le charme de ces ruines : en amont du Danube, dans la direction de Melk, sur les contreforts de la forêt de Dunkelstein et par-dessus les hauts plateaux du Waldviertel.

Sur la rive gauche du Danube, **Willendorf** est devenue célèbre grâce à sa Vénus, statuette en calcaire du paléolithique. Le sol, riche en vestiges, a également révélé la présence, à l'époque glaciaire, d'un campement de chasseurs de mammouths.

A **Arnsdorf**, on peut passer sur la rive gauche du Danube, mais pas avant d'avoir vu l'église paroissiale et sa décoration intérieure d'une grande beauté. Le bac transporte les visiteurs à **Spitz**, la célèbre cité viticole nichée au pied du **Tausendeimerberg** («colline aux mille seaux»): selon la légende, pour que l'année soit bonne, il faut que la récolte des vignobles qui s'étagent sur les coteaux rapporte 1 000 seaux de vin. Les romantiques ne seront pas déçus en voyant le **château d'Erlahof** et les ruines du **château fort de Hinterhaus**. Dans l'église à trois nefs de style gothique flamboyant, on peut admirer un tableau de Kremser Schmidt sur le maître-autel.

Il faut profiter de la proximité de **Joching** pour y faire un tour et visiter la

Paysage de la région de Waidhofen sur l'Ybbs.

cave du viticulteur Josef Jamek. Ses vins sont présents sur les cartes des meilleurs restaurants d'Autriche.

Weissenkirchen est une petite cité charmante avec ses ruelles étroites et ses maisons très anciennes. Le village est dominé par une **église fortifiée** imposante qui date de 1190 et qui a été remaniée au XVe siècle.

Dürnstein est sans doute la localité la plus connue de toute la Wachau. Il faut dire qu'elle s'est établie à l'un des endroits les plus pittoresques.

La légende du roi Richard Cœur de Lion et du ménestrel Blondel est également célèbre dans le monde entier : à la fin du XIIe siècle, le roi d'Angleterre, capturé au retour de la croisade, languissait depuis de longs mois dans le cachot du sinistre château fort. Un seul de ses fidèles, le ménestrel Blondel, ne voulait pas admettre que son maître bien-aimé ne fût plus de ce monde, et il partit à sa recherche, accompagné de sa lyre. Lorsqu'il arriva enfin à Dürnstein et qu'il fit entendre son chant de reconnaissance, comme partout où il était passé, il eut tout à coup une réponse en provenance du château fort ; peu après, le roi Richard Cœur de Lion était libéré moyennant paiement par l'Angleterre d'une forte rançon (qui servit à construire les premiers grands remparts de Vienne).

A Dürnstein, on peut aussi visiter une ancienne **abbaye capitulaire des augustins**, remaniée de 1710 à 1740 en style baroque d'après les plans de Jakob Praudtauer, les vestiges d'un **couvent des clarisses** du XIIIe siècle ainsi que les ruines de l'église de Cunégonde, dont le cimetière possède un ossuaire du XIVe siècle.

Les abricots de Krems

Un petit tour de l'autre côté du Danube permet aux visiteurs de découvrir deux des meilleurs relais gastronomiques du pays : à **Mautern**, chez le premier cordon bleu d'Autriche, Liesl Wagner-Bacher (couronnée de trois toques par Gault et Millau) et à **Klein-Wien**, au pied de l'**abbaye de Göttweig**, chez sa sœur, Gerda Schickh, dont la spécialité est le *Marillen-Knödel* (*Knödel* aux abricots).

On passe de nouveau sur la rive gauche où, après avoir traversé **Stein an der Donau**, on arrive à **Und**. Dans cette minuscule bourgade affublée d'un nom amusant (*und* signifie « et » en allemand) se trouve un collège d'œnologie avec d'immenses caves dans lesquelles reposent des bouteilles contenant les meilleurs vins autrichiens.

Peu après, on atteint **Krems**, blottie le long du Danube. L'ensemble de la cité est entourée de vignobles en terrasses, qui en font le principal centre vinicole de Basse-Autriche. Son vieux centre, composé de superbes maisons anciennes, a été restauré de manière exemplaire, permettant à Krems de gagner le titre de *« ville modèle pour l'entretien des monuments historiques »*. Il faut absolument goûter les excellents vins de Krems ainsi que son eau-de-vie d'abricot (*Marillenschnaps*), présente dans toute la vallée de la Wachau. Au printemps, la splendeur des abricotiers en fleurs reste un souvenir inoubliable pour les visiteurs.

Le château d'Ottenstein.

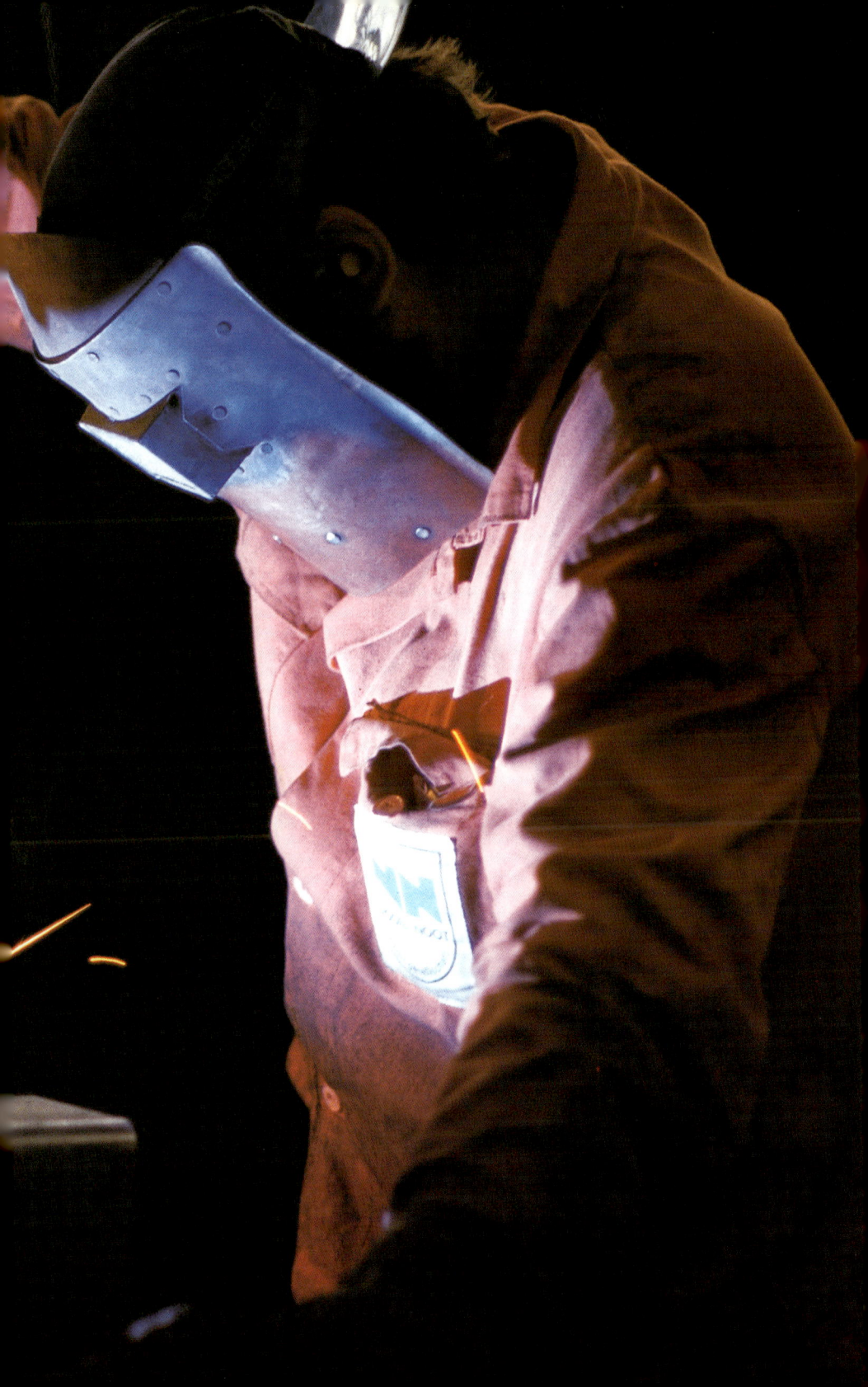

LA HAUTE-AUTRICHE

Le *Land* de Haute-Autriche (Oberösterreich) s'étend du Dachstein au sud jusqu'à la forêt de Bohême au nord, de l'Inn à l'Enns. Afin de mieux se repérer, on a pris l'habitude de partager cette province en plusieurs régions : Mühlviertel, Innviertel-Hausruckwald, Salzkammergut et Pyhrn-Eisenwurzen.

La Haute-Autriche est riche en curiosités naturelles et en monuments. On pourra visiter et admirer les nombreux monastères et abbayes de l'Innviertel et de la région de Linz ainsi que les jolies maisons bourgeoises des localités pittoresques.

La Haute-Autriche possède tout ce qu'il faut pour garantir des vacances agréables et variées. Les amateurs d'aventures ont l'embarras du choix : deltaplane (à Windischgarsten par exemple), spéléologie (dans les grottes du Dachstein), kayak (sur la Steyr) ou montagne. Quant aux sports nautiques, ils se pratiquent sur les 70 lacs du Salzkammergut. Ceux qui préfèrent les activités plus paisibles trouveront dans le Mühlviertel un paradis pour les promenades à bicyclette et les randonnées pédestres.

Linz

« Tout commence à Linz » – cette phrase d'une chanson ne peut qu'exciter la curiosité. En effet, Linz est une ville qui invite à la découverte, à la flânerie, au lèche-vitrines et à la gastronomie. La troisième ville d'Autriche, baignée par le Danube, est la capitale du Land ob der Enns depuis 1490.

La première mention de la ville, alors nommée Lentia, remonte à l'an 410. Ce nom lui venait des Celtes, et l'on dit que cet endroit connaissait déjà une implantation humaine à l'époque paléolithique. Au Ier siècle av. J.-C., les Romains l'occupèrent et en firent un lieu d'approvisionnement pour leurs camps. Vers 700, Linz devint la base la plus orientale de Bavière.

Pages précédentes : un ouvrier sidérurgiste de la VOEST. Ci-dessous, paysage industriel près de Linz.

Au début du XIIIe siècle, elle passa dans le domaine des Babenberg et reçut le statut de ville peu de temps après. Elle fut même résidence impériale pendant quelques années à la fin du XVe siècle. On y fonda en 1672 une fabrique de lainage qui occupa jusqu'à 50 000 ouvriers à domicile. C'est de là que la première ligne de chemin de fer autrichien, Linz-Budweis, tirée par des chevaux, entra en service, et c'est à Linz également que fut ouvert en 1842 le chantier de construction navale d'où sortirent les premiers bateaux en acier d'Europe. L'implantation des deux géants de l'industrie autrichienne, la Chemie Linz (chimie) et la VOEST Alpine (acier) fait de Linz la première ville industrielle d'Autriche.

La jolie **vieille ville** (Altstadt) de Linz, où prédomine le baroque, invite à la promenade. L'emblème de Linz, la superbe **colonne de la Peste** en marbre blanc, couronne depuis 1723 la grand-place (Hauptplatz) qui, avec ses 220 m sur 60 m, forme un vaste ensemble clos et homogène, le plus vaste d'Autriche. L'**ancien hôtel de ville** (Alte Rathaus) se cache au milieu des maisons bourgeoises imposantes qui alignent leurs façades Renaissance et baroques.

La présence de nombreuses églises s'explique par le fait que Linz est depuis très longtemps résidence épiscopale et qu'à ce titre elle a joué un rôle important dans le pays. On peut mentionner tout d'abord l'**ancienne cathédrale** (Alter Dom), appelée aussi église des Jésuites, dont Anton Bruckner tint les orgues pendant de longues années. Ce dernier, surnommé le *« musicien de Dieu »*, est très aimé des habitants de Haute-Autriche ; les citoyens de Linz lui prouvèrent leur déférence en donnant son nom à une magnifique salle de concert, la **Brucknerhaus**, inaugurée en 1974, qui compte parmi les plus modernes d'Europe. C'est là que se tient tous les ans le fameux *Ars Electronica*, festival optique et acoustique d'art et de technologie.

Après ce bref tour de la ville, on ne manquera pas de goûter, accompagné d'un *kleinen Braunen*, une des spécialités de Linz, la *Linzer Torte*, gâteau aux

Ci-dessous à gauche, les arcades de Linz ; à droite, Steyr.

amandes et à la confiture d'abricots. Si l'on cherche un peu de distraction, on peut aller visiter l'une ou l'autre des galeries réputées de l'**Ursulinenhof** ou la collection de cactus du **jardin botanique**, sur le Freinberg. Pour faire du lèche-vitrines, la zone piétonnière élégante de la **Landstrasse** comblera les amateurs.

Pour avoir une vue d'ensemble du bassin de Linz, on gravira, par la voie de chemin de fer la plus abrupte d'Europe, la colline de **Pöstlingberg** (537 m), à 5 km au nord-ouest de la ville.

La route du fer

Pour découvrir une facette de la Haute-Autriche, il est recommandé d'emprunter la route du fer (Eisenstrasse). Cette voie de communication des premiers temps de l'occupation humaine, qui relie les villes d'Eisenerz, Leoben et Steyr, présente un grand intérêt historique.

Cette région fut longtemps condamnée à végéter. Les petites entreprises qui travaillaient le métal avaient perdu tout poids économique et même les foyers industriels comme Leoben ou Steyr furent durement touchés par la crise de l'acier européen.

Le Projektgruppe Steirische Eisenstrasse (groupe pour la route du fer) remet en valeur les éléments les plus significatifs de l'histoire des mines à Steyr et dans la région d'Eisenerz. C'est grâce aux défenseurs de la protection de la nature et aux alpinistes qu'on a pu aménager le **Reichraminger Hintergebirge** avec minutie et précaution et y ouvrir un paradis naturel vierge.

La meilleure façon de commencer l'exploration de la route du fer est de partir de l'ancienne ville minière de **Steyr**. Au confluent de la **Steyr** et de l'**Enns**, la **vieille ville** (Altstadt) présente un ensemble médiéval impressionnant. La **Bummerlhaus**, achevée en 1497, et l'**église paroissiale** (Stadtpfarrkirche), construite du XVe au XVIIe siècle, sont des joyaux de l'art gothique. C'est dans le presbytère voisin qu'Anton Bruckner termina ses dernières grandes œuvres de 1886 à 1894. A

Paysage vallonné près de Burgstall.

quelques mètres seulement de la **grand-place** (Stadtplatz), on traverse la place du Marché aux Légumes (Grünmarkt) pour arriver à l'**Innerberger Stadel**, monument Renaissance de 1612 qui abrite le **musée de la Ville** (Heimathaus). On peut y découvrir la reconstitution d'une forge ancienne ainsi que la **Steyrer Kripper**, vaste crèche mécanique de 400 marionnettes, célèbre dans le monde entier. (L'Innerberger Stadel est ouverte au public en décembre et en janvier.)

Le **quartier de Wehrgraben** renferme de beaux exemples de constructions des XVIe, XVIIe et XVIIIe siècles. Le **musée du Monde du travail** (Arbeitswelt) relate de manière vivante l'histoire de l'industrie.

Christkindl, à 3 km à l'ouest de Steyr, est une bonne idée d'excursion. Ce lieu de pèlerinage est doté d'une **église** construite au XVIIIe siècle par les maîtres du baroque Carlo Carlone et Jakob Prandtauer. Tous les ans, à Noël, des lettres venues de tous les pays du monde, adressées à l'Enfant Jésus (Christkindl) reçoivent d'un bureau de poste spécialement aménagé à cet effet des timbres et des cachets très cotés dans le monde des philatélistes.

A quelques kilomètres au sud de Steyr, au centre d'une région de préalpes couverte de forêts romantiques, **Losenstein**, *«perle de la vallée de l'Enns»*, est établie sous la crête du **Schieferstein**, en bordure de l'**Enns**. Juste au-dessus du bourg, les ruines d'un **château fort** caractéristique, sur un piton rocheux. L'**église paroissiale** gothique, de 1400 environ, la **taverne du Château** et les **gorges du Klausgrabenschlucht** valent la peine qu'on s'y arrête.

Puis la route du fer se poursuit jusqu'à **Laussa**, à 3 km de Losenstein, l'un des villages d'Autriche les plus beaux et les plus propres. Une fabrique de faux et de faucilles s'y est maintenue jusqu'à nos jours.

Reichraming, ancien bourg industriel doté de martelleries et d'une fabrique de laiton, est considérée comme la porte touristique des **Reichraminger Hintergebirge**. De là, on peut faire des

Le Mühlviertel, aux environs de Schwalsödt.

randonnées à bicyclette de 20 km dans un paysage vierge de toute construction sans rencontrer de côtes notables, ou aller se baigner dans le **Reichramingbach**, ravissante piscine naturelle. Pour se remettre de ces activités sportives, on peut visiter le musée dit **Holzknechtmuseum**.

Après 12 km vers le sud, on atteint **Grossraming**, dont l'un des quartiers, Brunnbach, peut être également un bon point de départ de randonnées dans le massif des Hintergebirge.

Weyer Markt, l'ancienne Güldene Märktl, a dû être fondée au XIIIe siècle et, en 1460, le bourg obtint le privilège de tenir marché. Weyer Markt et Waidhofen se sont unies pour faire une dure concurrence à Steyr dans le commerce du fer. En 1781, les marchands de fer de Steyr réussirent à limiter les prérogatives de ces deux bourgs ; les Turcs et la peste mirent aussi un frein à leur essor. Weyer Markt jouit d'un air pur et la région se prête aux longues randonnées, aux promenades à cheval, à la pêche et aux sports d'hiver, ski et patinage. La **place du Marché** a été restaurée avec goût dans le style d'origine. On y admire des maisons bourgeoises pittoresques, l'église paroissiale Saint-Jean, en gothique tardif, et le petit **château d'Egerer**, de 1650.

Kastenreith, qui fait encore partie de la commune de Weyer Markt, ne manque pas d'intérêt. L'ancien Kasten était, à l'époque du flottage du fer et de la navigation sur l'Enns, une étape importante de repos et de transbordement de la marchandise. On peut visiter, à côté du musée, le moulin de Katzenstein et une martellerie.

La route du fer traverse **Kleinreifling**, qui est aujourd'hui un important nœud ferroviaire (ligne d'Amstetten à Selzthal), et se poursuit jusqu'à **Altenmarkt**, en Styrie.

Le Mühlviertel

Une région étonnante s'étend au nord de la Haute-Autriche : le Mühlviertel, qui doit son nom à la vallée de la Mühl. Il s'étend au nord et au nord-ouest de

Promenade familiale aux environs d'Altenfelde

LA HAUTE-AUTRICHE 189

Linz, entre le Danube et la frontière tchèque.

Ce plateau granitique vallonné et couvert de forêts a longtemps été à l'écart des grands programmes touristiques ; depuis dix ans, cela commence à changer. Il offre encore des séjours à des prix très modérés. De longues randonnées à pied ou à bicyclette permettent de traverser tour à tour de vastes forêts, des champs et des pâturages. Çà et là, un château ou les ruines d'une ancienne forteresse, et on a plaisir à parcourir les petites localités qui se blottissent dans ce paysage de collines.

Freistadt

Freistadt, au nord-est du Mühlviertel, à 41 km de Linz, compte parmi les villes les plus intéressantes d'Autriche. Fondée vers 1200 par des marchands libres sur la route de Bohême, elle a conservé ses fortifications médiévales d'origine (XIVe et XVe siècles) à double rempart, ses fossés (transformés en jardins), ses quatre tours rondes et ses portes de style gothique flamboyant, la **Linzer Tor** et la **Böhmer Tor**. La **grand-place** est bordée de maisons bourgeoises peintes de couleurs tendres, avec de superbes façades Renaissance et baroques. L'**église paroissiale Sainte-Catherine** contient deux chefs-d'œuvre du gothique flamboyant : le chœur et la chapelle baptismale (1483-1501). Au nord-est de la ville, l'ancien **château** princier possède un beffroi du XIVe siècle en excellent état de conservation. Il est occupé par le **musée régional du Mühlviertel** (Mühlviertler Heimatmuseum), qui renferme entre autres une collection de peinture sous verre de Sandl. Juste en sortant de la Böhmer Tor, on peut admirer la petite **église Notre-Dame** (Liebfrauenkirche) du XVe siècle.

Aux amateurs de sports d'hiver, on ne peut que recommander la station de **Sandl**, à 15 km au nord-est de Freistadt. Des pistes de ski alpin et de ski de fond ont été tracées sur le **Viehberg** (1 111 m), qui est équipé de nombreuses remontées mécaniques.

Jeune homme en costume local.

Kefermarkt, à 11 km au sud de Freistadt, est célèbre pour son retable gothique qui compte parmi les plus importants de l'école primitive allemande. Il se trouve dans l'**église paroissiale Saint-Wolfgang**. Il a été sculpté au XVe siècle dans du tilleul par un artiste inconnu et mesure 13,50 m de haut et 6,30 m de large. Au nord, l'énorme **château Weinberg**, du XVIIe siècle, domine le village ; il conserve une belle collection de trophées de chasse et une **pharmacie** (Apotheke) de 1680. Il faut aussi visiter l'Ahnensaal (salle des ancêtres) de 1604, la Rittersaal (salle des chevaliers), la Kaisersaal (salle de l'empereur), la Falkenhaus (maison du faucon) ainsi que la chapelle du château décorée par B. Carlone.

Autour de Freistadt

En partant de Freistadt pour aller à la découverte du Mühlviertel, on traverse d'abord **Bad Leonfelden**, station de bains de boue et de cures du Dr Kneipp, à 20 km de Freistadt. On peut aussi skier sur les pentes du **Sternstein** qui est, avec ses 1 125 m, le plus haut sommet du Mühlviertel.

Après **Rohrbach**, à 20 km à l'ouest de Bad Leonfelden et déjà en pleine **forêt de Bohême** (Böhmerwald), on arrive à **Aigen-Schlägl**, célèbre pour son **abbaye des Prémontrés**, fondée vers l'an 1200 et rebâtie au XVIIe siècle en style baroque.

Au sud de Rohrbach, le Mühlviertel réserve une surprise : le **parc sauvage d'Altenfelden-Mühltal**. Vaste de 82 ha, il héberge plus de 1 000 pensionnaires, parmi lesquels des bouquetins, des chevaux sauvages, des aurochs, des antilopes et des cerfs. Ce grand parc animalier est sillonné de sentiers parfaitement aménagés pour les promenades en famille.

Le Mühlviertel, paradis des randonneurs, est également une région idéale pour les promenades à bicyclette, car les dénivellations y sont douces. Un vaste réseau de pistes cyclables a été tracé aussi dans le **Machland du Sud**, sur la rive nord du Danube.

Baignade dans le Sankt-Wolfgangse

Dernier détail pour les amateurs de longues randonnées : le trajet d'Aigen à Sandl peut se faire sans bagages d'avril à juin, et même jusqu'en septembre et octobre, en sept étapes (ou plus) : ce sont les hôteliers qui se chargent de les faire parvenir à l'étape suivante.

L'Innviertel

En franchissant à Passau la frontière avec la Bavière, on arrive au bout de 17 km vers le sud à la petite ville de **Schärding** qui domine l'Inn. Schärding doit sa célébrité à son établissement thermal, spécialisé dans les cures du Dr Kneipp. Dotée du statut de ville au XIVe siècle, elle s'entoura de fortifications dont il reste un rempart et quatre portes. De son passé médiéval subsistent aussi des vestiges du **château fort** du XVe siècle.

A 18 km au sud de Schärding, à **Reichersberg**, une importante abbaye capitulaire des augustins fut fondée en 1084. Elle fut en grande partie détruite par un incendie en 1624 et rebâtie au XVIIe siècle. L'été, des stages et des manifestations culturelles sont organisés dans les locaux du monastère.

Enfin, la nationale 143 mène à **Ried im Innkreis**, capitale économique de l'Innviertel. La plus grande foire agricole d'Autriche s'y tient chaque année depuis 1867. C'est dans cette ville que se trouve la maison de la célèbre famille de sculpteurs Schwanthaler, au n° 11 de la rue qui porte leur nom. Ils y vécurent de 1632 à 1838.

Quelques routes pittoresques traversent les forêts du **Hausruckviertel** avant d'atteindre **Frankenburg**. Cette ville fut le théâtre d'un horrible épisode en 1525, pendant la guerre des Paysans : bourgeois et paysans furent forcés de tirer leur vie aux dés. En mémoire de ce jeu cruel, les *Frankenburger Würfelspiele* (Jeux de dés de Frankenburg) ont été institués en été.

Le village d'**Ampflwang**, légèrement à l'est, s'est consacré à l'équitation. Les amis des chevaux, les débutants aussi bien que les cavaliers chevronnés et les professionnels, y trouvent un vaste champ d'activités toute l'année.

L'Almsee, petit lac de montagne dans le Salzkammergut.

LE SALZKAMMERGUT

Dans le Salzkammergut, 76 lacs se succèdent, chacun ayant son charme particulier : lacs balnéaires tels le Mondsee et le Sankt-Wolfgangsee, paradis de la voile comme l'Attersee et le Traunsee, « émeraudes » aux mille feux chatoyants et insondables comme le Grundlsee et le Hallstätter See, eaux romantiques comme le Gosausee et l'Altausseer See.

Il n'est pas facile de tracer les limites du Salzkammergut car il pénètre dans le *Land* de Salzbourg à l'ouest, avec le Sankt-Wolfgangsee et le Fuschlsee, tandis que l'Altausseee See fait partie de la Styrie.

Détour par Thalgau

De Salzbourg, la route la plus rapide pour le Salzkammergut est l'autoroute qui mène à Mondsee. En chemin, on s'arrêtera à **Thalgau**.

De là, une petite route sinueuse et romantique coupe la forêt et mène à proximité du **Fuschlsee**, lac sombre et froid qui s'étale dans un vaste creux. A **Fuschl am See**, à la pointe orientale du Fuschlsee, le **Jagdhof**, ancien pavillon de chasse, conserve des trophées rares dans son **musée de la Chasse**. Un **château-hôtel** se dresse sur un promontoire au-dessus du lac. Construit en 1450 pour servir de pavillon de chasse au prince-archevêque de Salzbourg, transformé en hôtel de luxe, il offre tous les agréments dont on peut rêver : endroits réservés à la pêche, piscine couverte, courts de tennis et l'un des plus beaux golfs d'Autriche. Le château-hôtel a conservé des souvenirs du passage de personnages illustres : altesses royales (l'impératrice Sissi par exemple), comédiens et hommes d'État (Nixon, Ford, Krouchtchev).

En suivant la rive sud du Fuschlsee, on arrive, au bout de quelques kilomètres, à **Sankt Gilgen**, à l'extrémité ouest du Sankt-Wolfgangsee. L'édifice le plus intéressant de ce lieu de villégiature

Pages précédentes garages de bateaux au bord du Hallstätter See. Ci-dessous, Hallstatt, qui a donné son nom à l'âge du fer en Europe.

est la maison natale de la mère de Mozart (1720), où est installé le tribunal de la circonscription. Après avoir flâné dans cette petite ville, une traversée en bateau sur le **Sankt-Wolfgangsee**, avec une escale à **Sankt-Wolfgang**, s'impose. Les paquebots accostent non loin de l'**auberge du Cheval blanc** (Weisses Rössl), rendue célèbre par l'opérette du même nom de Ralph Benatzky (1930). On passe à travers de nombreuses ruelles pittoresques avant d'atteindre l'**église de pèlerinage** (800 ans) qui compte parmi les monuments les plus extraordinaires d'Europe. Elle abrite un véritable chef-d'œuvre du Tyrolien Michael Pacher: un retable gothique sculpté dans le bois et recouvert de feuilles d'or réalisé entre 1471 et 1481.

Le Sankt-Wolfgangsee, d'une superficie de 13 km² et d'une température moyenne de 23°, est un véritable paradis pour les passionnés de sports aquatiques: pêche, école de plongée, location de bateaux, écoles de surf, de voile et de ski nautique. La plage naturelle de **Strobl**, à l'extrémité est du lac, est située dans la partie la plus chaude du Sankt-Wolfgangsee. L'empereur François-Joseph y séjournait régulièrement.

De Sankt-Wolfgang, on peut aussi faire une expédition en altitude. Un petit train à vapeur et à crémaillère, en service depuis 1893, se hisse vers le sommet du **Schafberg** (1 783 m) en prenant tout son temps. Du sommet, on a une vue panoramique unique sur un ensemble de 12 lacs: Sankt-Wolfgangsee, Attersee, Mondsee, Zeller See, Fuschlsee, Wallersee, Obertrumersee et Niedertrumersee, Grabensee, Absdorfer See, Chiemsee et Waginger See.

Mondsee

De **Sankt Gilgen**, on peut rejoindre directement le **Mondsee**, au nord, par la nationale 154. Ce lac long de 11 km et large de 2 km, parmi les plus chauds de la région, dort au pied des parois imposantes du **Drachenwand** et du **Schafberg**. Plages et écoles de voile créent une atmosphère de villégiature. La localité de **Mondsee** elle-même ne manque pas d'intérêt. Le **musée local** conserve des objets qui datent de la préhistoire de Mondsee. La **place du marché** est bordée de maisons en excellent état des XVIe, XVIIe et XVIIIe siècles. L'**église paroissiale**, qui remonte au XIIe siècle, fut restaurée en style gothique à la fin du XIVe siècle et compte parmi les plus grands édifices religieux gothiques de la région.

Les localités riveraines du lac offrent également leurs spécialités gourmandes: au **Seehof** par exemple, avec sa superbe terrasse, à **La Farandole**, francophile comme son nom l'indique, au magnifique **Landhaus Plomberg** dont le propriétaire, Karl Eschlböck, officie lui-même dans les cuisines, ou au **Weissen Kreuz** de Gustav Lugerbauer, aussi célèbre que le précédent, on trouve partout une cuisine raffinée d'excellente qualité avec une forte teinte de régionalisme.

Pour poursuivre le circuit à travers les lacs du Salzkammergut à partir du Mondsee, on n'a que l'embarras du choix: d'une part, à l'est, les grands Attersee et Traunsee, au sud, les régions d'un romantisme sauvage des Hallstätter See, Altausseer See et Grundlsee et les charmants lacs au pied des Préalpes, au nord.

Pour avoir un meilleur aperçu de tous les lacs de la région, faire un léger détour en pays plat, dans la grande banlieue pour ainsi dire du Salzkammergut. A 6 km de là, la nationale 154 mène vers le nord, à **Zell am Moos**, en bordure du **Zeller See**, lac dont le site est protégé. Sa température atteint 27° en été, on peut s'y baigner de mi-mai à septembre. Des accès au lac et de vastes pelouses sont à la disposition des baigneurs. Zell am Moos est particulièrement indiquée pour les vacances en famille. Terrains de jeux pour les enfants, programme spécial pour adolescents, installation de baignade réservée aux tout-petits sur le lac, permettent à toutes les générations de s'ébattre joyeusement et sans danger.

De retour à **Mondsee**, la nationale 151 conduit à **Unterach** sur l'**Attersee**, lac alpin le plus vaste d'Autriche avec ses 20 km de long et ses 2 ou 3 km de large. L'eldorado des fanatiques du voilier est entouré de lieux de vacances pittoresques, Unterach, **Nussdorf** et **Attersee** sur la rive occidentale, **Seewalchen** et **Kammer** à l'extrémité nord, **Weyregg**, **Steinbach** et **Weissenbach** à l'est. Presque toutes les localités riveraines du lac possèdent d'excellents terrains de camping, une école de surf et de voile ainsi que des locations de bateaux. L'Attersee est le seul lac du Salzkammergut qui ne gèle jamais l'hiver. C'est également un lac extrêmement propre, et avec sa topographie subaquatique intéressante, il offre les meilleures conditions aux amateurs de plongée.

Gmunden

Pour découvrir une autre «perle» du Salzkammergut, le **Traunsee**, on quitte la rive est de l'Attersee et on prend la direction de Gmunden, par Neukirchen. **Gmunden**, ville pittoresque de 12 000 habitants, s'étend sur la rive nord du Traunsee. Centre idéal pour les sports nautiques et station thermale traditionnelle, Gmunden est un lieu de vacances classique apprécié de tous. Elle présente aussi de nombreuses curiosités, comme l'**hôtel de ville** (Rathaus) Renaissance avec son carillon en céramique unique en Autriche. Elle est entourée de châteaux, **Cumberland**, **Württemberg**, **Freisitz-Roith** et, à quelques kilomètres de la ville, le **château d'Ort** et le **Seeschloss** construit sur une île artificielle et relié au précédent par une estacade de bois de 130 m.

Ne pas manquer une visite à la **manufacture de céramique** de Gmunden, avec ses modèles typiques, en particulier celui à langues de flammes vertes. Gmunden fut autrefois la capitale du sel – d'où les noms de Salzkammergut, Salzbourg, Hallstatt, Hallein, *hall* étant le terme celtique qui désigne le sel – et une ville impériale. On trouve au **Kammerhof** toute la documentation concernant le rôle de l'«or blanc» dans la ville depuis le Moyen Age. Le Kammerhof est resté pendant plusieurs siècles le siège du Salzamt, l'administration du sel. Ce musée retrace également l'évolution de la céramique de Gmunden et on peut y admirer les collections

Dans le massif du Dachstein.

originales de certaines personnalités célèbres, Friedrich Hebel et Johannes Brahms par exemple.

La traversée du Traunsee peut se faire à bord du *Gisela*, le plus ancien bateau du monde actionné par des roues à aubes et une chaudière à charbon, qui sillonnait déjà les eaux du lac en 1872! François-Joseph l'empruntait pour aller dans le Salzkammergut. En 1980, le *Gisela*, arrivé dans un état de délabrement inquiétant, était bon pour la casse. Heureusement, une initiative de la société des Amis de Gmunden empêcha cette fin peu glorieuse. Le bateau fut classé monument historique (fait unique en Autriche) et, lorsque les fonds nécessaires à son renflouement furent réunis, il fut restauré dans l'esprit d'origine. Depuis, le *Gisela* a repris son service sur le Traunsee.

Sur la rive sud du lac se trouve la célèbre «ville du sel», **Ebensee**. C'est là que l'eau, dont la teneur en sel atteint parfois 95 %, est amenée des montagnes, et traitée depuis 1607. Ebensee est également le point de départ de randonnées dans les **Tote Gebirge** et les **Höllengebirge**. Les **Langbathseen**, deux petits lacs romantiques à 6 km, sont un agréable but d'excursion.

La Traun

D'Ebensee, on suit le cours de la Traun vers le sud jusqu'à **Bad Ischl**. Cette petite ville que l'empereur fréquentait assidûment quand il venait prendre les eaux vaut toujours un arrêt et même un séjour. Une atmosphère fin de siècle plane encore dans les rues de cette station thermale impériale, à la **Kaiservilla** (résidence d'été de l'empereur François-Joseph) et au **musée Franz Lehár** (auteur de l'opérette *La Veuve joyeuse*, qui s'installa à Bad Ischl de 1912 à 1948). Le plus ancien «bain de saumure» d'Autriche dispose des installations de cure les plus modernes. On peut terminer cette visite par une promenade sur l'Esplanade qui domine la Traun ou par une dégustation des fameuses pâtisseries et confiseries de la légendaire pâtisserie **Zauner**, qui fait salle pleine dès 2 heures de l'après-midi.

A 11 km au sud de Bad Ischl, une autre station thermale, **Bad Goisern** est réputée pour la douceur de son climat et la pureté de son air. Bad Goisern est aussi le centre commerçant du Haut-Salzkammergut. C'est là aussi qu'on fabrique les authentiques Goiserer, qui sont considérées les meilleures chaussures de montagne du monde.

Hallstatt

On parle quelquefois de sites *«comme on n'en trouve que dans les livres d'images et les contes de fées»*, et s'il en est un auquel cette définition s'applique, c'est bien **Hallstatt**. Ici les maisons baroques, couleur pastel, se blottissent frileusement contre la montagne âpre et raide. La partie historique de la ville donne l'impression d'avoir durement et péniblement arraché aux montagnes environnantes et au lac son étroite langue de terre.

Son long passé de 4 500 ans affleure de part et d'autre de la ville. Dès l'époque des Celtes et des Illyriens, le sel valait de l'or. La période allant de

Le carnaval à Altaussee.

800 à 400 av. J.-C., première tranche de l'âge du fer en Europe, reçut le nom de période de Hallstatt, et un artisanat d'art prit son origine dans la civilisation du même nom. Le site de Hallstatt connut une célébrité universelle grâce à la découverte d'une nécropole de 2 500 ans.

Autre curiosité de Hallstatt : l'**ossuaire** de la **chapelle Saint-Michel**. Dans cette ville où les maisons sont construites à flanc de montagne et parfois aussi sur pilotis, la surface habitable est réduite. Aussi le cimetière n'accorde-t-il pas de concessions supérieures à dix ans. On recueille donc les ossements pour faire place aux suivants et on les entasse dans l'ossuaire. Jusqu'en 1987, selon une coutume vieille de quatre siècles, les crânes étaient peints ou ornés d'une inscription, selon l'âge, le sexe ou la profession.

Ceux qui préfèrent se renseigner sur la fabrication du sel de table pourront faire une petite expédition à **Salzberg** (« montagne de sel ») et **Salzbergwerk** (« mines de sel »).

Obertraun, à l'extrémité sud-est du Hallstätter See, est une station de sports d'hiver réputée, avec enneigement assuré. Un téléphérique mène en quelques minutes au sommet du **Krippenstein** (2 109 m) d'où la vue s'étend sur tout le massif du Dachstein, particulièrement imposant.

La station intermédiaire de **Schönbergalm** est le point de départ de la visite des célèbres **grottes du Dachstein**. D'imposantes formations glaciaires et un labyrinthe de tunnels mènent à l'intérieur de la montagne. Le clou de cette excursion plutôt fraîche (ne pas oublier vêtements chauds et bonnes chaussures) est la **Mammuthöhle**, grotte de rocher nu d'une hauteur de 300 m ! Impressionnante aussi, la **Koppenbrüllerhöhle**, aux stalactites et stalagmites monumentales.

Le **Hallstätter See** est l'eldorado des amateurs de plongée en eau douce. Gerhard Zauner, directeur de l'école de plongée de Hallstatt et patron de l'**auberge des Plongeurs**, passe presque plus de temps sous l'eau qu'à l'air libre.

Le château d'Ort, sur le Traunsee

Avec lui, les meilleurs trouvent toujours quelque chose à apprendre. Il a plus de 20 programmes à son actif. C'est lui qui a découvert et remonté à la surface du **Toplitzsee** styrien – à l'est du Hallstätter See – une grande partie du trésor immergé au cours de la Seconde Guerre mondiale. Quand on contemple ses eaux sombres et ses rives secrètes, les parois abruptes qui les surplombent et les cascades bruyantes qui les animent, on comprend pourquoi à l'époque, ce lac a été choisi pour servir de coffre-fort discret. Une promenade de dix minutes, comprenant un escalier de 71 marches, mène au bord du petit **Kammersee**, site idyllique entre tous. Des reflets purs, un calme absolu et un certain isolement donnent l'impression d'échapper au monde.

Non loin du Toplitzsee, le **Grundlsee**, lac de 6 km de long couleur d'émeraude, est un paradis pour la navigation à voile. Les pêcheurs sont nombreux également à tenter leur chance sur ses rives. L'été, on peut utiliser le service de chaises de postes tirées par des chevaux qui relie **Gössl** (à l'extrémité est du lac) et le Toplitzsee.

Bien que le Grundlsee soit le plus grand lac du Salzkammergut styrien, c'est **Bad Aussee**, nichée entre les contreforts du **Dachstein** et les **Tote Gebirge**, qui est le centre de cette région. Cette petite ville animée possède quelques trésors : l'**église paroissiale Saint-Paul** du XVe siècle, l'**église de l'Hôpital**, du XIVe siècle, avec un beau retable peint de 1449, et le **Kammerhof**, immeuble de style gothique jadis centre administratif des salines qui abrite le musée local. Ce bourg aimable semble perdu dans un rêve et certaines maisons donnent l'impression que le temps s'est arrêté. Le contraste n'en est que plus frappant avec le centre thermal récent et ses célèbres bains de saumure. L'eau gorgée de sel est particulièrement efficace pour les affections gynécologiques, les troubles de l'appareil digestif et les rhumatismes déformants.

L'**Altausseer See** est un véritable joyau dans un panorama unique. C'est du haut du **Loser** qu'on a la plus belle vue sur cet univers alpin. On y monte par la route panoramique du Salzkammergut, au départ d'Altausseer See ; cette route à péage compte 15 virages en épingle à cheveux pour atteindre l'altitude de 1 600 m. Arrivé là haut, on a une vue plongeante, quasi aérienne, sur le lac et ses environs. Avec un peu de chance, on apercevra un deltaplane ou un parapente se lançant lentement vers les profondeurs.

Beaucoup attribuent au **Gosausee** la palme de la beauté et du romantisme. Qu'on y vienne pour la première ou pour la dixième fois, le spectacle de ce lac endormi sous le **massif du Dachstein**, avec ses glaciers à l'arrière-plan, est indescriptible. Un sentier très bien aménagé en fait le tour. Après avoir rêvé sur la rive jusqu'en fin d'après-midi, on prend le dernier téléphérique pour la **Zwieselalpe**. Les bancs placés devant le refuge permettent d'assister au coucher du soleil. Après un bon petit en-cas et une goutte de schnaps, l'air vif des hauteurs garantit un sommeil réparateur, au moins jusqu'au lever du soleil, impressionnant au-dessus des vallées noyées dans la brume.

Le Gosausee, au pied du Dachstein.

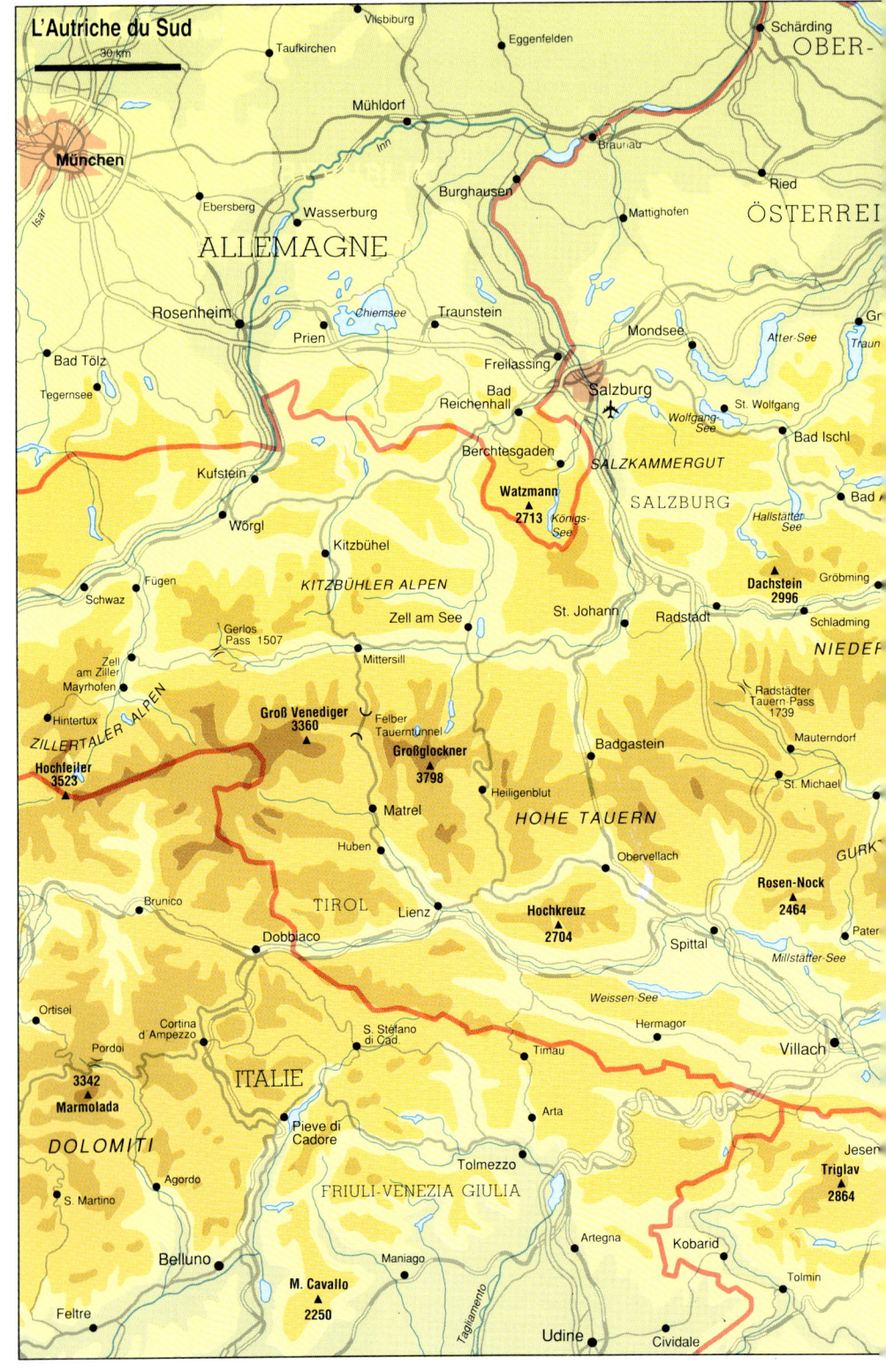

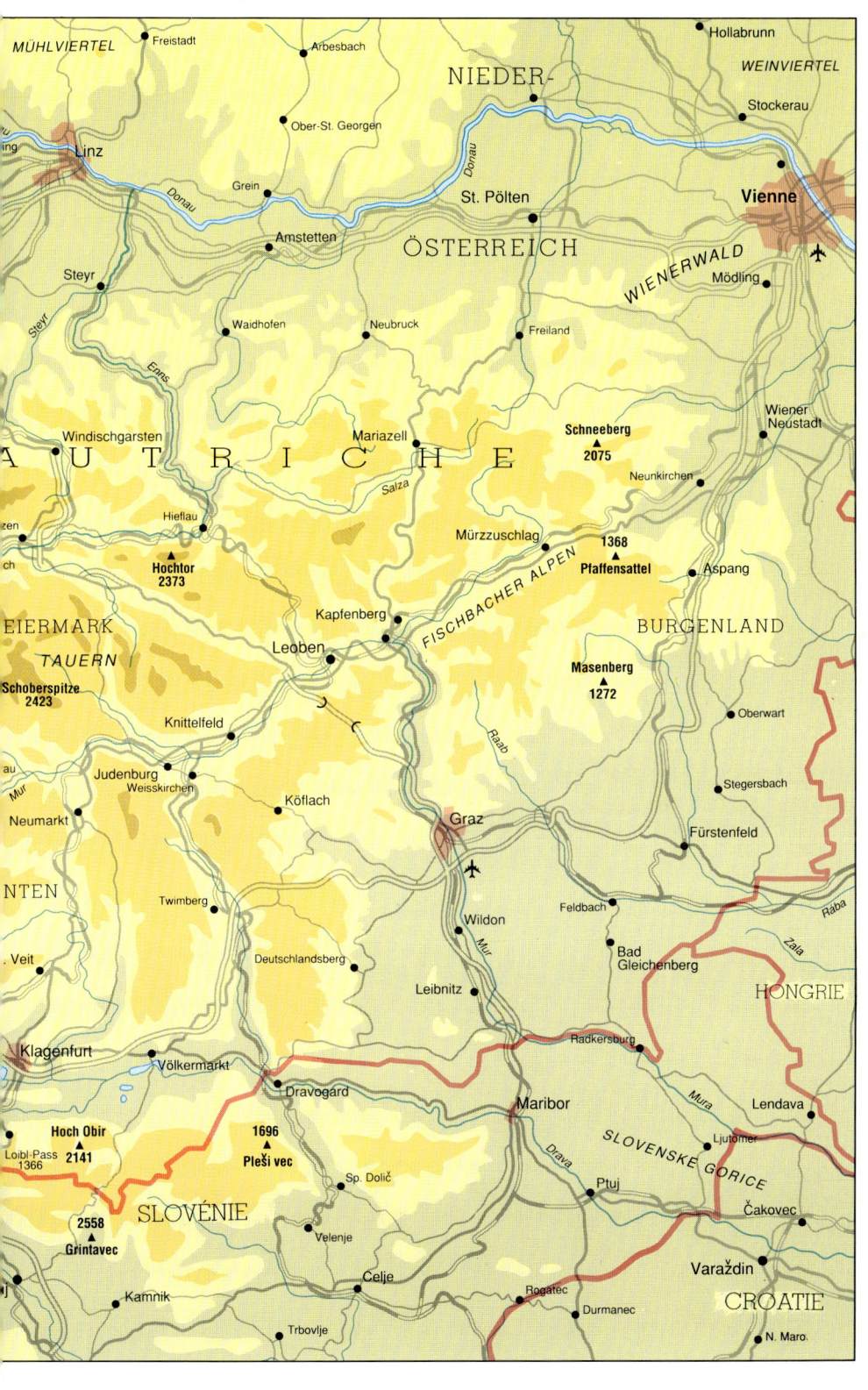

LA STYRIE

La «verte Styrie» mérite bien son surnom. Le deuxième *Land* d'Autriche par l'étendue présente à la fois des reliefs alpins de haute altitude, avec des neiges éternelles et des gorges profondément encaissées dans les rochers, de vastes superficies couvertes de forêts qui ondulent sur des chaînes de collines aux pentes douces pour se perdre ensuite vers l'est dans la *puszta* hongroise. Il est possible que la Styrie (Steiermark) paraisse exotique la première fois: son huile de pépins à la couleur foncée, son *Schilcher*, vin tirant sur le rubis, et son dialecte à la sonorité insolente pour les oreilles profanes peuvent surprendre. Mais en Styrie, l'Autriche se montre sous son meilleur jour: énergique et naturelle. Le nord montagneux, avec des possibilités de vacances actives, voire aventureuses, et le sud romantique avec son relief vallonné aux couleurs douces, qu'on compare souvent à celui de la Toscane, ont un point commun: une hospitalité cordiale et des prix abordables. La meilleure preuve en est que la «Marche verte» est souvent choisie comme séjour de vacances par les Autrichiens eux-mêmes.

Circuit autour du Dachstein

Dans la région du Dachstein, le meilleur point de départ pour un voyage d'exploration à travers la Styrie est **Schladming**. Après être entré en Autriche par l'autoroute Munich-Salzbourg, on prend celle des Tauern, gratuite jusqu'à Radstadt, puis la nationale 146 pour rejoindre Schladming.

Cette ville de 4000 habitants possède la plus vaste **église protestante** de Styrie; elle fut bâtie en 1862 et abrite un retable datant de 1570.

C'est à Schladming et à **Haus im Ennstal**, la localité voisine, que s'est déroulée la coupe du monde de ski en 1982; aussi l'infrastructure des sports d'hiver y est-elle très complète. Plus de

Pages précédentes: l'Austria Hütte, refuge dans le Dachstein. Ci-dessous, brame de cerf à Mautern.

89 km de pistes et tout un réseau de remontées mécaniques relient les stations de **Reiteralm**, **Planai-Hochwurzen** et **Hauser Kaibling**. Les fanatiques de ski d'été trouveront de quoi satisfaire leur passion sur le glacier du Dachstein.

Ramsau, à quelques kilomètres au nord, a tout fait pour devenir le paradis du ski de fond et l'été, des randonnées et excursions en montagne.

A **Ramsau-Rössing** se trouve la plus ancienne fabrique de loden. Si l'on séjourne dans la région, on peut se faire faire un *Janker* (veste de loden) sur mesure.

La nationale 146 suit le cours de l'**Enns** et mène à **Gröbming**, à l'est de Ramsau. Cette station recherchée pour son ensoleillement s'est spécialisée dans l'accueil des familles accompagnée d'enfants en bas âge : un service de garde d'enfants soulage les parents durant les vacances. L'**église paroissiale** en gothique tardif du XVe siècle abrite un retable monumental présentant des scènes du Nouveau Testament.

Joli but d'excursion romantique à quelques kilomètres de Gröbming : le **château de Trautenfels**, du XIIIe siècle. Construit pour servir de bastion militaire sur la vallée de l'Enns, il fut remanié au XVIIe siècle. Certaines parties datent de 1520. Les fresques, la **Rittersaal** (salle des chevaliers) à deux niveaux et le **musée populaire de l'Enns** sont à visiter.

Cette région compte plusieurs stations de vacances d'été et de sports d'hiver bien équipées, comme **Tauplitz**, **Irdning**, **Donnersbach** et **Aigen**. **Stainach** est un important carrefour ferroviaire, avec des correspondances pour Bad Mitterndorf, Bad Aussee, Wörschach, Liezen, Leoben, Schladming, Salzbourg, Vienne, Graz, etc.

Tout à côté, **Bad Wörschach** possède des sources sulfureuses connues pour être efficaces contre les rhumatismes, la goutte, la sciatique et les affections gynécologiques.

Les **gorges de Wörschacher** comptent parmi les plus belles d'Autriche. Les ruines du **château de Wolkenstein** (1186) offrent des vues superbes sur les environs.

Liezen est le centre de la **vallée styrienne de l'Enns**. La proximité du **Wurzeralm** fait de cette petite ville de plus de 7 000 habitants un autre paradis pour les skieurs en hiver. De plus, elle sert de point de départ à une grande variété d'excursions en montagne.

Admont

Tout voyage à travers la Styrie septentrionale passe par Admont, localité citée dans les chroniques dès 859. Une **abbaye de bénédictins** y fut fondée en 1074 et, pendant des siècles, elle fut considérée comme le centre artistique et culturel de la vallée de l'Enns. En 1865, un incendie ravagea une grande partie du monastère, qui fut reconstruit en style néo-gothique. L'abbatiale fut confiée à l'architecte allemand Wilhelm Bücher, originaire de Wiesbaden. Or, c'était justement l'époque où la Hesse-Nassau, sa patrie d'origine, était réunie à la Prusse, et Bücher laissa libre cours à sa fureur : il prit comme modèles les têtes de Guillaume Ier et de Bismarck pour représenter les monstres qui vomissaient de l'eau.

La face sud du Dachstein.

Fort heureusement, la **bibliothèque** a échappé aux incendies répétés. Elle forme une immense salle à deux niveaux de 72 m de long, somptueusement décorée, notamment de fresques de Bartholomeo Altomonte. C'est l'une des œuvres rococo les plus imposantes ; avec ses 150 000 ouvrages, ses 1 600 manuscrits, ses 900 incunables et ses 123 codes du XIIe siècle, c'est la bibliothèque conventuelle la plus vaste et la plus précieuse du monde. Les bâtiments du monastère abritent en outre un **musée d'Histoire de l'art** et un **musée d'Histoire naturelle** qui conserve une collection de 250 000 insectes.

Vers la route du fer

Hieflau est l'« entrée orientale » des **gorges du Gesäuse**. Les montagnes s'élèvent à plus de 2 400 m et l'Enns a peine à se frayer un chemin à travers les rochers à pic. Les eaux sauvages et les montagnes puissantes et grandioses font de ce relief l'un des plus bizarres et des plus majestueux d'Autriche.

Hieflau, à 15 km au nord d'Eisenherz, est un nœud de communication très important dans cette région des Gesäuse : c'est là que se croisent les nationales 115 (route du fer) et 112 (route des Gesäuse) ainsi que les lignes de chemin de fer Amstetten-Selzthal et Erzberg-Leoben.

A quelques kilomètres de là, on plonge en plein univers de montagne, sauvage et romantique, avec **Gstatterboden**, considérée comme la capitale du Gesäuse. Le hameau de **Weng bei Admont** se situe exactement au centre de la percée de l'Enns, entre le **massif du Hochtor** au sud et le **massif du Buchstein**, au nord. Gstatterboden est le rendez-vous des sports de montagne : randonnées à pied et à ski, excursions, escalade, alpinisme sous toutes ses formes ainsi que pêche et courses en kayak sur les torrents.

Johnsbach est le second centre d'alpinisme du Gesäuse. Ce bourg se niche dans une haute vallée idyllique entre le **Hochtor** et les **Jahrlingmauer** au nord, le Reichenstein d'Admont à l'ouest et les

Dans la Kleines Sölktal sous la neige.

Alpes d'Eisenerz aux pentes plus douces, au sud. Il est relié à la vallée de l'Enns par un étroit vallon abrupt et fantastique de 6 km de long. Johnsbach est souvent considéré comme l'un des plus jolis villages alpins. A ne pas manquer, la petite **église** du XIVe siècle avec son célèbre cimetière d'alpinistes, la cascade dite Wolfbauer-Wasserfall et la **grotte d'Odelstein**, avec ses stalactites et ses stalagmites. On peut faire ici des excursions en montagne à tous les niveaux de difficultés.

Le légendaire Erzberg

Il règne autour du **Leopoldsteiner See** une atmosphère qui n'est pas sans rappeler celle des fjords scandinaves. Long de 1 500 m et large de 500 m, ce lac de montagne impressionnant est entouré de parois rocheuses à pic. Comme on se trouve sur la route du fer, le lac et le mont Erzberg voisin ont donné naissance à plusieurs légendes, dont celle du génie des eaux au cœur méchant qui avait apporté le malheur parmi les pêcheurs. Les gens finirent par rassembler leurs efforts pour se saisir de lui. Ayant perdu beaucoup de sa superbe, le génie proposa un marché à ses poursuivants ; il leur donna à choisir entre *« un fleuve d'or, un cœur d'argent ou un chapeau de fer »*, en échange de sa liberté. Les hommes se concertèrent et, avec sagesse, ils optèrent pour le chapeau. Le génie leur montra l'Erzberg : c'est ainsi que commença l'exploitation des mines de fer de Haute-Styrie.

Eisenerz

La ville d'**Eisenerz** se blottit juste au pied de l'Erzberg, dans une combe romantique, au confluent du **Krumpental** et de la **Trofeng**. L'histoire d'Eisenerz permet de considérer cette localité comme l'origine et le centre de la route du fer. L'aspect actuel de la ville date des XVe et XVIe siècles, époque à laquelle les 19 puits d'extraction du fer étaient en pleine prospérité. Eisenerz sert de point de départ aux excursions sur l'Erzberg.

Soleil et neige, un plaisir oubliable.

On peut visiter la **Schichtturm**, tour qui abrite une grosse cloche datant de 1581, la **Bergmannsplatz** avec ses belles maisons corporatives, les vestiges du Rupprechta-Ofen (haut-fourneau), le **Kammerhof** dans lequel se trouve le **musée du Fer**, d'un très grand intérêt, les galeries de mines de l'empereur François, des vestiges de transbordement du fer près de la gare, ainsi que les énormes crassiers de la **Münichtal**.

Eisenerz est équipée d'infrastructures touristiques : terrain de camping, école d'escalade et d'alpinisme, parcours de santé, sentiers de randonnée et un lac avec location de bateaux à rames et de planches à voile sont les conditions idéales d'un séjour varié et reposant.

Le fer de l'Erzberg

L'Erzberg dresse la moitié supérieure de ses 1 466 m au-dessus de la vallée taillée en gradins jusqu'au sommet. Le minerai est extrait à ciel ouvert sur 23 étages d'une hauteur moyenne de 24 m et de 860 m de long. On y provoque une ou deux explosions par jour et le reste de la journée se passe à évacuer et à traiter les 60 000 t abattus, mélange de rocaille et de minerai. Les roches stériles sont apportées directement sur les crassiers ; une fois concassé et tamisé, le minerai pur est prêt à être transporté. Le minerai ainsi récolté représente environ les deux tiers du volume du minerai abattu.

Les énormes quantités de minerai à déplacer nécessitent un système de transport et de communication complet : 80 km de routes de montagne spéciales sont entretenus en permanence pour permettre la circulation de plus de 20 camions de dimensions exceptionnelles, transportant 15 millions de tonnes par an. Puis un train spécial apporte le minerai jusqu'aux gros concasseurs et au lieu de transbordement. Le réseau de voies de chemin de fer exclusivement réservées aux mines comptait 240 km il y a cent ans !

L'Erzberg est le plus grand consommateur d'explosifs de toute l'Autriche (six tonnes par jour), la plus ancienne mine d'Autriche toujours en activité et

Jeune fille de l'Ausseerland.

le principal centre d'extraction de fer à ciel ouvert d'Europe centrale (l'extraction en galeries a cessé en 1986). On estime que cette montagne contient encore 180 millions de tonnes de fer, ce qui représente le volume qui a déjà été extrait depuis le début de son exploitation, il y a près de 1 500 ans. Si la production annuelle en était restée aux 40 000 t du XIXe siècle, les réserves seraient encore garanties pendant 8 500 ans. Mais le progrès technique ayant amené un accroissement énorme de la production, elles seront épuisées dans 50 ans.

Il semble certain que, dès le VIe siècle, les Slaves établis dans cette région extrayaient et traitaient le minerai de fer avec des techniques de fonderie datant de l'époque romaine. Ils faisaient fondre sur place, dans des fours hauts de deux mètres et actionnés par le vent, le minerai qui affleurait à la surface. Ils obtenaient des résidus agglomérés sur le sol qui devaient être encore très malléables au moment où ils étaient retirés du four, et qui étaient forgés aussitôt. Ce travail était effectué par des hommes qu'on appelait les «paysans du fer» parce qu'ils le faisaient en plus des travaux des champs.

Sept cents ans plus tard, l'emploi de la force motrice de l'eau ouvrit l'ère de la production industrielle. De nouvelles professions virent le jour; extraction, fonte et traitement du fer, exploitation du charbon et transports nécessitèrent une main-d'œuvre de plus en plus nombreuse. Mais la brusque croissance économique a apporté aussi son contingent de difficultés. Le charbon de bois se fit rare et sa production finit par s'arrêter. Finalement, en 1448, Frédéric IV publia un décret au sujet de l'exploitation minière qui introduisit l'économie dirigée: les prix du fer et du charbon furent réglementés, tout comme les salaires; les régions devaient consacrer toute leur production de charbon de bois à l'industrie du fer. La région fut également partagée en secteurs d'activités spécialisées, les uns dans la fourniture des vivres, d'autres dans le traitement du fer, d'autres encore dans

Les Alpes d'Eisenerz et le col de Präbichl.

la livraison du métal. Seul le commerce du fer rapporta de véritables bénéfices, comme en témoignent les superbes maisons bourgeoises en excellent état qui sont la fierté des villes de Leoben, Steyer et Weyer.

Le **col de Präbichl** (1 227 m) relie les villes d'Eisenerz et de Vordernberg. Les tunnels ferroviaires qui traversent l'Erzberg et le col n'ont été percés qu'en 1892 et, en 1978, les locomotives à vapeur du chemin de fer à crémaillère grimpaient encore le col. Le Präbichl est un domaine skiable remarquable.

La petite cité de **Vordernberg**, au sud de l'Erzberg, était jadis l'un des principaux centres d'extraction du minerai de fer. L'archiduc Jean eut une grande influence sur l'évolution de l'exploitation minière de Vordernberg. De nombreuses installations ont été conservées et le bourg est l'un des mieux documentés sur l'histoire du fer en Europe. A côté d'anciennes maisons de mineurs et de la **Meranhaus** (ou maison de l'archiduc Jean), on peut y voir encore plusieurs poulies d'extraction, un **musée du**

Chemin de fer à crémaillère, le tracé de l'ancien train qui servait au transport du fer, une installation antirouille ainsi qu'une ancienne forge.

Trofaiach est une station de villégiature classique, à 9 km au nord-ouest de Leoben. Ce bourg, qui était autrefois une étape importante dans le transport du fer à Leoben, est le point de départ de belles excursions vers les **châteaux de Möll**, de **Stibischhofen** et d'**Oberndorf**.

Leoben

Leoben, deuxième ville de Styrie (37 000 habitants), possède une école supérieure des Mines de réputation mondiale et a connu un rapide développement culturel. Ainsi, on lit l'inscription suivante sur la **Mautturm** (tour du péage) qui est aujourd'hui l'emblème de la ville :

« Je suis née ici en 1280
Et j'ai failli périr en 1794.
Je suis donc très âgée,
Plus âgée que vous tous.
J'ai été foulée par quantités d'ennemis
Et suis malgré tout restée debout.
J'ai vu aussi quatre fois les Francs
Et n'ai jamais lâché le trône impérial. »

Après la **Schwammerlturm** (tour du champignon), comme les habitants de Leoben surnomment gentiment leur Mautturm à cause de la forme de son toit, on débouche dans Kärntner Strasse, qui traverse toute la ville. Sur le côté droit, le **théâtre municipal** (Stadttheater) inauguré en 1791, est le plus ancien théâtre officiel d'Autriche mais il n'a plus de troupe attitrée. Les théâtres de Vienne et de Graz et les tournées théâtrales d'Allemagne et de Suisse y donnent régulièrement des représentations. La **place de l'Église** (Kirchplatz) est dominée par l'**église Saint-François-Xavier**, bâtie par les jésuites vers 1660 ; c'est là que se donna les 16 et 17 juillet 1949 le *Jedermann* de Salzbourg, qui fut un événement insolite. Puis on prend la Kirchgasse (rue de l'Église) pour arriver au **musée de la Ville**, ancien château fort du seigneur du pays et résidence des chevaliers de la famille des Dümmerstorffer. On y conserve un grand nombre de

A gauche, miniature de la bibliothèque de l'abbaye d'Admont ; à droite, villageoise de Vockenberg offrant du pain, du schnaps et du cidre.

belles pièces de ferronnerie d'art des siècles passés; un département est consacré à «l'époque des Français», c'est-à-dire au passage des troupes de Napoléon Ier.

La vallée de la Mur

Si l'on poursuit vers le sud-ouest, on arrive dans la partie supérieure de la **vallée de la Mur** (Murtal). Cette région montagneuse, un peu moins sauvage que la précédente, abrite des agglomérations et des sites idylliques aux coutumes ancestrales et se prête à merveille aux vacances paisibles.

Protégés des intempéries par les **Schladminger** et les **Rottenmanner Tauern**, de nombreux villages équipés pour les séjours de vacances offrent un climat sain. Les randonneurs y trouvent des conditions idéales de promenade à toutes les époques de l'année.

En venant de Leoben, il ne faut pas manquer de visiter la célèbre **abbaye de bénédictins de Seckau**. Fondée en 1140 et rebâtie en 1259 dans le style d'origine à la suite d'un incendie, cette abbaye est l'un des plus beaux monuments romans d'Europe centrale. La cour à arcades bordée de colonnes toscanes, la basilique, qui a conservé son caractère roman, la Kaisersaal (salle impériale), la Huldigungssaal (salle du serment) et la Schwarze Saal (salle noire) sont autant de curiosités de cet imposant ensemble architectural.

Zeltweg, connue dans le monde entier par son circuit automobile de Formule 1, est un peu plus à l'ouest. **Judenburg**, **Sankt Peter am Kammersberg** et **Unzmarkt-Frauenburg** sont des points de départ idéaux pour les randonnées à pied dans les **Seetaler Alpen** et dans les **Niedere Tauern**.

Plus au sud, **Teufenbach** est un village de 600 habitants qui abrite plusieurs châteaux et forteresses: **Alt-Teufenbach**, du XIIe siècle, **Neu-Teufenbach**, du XVIe siècle, les ruines du **château de Stein**, du XIIe siècle, la **forteresse de Pux**, bâtie du XIIe au XIVe siècle, sans oublier deux vestiges spectaculaires extrêmement rares: les deux **grottes fortifiées de Puxer Loch**, qui datent du Moyen Age, uniques en Autriche.

La ville de **Murau**, à quelques kilomètres à l'ouest de Teufenbach, est un centre de sports d'hiver réputé. Elle possède de nombreux édifices médiévaux. Le petit train de la vallée de la Mur, qui relie Murau et Tamsweg, flâne dans la nature et donne aux apprentis mécaniciens de locomotive l'occasion de mettre leurs talents à l'épreuve.

A **Sankt Georgen ob Murau**, localité voisine, le **musée styrien du Bois** montre l'attachement des natifs de cette province à leurs forêts.

Pour continuer vers la Carinthie, et plus précisément vers **Klagenfurt**, il faut tourner à gauche à Predlitz et prendre la route 95 qui descend les **gorges de la Turrach** (Turracher Graben), puis la route remonte vers les **Gurktaler Alpen**; son point culminant est le col de la **Turracher Höhe** (1 783 m), frontière naturelle entre la Styrie et la Carinthie.

A l'est du col s'étendent de charmants petits lacs: le **Turrachsee**, le **Grünsee** («lac vert») et le **Schwarzsee** («lac noir»). C'est un domaine skiable recherché et, l'été, les alpages et les forêts sombres en font également un lieu de villégiature privilégié. Puis la route redescend vers la Carinthie; elle est très sinueuse et accuse des déclivités de 20 à 24 %.

De Leoben à Mariazell

Si, à partir de Leoben, on se dirige vers le nord-est, on arrive dans la région du **Hochschwab**. La localité la plus connue est **Aflenz**, station de villégiature et de sports d'hiver souvent surnommée la «Davos styrienne». Ceux qui recherchent le repos peuvent y suivre la cure du Dr Kneipp ou se contenter de jouir du climat très sain. Le Hochschwab est une région naturelle protégée, riche en sources qui approvisionnent Vienne en eau.

Il ne faut pas non plus manquer de faire un petit tour vers **Krieglach**, à l'est, la maison du grand poète styrien Peter Rosegger, où il vécut et mourut, et qui a été transformée en musée. On y voit aussi le monument que la ville a élevé à la mémoire de son enfant ainsi que la tombe du poète dans le cimetière.

Vue sur le beffroi de Graz et le Schlossberg.

Krieglach est aussi le point de départ de randonnées à travers les forêts dites **Rosegger Waldheimat**. Une route secondaire sur l'**Alpl** conduit dans un paysage de forêts digne de contes de fées. En une journée, on peut visiter le **musée de la Randonnée**, la **maison natale de Peter Rosegger** et la célèbre **Waldschule**.

Après avoir vaincu les 1254 m du **Seebergsattel** et poursuivi la route à travers des forêts romantiques, on arrive à **Mariazell**, à la frontière entre la Styrie et la Basse-Autriche. L'**église** romane d'origine de Mariazell fut transformée au XIVe siècle en vaste église gothique, elle-même baroquisée entre 1644 et 1683. Les pèlerins y affluent, du monde entier, pour rendre hommage à la statue en bois de la Vierge Marie, datant du XIIe siècle. Fischer von Erlach est l'auteur du somptueux maître-autel en marbre polychrome, surmonté d'un groupe de la Crucifixion en argent, plus grand que nature.

Mariazell, lieu de pèlerinage catholique le plus important d'Autriche, est aussi une station de villégiature où chacun trouve ce qu'il cherche : établissement thermal dans lequel se donnent les cures du Dr Kneipp, courts de tennis, pêche, canoë, équitation, excursions au **Erlaufsee**, à la **cascade de Grünau-Marien**, au **Hubertussee** et sur la **Bürgeralpe** (1266 m), ou encore dans la région du Hochschwab.

Graz

Avec 240 000 habitants, Graz est la deuxième ville d'Autriche. Centre économique et culturel bâti sur les rives de la Mur, Graz connut une implantation humaine dès 800 av. J.-C. mais les documents officiels n'en parlent qu'à partir de 1128. Sous les Habsbourg et le règne de Rodolphe Ier, la ville reçut des privilèges particuliers. Transformée en bastion contre les Turcs, fortifiée du XVe au XVIIe siècle, elle réussit plusieurs fois à résister à leurs sièges. La ville, et surtout l'architecture, ont subi l'influence italienne, qui ne s'est pas démentie jusqu'à nos jours.

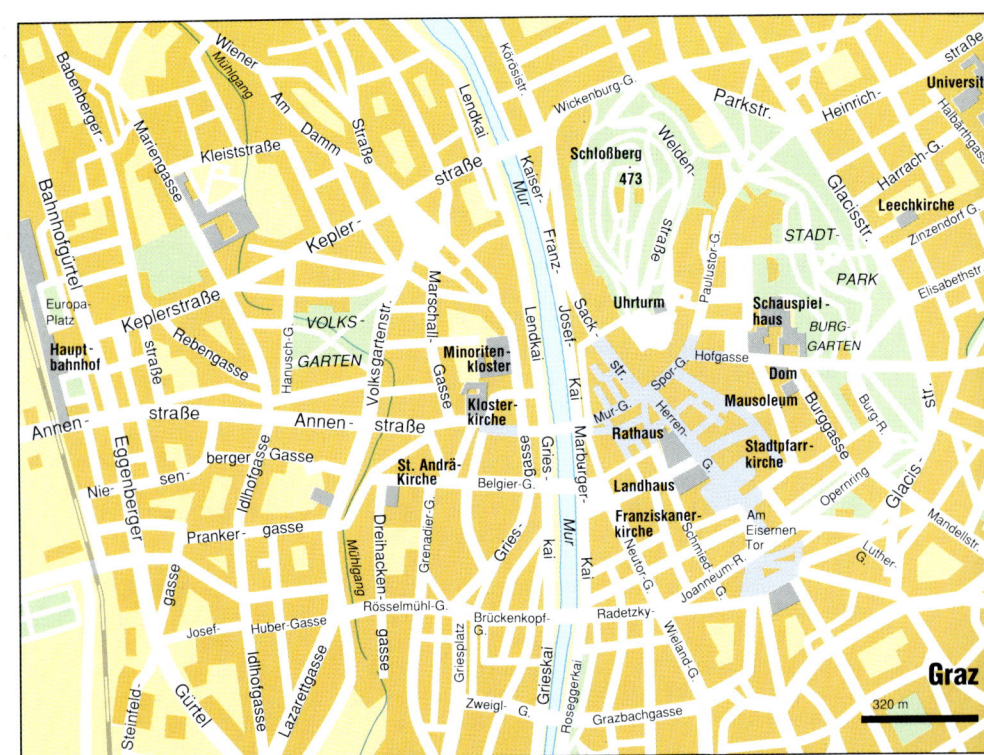

Pour faire connaissance avec **Graz**, il faut commencer par la **vieille ville** (Altstadt), marquée par de nombreuses maisons à pignons dont certaines présentent une superbe décoration en stuc. Le lieu de rendez-vous traditionnel est la **fontaine de l'archiduc Jean**, en bronze, ornée de statues de femmes, allégorie de la Styrie d'autrefois, unifiée, avec ses quatre fleuves principaux, l'Enns, la Mur, la Drave et la Sann. L'**hôtel de ville** (Rathaus) est un exemple classique d'historicisme. Il faut aussi visiter l'**église des Franciscains** (Franziskanerkirche), de style gothique. Le **Landhaus**, siège de la diète et du gouvernement de la province, a été construit de 1557 à 1565 par Domenico dell'Allio dans le style Renaissance italienne ; il est considéré comme l'un des édifices Renaissance les plus précieux d'Europe centrale. A voir également, la cour à arcades avec sa fontaine en bronze Renaissance, la **Rittersaal** (salle des chevaliers) avec son magnifique plafond couvert de stucs qui représentent les quatre éléments et les douze signes du zodiaque.

Au sud de la ville, non loin du Landhaus, l'**Arsenal** (Landeszeughaus) construit entre 1642 et 1644, conserve une collection d'armes unique qui pourrait équiper une armée du XVIIe siècle composée de 28 000 hommes ! Certains considèrent cet arsenal historique comme le plus grand du monde ; on peut y voir des pièces d'artillerie, des armes du XVe siècle, des épées à double lame, des cottes de mailles, des boucliers, des mousquets et des fusils de toutes sortes de modèles.

Herrengasse est l'artère principale de la ville, celle qui draine toute l'animation avec ses boutiques et ses nombreuses maisons bourgeoises. Elle donne sur la place dite **Am Eisernen Tor** (« à la porte de fer »), dont le centre est occupé par la **Türkensäule** (colonne des Turcs), appelée aussi Mariensäule (colonne de la Vierge), qui commémore la victoire de Montecuccoli sur les Turcs, en 1664. A Graz, il y a une foule de joyaux architecturaux à découvrir : la **forteresse**, l'**ancienne université**, la **cathédrale**, les palais baroques (**palais**

Un angelot dans Sporgasse, à Graz.

Attems, **palais Khuenburg**, **palais Herberstein**) ou la **maison des Francs-Maçons** (Freimaurerhaus), dans Paulustorgasse.

On accède au **Schlossberg**, rocher de 473 m d'altitude échappé aux Dolomites, en trois minutes par le téléphérique, ou à pied en 20 ou 25 mn. Il est couronné par le **beffroi** (Uhrturm), visible de partout; cet emblème de la ville de 28 m de haut abrite une horloge de 1712. L'inscription, sous le blason de la ville, rappelle qu'une rançon a dû être versée en 1809 afin d'en éviter la destruction.

Graz est aussi une ville universitaire: l'université Karl-Franzens et l'École technique supérieure, l'académie de Musique et des Beaux-Arts font de la ville un centre culturel animé. Tous les ans a lieu un festival d'art d'avant-garde, le *Steirischer Herbst* (l'Automne styrien) et le *Styriarte*, en juin et juillet, consacré à la musique classique.

La capitale de la Styrie offre une excellente palette gastronomique. Les touristes affamés, assoiffés et recrus de fatigue à la suite d'une longue exploration de la ville pourront reprendre des forces à la **Gambrinuskeller**, à la **Gösserbräu**, à la **Krebsenkeller**, chez **Pichlmaier**, au **Goldene Pastete**, à la **Landhauskeller**, chez **Milchmariandl** ou au **Steirerhof**.

Dans la vieille ville, des établissements pleins d'attraits pour les noctambules se sont ouverts ces dernières années. Chacun peut trouver la boîte de nuit de son choix parmi les nombreux *In-Treffs*, les uns avec orchestre, d'autres avec sonorisation. Graz se prête à la flânerie nocturne et la rumeur laisse entendre que les jeunes filles y sont les plus belles de toute l'Autriche.

Autour de Graz

Les environs de Graz ont également leurs charmes et leurs trésors. A 2 km à l'ouest de la gare centrale se dresse le **château d'Eggenberg**, reconnaissable à ses quatre tours (1625-1635). Les salles d'apparat sont couvertes de magnifiques

Paysage des environs de Schileiten.

décorations en stuc et les plafonds peints. Le château abrite des collections préhistoriques et protohistoriques, un **musée de la Chasse**, ainsi que la collection numismatique du musée de la Province.

A 15 km au nord de Graz, près de **Stübing**, sur la rive droite de la Mur, le **village-musée autrichien** rassemble 70 fermes anciennes, maisons de paysans, silos, moulins et abreuvoirs pour les bêtes, en provenance des neuf *Länder* autrichiens.

A 40 km à l'ouest de Graz et à 3 km au nord-est de Köflach se trouve le **haras Piber**. C'est là que sont élevés les fameux lipizzans, ces chevaux blancs originaires d'Espagne, qui furent transportés ensuite à Lipica, en Slovénie, où le haras existe toujours, avant d'être transférés en Styrie après l'indépendance de la Yougoslavie. Ils sont entraînés pour le manège espagnol de Vienne (visites quotidiennes). Il ne faut pas s'étonner devant la robe d'ébène des poulains car la robe des lipizzans ne commence à blanchir qu'à l'âge adulte.

Vignobles de Styrie méridionale

« Je ne pouvais m'arracher à ma fenêtre, je me sentais pénétré d'un sentiment étrange, et telle que je la décris ici, je revois encore l'image devant mes yeux. Une belle journée, le coucher du soleil, le calme qui règne partout en ces lieux. Dieu, me dis-je, protège cette terre merveilleuse. Il ne dépend que de Toi qu'elle garde toujours la paix et le bonheur, Toi qui l'as créée dans la beauté et l'a confiée à des êtres pleins de bonté. »
C'est en ces termes élogieux que le « prince styrien », l'archiduc Jean, décrivait les vignobles de la Styrie méridionale à l'automne 1811. Ils sont restés fidèles à cette description, du moins dans leurs grandes lignes : un relief vallonné, un paysage qui respire une atmosphère de paix, des coteaux couverts de pieds de vigne, parsemés de fermes, de petites maisons isolées et de peupliers. Point n'est besoin ici de visions spectaculaires, le charme du pays parle pour lui.

La « Toscane styrienne » est le surnom donné à cette partie de la « Marche verte ». En venant de Leibnitz, au sud de Graz, on traverse le village d'**Ehrenhausen**, porte d'entrée de cette région viticole.

Il est impossible de ne pas être frappé par l'analogie des paysages avec ceux de la Toscane : les coteaux abrupts couverts de vignobles se prolongent en pente douce dans la plaine, les maisons au toit plat paraissent éparpillées dans la nature comme des pions sur un échiquier et même les peupliers rappellent les cyprès des paysages toscans. On y trouve le maïs et la vigne, éléments essentiels de la *cultura mista*. Il n'y manque que les oliviers, qui sont remplacés par les châtaigniers ; les *maroni*, comme on les appelle dans cette région, sont grillés partout sur des feux de fortune, à la lisière des forêts et au bord des routes. Les lueurs des braises éclairent la nuit et les craquements sympathiques des *maroni* ne troublent même pas la paix nocturne.

Avec un cornet géant à la main, on a du mal à résister à un autre élément de séduction : le jus de la treille qui

La bibliothèque de l'abbaye d'Admont.

coule à flots sur de longues tables dressées près des feux où les châtaignes sont grillées ou dans les salles des fermes à l'ambiance simple et chaleureuse. Jusqu'au mois d'octobre, des musiciens accompagnent souvent ces dégustations d'un petit air d'accordéon ou de tympanon.

L'emblème de cette région principalement viticole est le *Klapotetz*, sorte de moulin à vent-épouvantail dont les visiteurs découvriront le bruit familier. Six ou huit ailes placées en biais et armées de petits marteaux qui frappent sur une planche sont fixées sur une perche très solide. Selon que le temps est calme ou à la tempête, les ailes tournent timidement ou avec force. Ces instruments sont destinés à écarter les oiseaux voraces et, en particulier, les étourneaux qui s'intéressent de trop près aux grains de raisin. Les *Klapotetz* sont tous de taille, de force et de bois différents et chacun a sa propre sonorité. Ils entrent en fonction à la Saint-Jacques, le 25 juillet, et se taisent à la Saint-Martin, le 11 novembre.

Le terroir du Schilcher

Les restaurants du vignoble styrien se sont orientés vers la cuisine légère. De vieilles recettes locales ont été adaptées au goût du jour et font preuve, dans leur variété, d'imagination.

Le vin qui les accompagne est en priorité un *Riesling* rhénan ou italien légèrement pétillant. Quant au fameux *Schilcher*, spécialité de la Styrie occidentale (Weststeiermark), c'est, plus qu'un vin, c'est un art de vivre.

Le *Schilcher*, qui est considéré comme le plus ancien cru de Styrie, a probablement été cultivé par les Celtes à partir d'une variété sauvage. Au cours de son voyage à Vienne en 1782, le pape Pie VI déclara qu'on lui avait servi, au pied de la Koralpe, *« un vin rouge clairet et légèrement aigre, agréable et rafraîchissant »*. Aux XVIe et XVIIe siècles, les pieds de *Wildbacher* étaient très répandus en Styrie. L'archiduc Jean, grand promoteur des vignobles styriens, les fit sélectionner dans les écoles d'œnologie qu'il avait fondées. A la fin du XIXe siècle, le phyl-

Récolte du tabac en Styrie.

loxéra anéantit une grande partie des pieds de *Schilcher*. Le vin ne fut sauvé que grâce à une greffe de *Wildbacher* sur des pieds de vigne américains. Ce cru styrien, qui remonte aux temps les plus anciens, fut redécouvert vers 1965 et cultivé selon des méthodes modernes.

Le *Schilcher* tire son nom de sa couleur qui va du rouge clair au rubis (*schillern* signifie « chatoyer », « iriser »). C'est un vin rare, spécialité purement autrichienne, le seul cru dont l'appellation soit contrôlée. Il ne se caractérise pas seulement par sa couleur mais aussi par son goût légèrement aigre, agréable et fruité et par un bouquet unique et subtil. Boire du *Schilcher*, c'est un art de vivre : ou bien on a le coup de foudre dès la première gorgée, ou bien... En tout état de cause, il vaut la peine d'être goûté.

Le centre du Schilcherland est la petite ville de **Deutschlandsberg**, dominée par le **château fort de Landsberg**. Il faut s'y arrêter pour déguster un verre de vin dans l'une des nombreuses tavernes locales. Pour garder la forme, on peut goûter les eaux thermales de **Bad Gams** ou prendre les bains de boue de **Moorbad Schwanberg**, aux environs de Deutschlandberg.

En Styrie occidentale, châteaux et demeures seigneuriales sont nombreux : le **château Renaissance de Holleneg**, le **château de Frauental**, le **château de Limberg** et le somptueux **château de Stainz**, résidence des comtes de Meran. A noter également le **château de Wildbach**, qui hébergea Franz Schubert en 1827.

C'est là aussi que le raisin appelé *Blauer Wildbacher* (wildbacher bleu) est pressé pour donner le cru de *Schilcher*, lequel a servi également à baptiser une route des vins, la *Schilcherstrasse*. Cette dernière serpente à travers de charmantes collines bordées de vieilles maisons de bois, typiques de cette région viticole. Elle traverse Ligist, Greisdorf, Stainz, Bad Gams, Deutschlandsberg et continue jusqu'à **Eibiswald**, à la frontière de la Slovénie, où elle rejoint la *Südsteirische Weinstrasse* (route du vin de Styrie méridionale).

La forêt styrienne en automne.

La région viticole de la Styrie méridionale s'étend du **Leibnitzer Frauenberg** à la frontière slovène. La *Südsteirische Weinstrasse* traverse les agglomérations d'**Eichberg**, **Leutschach**, **Glanz**, Gamlitz, **Berghausen**, **Ratsch** et bien d'autres encore, célèbres pour leurs crus. **Gamlitz**, avec ses 350 ha de vignobles, est le plus grand producteur de Styrie méridionale.

Les vignobles styriens couvrent plus de 3 000 ha, ce qui ne représente que 5 % de la superficie totale des vignobles autrichiens, mais les 4 000 exploitations qu'on y trouve produisent des crus d'autant plus nobles.

La région des thermes

Le sud-est de la Styrie compte quatre stations climatiques proches les unes des autres. **Bad Radkersburg**, à l'extrême sud-est de l'Autriche ; la Mur qui coule à la lisière sud de la ville forme la frontière avec la Slovénie. La ville offre une image qui ne manque pas de charme. Ses maisons bourgeoises et ses demeures aristocratiques bien entretenues, de style gothique, Renaissance, baroque et Jugendstil (Art nouveau), lui ont valu en 1978 la médaille d'or européenne pour l'entretien de ses monuments. De nos jours, cette petite ville est avant tout une station thermale. Situés légèrement en dehors de la cité même, les thermes, avec leur source d'eau chaude, sont particulièrement efficaces pour soigner les troubles rénaux.

Les thermes de **Loipersdorf** sont l'un des établissements les plus beaux et les mieux équipés d'Autriche. Leur source d'eau minérale à 62° ne fut découverte qu'en 1972. Le pavillon thérapeutique a été installé d'après les directives les plus modernes de la médecine. On y traite surtout les rhumatismes et les troubles de la circulation. Les thermes de Loipersdorf offrent en outre à toute la famille un éventail de distractions «aquatiques» : cascade, torrent et un toboggan de 70 m, sans oublier un superbe terrain de golf de 18 trous.

Domaine agricole en Styrie méridionale

Bad Gleichenberg est une autre station thermale, connue des Romains. A l'époque de l'empereur François-Joseph déjà, cette source était appréciée pour ses vertus curatives en cas de troubles circulatoires et respiratoires et d'affections cardiaques. Bad Gleichenberg propose depuis peu une nouveauté : des forfaits pour les enfants atteints de troubles de l'appareil respiratoire. La localité est entourée d'un parc naturel de 20 ha, interdit à la circulation des véhicules à moteur. Son superbe terrain de golf attire également les joueurs de tous niveaux.

Les **thermes de Waltersdorf** sont spécialisés dans les cures de détente et de mise en forme. Des sentiers balisés ont été aménagés à travers les forêts et les vignobles, les étangs poissonneux et les châteaux perdus dans la nature comme dans un rêve. Ils donnent l'occasion de faire de longues et belles randonnées.

Fürstenfeld (7 000 habitants) est également un centre thermal très apprécié de la Styrie méridionale. Elle possède la plus vaste piscine d'Autriche (2 ha). Cette localité attire en premier lieu les cyclistes pour lesquels ses environs sont un véritable paradis.

Il ne faut pas manquer l'excursion au **château de Riegersburg**, forteresse monumentale qui trône sur un rocher basaltique à plus de 200 m au-dessus de la plaine. Du village, on y accède en traversant sept portes fortifiées et deux fossés. Construit en 1170 à la place d'un camp romain et remanié au XVIIe siècle, ce château fait partie des bastions les plus puissants contre les Turcs et compte parmi les châteaux forts médiévaux les mieux conservés d'Europe. Il appartient depuis 1822 à la maison princière de Liechtenstein. En 1987, il a abrité une exposition consacrée aux magiciens et aux sorcières et il en a gardé les pièces principales.

Pour explorer la région qui s'étend au sud de Graz, il faut y consacrer un peu de temps. Mais les sites mentionnés ci-dessus sont facilement et rapidement accessibles à partir de la capitale de la Styrie.

Brume matinale dans la région de Hartberg.

LA CARINTHIE

La Carinthie (Kärnten) est un *Land* qui a été gâté par la nature. Lacs chauds et rivières transparentes, montagnes majestueuses et vallées abritées, coteaux couverts de prairies et forêts épaisses, tel est le cadre de vie d'une population joyeuse, toujours prête à rire et à chanter. Le soleil fait étinceler les pistes l'hiver et fondre la neige au printemps, il réchauffe les lacs en été et répand sa lumière dorée en automne.

Klagenfurt

Cette dépression était occupée jadis par un marécage impraticable. La légende raconte qu'un dragon y faisait des ravages. Sa statue, devenue l'emblème de Klagenfurt, se trouve au milieu de la **place Neuve** (Neuer Platz) qui, à vrai dire, n'a plus rien de neuf: la majorité des superbes maisons datent du XVIIe siècle, comme le **palais Porcia** et l'**hôtel de ville** (Rathaus). Dans les rues piétonnières contiguës à Kramergasse et à la **place Vieille** (Alter Platz), on peut admirer quelques cours intérieures pittoresques. Dans ce même périmètre se dressent, très proches les unes des autres, la **colonne de la Trinité**, ou de la Peste (Dreifältigkeitssäule), de 1680, le **palais Goess** du XVIIIe siècle et le **Landhaus** du XVIe siècle, avec son imposante salle héraldique qui regroupe 665 exemplaires d'armoiries, blasons et écussons.

La **maison Zur Goldenen Gans** («à l'oie d'or»), mentionnée dans les chroniques dès 1489, avait été prévue pour héberger l'empereur. En échange, il donna son château fort et tout le domaine aux États provinciaux afin de faire ériger un Landhaus. Les états du *Land* de Carinthie jouissaient d'une forte influence à Klagenfurt et c'est ainsi que se produisit un événement unique dans l'histoire de la constitution germanique: sur leur demande, l'empereur Maximilien Ier leur fit cadeau de la ville en 1518! Il va de soi que les états entretinrent leur joyau et décidèrent d'un plan d'urbanisme en échiquier, qu'on retrouve dans le centre.

Pages précédentes: les monts Karawanken. A gauche, en pierre de 1174, dans la crypte de Gurk.

Klagenfurt a également conservé son caractère de ville commerçante. Qu'il s'agisse de costumes traditionnels, de bijoux ou de comestibles fins, de porcelaine, de livres ou de lingerie fine, faire des achats dans les magasins élégants de Klagenfurt est toujours un plaisir.

La ville et ses environs offrent aussi un vaste éventail de monuments: la **cathédrale** (Domkirche), l'**église du Saint-Esprit** (Heiligengeistkirche), du XIVe siècle, l'**église paroissiale** (Stadtpfarrkirche), place de la Paroisse, et l'**église carolingienne** du IXe siècle à **Sankt Peter am Bichl** – au nord-ouest de Klagenfurt. Et, dans un rayon de 22 km, s'élèvent 22 châteaux! Le **Magdalensberg**, au nord-est de Klagenfurt, est le théâtre de fouilles archéologiques ambitieuses, les plus vastes d'Autriche; on peut y voir une ville celto-romaine avec un **village-musée** et des salles où sont exposés les plus beaux objets mis au jour.

A ne pas manquer, la visite de l'Europark, parc de loisirs à la sortie de Klagenfurt, qui comprend un planétarium, un vivarium et, dans les jardins, le **Minimundus**: plus de 150 maquettes de monuments et édifices célèbres, à l'échelle de 1/25, une maquette de chemin de fer qui roule à travers le parc et un plan d'eau équipé d'un port miniature avec des maquettes de bateaux attirent tous les ans des dizaines de milliers de visiteurs, d'avril à octobre.

La ville est également équipée pour le bien-être de tous. Gourmands et gourmets, amateurs de bon vin et de bière mousseuse, chacun trouve le restaurant qui convient à ses goûts. A recommander spécialement, le café et le restaurant du romantique **hôtel Musil**.

Le Wörther See

«Vivre dans une ville qui possède un lac, c'est vivre deux fois», clame le slogan publicitaire de Klagenfurt, et ce n'est pas le Wörther See qui le fera mentir. De magnifiques plages sur ses rives et une infrastructure exemplaire, notamment un terrain de camping moderne, attirent les vacanciers. Bien que le lac ait 84 m de profondeur, sa température monte en été jusqu'à 28°, ce qui rend la baignade

fort agréable. Long de 17 km, il n'excède pas 1,5 km de large. La flotte du Wörther See comprend cinq paquebots, en service de mai à octobre. L'un d'eux, le *Thalia*, est un bateau à roues à aubes et à vapeur. Depuis son lancement en 1909, le *Déesse de la Grâce* a connu bien des vicissitudes. Détruit par une explosion en 1945, il fut sauvé par le gouvernement qui le fit restaurer. En 1972, il servit de lieu de réunion aux diplomates américains et soviétiques pour les discussions préparatoires aux accords de désarmement SALT I.

La première escale sur la rive nord est **Krumpendorf**. L'atmosphère de cette station climatique, qui s'enorgueillit de 7 km de plage ensoleillée, convient parfaitement aux familles avec de jeunes enfants. Promenades le long du lac, plages, allées ombragées et parcs verdoyants, autant d'invitations au repos. Ski nautique, planche à voile, plongée et golf (18 trous) offrent aux sportifs tout ce qu'ils peuvent souhaiter.

Pörtschach est le rendez-vous de la jeunesse dorée des alentours qui se retrouve sur les plages, sur les courts de tennis et dans les cafés chics. Une langue de terre plantée d'arbres vénérables, avec des allées fleuries et de petites criques, pénètre profondément dans le lac. Pourtant, au milieu du XIXe siècle, Pörtschach n'était qu'un petit village de pêcheurs somnolent. La ligne de chemin de fer du sud amena les riches citoyens de la monarchie des Habsbourg qui y firent construire des résidences d'été loin du tumulte de la capitale. Johannes Brahms était l'un de ces estivants ; inspiré par le Wörther See, il y composa de nombreux lieder, sonates et rhapsodies ainsi qu'une symphonie. Pour suivre ses pas, il suffit d'aller au **Weisses Rössl** (Le Cheval blanc) : la salle avec la table attitrée du compositeur n'a pas changé depuis son époque.

Velden est la résidence d'élection de la haute société. C'est là que se retrouvent les amateurs de voile et de golf ; la planche à voile et le cabriolet y sont rois. Avec son port de plaisance, son terrain de golf et son casino, Velden attire les personnalités en vue.

Spectacle de ski nautique sur le Wörther See.

Les Illyriens, et par la suite le baron von Khevenhüller, avaient à coup sûr d'autres raisons de s'implanter en ce lieu. Le **château** Renaissance construit par ce dernier en 1590 était, à la fin du XVIe siècle, le rendez-vous de la haute aristocratie; il fut transformé en hôtel de luxe en 1920. Faute d'y séjourner, on peut flâner dans son très beau parc.

Quant à **Maria Wörth**, sur la rive sud du lac, c'est un coin idyllique. Elle est restée pendant des siècles un centre important sur les plans économique et politique et a donné son nom au lac. L'**église**, construite en 890 par l'évêque Waldo von Freising et agrandie plus tard, trône sur une presqu'île (qui fut une île jusqu'à l'abaissement du niveau du lac, provoqué par la Glanfurt). L'ancienne **église des Prémontrés**, sur le point le plus élevé du site, fut remaniée en gothique après un incendie. Elle conserve de nombreux trésors artistiques : un saint Christophe baroque sur le mur extérieur, un maître-autel également baroque, une superbe statue de la Vierge et des autels baroques.

Les lacs chauds de Carinthie

Il serait impossible de décrire les 1 270 lacs de Carinthie; aussi se limitera-t-on à ceux dont les eaux dépassent 25°. En tête viennent le **Klopeiner See** et le **Turner See** qui peuvent atteindre 28°. On y pratique de nombreuses activités grâce à 40 courts de tennis, trois écoles de surf et deux écoles d'équitation. D'innombrables excursions permettent aussi d'explorer les environs.

Une mention toute spéciale va aux hauteurs boisées du **Kolm** et à la **cascade de Wildenstein** (Wildensteiner Wasserfall), qui tombe d'une hauteur de 52 m, ainsi qu'à la plus vaste oisellerie autrichienne, celle de **Sankt Primus am Turner See** qui regroupe plus de 1 000 espèces de volatiles, dont certaines extrêmement rares.

La nationale 82, en direction du nord-ouest, passe par **Brückl** avant d'atteindre **Sankt Veit an der Glan**. Mais 5 km avant Sankt Veit, une route oblique vers **Sankt Georgen am Längsee**. Le lac, encastré entre des hauteurs couvertes de forêts épaisses, atteint la température de 27°.

Le parc aquatique de Villach.

Là, on a le choix entre le bateau à voiles ou à rames, le cheval, la bicyclette et la pêche (brochets, carpes, sandres). Le **château fort du Hochosterwitz**, l'un des emblèmes de la Carinthie, occupe une position privilégiée au sommet d'un dôme rocheux. Le chemin qui grimpe jusqu'au château, à 160 m d'altitude, passe par 14 portes fortifiées ; à la huitième se trouve une chapelle avec son autel en bronze. Le musée du château conserve une imposante collection d'armes. Walt Disney aurait, dit-on, pris cette forteresse extraordinaire comme modèle pour dessiner celle de la marâtre de Blanche-Neige.

La vallée du **Keutschacher See**, au sud du Wörther See, compte quatre plans d'eau de belles dimensions : le **Hafnersee** et le **Rauschelsee** attirent par leurs plages et leurs terrains de camping ; le **Bassgeigenersee**, site idyllique, a la forme d'une contrebasse, comme son nom l'indique... à ceux qui parlent allemand ; enfin le **Keutschacher See** étale fièrement ses 1 400 m² de superficie et la température de ses eaux atteint souvent 26°. C'est un paradis pour les baigneurs, les rameurs, les amateurs de voile et de pédalo. Ses rives offrent de belles plages naturelles et sont équipées de terrains de camping et de sport (tennis, minigolf et football).

La station de **Keutschach** s'est spécialisée dans les distractions enfantines. On y organise des fêtes pour les enfants, des ateliers de travaux manuels et artistiques et on met l'accent sur la gastronomie enfantine. Le bourg de Keutschach est le centre de la vallée, il possède deux joyaux : un **château baroque** du XVIIe siècle et l'**église Saint-Georges** en roman tardif. Des vestiges de constructions sur pilotis, des cavernes et des outils de l'âge de la pierre témoignent d'une implantation humaine très précoce.

L'**Ossiacher See** s'est surtout orienté vers les sports nautiques. Il compte 13 écoles de voile, de surf et de ski nautique et les intrépides trouveront chez Sigi Nindler, à Steindorf, l'occasion de voler en parachute, tirés par un bateau à moteur. A **Ossiach** ont lieu les manifestations musicales du festival d'été de Carinthie (*Karinthischer Sommer*). Les pêcheurs ne manqueront pas de poissons : silures, brochets, truites, anguilles et bien d'autres encore. Et, enfin, les amateurs de sensations fortes pourront s'en donner à cœur joie sur la piste de luge d'été.

Un petit crochet par **Treffen** permet de visiter le fantastique **musée des Poupées d'Elli-Riehl**.

Le **Millstätter See**, qui occupe un site de rêve dans un paysage doucement vallonné, doit sa célébrité à sa beauté et à son infrastructure étudiée. La rive sud, couverte de forêts et déclarée parc national, est vide de toute habitation et accessible à tous. Les plages de sable sont bordées d'une eau claire et tiède et les loisirs sont variés : deltaplane et plongée sous-marine, conférences avec projection de diapositives, présentations de mode, soirées folkloriques, concerts de piano, etc.

Dans les environs du Millstätter See, **Kaning** est un centre de cures du Dr Kneipp. On y entend souvent craqueter six moulins à vent datant de 1800 environ et on peut participer à la cuisson du pain chez les paysans et goûter

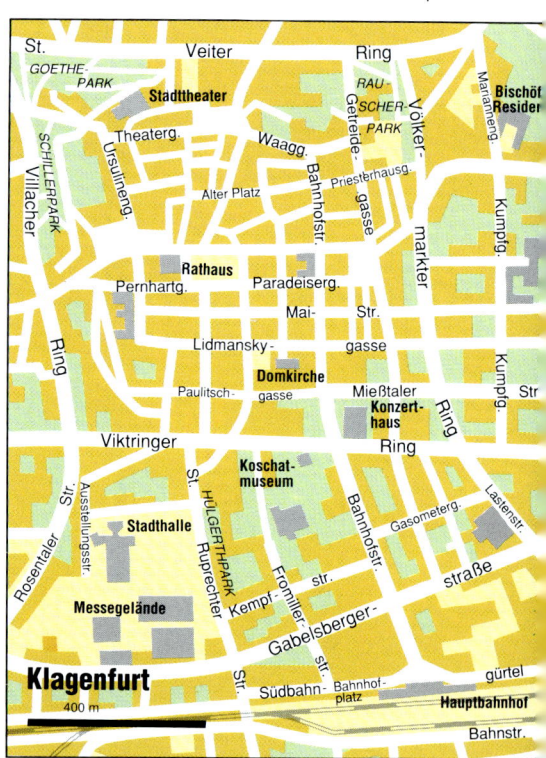

le *Mühlengeist* («esprit des moulins»), l'eau de vie locale.

Autre excursion, un peu plus longue, mais à recommander: de **Spittal an der Drau**, la E 55 mène à **Gmünd in Kärnten**, à qui il faut accorder un arrêt pour visiter le **musée Porsche**. C'est là que se réfugièrent, de 1944 à 1950, les bureaux de Ferdinand Porsche, le constructeur d'automobiles et que la légendaire Porsche 356 vit le jour en 1948.

Puis on oblique vers Malta, au sud-ouest. A 10 km du petit bourg commence la fabuleuse **route de Malta-Hochalm** à travers la «vallée des cascades». Chaque virage en épingle à cheveux fait découvrir un panorama nouveau, une cascade ou le mur imposant de 200 m de hauteur du **barrage de Kölnbrein**, le plus haut d'Autriche.

A presque 2 000 m d'altitude, on arrive au lac de retenue dans lequel se mirent les sommets voisins ainsi que l'**hôtel Malta**. Passer une nuit à cette altitude et dans ce cadre grandiose, faire une promenade au crépuscule et une autre à l'aube, voilà des moments inoubliables. Les randonneurs pourront même aller le matin au **refuge d'Osnabruck** ou faire un safari automobile.

Le **Weissensee** («lac blanc») a, lui aussi, un charme spécifique. Accessible seulement en deux points, cet endroit est l'un des plus calmes et des plus paisibles qu'on puisse imaginer. L'eau aux reflets bleu turquoise, claire comme du cristal, doit sa couleur au sable blanc, auquel le lac doit aussi son nom. Aux endroits peu profonds, proches de la rive, on peut suivre les tiges des nénuphars jusqu'au sol, phénomène extrêmement rare dû également à la blancheur du sable. Malgré ses 930 m d'altitude, ses eaux atteignent une température de 25°C.

C'est en venant de l'ouest, sur la rive de **Techendorf**, qu'on a la surprise de découvrir des infrastructures étonnamment complètes: voile, ski nautique et canoë, tir à l'arc. Autres particularités du Weissensee: le *Schlurfen*, sorte de ski de fond sur l'eau, le curling en été et le golf en hiver.

Vue sur Maria Wörth.

Puis la nationale 87 traverse la jolie **vallée de la Gitsch**, avec les agglomérations de **Weissbriach** (station de cures du Dr Kneipp) et de **Hermagor** et conduit ainsi au **Pressegger See**, petit lac dont la température monte aussi jusqu'à 28°. Flanqué des **Gailtaler Alpen** au nord et des **Alpes carniques** au sud, il se niche dans la basse **vallée de la Gail**, dans un cadre harmonieux. Un toboggan aquatique de 72 m permet d'entrer dans l'eau d'un seul élan. On peut aussi descendre le torrent en radeau.

Une excursion dans la haute vallée de la Gail jusqu'à **Kötschach-Mauthen** est un régal pour les yeux et le palais. Ce n'est pas pour rien que le restaurant du **Kellerwand** figure sur la liste des dix meilleurs d'Autriche. En 1990, la propriétaire, Mme Sonnleitner, a été élue «cordon bleu de l'année».

La vallée de la Möll

Le point de départ le plus judicieux, lorsqu'on vient de Spittal an der Drau est **Möllbrücke**, au confluent de la Möll et de la Drave. La première étape est **Kolbnitz** : n'est-il pas fascinant de passer rapidement et sans grand effort de 800 m à 2000 m d'altitude ? Et si le temps s'y prête, un prolongement jusqu'au **plateau de Reisseck Seen** par le funiculaire ou par le tunnel promet une journée exceptionnelle. Tout invite à séjourner en ce lieu : climat d'altitude agréable, très bons hôtels et randonnées à différents niveaux de difficulté.

Si, une fois revenu dans la vallée, on a pris goût aux hauteurs, on peut immédiatement se lancer à l'assaut du prochain massif, celui de **Kreuzeck**. Pour faciliter l'ascension, un funiculaire mène jusqu'au **lac de retenue de la Rosswiese**. Quant aux sommets à vaincre, il y en a pour tous les goûts et toutes les résistances. Si, en revanche, on aspire au repos, on cherchera un joli coin d'alpage ensoleillé pour admirer la nature...

La route de la vallée de la Möll passe ensuite sous les ruines du **château de Falkenstein** avant d'atteindre **Obervellach**, avec ses belles maisons bourgeoises

Défilé de voitures anciennes à Velden.

du XVIe siècle et la **Fallturm** (maison-tour) du XIIIe siècle. L'**église paroissiale**, vieille de 400 ans, est décorée d'un triptyque (1520) du Néerlandais Jan van Scorel et de sculptures gothiques. Le **château baroque de Trabuschgen** vaut aussi une visite.

La nationale 105 oblique vers le nord en direction de **Mallnitz**, station climatique à 1 190 m d'altitude. C'est là qu'aboutit le **tunnel des Tauern**, long de 8,8 km ; il comporte également une ligne de chemin de fer qui fait la navette plusieurs fois par jour en 10 mn et transporte des milliers de voitures par an entre la Carinthie et la province de Salzbourg.

Châteaux, glaciers et cascades

Pour les amateurs de châteaux, ne pas manquer celui de **Groppenstein**, du XIIIe siècle, près de la cascade écumante du même nom.

On ne tarde pas à arriver à **Flattach**, petit village qui est un point important de la vallée de la Möll. C'est de là que part une superbe route panoramique qui mène au **glacier de la Mölltal** (Mölltaler Gletscher). A chaque virage, l'étonnement ne fait que croître jusqu'à la station de départ de l'Eisseebahn, à 2 200 m d'altitude, téléphérique qui mène par-dessus le glacier jusqu'à une station de montagne, à 2 800 m. A défaut de faire du ski (on peut louer l'équipement complet sur place) ou de vaincre un sommet de plus de 3 000 m, on peut savourer l'air des hauteurs, le bleu profond du ciel et la blancheur étincelante de la neige sur la terrasse ensoleillée du restaurant d'altitude.

Contraste saisissant avec les vastes horizons de la vallée de la Möll, les **gorges de Ragga** (Raggaschlucht), elles aussi proches de Flattach, sont sauvages et romantiques ; l'eau a mis des dizaines de milliers d'années à les creuser dans le roc. Grâce à un système ingénieux de ponts et d'escaliers, on évolue sans risque et sans fatigue à travers ce phénomène naturel au grondement puissant qu'est le **Raggabach** : il ne lui faut pas moins de huit cascades pour arriver à franchir la dénivellation.

Au fournil, dans les montagnes de Carinthie.

Rangersdorf, avec les ruines de son **château**, dont on retrouve la trace dès 1278, est une station de repos typique de la vallée moyenne de la Möll.

De même, **Lainach** est une station de villégiature idéale qui possède une source d'eau ferrugineuse et sulfureuse.

Winklern, qui se niche entre les rochers et les alpages, est une zone protégée. La **Mautturm**, tour qui lui donne une allure typique, a été construite vers 1500 sur des murailles d'origine présumée romaine.

A partir de là, la Möll pétillante et bourdonnante, dont le nom est d'origine celte, traverse de jolis villages vers le nord et va à **Döllach-Grosskirchheim**. Cette ancienne agglomération romaine était le centre des mines d'or des Tauern aux XVe et XVIe siècles. A cette époque, l'extraction du précieux métal se faisait à 800 endroits différents et elle occupait jusqu'à 3 000 mineurs. Le **musée du château de Kirchheim** donne des précisions intéressantes sur l'histoire de l'exploitation des mines d'or de cette région.

On ne regrettera certes pas de faire une promenade à pied dans la superbe **vallée du Zirknitz**, toute proche, qui offre en prime le spectacle de belles cascades, les **Neunbrunnen** (Neuf Fontaines) et les célèbres **Gucklöchern des Lindwurms** (Judas du Dragon). La route de la haute vallée de la Möll (*Höhenstrasse Oberes Mölltal*) traverse ensuite Mitten, Apriach, Oberschach et Unterschach et arrive enfin à Heiligenblut, où elle rejoint la route du Grossglockner.

La route du Grossglockner

On pourrait discuter longtemps pour savoir à quelle route de haute montagne décerner la palme de la beauté. Une chose est certaine, la route du Grossglockner est bien placée dans cette compétition. Extrêmement sinueuse, elle n'est praticable que de mai à octobre et, même durant cette période, il peut arriver qu'elle soit fermée pour cause d'enneigement. Cependant, on est toujours amplement récompensé par les spectacles grandioses et inoubliables

Pâturage près du Weissensee.

qu'elle réserve au fil de ses nombreux virages. La route a été construite entre 1930 et 1935 et plus de 3 000 travailleurs ont pris part à sa réalisation : 48 km de long et 7,50 m de large, avec une déclivité maximale de 12 %, telle est la *Traumstrasse* (« route de rêve ») des Alpes.

Il y a deux excellentes raisons de s'attarder à **Heiligenblut**, qui est le point de départ de la route du Grossglockner : l'**église paroissiale Saint-Vincent**, en style gothique du XVe siècle, qui abrite le retable le plus important de Carinthie ainsi qu'un célèbre tabernacle richement décoré.

La seconde raison est une spécialité qu'on ne trouve nulle part ailleurs : adhérer à la Société des prospecteurs d'or et d'argent permet de partir à la chasse à l'or à trois endroits, par la méthode du lavage manuel. Le matériel nécessaire se loue sur place. Les chercheurs qui ont de la chance ont le droit de conserver leur trouvaille. La fièvre de l'or se prolonge la nuit, autour des feux de camp.

De la route, on aperçoit bientôt le **Hohen Sonnblick** (3 105 m), avec la station météorologique la plus en altitude d'Autriche. Après 6 km, on oblique vers la gauche, sur la route du glacier qui grimpe jusqu'à la **Franz Josefs-Höhe**. Du haut de ce plateau autour de 2 400 m, au-dessus de la limite de croissance des arbres, le regard glisse vers le bas, sur le **glacier de Pasterze** (Pasterzengletscher), pour escalader ensuite les 3 797 m qui mènent au sommet du **Grossglockner**. Le Pasterze, glacier le plus vaste d'Autriche, vient d'être une fois de plus mesuré avec précision ; d'après les résultats obtenus, il est long de 9 km, large de 1 650 m environ et il a une épaisseur de 220 m, ce qui, pour une superficie de 190 km^2, représente un volume impressionnant. Un funiculaire conduit directement au bord du glacier et on peut tranquillement se laisser guider sur la glace vive.

Le sentier appelé *Gamsgrubenweg*, au départ de la Franz Josefs-Höhe, réserve également des surprises. Même sans aucune habitude de la marche

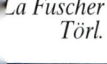
La Fuscher Törl.

en montagne, on peut emprunter ce chemin qui longe le glacier jusqu'au **Wasserfallwinkel** («point de vue de la cascade»), endroit idyllique entre tous. Il est en outre balisé de nombreux écriteaux très instructifs qui donnent des précisions intéressantes sur la vie du glacier, sur les marmottes et sur la situation écologique générale de ce biotope unique.

Le tronçon de la route du Grossglockner ramène à la bifurcation de Heiligenblut et on tourne cette fois à gauche, en direction du **Hochtor**, frontière entre la Carinthie et la province de Salzbourg, à 2 575 m d'altitude.

La route du Grossglockner traverse alors le superbe **parc national des Hohe Tauern**, où l'on peut faire des excursions guidées.

Après le **Fuschersee**, petit lac encastré dans la montagne, voici l'une des plus grandes émotions de ce voyage : un arrêt sur l'**Edelweiss-Spitze** (2 577 m), d'où l'on a une vue imprenable sur 37 sommets de plus de 3 000 m et sur 19 glaciers.

La vallée de la Lavant

La **vallée de la Lavant**, «paradis de la Carinthie», commence à **Reichenfeld**, au pied des Seetaler Alpen. Cette aimable localité située entre les massifs de la Packalpe et du Zirbitzkogel et le Hohenwarth, occupe le fond de cette vallée.

On arrive ensuite à **Bad Sankt Leonhard**, station climatique et thermale. De mai à octobre, une cure de bains soufrés promet repos et détente. De nombreuses manifestations et des spectacles folkloriques y sont organisés. L'**église paroissiale Saint-Léonard**, de style gothique, mérite une visite. Plus de 100 km de sentiers balisés permettent aussi de monter jusqu'à 1 800 m, et la montagne, dans ce secteur, comprend un excellent réseau de refuges.

C'est à **Preitenegg** (1 074 m), dans le **château Waldenstein**, que fut composé l'hymne national de Carinthie. Cette petite localité est fière de son **église paroissiale** en gothique tardif avec une décoration intérieure baroque et des tableaux remarquables.

Paysage typique de la Carinthie méridionale

« Le Jardin d'Eden », fresque qui orne une chapelle de cathédrale de Gurk.

Wolfsberg est le centre de la vallée de la Lavant. Les parcs alpins, **Saualpe** et **Koralpe**, invitent à flâner… ou à voler – en avion, en planeur ou encore en deltaplane.

L'ancienne ville épiscopale de **Sankt Andrä**, avec son **église de pèlerinage Notre-Dame-de-Lorette** (Maria Loreto), séduit par sa situation au milieu de prairies aux pentes douces, entourées de forteresses et de châteaux. En mai et juin ont lieu les fameux « dimanches des asperges », vrai régal pour les gourmets et, en automne, la joyeuse fête du Pressoir à fruits et la randonnée gastronomique dite de « la cuisine de Sankt Andrä ». Le **musée local de la Lavanttal** à **Sankt Ulrich** vaut lui aussi qu'on lui réserve une visite ; on aura ainsi une idée de la vigueur des traditions dans ce pays.

Sankt Paul im Lavanttal doit son surnom de « trésor de la Carinthie » à l'**abbaye bénédictine** fondée en 1091. Le musée, ouvert au public l'été dans le cadre des visites guidées de l'abbaye, expose de vastes collections d'objets précieux en provenance des civilisations les plus variées.

La vallée de la Lavant se termine à **Lavamünd**. C'est là que la Lavant se jette dans la Drave qui, un peu plus loin, forme une partie de la frontière avec la Slovénie. Lavamünd, petite localité à l'écart du monde, attire surtout les randonneurs et les pêcheurs grâce au charme de ses environs pittoresques. Les vignobles styriens et slovènes sont assez proches pour justifier un détour.

La vallée de la Gurk

A l'entrée de la vallée de la Gurk, **Zwischenwässern** (« entre les eaux ») monte la garde avec le **château épiscopal de Pöckstein**, d'un baroque assez tardif, aux salles fastueusement décorées. De début juin à fin septembre, le **train-musée** de la vallée de la Gurk circule jusqu'à **Glödnitz**, véritable paradis pour les amateurs de chemins de fer, les romantiques et les photographes. On peut même y obtenir un certificat de mécanicien de locomotive !

Strassburg se repère de loin grâce au **château** qui la domine. Construit en 1131 et sans cesse remanié entre le XIVᵉ et le XVIIᵉ siècle, il fut la résidence d'été des évêques de Gurk jusqu'en 1780. Il possède une cour à arcades et une chapelle très ancienne. Ne pas manquer non plus l'**église** de **Lieding** toute proche, joyau artistique dont l'histoire remonte à 1 000 ans.

La **cathédrale romane** de **Gurk** fut fondée au XIᵉ siècle par la comtesse Hemma de Friesach-Zeltschach, canonisée en 1938. La cour des Prémontrés date du XVᵉ siècle. La crypte aux 100 piliers, les peintures gothiques et le cycle de fresques romanes font de cet ensemble une merveille. Raphael Donner est l'auteur de l'autel de la Sainte-Croix de 1740 et des bas-reliefs en plomb de la chaire. Par grand soleil, les vitraux du XIIIᵉ siècle de la galerie ouest transforment la lumière en cascade irisée.

Si **Weitensfeld** a su conserver les traditions de la Carinthie, elle conserve aussi des œuvres d'art de grande valeur. Ainsi, le vitrail de Sainte-Magdeleine, le plus vieux d'Autriche, provient d'une église de Weitensfeld et, dans l'**église de Zweinitz**, proche de la précédente, les fresques de l'abside sont, elles aussi, des joyaux de l'art sacré.

Une bifurcation à droite conduit à **Flattnitz**, station climatique à 1 400 m d'altitude. Les randonneurs en été et les skieurs en hiver s'ébattent là où les légions romaines passaient les Alpes. La **Spitzeralm** et la **Pfandlhütte** sont des buts d'excursion recherchés. Les fresques somptueuses de l'**église du Col** montrent une image émouvante de la foi au début du christianisme.

A **Deutsch-Griffen**, on découvre l'une des rares églises fortifiées des Alpes qui a survécu. Deux cents marches conduisent au lieu saint, juché sur une colline. On y admirera des fresques du XVᵉ siècle.

Puis la vallée de la Gurk devient de plus en plus sauvage et romantique et on arrive à **Sirnitz**, petit paradis. Le **château fort d'Albeck**, dont il ne reste que des ruines, eut son heure de gloire à

Descente de l'Isel en kayak.

l'époque de Frédéric Barberousse et devint plus tard le siège administratif des évêques de Gurk. L'architecture octogonale de l'ossuaire de l'**église paroissiale** médiévale attire le regard.

Après un détour par Hochrindl, à 1 600 m d'altitude, au milieu des **Gurktaler Alpen**, la route croise une fois encore la Gurk à **Ebene Reichenau** avant d'atteindre son point culminant au **col de la Turracher Höhe** (1 783 m) par des côtes allant jusqu'à 26 de déclivité. De petits lacs vert foncé animent le panorama et une forte odeur de conifères embaume l'atmosphère. On y trouve des randonnées balisés et deux télésièges montent à 2 008 m et à 2 240 m. Un **musée des Minéraux**, une piste de luge d'été et une capacité d'accueil de 800 lits se prêtent à un séjour prolongé.

La vallée de la Drave

Villach, ville au riche passé et station mondaine, se trouve en plein cœur de la région des lacs de Carinthie. Au Ier siècle, les Romains y bâtirent un fort à cet endroit, un pont sur la Drave (Drau) et des routes pavées. Pendant plus de huit siècles, Villach fut la propriété des évêques de Bamberg et ce n'est qu'en 1759 que la ville et ses environs revinrent à l'Autriche, achetés par Marie-Thérèse. Au XVIe siècle, quand Paracelse y passait son enfance et sa jeunesse, Villach était déjà la capitale intellectuelle et commerçante de la Carinthie. Plus tard, ce grand médecin de la Renaissance décrivit les vertus curatives des thermes qui enthousiasmèrent même Napoléon Ier. De nos jours, ses eaux chaudes attirent les curistes du monde entier qui cherchent détente ou guérison, dans plusieurs centres équipés de façon exemplaire.

La nationale 100 suit la vallée inférieure de la Drave, qui s'élargit, et traverse **Kellerberg** pour arriver à **Feistritz**. Des fouilles nombreuses montrent que toute la région, et pas seulement Villach, a été colonisée et habitée dès le Ier siècle, même le haut plateau sur lequel était sise la ville celtique de **Görz**.

Qui veut aller loin... commence de bonne heure.

Les fortifications et une basilique des premiers temps du christianisme donnent quelques renseignements intéressants sur le passé de toute cette région.

Nichée entre des montagnes ensoleillées et des forêts ombragées, **Paternion** s'est équipée pour les vacanciers : natation, pêche, randonnées, patinage, curling et ski de fond, il y en a pour tous les goûts. Les amateurs de découvertes culturelles ne sont pas oubliés : ils pourront admirer l'**église de pèlerinage**, dédiée à saint Paterne, qui renferme de superbes autels, ainsi qu'un **château** du XVIe siècle situé sur une hauteur.

On peut aussi faire un détour vers **Stockenboi**, sur le Weissensee. L'architecture typique des maisons de paysans mérite qu'on s'y arrête.

Spittal an der Drau est une ravissante petite bourgade, entre la haute et la basse vallée de la Drave. Elle se prête aussi bien aux emplettes qu'aux visites avec ses superbes maisons, ses monuments historiques et ses magasins élégants. L'imposant **château Porcia**, situé à l'extrémité ouest de la Hauptplatz, est un superbe édifice Renaissance à trois étages qui abrite un extraordinaire **Musée régional** et dont la cour à arcades sert aussi de décor aux festivals de théâtre qui s'y déroulent en juillet et en août.

La nationale 100 traverse ensuite **Lendorf**, *« commune du beau temps »*, qui se compose de huit hameaux ruraux, avant d'arriver à **Sachsenburg**, où la vallée de la Drave est si resserrée qu'elle prend le nom de **défilé de Sachsenburg** (Sachsenburger Klause). Des vestiges de plusieurs châteaux forts et fortifications du XIIIe siècle témoignent de l'importance de ce nœud de communication.

On désigne souvent **Greifenburg** comme *« le cœur de la haute vallée de la Drave »*. Il faut dire que, dès le IIe siècle, cette ville de marché dominée par un **château fort** était le point de départ de la voie romaine qui conduisait à Gurina. Son plan d'eau récemment équipé est ouvert aux baigneurs et bordé de 400 m de plage.

L'église gothique du Magdalensberg.

Un peu plus loin, **Berg im Drautal** est une station qui vise à satisfaire les prétentions les plus élevées : hôtels luxueux avec piscines couvertes et piscines en plein air, nombreux restaurants et cafés élégants sont là pour donner toute satisfaction aux estivants. Les randonneurs seront enthousiasmés par les gorges romantiques, **Gaislochklamm** et **Ochsenschluchtklamm**. Quant aux intrépides, ils seront comblés par le *rafting* sur la Drave.

Un air très pur et un ensoleillement de rêve sont les principales qualités de **Dellach im Drautal** qui possède un superbe terrain de camping, l'un des plus beaux des Alpes. Un peu plus loin au nord se trouve le **Drassnitzgraben**, avec une pittoresque cascade, la **Weittalfall**. Au sud, donc sur le versant opposé de la vallée, on aperçoit le donjon isolé du **château de Stein** qui, juché sur un rocher, domine la vallée de la Drave ; il est mentionné pour la première fois dans des chroniques de 1190. On peut y visiter une chapelle romane à deux étages des XIIe et XIIIe siècles.

Une route sur la droite mène à **Irschen**, grand centre de vacances sur le versant sud du **massif de Kreuzeck**. L'**église Saint-Denis**, qui était de style roman à l'origine, fut remaniée au XVe siècle. Elle contient un magnifique retable gothique tardif ainsi que des fresques du XIVe siècle.

Le petit village d'**Oberdrauburg**, à 630 m d'altitude, est la dernière étape de la vallée carinthienne de la Drave, avant la frontière avec le *Land* du Tyrol oriental. Cette localité située au pied des **Dolomites de Lienz** remonte au XIIIe siècle. Oberdrauburg, centre touristique, offre aujourd'hui à ses visiteurs des curiosités historiques et une infrastructure moderne. Le **château fort**, à l'extrémité orientale du village, date du XVIe siècle ; après avoir été gravement endommagé au cours de la Seconde Guerre mondiale, il a été reconstruit mais il a perdu tout caractère d'origine. Ce n'est heureusement pas le cas de l'**église Saint-Léonard** qui a conservé son retable et ses belles fresques du XVe siècle.

Vue sur les Dolomites de Lienz.

LE TYROL ORIENTAL

De Carinthie, on entre dans le Tyrol oriental (Osttirol) par la **haute vallée de la Drave**. En partant de Nikolsdorf, on reconnaît facilement le village suivant, **Lavant**, grâce à sa jolie petite **église Saint-Pierre-Saint-Paul** qui est un lieu de pèlerinage. Sur ce site, les fondations de plusieurs cités antiques ont été mises au jour depuis les premières fouilles, en 1948.

A 2 km au nord de Lavant s'étend **Aguntum**, ancien municipe romain et résidence épiscopale depuis 622. Un petit musée expose les objets précieux qu'on a exhumés du champ de fouilles.

Dölsach, à 1 km au sud d'Aguntum, fait partie des **Dolomites de Lienz**, région propice aux vacances d'été et d'hiver. Amlach et Tristach, sur la rive droite de la Drave, sont aussi d'agréables stations climatiques. D'Amlach, une route monte au **Tristacher See**, joli petit lac de montagne, à 828 m d'altitude.

A gauche, la route du Gròssglockner; ci-dessous, cade dans Virgental du Tyrol oriental.

Lienz

Lienz, au confluent de la Drave et de l'Isel, est la capitale du Tyrol oriental. Elle est dominée au sud par les contreforts des Dolomites de Lienz. Colonisé de 1000 à 500 av. J.-C. par les Illyriens, ce site a toujours eu une grande importance, comme les fouilles d'Aguntum en témoignent. De 1250 à 1500, elle fut la résidence des comtes de Görz, qui occupaient le **château de Bruck**. C'est de cette époque que date véritablement la fondation de la ville, selon un plan rigoureux. Puis elle passa aux mains des comtes de Wolkenstein. En 1798, un incendie ravagea le centre de Lienz, ne laissant que des vestiges des anciennes fortifications sur la rive droite du quai de l'Isel. Dans le cimetière de l'église Saint-André, la **chapelle commémorative des Guerriers**, construite par Clemens Holzmeister, abrite les tombes du grand peintre Albin Egger-Lienz et de Franz Defregger, originaires de Lienz.

La vallée de la Puster

La vallée de la Puster commence au sud-ouest de Lienz, derrière le **défilé de Lienz** (Lienzer Klause).

Avant d'y pénétrer, on peut contempler la vallée dans son ensemble du **Sternalm**, à mi-hauteur du **Hochstein** (2 023 m): un télésiège au départ de Lienz y hisse ceux que l'ascension à pied ne tente pas. La vue y est impressionnante.

Peu après **Leisach**, la *Höhenstrasse* bifurque vers **Bannberg**. Là, une route à péage conduit presque jusqu'au **refuge du Hochstein**.

On découvre également, le long de la *Höhenstrasse*, **Assling**, plus gros village de la vallée, qui abrite un superbe parc sauvage avec plusieurs espèces d'animaux rares autochtones. L'hiver, Assling et ses environs se transforment en domaine skiable équipé d'un remonte-pente de 1 300 m de long.

En empruntant la nationale 100 qui longe la Drave, on traverse **Thal**. L'**église Saint-Corbin**, de style gothique, fut consacrée en 1486. On y admirera une *Crucifixion* de 1490, trois retables gothiques tardifs qui sont des œuvres précieuses et deux tableaux de Friedrich Pacher de 1500 environ.

Mittewald se situe au point de convergence des **vallées de la Puster** et de la **Burger**, d'où un sentier monte jusqu'au **Sichelsee**, petit lac de montagne à 2 497 m d'altitude qu'on peut atteindre en quelques heures de marche.

Sur le versant nord de la vallée de la Burger, à plus de 1 000 m d'altitude, quatre petits villages idylliques, **Unterried**, **Wiesen**, **Anras** et **Asch**, jouissent d'un bel ensoleillement et d'un air piquant ; ils sont accessibles par une route étroite.

Toute la vallée de la Puster, parallèle à la nationale 100, suit à peu près le tracé d'une voie romaine. La station d'**Abfaltersbach** est très fréquentée grâce à sa source d'eau sulfureuse. De l'autre côté, **Abfaltern** mérite une visite pour son **église** consacrée en 1441.

Après avoir traversé **Strassen**, célèbre pour son **église Saint-Jacques** en gothique tardif, on arrive à Heinfels. Le **château de Heinfels**, monument emblématique de la vallée, était la propriété de la très ancienne famille Görz. Le nom de Heinfels vient du Hunnenfels («rocher des Huns»). Pendant les guerres vénitiennes, Maximilien Ier l'avait doté d'un mur d'enceinte circulaire afin d'en protéger la réserve d'armes.

Sillian, centre sportif réputé, domine la fin de la section autrichienne de la vallée de la Puster, à quelques kilomètres de l'Italie, dont elle a déjà le climat doux. Chaque saison apporte ses charmes à cette coquette station : débauche de fleurs au printemps, alpages gras en été, teintes mordorées d'automne et paradis du ski en hiver. Ce bourg de 2000 habitants regorge d'installations sportives : piscines couvertes et saunas, courts de tennis, école de deltaplane, stands de tir, parcours de santé, bibliothèque et salle de lecture, sentiers de randonnée cycliste, piste naturelle de luge d'été, pistes de sports d'hiver, équipements destinés aux enfants. L'hiver, on peut même explorer la région en traîneau tiré par des chevaux... rien de tel pour tomber amoureux du Tyrol oriental.

Descente de torrent.

Matrei in Osttirol

La situation de **Matrei**, station dominée par le paysage grandiose des **Hohe Tauern** est fantastique. Le **château de Weissenstein**, du XIIe siècle, trône sur un piton rocheux. L'**église Saint-Nicolas**, à l'écart du bourg, est un pur joyau. Vieille de 800 ans, elle a de superbes peintures murales romanes qui rappellent les fresques de la cathédrale de Gurk. Dans la tour, trois statues de pierre datent de la première moitié du XVe siècle. La monumentale **église paroissiale** remonte au XIVe siècle ; elle fut remaniée entre 1768 et 1784 d'après les plans de Wolfgang Hagenauer.

En septembre, le **marché de Sankt Mathias** est particulièrement pittoresque avec ses nombreuses petites baraques. Mais c'est d'abord pour les montagnes que les touristes affluent car, au départ de cette station, il est possible de partir à l'assaut d'une centaine de sommets de plus de 3000 m. Le bureau des guides de haute montagne, Rauterplatz, offre un éventail d'ascensions dans la région et donne tous les renseignements désirés sur les routes à suivre, les prévisions météorologiques, les difficultés auxquelles on risque de se heurter, etc. C'est de Matrei que, le 11 août 1865, le **Grossvenediger** (3 674 m) a été vaincu pour la première fois par sa face la plus belle, l'Innergschlöss-Alm.

Mais ascensions et randonnées ne sont pas, loin s'en faut, les seules ressources de Matrei : randonnée à la découverte des anciennes maisons de mineurs abandonnées dans les Hautes Tauern, vélo tout terrain, parapente, deltaplane, escalade, tels sont les autres atouts de cette jolie commune. Les plus téméraires peuvent pratiquer le *rafting* sur l'**Isel**. Pour tous renseignements, s'adresser à l'**hôtel Rauter**. Le matériel et l'équipement nécessaires à toutes ces activités peuvent se louer à Matrei.

Le soir tombé, les programmes de réjouissances varient et ne laissent pas de place à l'ennui : concerts, théâtre et conférences audiovisuelles occupent la fin de la journée, même dans cet univers de montagne qui semble loin de tout.

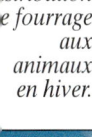
Distribution de fourrage aux animaux en hiver.

LA PROVINCE DE SALZBOURG

Pour pénétrer au cœur de l'Autriche par le nord-ouest, on traverse la province de Salzbourg et sa capitale. Salzbourg est un carrefour célèbre de routes et de chemins de fer, doté d'un aéroport international dans le faubourg de Maxglan. Elle est sans conteste le lieu le plus prisé et le plus fréquenté d'Autriche et un centre de congrès et de séminaires.

Du point de vue économique, Salzbourg vit surtout du tourisme, mais on y trouve aussi des ateliers de fabrication d'instruments de musique, de l'industrie textile, de la maroquinerie et des vêtements de cuir et de peau. Sans oublier les grandes brasseries. Elle abrita de 1945 à 1955 le quartier général des troupes d'occupation américaines en Autriche.

Des églises, des places et des fontaines merveilleuses, il y en a dans toute l'Autriche, mais elles ne se fondent pas partout dans un décor envoûtant comme à Salzbourg. La colline boisée du **Mönchsberg** protège toujours la vieille ville bourgeoise, avec ses ruelles serrées et les hautes façades étroites de ses maisons historiques qui cachent soigneusement de ravissantes cours à arcades et le quartier des princes-archevêques, avec ses églises baroques à coupoles, ses palais et ses vastes places. La forteresse de Hohensalzburg, symbole du pouvoir qui s'inscrit dans de nombreux chapitres de l'histoire de Salzbourg, veille aussi sur les toits de la cité.

Princes et archevêques

Les Celtes avaient été sensibles au charme de ce site qu'arrose la **Salzach**, et les Romains y avaient établi leur siège administratif – Juvavum, « siège du dieu céleste ».

En quelques siècles, l'évêché fondé avant 700 par saint Rupert devint la plus puissante principauté ecclésiastique d'Allemagne du Sud. Ses archevêques reçurent dès le XIIIe siècle la dignité de princes du Saint Empire romain germanique. Ils se servirent des revenus qu'ils tiraient de l'exploitation du sel et des mines d'argent pour mettre en œuvre l'architecture qui leur convenait. Trois princes archevêques surtout, conscients de leur pouvoir et épris d'art, ont donné son cachet à la ville.

Wolf Dietrich von Raitenau, sacré archevêque en 1587, est le type même du prince de la Renaissance qui rêvait de fonder la « Rome du Nord » ; il confia à l'architecte italien Scamozzi la tâche de bâtir une nouvelle cathédrale qui devait surclasser Saint-Pierre de Rome. En même temps, il fit ériger le château Mirabell pour Salomé Alt, sa maîtresse, avec laquelle il eut au moins 12 enfants.

Son successeur, Marcus Sitticus von Hohenems, prélat souverain à partir de 1612, réduisit les dimensions de la cathédrale en cours de construction mais il fit ériger le château de plaisance de Hellbrunn, avec son immense parc et ses célèbres jeux d'eau.

Le troisième, Paris Lodron, nommé en 1619, put enfin consacrer la nouvelle cathédrale (Dom zu Salzburg) en 1628. Sous son règne, la nouvelle résidence des princes-archevêques fut achevée.

Fortune et pouvoir des évêques

Les réalisations architecturales des princes-archevêques de la Renaissance et du baroque commencent par la **place de la Résidence**, qui est le cœur de la ville. Le centre de la place est occupé par la **fontaine de la Résidence** (Residenzbrunnen), monument de style baroque de 15 m de haut, achevé en 1661. La place est bordée d'édifices sacrés qui sont les plus importants de la ville, pour des raisons historiques ou de par la volonté des prélats.

Le côté sud de la place est bordé par la **cathédrale Saint-Rupert** (Dom Sankt Rupert), commencée en 1614 selon les conceptions stylistiques de la Renaissance et achevée en 1655 en style baroque. En marchant de la place de la Résidence vers la **place de la Cathédrale** (Domplatz), on en

Pages précédentes : vue de Salzbourg la nuit. A gauche, Klaus Maria Brandauer dans le rôle de Jedermann.

découvre la façade en marbre blanc de Salzbourg. Ses deux tours sont coiffées de dômes couronnés de lanternes. Les quatre statues monumentales qui se dressent devant les trois arcades du porche sont universellement connues grâce au *Jedermann* de Hugo von Hofmansthal, qui se joue durant le festival. Elles représentent les apôtres Pierre et Paul de chaque côté de l'arcade médiane, entourés des deux saints patrons de la ville et du *Land*, saint Rupert (portant le modèle de sa cathédrale) et saint Virgile (tenant le tonnelet de sel). Au-dessus d'eux, les quatre évangélistes montent la garde en compagnie des prophètes Moïse et Élie, et le Christ domine toute la façade. Les portails modernes en bronze sont consacrés aux trois vertus théologales (la foi, l'espérance et la charité).

A l'intérieur, dans le collatéral gauche, les fonts baptismaux, de 1321, proviennent de la crypte, dans laquelle on a aussi retrouvé des vestiges de murs de l'église romane d'origine. Sur le sol en mosaïque sont dessinés les plans des trois cathédrales construites successivement à cet endroit. On peut admirer dans le **musée de la Cathédrale** les trésors d'art sacré accumulés au cours des siècles par les archevêques.

La **résidence des princes-archevêques** occupe le côté ouest de la place de la Résidence. A partir de 1595, à l'instigation de Wolf Dietrich von Raitenau, ce vaste bâtiment remplaça l'édifice primitif du XIIe siècle. Les salles d'apparat de la résidence sont dans le style baroque tardif et néo-classique. La décoration des 15 salles principales est d'une richesse inouïe : stucs, fresques, peintures, tapisseries et statues. Le jeune Mozart donna de nombreux concerts dans la grande salle de conférences devant le prince-archevêque et ses invités. La galerie de la Résidence conserve des tableaux du XVIe au XIXe siècle.

Le **carillon** (Glockenspiel), qui a été érigé face à la Résidence en 1705, se compose de 35 cloches fondues à Anvers.

La silhouett de la ville avec ses clochers et ses coupoles

A l'ouest de la place de la Cathédrale, l'**église des Franciscains** (Franziskanerkirche), consacrée en 1221, est adossée à la Résidence afin que les princes-archevêques y aient un accès direct, de même qu'à la cathédrale. Cet édifice est un exemple intéressant de la transition du roman au gothique. La grande nef, plutôt sombre, est encore romane, avec ses lourds piliers et ses chapiteaux ornés de feuilles stylisées et de têtes d'animaux. Le chœur, de style gothique tardif du XVe siècle, se distingue par une voûte à nervures posée sur des colonnes cylindriques. Du retable en gothique flamboyant, sculpté en 1496 par Michael Pacher, il ne reste que la Vierge qui domine le maître-autel actuel, lui aussi de style baroque.

Les premiers chrétiens

On peut vraiment dire que l'**église abbatiale Saint-Pierre** et le cimetière Saint-Pierre « courbent la tête » sous la paroi nord du Mönchsberg. Cette abbatiale à trois nefs d'origine romane fut remaniée aux XVIIe et XVIIIe siècles ; on lui ajouta un précieux décor de stuc et des fresques. Celles qui recouvrent la voûte de la nef principale relatent la vie de saint Pierre ; au-dessus des grandes arcades sont alignées deux rangées de tableaux représentant des scènes de la Passion, de la vie de saint Benoît et de saint Rupert ainsi qu'une Crucifixion. Le **cimetière Saint-Pierre**, contigu à l'église, est entouré sur trois côtés d'arcades abritant les tombes et les mausolées de grandes familles locales. Du côté de la paroi rocheuse, on aperçoit des catacombes creusées dans le roc, où les premiers chrétiens du IIIe siècle se réfugiaient pour célébrer les offices.

La forteresse de Hohensalzburg

Symbole du pouvoir temporel des princes-archevêques, la **forteresse de Hohensalzburg** fut commencée en 1077 durant la querelle des investitures, sous l'impulsion de l'évêque Gebhard. Elle

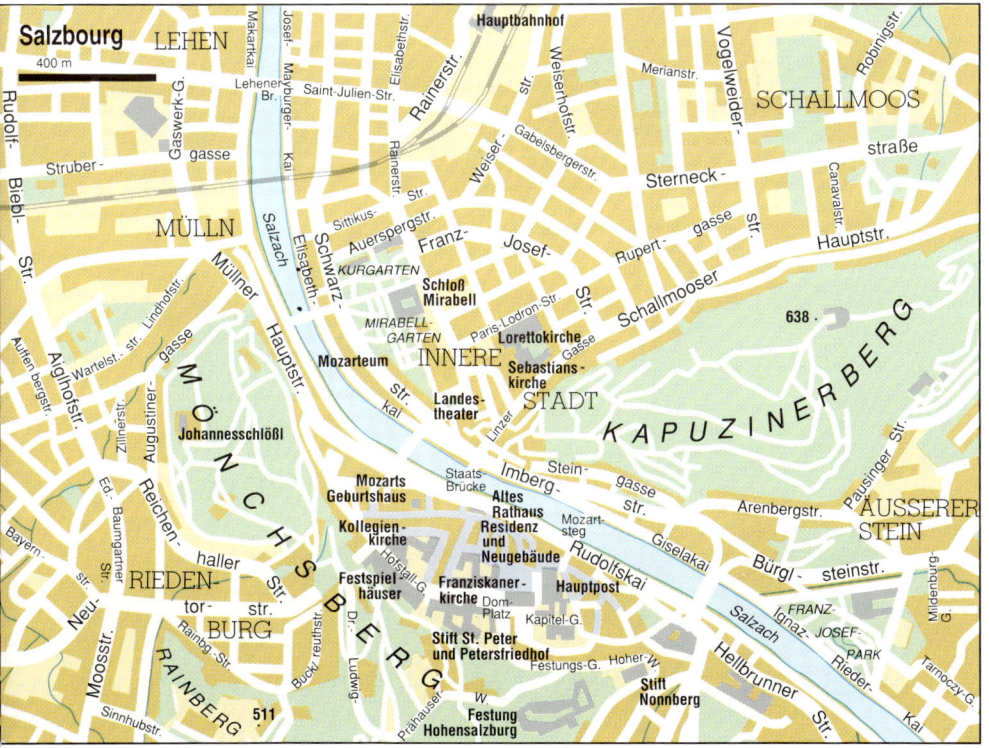

fut sans cesse agrandie et remaniée jusqu'au XVIIe siècle. Les appartements princiers furent aménagés par l'archevêque Leonhard von Keutschach. On remarquera un *Kachelofen* (poêle en céramique) monumental de 1501, décoré de scènes bibliques et de portraits des princes de l'époque.

A l'est de la forteresse, accolé au Nonnberg («mont des nonnes»), le **monastère des bénédictines de Nonnberg** est le plus ancien monastère de femmes encore en fonction. Il fut fondé au VIIIe siècle par saint Rupert. Son église de style gothique tardif est de la fin du XVe siècle. La pièce la plus précieuse du monastère est un retable gothique, œuvre de Veit Stoss (1498).

La ville de Mozart

L'une des artères les plus fréquentées de la **vieille ville** (Altstadt) est **Getreidegasse**. La plupart des maisons bourgeoises qui la bordent ont été construites du XVe au XVIIIe siècle ; elles se distinguent par de jolies cours à arcades, des enseignes en fer forgé et des encadrements de fenêtres ornés de motifs en stuc. Presque toutes possèdent des passages qui donnent accès aux rues parallèles.

Salzbourg ne serait pas Salzbourg sans son fils le plus célèbre, Wolfgang Amadeus Mozart (1756-1791). Le festival attire tous les ans des mélomanes du monde entier. Au n° 9, Getreidegasse, on peut visiter la **maison natale de Mozart** (Mozarts Geburtshaus). L'enfant prodige y vit le jour le 27 janvier 1756, au troisième étage de l'immeuble. Il y composa presque toutes ses œuvres de jeunesse. Transformée en musée, cette maison conserve, entre autres, une collection de souvenirs de la famille Mozart.

Vers l'est, la Getreidegasse débouche sur l'**ancien hôtel de ville** (Altes Rathaus) et la **place du Vieux-Marché** (Alter Markt), ornée de la **fontaine Saint-Florian**. L'ancienne **pharmacie de la cour des princes-archevêques** (Fürsterzbischöfliche Hofapotheke), sur la gauche, a été ouverte en 1591 ;

Le Pferdeschwemme, l'«abreuvoir aux chevaux» des écuries archiépiscopales.

elle est toujours en fonction et a gardé son aménagement rococo d'origine. La Getreidegasse est prolongée par la **rue des Juifs** (Judengasse), ancien centre du quartier juif, qui compte de nombreuses enseignes en fer forgé.

Le parc le plus ravissant de Salzbourg est le **jardin Mirabell** (Mirabellgarten), sur l'autre rive de la Salzach. Tracé au début du XVIIIe siècle d'après les plans de Fischer von Erlach, il séduit par ses statues, ses fontaines et ses massifs bien entretenus. De la terrasse de l'ancien **château de Mirabell** (qui a brûlé en 1818 et abrite les bureaux municipaux), on a l'une des plus belles vues sur la ville, avec la forteresse de Hohensalzburg en toile de fond.

La **basilique de Maria Plain**, lieu de pèlerinage, se dresse sur une colline au nord de la ville. Construite entre 1671 et 1674, elle possède une façade encastrée entre deux tours et une décoration intérieure particulièrement belle, de l'époque de transition entre le baroque et le rococo.

Les jeux d'eau de Hellbrunn

Le **château de Hellbrunn**, au sud de la ville, offre des distractions plutôt profanes, bien qu'il ait été la résidence d'été de l'archevêque Marcus Sitticus. Il a été conçu par Santino Solari, architecte de la cathédrale Saint-Rupert de Salzbourg. A l'intérieur, seules les peintures murales en trompe-l'œil de Donato Mascagny sont intéressantes. Le charme de Hellbrunn tient à son parc dans lequel sont éparpillés de nombreux jets d'eau, fontaines et grottes avec d'innombrables personnages et représentations scéniques. Un théâtre de 113 marionnettes animées par un mécanisme hydraulique faisait la joie du prince-archevêque et de ses convives.

Le Deutsches Eck

Au sud-ouest de Salzbourg, masqué par l'**Untersberg**, le **Deutsches Eck** («coin allemand») s'enfonce à l'intérieur de l'Autriche. Il y avait autrefois, sur le territoire de l'actuelle Berchtesgaden, un monastère de chanoines augustins dont une famille qui devait régner sur la Bavière, les Wittelsbach, avait fait un bastion contre les entreprises des archevêques de Salzbourg. Les Wittelsbach lui donnèrent trois puissants princes-prieurs du XVIe au XVIIIe siècle. Puis ce territoire fut rattaché au royaume de Bavière en 1809.

A **Berchtesgaden**, on peut visiter l'ancienne **abbatiale** et, juste à côté, l'ancien **monastère des chanoines augustins**, avec un cloître du XIIIe siècle et un dortoir gothique. Les salines, qui appartenaient au monastère, sont toujours en exploitation et se visitent.

Les deux points forts du Deutsches Eck sont le **Königssee**, avec l'**église de pèlerinage Saint-Barthélemy**, et la route du **Rossfeld** qui monte au **plateau de l'Obersalzberg**, puis jusqu'au **Kehlstein-Haus** (1 834 m). Cette dernière excursion est riche en émotions : la nature semble y avoir déployé tout son charme et le panorama circulaire qu'on embrasse du haut de la Kehlstein-Haus vaut à lui seul le déplacement.

Une scène de « La Flûte enchantée » de Mozart.

Le sel et l'eau

La petite ville de **Hallein**, à 15 km au sud de Salzbourg, appartenait aux princes-archevêques ; c'est d'elle et de ses salines qu'ils tiraient l'essentiel de leurs revenus. Depuis le XIIIe siècle, on extrayait le sel (*hall* en celte) du **massif du Dürrnberg**, qui avait déjà été exploité par les Celtes.

Le **Musée celtique** (Keltenmuseum) de Hallein est intéressant et instructif sur ce peuple demeuré mystérieux. Les visites guidées des salines, qui sont toujours en exploitation, ne fournissent pas seulement des renseignements sur l'histoire de l'exploitation du sel ; elles sont aussi une partie de plaisir avec, au programme, une descente en toboggan, une promenade en bateau sur un lac souterrain et un voyage en petit train pour sortir de la montagne.

Face à l'**église paroissiale** de Hallein, dans la pittoresque vieille ville, la maison d'habitation de l'organiste Franz Xaver Gruber (1778-1863) a été conservée. C'est lui qui a composé en 1818, pour la messe de Noël d'**Oberndorf** (à 22 km au nord de Salzbourg), le chant *Stille Nacht, heilige Nacht*.

Dans la **vallée de la Salzach**, au sud de Hallein, l'eau est souveraine. La **cascade de Golling** (Gollinger Wasserfall), formée des eaux du **Hohen Göll** (2 523 m), bondit avec un bruit de tonnerre et plonge sur les parois de la montagne et sur les rochers couverts de mousse, dans un voile d'écume et de bruine. Le prince-archevêque Schwarzenberg avait déjà fait aménager les parois de la cascade pour les visiteurs.

Les **gorges de la Salzach** et de la **Lammer** (Salzachöfen et Lammeröfen) sont deux défilés étroits que la Salzach et la Lammer ont creusés dans les rochers calcaires. Dans les gorges de la Lammer, les parois rocheuses (appelées *Öfen* en dialecte local) n'ont qu'un mètre d'écart. Les gorges de la Salzach sont accessibles par un chemin qui part du **col de Lueg** (Pass Lueg), à 554 m d'altitude.

Le prince-archevêque Wolf Dietrich von Raitenau en 1578.

Le Tennengebirge et les Tauern

Derrière Golling an der Salzach, le **Hagengebirge** à l'ouest et le **Tennengebirge** à l'est resserrent la Salzach, qui se fraie un passage dans des ravins sombres et étroits.

A **Werfen**, la **forteresse de Hohenwerfen** domine la vallée du haut d'un piton rocheux. Elle fut construite à la même époque que la citadelle de Hohensalzburg, c'est-à-dire au début de la querelle des investitures. A la fin du XVIe siècle, elle a été agrandie sur le modèle italien et a pris son aspect actuel. Cette forteresse donne une idée précise des ouvrages de défense du Moyen Age.

Werfen est le point de départ d'une très intéressante excursion sur le flanc du Tennengebirge : l'**Eisriesenwelt**, le « monde des géants de glace ». L'entrée, à 1 641 m d'altitude, est accessible par autobus et téléphérique. On a exploré jusqu'à présent 50 km de galeries, salles et labyrinthes. L'épaisseur des formations glaciaires va jusqu'à 20 m et on les a baptisées de noms tirés des sagas nordiques. De l'entrée des gorges, on jouit d'une vue saisissante sur les névés du **Hochkönig** (2 941 m).

L'**église paroissiale** gothique de **Bischofshofen**, au sud, a bien résisté au temps. La croisée du transept remonte au XIe siècle et le chœur au XIVe siècle. La grande nef fut remaniée au XVe siècle, époque à laquelle elle reçut une voûte à nervures. Les fresques du mur gauche, des XVIe et XVIIe siècles, représentent le chemin de croix. Le bras gauche du transept contient le tombeau en marbre de l'évêque Sylvester von Chiemsee, achevé en 1462, seul exemple de tombeau gothique sculpté de la province de Salzbourg.

Fortifications contre la Styrie

L'autoroute a enlevé beaucoup de son importance à la ville médiévale de **Radstadt**, au pied du col des **Radstädter Tauern**. Mais on n'en apprécie que mieux les tours rondes et les fossés qui

Les célèbres « Mozartkugeln », chocolats à l'effigie de Mozart.

la protégeaient. Ces remparts ont été érigés entre 1270 et 1286 par les princes-archevêques de Salzbourg contre la Styrie, qui manifestait souvent des desseins belliqueux. En outre, c'est à Radstadt que s'effectuaient les contrôles du passage vers la rampe nord du col des Radstädter Tauern.

L'autoroute a ramené le calme au sommet du col (1 738 m), frontière naturelle entre les **Hohe** et les **Niedere Tauern**. Grâce aux possibilités infinies de randonnées l'été et à son enneigement l'hiver, un village de vacances s'est établi le long de la route, de part et d'autre du col, et des remontées mécaniques fonctionnent été comme hiver.

Il fut un temps où la rampe sud des Radstädter Tauern était commandée par le bourg de **Mauterndorf**. Le roi Henri II l'offrit en cadeau à l'archevêque Hartwik, lui donnant aussi le droit de douane ; c'est ainsi que fut établi le premier poste de péage des Alpes orientales. Au XIVe siècle, on construisit le **château**, agrandi vers 1509 par l'archevêque Leonhard von Keutschach. Les appartements épiscopaux et la chapelle, pour ses fresques, sont intéressants à visiter.

Le Lungau

Légèrement au sud de Mauterndorf, le **château de Moosham** appartenait aussi aux princes-archevêques. Il servait de bastion dans cette région du Lungau, reculée mais importante comme voie de communication. Siège d'un tribunal aux XVIIe et XVIIIe siècles, elle acquit une renommée à cause de nombreux procès contre des sorcières, des magiciens et des mendiants. A cette époque de triomphe de la raison, les procès étaient menés tambour battant et le bourreau intervenait rapidement. Le château de Moosham a été transformé en **musée régional**.

Le chef-lieu du Lungau, **Tamsweg**, est mentionné dans les chroniques dès 1160 sous le nom de Tamswick. L'**église de pèlerinage Saint-Léonard** s'est établie sur l'un des premiers contreforts du **Schwarzenberg**. Avec son petit mur d'enceinte, elle a l'aspect d'une église fortifiée. La décoration intérieure présente plusieurs pièces exceptionnelles, comme des vitraux de 1430 à 1450. Le « vitrail d'or », qui se compose presque exclusivement de deux teintes, le jaune d'or et le bleu, est une œuvre exceptionnelle. Le trône épiscopal, qui date de 1415, est tout aussi précieux, avec ses motifs sculptés et ses marqueteries.

Le Pongau

A **Sankt Johann im Pongau**, la **Salzach**, après avoir coulé d'est en ouest, met le cap au nord. Le cours supérieur est marqué par de profondes vallées latérales, orientées nord-sud. Elles descendent des hauts sommets alpins et causaient jadis de nombreuses inondations. Cette région qui encadre le coude de la Salzach appartenait aux seigneurs de Pongau, qui lui ont laissé leur nom.

C'est également à Sankt Johann que se trouve la bifurcation pour la **vallée de Grossarl** et les **gorges du Liechtenstein**, qui ont un cachet particulier. On les parcourt par un sentier arraché au rocher qui débouche sur un cirque encastré dans des murailles rocheuses de 300 m de haut. Au-delà, elles se rétrécissent jusqu'à n'avoir plus que 2 m de large, de sorte que pour accéder à la cascade qui ferme les gorges (60 m de hauteur), il faut emprunter un tunnel de 50 m de long.

Le **château fort de Goldegg** domine la Salzach sur la rive gauche. Il a été érigé au XIIe siècle par les seigneurs de Pongau lorsqu'ils étaient au service du prince-archevêque de Salzbourg. Le château actuel date des années 1320 à 1323. En 1527, il passa aux mains du comte Christoph von Schernberg, qui le fit décorer de fresques et de peintures *a tempera*. Il abrite le **musée régional du Pongau**.

La vallée de Gastein

La plus vaste et la plus prospère des vallées latérales de la Salzach est la **vallée de Gastein**. A toutes les époques, elle a su s'enrichir, avec tout d'abord l'extraction de l'or et de

Cadran solaire sur la place Mozart.

l'argent, qui apporta aux souverains du pays richesse et considération. Plus tard, les vertus curatives de ses sources chaudes accrurent encore sa réputation. Depuis 1434, date à laquelle l'empereur Frédéric III ouvrit le répertoire des visiteurs célèbres, celui-ci n'a fait que s'allonger. Et la vallée a trouvé une nouvelle source de revenus depuis que la neige attire les visiteurs.

Bad Hofgastein, qui s'appelait jadis Hof in Gastein («cour dans Gastein»), appartint d'abord aux ducs de Bavière puis aux comtes de Pongau et, finalement, à l'archevêque de Salzbourg. Au XVIe siècle, les prélats en faisaient encore venir l'or et l'argent. En 1828, Bad Hofgastein devint à son tour station balnéaire après avoir posé une canalisation qui amenait jusqu'à elle le précieux liquide de Badgastein.

Néanmoins, **Badgastein** reste le centre de l'exploitation thermale de la vallée, grâce à ses eaux radioactives dont la température atteint 41,5°. Un petit train emmène les curistes jusqu'aux galeries où ils respirent les émanations du radium «à la source». Malgré son altitude de plus de 1 000 m, Badgastein donne l'impression d'être une petite métropole internationale, avec ses immenses hôtels et ses magasins élégants. Proche de la cascade supérieure, l'**établissement thermal**, avec son palais des congrès, son hall où l'on peut venir boire l'eau bienfaisante, ses piscines et son musée, reste le foyer de la vie de cette station climatique. La **promenade de l'empereur Guillaume** réserve de superbes points de vue sur le fond de la vallée et sur Bad Hofgastein.

Mais c'est surtout grâce aux ski qu'on peut découvrir les hauteurs qui entourent Badgastein: les nombreuses remontées mécaniques permettent aux simples promeneurs de profiter aussi de la haute montagne.

Böckstein est le point de départ du **tunnel des Tauern**, de plus de 8 km, qui assure la liaison la plus rapide entre la province de Salzbourg d'une part, et le nord-ouest de la Carinthie et le Tyrol oriental de l'autre.

Zell am See en automne.

Sportgastein, enfin, attire les amateurs de ski de piste, de ski de fond et de ski de randonnée.

Zell am See

Dans toute la **vallée supérieure de la Salzach**, une seule bifurcation ouvre la route à la fois vers le nord et vers le sud. Pendant la période glaciaire, le glacier de la Salzach réussit à y creuser une rigole vers le nord, que la rivière ne suivit pas.

Quant au **Zeller See**, les dépôts morainiques ont empêché les eaux de ce lac de s'écouler vers le sud-est dans la Salzach, ou vers le nord dans la Saalach. C'est la raison pour laquelle ce lac ne reçoit pas d'eau de fonte des glaciers et se réchauffe donc rapidement l'été.

Zell am See, chef-lieu du **Pinzgau**, est sur la rive occidentale du lac auquel elle a donné son nom. En tant que centre de l'Europasportregion Kaprun-Zell-Saalbach, elle propose beaucoup d'activités sportives, même si c'est à **Saalbach** et à **Kaprun** qu'on trouve les meilleurs équipements. En effet, dans le domaine des installations, Zell am See ne possède qu'un téléphérique qui monte au sommet de la **Schmittenhöhe** (1965 m). De là, on jouit d'un panorama exceptionnel sur tout le Pinzgau, les grottes glaciaires des Hohe Tauern et le Grossglockner.

Ce site fut découvert par des moines de Salzbourg, qui y fondèrent dès 743 la Cella in Bisontio (Pinzgau), futur monastère capitulaire des augustins. Son **abbatiale** dédiée à saint Hippolyte est, depuis 1217, l'église paroissiale de Zell am See. Elle a conservé sa tour de défense du milieu du XVe siècle, qu'on aperçoit de loin. A l'intérieur, on peut admirer des fresques des XIIIe, XIVe et XVIe siècles. Les plus remarquables sont une *Vierge en Gloire* du XIIIe siècle qui orne l'abside de la nef latérale nord et *Le Martyre de sainte Catherine*, du XIVe siècle, dans le porche. Les élégantes balustrades de la galerie occidentale remontent à

Un Salzbourgeois typique.

1514 et les superbes statues de saint Georges et de saint Florian à 1520.

En hiver, les skieurs sont rois à Zell am See ; en été, les randonneurs, les alpinistes et ceux qui pratiquent le vol à voile les remplacent. Grâce à l'orientation est-ouest du Pinzgau, la partie méridionale des **Kitzbüheler Alpen** présente 50 km de versants exposés au sud, idéals pour le vol à voile. Il faut savoir que les pilotes de l'école de vol à voile peuvent prendre des passagers.

La vallée de la Saalach

A quelques kilomètres au nord du lac, la route rencontre la Saalach qui descend de l'ouest, des **Kitzbühele Alpen**. En suivant son cours, on arrive à **Saalbach-Hinterglemm**. Cette station particulièrement bien aménagée offre un domaine skiable qui comprend 41 montagnes déboisées, plus de 60 remontées mécaniques et 150 km de pistes. Depuis le sommet du **Schattberg** (2 200 m), le chemin des crêtes relie onze sommets jusqu'à la **Schmittenhöhe**, d'où l'on a une vue splendide sur la chaîne des Hohe Tauern.

Saalfelden s'est établie à l'endroit le plus large de la vallée de la Saalach. Ancienne ville de marché aux chevaux et au bétail, c'est un point de départ judicieux pour les ascensions dans la **Steinernes Meer** (« mer de pierres »), dont le point culminant (2 713 m) est le **Watzmann**, à l'ouest du **Königssee**.

A l'est de Saalfelden s'ouvre la vallée de l'**Urslau**, qui mène aux versants occidentaux du **Hochkönig** (2 941 m).

Le plus joli bourg de la vallée est **Maria Alm**. Son église gothique, lieu de pèlerinage, possède une Vierge de 1480 et une flèche de 84 m de haut qui fait la fierté des habitants du village car elle dépasse d'un mètre les tours de la cathédrale de Salzbourg.

Vers le nord, la vallée de la Saalach se rétrécit ; elle est bordée d'un côté par les **Leoganger Steinberge**, de l'autre par les versants du **Hochkalter**.

Paysage de la région du Pongau

On ne regrettera pas une ascension dans les **gorges de Seisenberg**, près de **Weissbach**, ni une visite des **grottes de Lamprechtsofenloch**.

Il ne faut pas passer à côté de **Sankt Martin** sans s'arrêter. Son église paroissiale remaniée en style baroque appartint jusqu'en 1803 au **monastère Saint-Zeno** des chanoines augustins de Reichenhall. Les beaux tableaux d'autel des XVIIe et XVIIIe siècles sont de Wilhelm Faistenberger, Johann Friedrich Pereth et Jakob Zanusi.

A l'ouest de Sankt Martin, un cirque abrite la petite **église Maria Kirchenthal**, juchée sur une hauteur. Construite entre 1694 et 1701 d'après les plans de Johann Bernhard Fischer von Erlach, son intérêt réside surtout dans ses deux autels latéraux en marbre achevés vers 1700. La chaire date de 1709. Le maître-autel est surmonté d'un tableau du XVe siècle représentant une Vierge en majesté, vénérée pour ses pouvoirs d'intercession. D'innombrables ex-voto sont rassemblés dans une chapelle spéciale.

A **Lofer**, la vallée de la Saalach croise la route nationale qui mène de la vallée de l'Inn, *via* le Deutsches Eck, à Salzbourg.

La frontière entre l'Autriche et l'avancée allemande du Deutsches Eck, à 12 km de Lofer, est le **col de Stein**, qui ouvre la route de Bad Reichenhall et de Berchtesgaden.

De Zell am See au Grossglockner

Malgré son isolement et son âpreté, la **vallée de la Fuscher Ache**, qui oblique vers le sud à partir de Bruck an der Salzach, a toujours incité les hommes à y chercher un passage vers le sud. Les Romains la connaissaient déjà. A 2 570 m d'altitude, les travaux de construction de la route du Grossglockner mirent au jour, sur le Hochtor, une statuette de bronze de 17 cm du Ier siècle apr. J.-C. Le côté sud de ce passage les intéressait aussi car ils recherchaient l'or de la région de Heiligenblut. Au Moyen Age, c'est surtout la relique du Saint-Sang de

La forteresse de Hohenwerfen.

l'église de Heiligenblut qui attirait les croyants du Pinzgau dans ces hauteurs inhospitalières.

Voici comment une chronique décrit les alentours du Grossglockner : « *Là-haut se trouve une région qui est le repaire des démons, menace constante pour tous les mortels car ils les attaquent à coups de chutes de pierre et d'avalanches qui ensevelissent tous ceux qui osent s'en approcher.* » Que ce secteur ait été dangereux et qu'il le soit encore dès qu'on s'écarte de la route, les témoignages sont là pour le confirmer. Un charnier a été trouvé au nord du Hochtor : un groupe de pèlerins du Pinzgau, surpris par une avalanche de neige en plein été, avait trouvé la mort. Leurs ossements blanchis ont, dit-on, longtemps rappelé cette catastrophe.

Les murs de neige de plusieurs mètres qui bordent la route jusqu'au début de l'été sont à eux seuls un avertissement. La moyenne de l'enneigement hivernal est de 5 m ; 99 jours par an, le vent souffle avec des pointes à 150 km/h et il neige 250 jours par an, ce qui est comparable à la Sibérie.

Le sommet de cette route panoramique est l'**Edelweiss-Spitze**, à 2 577 m d'altitude, qui, cela s'entend, offre le panorama le plus vaste et le plus grandiose.

Mais, aussi intéressant que soit ce point de vue, ce n'est pas là que se trouve le col qui ouvre vers le sud. La route redescend vers **Fuscher Törl**, à 2 405 m, puis vers le **Fuschlsee** ; ensuite elle longe le versant est du Brennkogel et, après avoir traversé une zone d'éboulis, elle remonte vers le **tunnel du Hochtor** (2 505 m).

Du parc de stationnement proche de la sortie sud du tunnel, on a une vue splendide en direction de la Carinthie et du Tyrol oriental, qui embrasse le **massif du Schober**, et plus loin, la vallée de la Möll.

Le haut Pinzgau

Le joyau de l'Europasportregion, dont il a été question à propos de

Alpiniste dans les Hohe Tauern.

Zell am See, est **Schmiedinger Kees**, au-dessous de la cime abrupte du Kitzsteinhorn; c'est le plus vaste domaine skiable d'Autriche, praticable toute l'année.

C'est ce domaine skiable qui a donné son lustre, du moins aux yeux des skieurs, au petit village montagnard de **Kaprun**, à l'entrée de la vallée du même nom, à quelques kilomètres au sud de Zell am See.

Pour permettre l'accès de ce vaste champ de neiges éternelles, il a fallu construire le *Gletscherbahn,* système de téléphérique et de funiculaire qui dessert trois tronçons : la **Salzburger Hütte** (1 897 m), le **Centre alpin** (2 452 m) et enfin le **Kitzsteinhorn** (3 203 m). Comme le téléphérique seul ne suffisait pas à assurer le trafic, il a fallu le doubler d'un funiculaire, le Kitzsteingams, long de 4 000 m, qui monte directement au Centre alpin.

Grâce à l'organisation judicieuse des remontées mécaniques, qui permettent de découvrir la « montagne de prestige » du Pinzgau, les non-alpinistes ont la possibilité, eux aussi, de connaître ces émotions inoubliables que donne le spectacle grandiose de cette forêt de cimes enneigées, au départ de la station supérieure du *Gletscherbahn ;* un sentier pédestre balisé conduit jusqu'au sommet du Kitzsteinhorn. Son exposition favorable permet de contempler l'ensemble du Grossglockner, du Wiessbachhorn et du Grossvenediger.

Côté nord, les massifs se succèdent aussi : les **Kitzbüheler Alpen**, la **Steinernes Meer** avec le Hochkönig, les **Tennengebirge** et le **massif du Dachstein**.

Tout en bas, on aperçoit les taches vertes des immenses **lacs de retenue des Tauernkraftwerke** (barrage et centrale hydroélectrique des Tauern). La construction de ce barrage et du complexe Glockner-Kaprun a commencé avant la Seconde Guerre mondiale ; c'est la réalisation la plus audacieuse et la mieux réussie d'Autriche dans ce domaine, et qui compte aujourd'hui parmi les complexes hydroélectriques les plus importants des Alpes. Sa centrale supérieure a une puissance de 200 000 kW. Grâce aux conduites forcées de la Möll – de 11,5 km de long – qui partent du **Margaritzersee**, son bassin s'étend jusque sur le versant sud du massif du Glockner.

Deux lacs artificiels retiennent près de 200 millions de mètres cube d'eau : le **Wasserfallbodensee**, à 1 672 m d'altitude, est formé par la retenue du Limbergsperre, mur de 120 m ; pour le **Mooserbodensee**, à 2 036 m d'altitude, il a fallu construire deux murs de retenue, le Mooserperre et le Drossensperre, de 110 m de haut chacun, à l'est et à l'ouest du Höhenburg.

La visite de ce complexe hydroélectrique commence par l'ascension d'un sommet de plus de 2 000 m. On y accède par funiculaire et autocar. La première étape est le **Lächerwald**, à 1 640 m. Puis on longe en autocar le **Wasserfallbodensee** ; on monte de 400 m encore jusqu'au **Mooserbodensee**, où la route se termine près de l'**église païenne** (Heidnische Kirche) qui, dit-on, est un ancien lieu de culte celtique.

Vue sur le Grossvenediger.

Le point culminant de ce voyage au cœur des montagnes est le **mont Höhenburg** (2 102 m), entre les deux barrages du Mooserbodensee. De là, on embrasse les deux lacs d'un coup d'œil avec, en prime, le panorama grandiose de montagnes et de glaciers et le **Karlinger Kees** au centre.

La vallée de la **Stubach** au sud, au départ d'Uttendorf, est accessible également par un téléphérique construit pour la centrale électrique. On peut monter en voiture jusqu'à l'**Enzingerboden**, dans le fond de la vallée, à 1 468 m, au milieu d'épaisses forêts. Puis il faut prendre le téléphérique pour accéder au **Weisssee** (« lac blanc »), à 2 323 m. C'est de l'**Hinterer Schafbühel** (2 352 m), juste derrière le **refuge Rodolphe** (Rudolfshütte), centre du club alpin autrichien, qu'on a la plus belle vue.

Le passage des Felbertauern

Le **passage des Felbertauern** n'a pas attendu le percement d'un **tunnel** de 5 km pour avoir de l'importance. Dès le Moyen Age, une voie commerciale traversait le massif alpin à 2 481 m d'altitude, à l'endroit précis où s'est établi le refuge dit **Sankt Pöltener-Hütte**. A l'époque, le velours et la soie, le vin et les fruits partaient à dos de mulet vers le nord, tandis que le cuivre et le fer, le cuir et le sel partaient vers le sud.

Le bourg chargé d'histoire de **Mittersill**, dans la vallée, au carrefour de l'axe nord-sud (par le col de Thurn et le tunnel des Felbertauern) et de la vallée de la Salzach, était par conséquent un centre important ; au XIIe siècle, la Bavière le donna en fief aux comtes de Matrei, lesquels, à partir de 1180, adoptèrent le titre de comtes de Mittersill et passèrent au service de l'archevêque de Salzbourg en 1228.

Le **château**, avec ses tours d'angle massives et ses chemins de ronde, rappelle cette époque. La **chapelle** du château, de style gothique et remaniée en 1533, possède un triptyque du milieu du XVe siècle. L'**église paroissiale**, dédiée à saint Léonard, fut achevée en 1749 ; elle contient des vitraux de Hans Hauer et de Franz Sträussenberger. L'**église Sainte-Anne**, avec sa façade au fronton en volute et sa tour, se distingue du baroque salzbourgeois, ce qui n'a rien d'étonnant puisqu'elle fut érigée en 1751 par Jakob Singer, originaire de Schwaz, dans le Tyrol. Les fresques (1753) sont l'œuvre d'Anton Christoph Mayr, également de Schwaz.

Au sud de Mittersill, à **Felben**, il ne faut pas négliger la petite **église gothique Saint-Nicolas** avec son maître-autel datant de 1631, orné de 14 statues en bois de style gothique tardif représentant les apôtres.

Derrière Mittersill, la vallée de la Salzach se rétrécit. Elle est dominée au sud par le fameux **Grossvenediger** (3 674 m). Il y a deux moyens de s'en approcher : monter jusqu'au **refuge de Kürsinger**, à 2 549 m, par la **haute vallée de la Sulzbach**, ce qui représente plusieurs heures de marche ; ou prendre un télésiège à **Neukirchen**. Il monte à 2 227 m, jusqu'à l'arrête occidentale du **Wildkogel**. De là, on a une très belle vue, au-delà de la vallée de la Salzach sur les cimes alpines et sur le Grossvenediger qui domine ce paysage accidenté.

Les **cascades de Krimml** sont sans conteste les plus grandioses de toutes les Alpes : tout d'abord par le volume d'eau de la **Krimmler Ache**, alimentée par 12 glaciers et par la hauteur de chute qui, divisée en trois grandes cascades, est de 395 m ; enfin, le relief offre un décor toujours nouveau aux eaux mugissantes. Ce site est accessible à pied grâce à un chemin balisé et bien entretenu.

La *Gerlosstrasse*, route à péage assez récente, part de Krimml et monte à 1 507 m jusqu'au **col de Gerlos**. Elle décrit une grande boucle au **Tratenköpfl**, d'où l'on jouit d'une vue superbe sur les chutes d'eau. Peu après le col, presque à la frontière du *Land* de Salzbourg, on a droit à un point de vue saisissant : juste au-dessous de la route s'étend le **Wildgerlossee** et, derrière ce lac, les fiers sommets de la **Wildgerlosspitze** et de la **Reichenspitze** qui émergent des glaciers.

Vitrail de l'église Saint-Léonard, à Tamsweg.

LE TYROL

Dans une chanson populaire, Innsbruck (« pont sur l'Inn ») est décrite comme une *« cité alpine merveilleuse »*. Si l'on songe à sa situation incomparable en plein massif de hautes montagnes et à sa vieille ville médiévale, elle dit vrai.

Un pont sur l'Inn

Innsbruck est entourée de cimes neigeuses : au nord, le **massif du Karwandel**, vierge de toute habitation et haute de plus de 2 000 m et, au sud, les contreforts des Alpes centrales, le **Patscherkofel** et la **Nockspitze**. De ce fait, la ville n'a pu s'étendre que vers l'est et l'ouest.

L'empereur Maximilien Ier fut le premier à reconnaître la beauté de ce site encastré dans la montagne. La résidence de la branche tyrolienne des Habsbourg avait été transférée de Meran à Innsbruck dès 1420, mais aucun souverain n'y avait réellement résidé avant lui. A son tour, Marie-Thérèse redonna de l'éclat à la cour. Elle fit transformer le vieux château et élever l'**arc de triomphe** à l'occasion du mariage de son fils Joseph II. L'une des faces de ce monument porte des symboles de deuil car François Ier, époux de Marie-Thérèse, rendit l'âme en pleines festivités.

En 1805 commencèrent des années à la fois sombres et héroïques pour le Tyrol : par la paix de Presbourg, Napoléon contraignit les Habsbourg à céder le Tyrol à la Bavière. Sous la conduite d'Andreas Hofer, les Tyroliens se défendirent pied à pied contre cette mesure et, après avoir remporté les batailles du Berg Isel en 1809, ils firent d'Innsbruck le siège d'un gouvernement civil dirigé par Andreas Hofer lui-même qui administra le Tyrol *« au nom de l'empereur »*. Toutefois, la résistance ne dura que quelques mois ; elle fut brisée en novembre 1809 et le héros populaire exécuté l'année suivante à Mantoue à la suite d'une trahison. Depuis cette époque, le **Berg Isel**, à la lisière sud d'Innsbruck, est le symbole de la volonté de liberté des Tyroliens, et le **monument commémoratif d'Andreas Hofer** dans l'**église de la Cour** (Hofkirche) porte en permanence un crêpe noir en signe de deuil.

Innsbruck, ville gothique

Le cœur d'Innsbruck a conservé en grande partie le style gothique tardif qui le caractérise ; il se présente au piéton sous la forme d'un rectangle étroit resserré entre l'Inn et le début de la Maria-Theresienstrasse.

La **Herzog-Friedrichstrasse**, bordée d'arcades, s'ouvre comme un cône inversé à partir du célèbre **Goldenes Dachl** (« petit toit d'or »), donnant une idée de l'intimité qui caractérisait la vie à la cour d'Innsbruck. Le Goldenes Dachl, qui est une sorte de vaste oriel à deux étages, fut construit en 1500 sur l'ordre de Maximilien Ier pour servir de loge d'honneur à la cour princière. La balustrade de la partie supérieure légèrement saillante est ornée de reliefs sculptés. Ceux du milieu montrent Maximilien Ier en compagnie de ses deux femmes légitimes, Marie de Bourgogne et Blanche Sforza, ainsi qu'avec son chancelier et son bouffon. Les autres représentent une danse mauresque. L'ouvrage est dû à l'architecte de la cour, Nikolaus Türing l'Ancien. Le toit de la loge fut couvert de tuiles dorées à l'or fin, d'où son nom.

Donnant sur la petite place, face au Goldenes Dachl, la **Helblinghaus**, maison d'angle de style gothique tardif, attire le regard par son air pompeux. La façade a été remaniée en rococo au XVIIIe siècle. L'encadrement des fenêtres et les oriels sont recouverts de couleurs pastel et ornés d'une décoration exubérante.

Contiguë à la Helblinghaus et donnant sur la rue qui mène droit à l'Inn, l'auberge **Goldener Adler** (« à l'aigle d'or »), la plus ancienne de la ville, date du XVIe siècle. Goethe y est venu deux fois.

Presque en face, l'**Ottoburg** a été érigée vers 1495 par Maximilien Ier.

Pages précédentes : piste de ski dans le Tyrol ; chevaux su les alpages des Alpes d la Lechtal. A droite, la rue Mari Thérèse et la colonn Sainte-Ann à Innsbruc

Cette ancienne tour d'habitation a été transformée en taverne, dont la renommée dépasse les frontières du Tyrol.

La **cathédrale Saint-Jacques** (Dom zu Sankt Jakob) se cache au nord du Goldenes Dachl. Fondée en 1180, elle a été reconstruite en baroque entre 1717 et 1722, d'après les plans de Johann Jakob Herkommer. L'intérieur est couvert de quatre coupoles, trois pour la nef et une avec lanterne, au-dessus du chœur. Les fresques de la nef, consacrées à saint Jacques, sont dues à Cosmas Damian Asam et la décoration en stuc à son frère Egid Quirin. Le maître-autel est orné d'une *Vierge du Bon Secours,* chef-d'œuvre de Lukas Cranach l'Ancien. L'aile gauche du transept abrite le monument funéraire de l'archiduc Maximilien III, grand maître de l'ordre Teutonique.

A l'est de la cathédrale s'élève la **Hofburg**, château impérial, remaniée par l'impératrice Marie-Thérèse. A l'intérieur, on remarquera la **grande salle** (Riesensaal), de 30 m de long, décorée de marbres et de stucs. Les fresques du plafond (1776), œuvre de Franz Anton Maulpertsch, célèbrent *Le Triomphe de la Maison de Habsbourg-Lorraine,* symbolisé par deux femmes qui se donnent la main. Aux murs, une série de portraits représente tous les enfants du couple impérial (parmi lesquels Marie-Antoinette, et son mari Louis XVI, roi de France) et des princes apparentés à la famille impériale.

Chef-d'œuvre Renaissance

La construction de l'**église de la Cour** (Hofkirche), au sud-est du château impérial, fut achevée en 1563. De style gothique tardif, avec un porche Renaissance, elle était destinée à recevoir le **monument funéraire de Maximilien Ier**. En 1502, dix-sept ans avant sa mort, celui-ci avait projeté ce qui allait devenir le chef-d'œuvre du Tyrol et le mausolée impérial le plus émouvant de l'Occident : le sien.

La Dernièr Levée *(1872), de Franz v Defregger.*

L'artiste chargé de dresser les plans, le peintre munichois Gilg Sessenschreiber, proposa 40 statues en bronze, plus grandes que nature, représentant les prédécesseurs les plus éminents de l'empereur et les membres de sa famille. Portant des flambeaux, elles devaient accompagner son convoi mortuaire. Deux rangées de statuettes figurant des membres de la famille des Habsbourg et des saints, ainsi que des bustes d'empereurs romains devaient compléter l'ensemble. Sur les 40 statues prévues, 28 furent exécutées entre 1509 et 1550. Les deux plus célèbres, celles d'Arthur et de Théodoric, ont été fondues à Nuremberg en 1513 par Peter Vischer. L'idée de dresser un cénotaphe au centre, avec la statue de Maximilien Ier, date de 1550 seulement ; il fut achevé en 1583, d'après les plans d'Alexandre Colin. Ce tombeau est vide puisque le corps de Maximilien Ier repose à Wiener Neustadt.

La Herzog-Friedrichstrasse se prolonge au sud de la ville par la **Maria-Theresienstrasse**. Au centre, la **colonne Sainte-Anne** (Annasäule) domine la rue de toute sa hauteur. Elle a été érigée en 1706 pour commémorer l'évacuation des troupes bavaroises du Tyrol pendant la guerre de succession d'Espagne. La colonne est couronnée d'une statue de la Vierge, tandis que sainte Anne est représentée sur le socle, à côté de saint Georges, patron du Tyrol et des saints Vigile et Cassian, patrons des diocèses de Trente et de Brixen, qui symbolisent l'unité politique du Tyrol. Au sud, la rue aboutit à l'arc de triomphe.

Le **musée d'Art populaire du Tyrol** (Tiroler Volkskunstmuseum) conserve une collection importante de costumes, d'outils et de meubles paysans, venant de toutes les régions de la province. Le musée **Ferdinandeum** couvre presque tous les secteurs de l'évolution artistique du Tyrol. Le **panorama circulaire du Berg Isel** (près de la gare de Hungerburg) retrace la bataille livrée par les paysans tyroliens contre les troupes franco-bavaroises en 1809. Le **musée des Chasseurs impériaux**

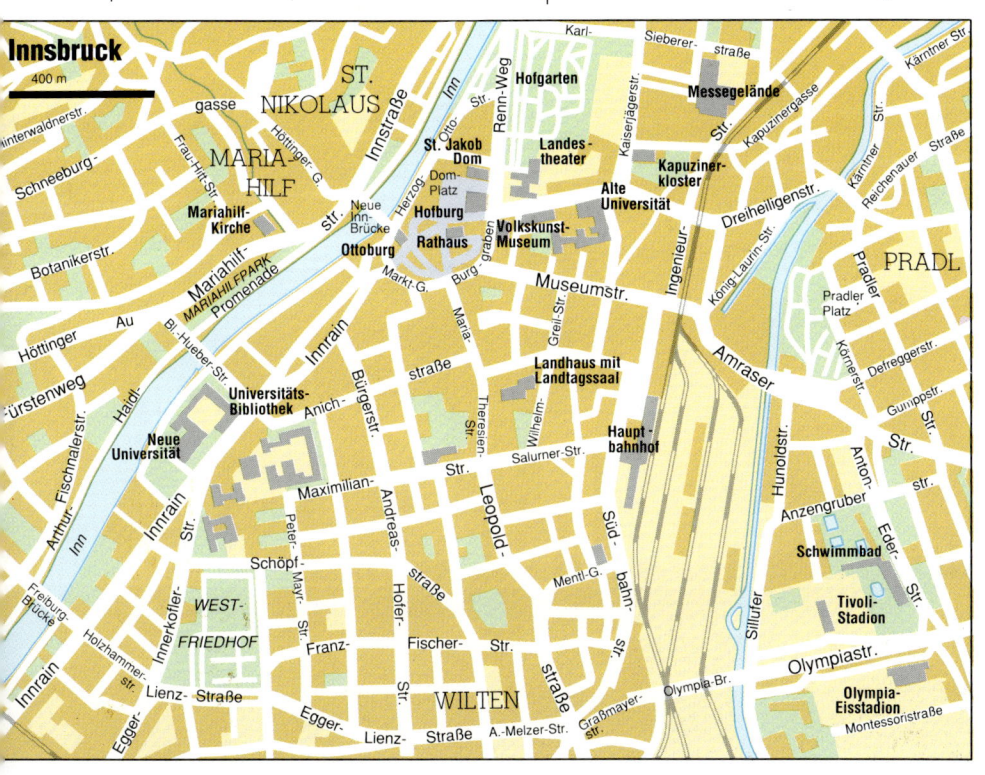

(Kaiserjägermuseum), sur le Berg Isel même, rappelle le souvenir de ces troupes d'élite tyroliennes dissoutes en 1919.

Le quartier de Wilten

Le quartier de **Wilten**, au pied du Berg Isel, occupe le site de la ville romaine de Veldidena. En 1128, l'abbaye des Prémontrés s'y établit; elle resta propriétaire de tout le district jusqu'aux rives de l'Inn de 1128 à 1180. Ensuite, elle signa avec les comtes d'Andechs un contrat qui autorisait l'implantation de la population sur la rive nord de l'Inn, tandis que le monastère lui-même se repliait sur le territoire actuel de la vieille ville.

La **collégiale**, consacrée en 1201, a été reconstruite en baroque primitif de 1651 à 1665. Sa façade et son proche datent de 1716. Le portail est flanqué des statues gothiques en bois des géants Haymon et Thyrsus qui, selon la légende, auraient fondé l'abbaye au IXe siècle.

L'**église paroissiale de Wilten** fut achevée en 1756, d'après les plans du prêtre-architecte tyrolien Franz de Paula Penz. La décoration intérieure rococo est l'œuvre du stucateur Franz Xaver Feichtmayr, de Wessobrunn, et du peintre d'Augsbourg, Matthieu Günther. Le baldaquin du maître-autel abrite *Notre-Dame sous les quatre colonnes*, Vierge reposant sur un pilier en marbre (XIVe siècle) qui est vénérée depuis le Moyen Age.

Le **tremplin de ski** installé pour les jeux Olympiques de 1964 couronne le **Berg Isel**, montagne sacrée du Tyrol.

Kitzbühel la sportive

Depuis la triple victoire olympique de Toni Sailer aux jeux Olympiques de 1956 à Cortina d'Ampezzo, la célébrité de **Kitzbühel** ne s'est pas démentie. Les fameuses courses du Hahnenkamm ont contribué à faire en sorte que ses 50 pistes et leurs innombrables variantes attirent les skieurs du monde entier.

Façades le long de la rive de l'Inn.

Les meilleurs garants de sa réputation sont évidemment ses montagnes et, en tout premier lieu, le **Kitzbüheler Horn** à l'est et le **Hahnenkamm** à l'ouest. En été, les Alpes de Kitzbühel offrent leur ampleur exceptionnelle aux randonneurs. Les alpinistes qui préfèrent les ascensions difficiles, le risque et les émotions fortes choisiront les géants calcaires du **Wilder Kaiser**, « l'empereur sauvage », à l'ouest. Lorsque ses parois rocheuses, teintées de rouge au coucher du soleil, se reflètent dans les eaux sombres du **Schwarzsee** (« lac noir »), le vaste bassin de Kitzbühel révèle tout son charme.

L'**église paroissiale** (1435), qui date de la première époque de prospérité de Kitzbühel, avec sa tour élancée et son toit de bardeaux, s'harmonise avec le paysage alpin. Cette construction gothique à trois nefs est l'œuvre de l'architecte Stefan Krumenauer. Le maître-autel, de la seconde moitié du XVIIe siècle, est dû à Benedikt Faistenberger. Restaurés, les piliers et l'arc de triomphe, de style gothique, ont retrouvé leur splendeur d'origine, de même que les fresques (XVe siècle) du chœur.

L'église **Notre-Dame** (Liebfrauenkirche), à deux niveaux, est une rareté. La partie basse fut commandée en 1373 par une riche famille pour servir de chapelle funéraire. L'église haute, remaniée en style baroque en 1735, est célèbre par ses fresques, chef-d'œuvre de Simon Benedikt Faistenberger.

A 8 km de Kitzbühel, d'autres fresques du même artiste se trouvent dans l'**église paroissiale** de **Jochberg**. Là, les apôtres Pierre et Paul ainsi que des pères de l'Église et saint Wolfgang sont peints avec une vivacité digne de Rubens. Ce peintre a également travaillé pour l'**église paroissiale** de **Sankt Johann im Tirol**, village niché dans une vallée entre Kitzbüheler Horn et les parois rocheuses du Wilder Kaiser. La beauté de cette église réside surtout dans la large façade ouest (1728) élevée par Abraham Millauer, et les deux tours coiffées de coupoles baroques.

Sankt Johann est surtout le point de départ de randonnées, promenades et

Une vue romantique de la station chic de Kitzbühel.

ascensions dans le **Wilder Kaiser**, école d'escalade de tous les alpinistes chevronnés. Les personnes qui désirent voir se dépenser ces champions du rocher peuvent rejoindre en voiture la vallée du **Kaiserbach**, au départ de Griesenau, puis monter au **Griesneralm**. De là, il reste 580 m de dénivelé à parcourir à pied jusqu'au légendaire **Stripsenjoch**, point de départ de nombreux rêves d'alpinistes. Par ailleurs, les amateurs de paysages romantiques choisiront le pittoresque **Hinterstein See**, lac accessible en voiture au départ de Scheffau.

De Kitzbühel, on prend vers l'ouest en direction de la **vallée de Brixen**. Dès **Kirchberg**, premier village de la vallée, on découvre d'autres fresques de Simon Benedikt Faistenberger dans l'**église paroissiale**, dont la décoration de 1737 fut exécutée par Jakob Singer.

A **Brixen im Thale**, l'**église paroissiale de l'Assomption**, avec ses deux tours et sa nef à trois coupoles, témoigne d'une ancienne prospérité. Elle fut édifiée en 1789-1795 par André Hueber, originaire de Kitzbühel. Josef Schöpf peignit sur la coupole principale un *Couronnement de la Vierge* aux couleurs magnifiques.

L'**église** de **Hopfgarten** est également de première importance. Commencée en 1758 par Kassian Singer, elle fut achevée par André Hueber. De même que la précédente, elle possède une façade prise entre deux tours, avec fronton à volutes. Les fresques du plafond sont l'œuvre de Johann Weiss. Les amoureux de la montagne peuvent satisfaire leur passion à **Hohe Salve**, la terrasse panoramique la mieux placée pour contempler le Wilder Kaiser.

Les rives de l'Inn

Le sombre **château fort de Kufstein** se dresse sur un rocher juste derrière la frontière austro-bavaroise. La ville elle-même passa successivement de la Bavière au Tyrol, et vice versa. Citée pour la première fois dans les chroniques de 1205, il lui a fallu attendre Maximilien Ier pour être transformée en puissante citadelle. C'est à cette époque que fut édifiée la **tour de l'Empereur** (Kaiserturm), avec des murs de près de 8 m d'épaisseur. Le château fort abrite un **musée local** et un orgue géant de 1931, construit en souvenir des héros tyroliens.

Wörgl est un nœud de communication. On peut voir la célèbre Vierge de Wörgl, de 1500, dans l'église paroissiale baroque et, en montant sur une terrasse au nord, l'église médiévale fortifiée de **Mariastein**, qui domine l'Inn. La tour d'habitation pentagonale fut construite vers 1350 afin d'assurer la sécurité de la route de l'Inn qui, à l'époque, passait par là. A l'étage supérieur, une chapelle contient une image miraculeuse de 1570.

Le petit bourg de **Kundl** possédait une église dès 788. Mais, malgré son âge vénérable, ses stucs et ses fresques, l'église paroissiale de l'Assomption est moins intéressante que l'église de pèlerinage **Saint-Léonard des Prés**, à l'écart du village, qui aurait été fondée par l'empereur Henri II en 1012 et consacrée en 1020 par le pape Benoît VIII. L'édifice actuel a été

A gauche, le surf des neiges permet d'étonnantes acrobaties ; ci-dessous, ski hors piste sur l'Arlberg.

achevé en 1512. La fresque de la Crucifixion, sur le mur septentrional, date du XVIe siècle et le décor du XVIIe siècle. Les randonneurs ne manqueront pas d'emprunter le chemin du **Kundlerklamm**, porte d'entrée de la magnifique **vallée de la Wildschönau**.

Berceau de la fortune des Fugger

La plus petite ville du Tyrol s'appelle **Rattenberg**. Sa prospérité naquit de l'exploitation des mines que l'empereur Maximilien Ier céda aux Fugger. C'est de là que ces grands banquiers contrôlaient l'extraction de l'argent dans tout le Tyrol. Cette cité a su conserver son riche aspect moyenâgeux. De même, l'**église paroissiale Saint-Virgile**, avec sa prestigieuse décoration baroque, est un témoin de l'opulence passée.

Sur l'autre rive de l'Inn se trouvent **Kramsach** et ses jolis lacs balnéaires : **Buchsee**, **Krummsee** et **Reintaler See**. La **vallée de la Brandenberg** est une magnifique région de randonnées. Il ne faut pas manquer d'aller voir **Kaiserklamm** (gorges du Kaiser) et **Erzhezog Johann Klause** (défilé de l'Archiduc-Jean). Un télésiège permet d'atteindre le **massif des Rofangebirge**.

Dans la vallée inférieure de l'Inn se dresse le **château de Tratzberg**, qui fut érigé en 1296 pour servir de bastion sur la frontière bavaroise. Ce complexe, formé de quatre ailes, fut remanié aux XVIe et XVIIe siècles par les Fugger.

A **Schwaz**, au début du XVIe siècle, 20 000 mineurs œuvraient encore dans les riches filons argentifères. L'**église paroissiale** date de cette époque florissante. Commencée en 1460, elle a été achevée en 1492 par l'architecte munichois Erasmus Grasser. C'est la plus grande église-halle gothique du Tyrol ; sa toiture est couverte de 15 000 plaques de cuivre repoussé.

La prospérité de **Hall** provient du sel, comme son nom l'indique (*hall* est un terme celtique qui signifie «sel»). Les salines étaient protégées par la **forteresse de Hasegg**, dans laquelle l'archiduc Ferdinand II avait installé en 1567 la première machine à frapper la mon-

Le grand air du Tyrol donne bonne mine.

naie. C'est la raison pour laquelle la tour du château s'appelle encore **tour de la Monnaie** (Münzerturm). L'**église paroissiale Saint-Nicolas**, achevée en 1437, a été remaniée en baroque en 1752.

Le **château d'Ambras**, qui s'élève sur le versant de la montagne, au sud d'Innsbruck, était la résidence préférée de l'archiduc Ferdinand II et de sa femme Philippine Welser. Il le fit agrandir en 1564. On peut y admirer une importante collection d'armes, un cabinet d'objets d'art et de curiosités. La salle espagnole possède un superbe plafond à caissons Renaissance.

Le Karwendel et le Wetterstein

Le nom du **massif du Karwendel** vient des murailles et des cirques de calcaire grisâtre (*Kare*) qui le constituent. Il se dresse entre le Seefelder Sattel à l'ouest et l'Achensee à l'est. Au nord, les contreforts du Karwendel se perdent en terre bavaroise ; au sud, les sommets de plus de 2 000 m dominent à pic la vallée de l'Inn. Le plus élevé est la **Birkkarspitze** (2 756 m). Le moyen d'accès le plus pratique est le téléphérique de la Nordkette, qui monte jusqu'au **Hafelekar**, à 2 334 m.

Ce massif est divisé en quatre longues chaînes qui s'étirent d'ouest en est. Les vallées correspondantes, parfois encaissées, s'étirent aussi en longueur ; toutes sont fermées à la circulation automobile. C'est la raison pour laquelle le Karwendel, avec ses cirques abandonnés au silence et ses alpages, est resté un lieu où l'on jouit des bienfaits de la solitude et du calme.

Les arbres de ce massif paraissent en bonne santé et la présence de hardes de chamois laisse supposer une nature intacte. Mais ce secteur préservé est en réalité menacé : un arbre sur deux est atteint de maladie ; les conifères ont perdu leur odeur caractéristique et l'eau des torrents a souvent un goût saumâtre. Le Karwendel n'en reste pas moins un refuge pour randonneurs et alpinistes.

Détente après le ski dans une discothèque de l'Arlberg.

Le **massif du Wetterstein** est moins généreux avec ses visiteurs, malgré les 3 000 m de son point culminant, la **Zugspitze**. Seuls ses versants sud appartiennent au Tyrol. Mais il se trouve comme agrandi grâce à la présence, au sud, du **massif du Mieminger** qui culmine à 2 594 m avec la spectaculaire **Hohe Munde**. Ils forment ainsi, avec les versants ouest du Karwendel, un triangle dans lequel les rigueurs de la haute montagne sont adoucies par des vallons, des collines et des lacs idylliques.

Seefeld, célèbre station de sports d'hiver et centre tyrolien du ski nordique, est le cœur du plateau. En été, les massifs du Mieminger Alpen, du Wetterstein et du Karwendel offrent aux bons marcheurs de nombreuses possibilités d'excursion et d'escalade, de tous les niveaux de difficulté.

La vallée tyrolienne du Lech

La Lechtal tyrolienne n'a qu'un occupant, le **Lech**. Son surnom de « propriétaire foncier » lui a été donné parce qu'il a l'habitude de semer des galets dans la vallée entière, parfois sur toute sa longueur, au point que des siècles d'entretien n'ont pas réussi à en débarrasser les prairies.

Cette vallée encastrée entre des parois rocheuses abruptes et des versants couverts de forêts sombres risque de rebuter les visiteurs. Il faut un second coup d'œil pour percevoir l'intérêt réel de l'**Ausserfern**, nom officiel de ce canton du Tyrol. Au nord, cette vallée de plus de 60 km est bordée par les **Alpes de l'Allgäu** et, au sud, par les **Alpes de la Lechtal**. Seuls les versants sud et sud-est des Alpes de l'Allgäu appartiennent au Tyrol. Les Lechtaler Alpen forment le plus long massif montagneux des Alpes calcaires septentrionales, composé d'environ 70 km de pics qui s'élèvent à plus de 2 000 m et d'un seul sommet de plus de 3 000 m, la **Parseier Spitze** (3 036 m).

Pour avoir la plus belle vue sur cette crête de montagne, il faut grimper au sommet de la **Valluga** (2 811 m), accessible par téléphérique. Là, on prend

Le ski de fond attend ceux que les pentes abruptes rebutent.

conscience des forces naturelles qui ont superposé puis placé les couches de roches à la verticale ; on comprend comment les intempéries les ont ensuite érodées, produisant fissures, failles, crevasses et sommets en dents de scie. Toutes les conditions sont réunies pour favoriser les randonnées : les crêtes ne sont pas interrompues par des vallées profondes et les refuges ont été établis à des distances judicieuses.

Il en va tout autrement sur le versant nord de la vallée du Lech. C'est une région détritique de l'ère tertiaire, alternance de dépôts calcaires, gréseux et argileux, plus ou moins schisteux, qui ont tendance à glisser aux moindres intempéries. Formes douces, herbages gras, forêts denses, prairies humides et tourbières caractérisent ces formations meubles et mobiles. De ces paysages de flysch émergent les sommets et les crêtes des montagnes dolomitiques, avec leurs cuvettes désertiques, leurs parois abruptes et leurs champs de cailloutis.

La grande variété de minéraux fait des Alpes de l'Allgäu une terre riche, à la flore variée, seul endroit où l'on trouve des montagnes couvertes d'un épais tapis d'herbes grasses jusqu'au sommet. Au Tyrol, le plus beau côté des Alpes de l'Allgäu est au-delà du **col de Gaicht** (1093 m), auquel on accède à partir de Weissenbach am Lech. Derrière le col s'ouvre une haute vallée herbue doucement vallonnée qui présente de superbes contrastes entre l'eau bleu turquoise de ses lacs, le vert tendre de ses alpages et l'ocre de ses rochers dolomitiques. Le **Haldensee** et le **Vilsalpsee** sont les points de départ d'ascensions dans les **Tannheimer Berge** ou dans les Alpes de l'Allgäu.

Reutte, chef-lieu de l'Ausserfern, est au carrefour de la route du **col de Fernpass** (frontière germano-autrichienne). La cité s'étend le long de la route de la vallée ; ses maisons serrées, larges et basses, avec des pignons saillants, ont beaucoup de caractère. On remarquera les riches peintures des façades, du XVIIIe siècle, chef-

Ci-dessous à gauche, patinage au stade d'Innsbruck ; à droite, descente en bobsleigh.

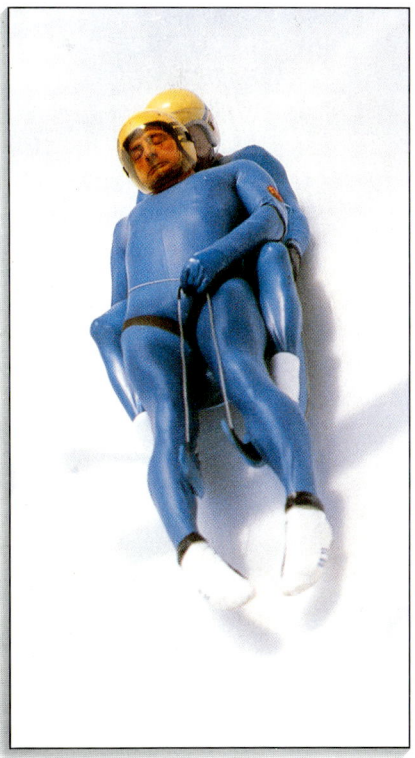

d'œuvre des Zeiller, dynastie de peintres. Celles qui ornent les murs des **hôtels Goldene Krone** et **Schwarzer Adler** sont très originales.

Johann Jakob Zeiller peignit aussi, à **Elbingenalp**, le vaste plafond de l'**église Saint-Nicolas**, paroisse la plus ancienne de la vallée du Lech.

Le sud de Reutte offre un paysage différent. Encastrés entre les Lechtaler Alpen à l'ouest, les Mieminger Alpen au sud et la Zugspitze à l'est, deux lacs, le **Heiterwanger See** et le **Plansee**, se cachent au milieu de forêts d'altitude étendues.

A **Lermoos** enfin s'ouvre un bassin unique en son genre : une immense prairie, à 1 000 m d'altitude, d'un beau vert tendre, entre les murailles rocheuses du Mieminger, de la Zugspitze, du Daniel et du Grubigstein. De tous côtés s'élèvent sans transition des versants sombres couverts de forêts, dominés par des parois calcaires de plus de 1 000 m de haut : le versant ouest du **Schneefernerkopf** et le massif de la Zugspitze.

Les bords de ce bassin sont occupés par trois stations de villégiature, **Ehrwald**, Lermoos et **Biberwier**, toutes trois points de départ de randonnées de montagne. D'Ehrwald, un téléphérique mène au côté tyrolien du sommet de la Zugspitze.

La vallée de Ziller et les «Gründe»

Il est peu de contrées qui, dans les esprits, soient autant associées au Tyrol que la **vallée du Ziller**. Pourtant, elle n'est tyrolienne que depuis 1816. Auparavant, elle appartenait à l'archevêché de Salzbourg. A la fin du XVIIe siècle, le prince-archevêque Johann Ernst von Salzburg avait fait ériger le premier pavillon de chasse dans la Floitengrund. Aujourd'hui, cette vallée alpine est connue dans le monde entier. **Mayerhofen** peut se vanter d'un taux d'hébergement supérieur à celui de Salzbourg, et pourtant, il reste encore dans cette vallée des endroits aussi isolés qu'il y a cent ans. Les glaciers crevassés, les flancs abrupts des montagnes

La tradition des sociétés tyroliennes de tir rappelle l'époque des combats contre Napoléon Ier

LE TYROL 283

et l'altitude élevée se sont conjugués pour que la beauté de ces reliefs sauvages et uniques soit inaccessible.

La vallée s'étend du nord au sud, de Strass à Mayerhofen, sur 30 km, et, sur toute cette distance, la dénivellation ne dépasse pas 100 m. Cette faible pente a permis de l'équiper d'un **petit train** à voie étroite qui fonctionne encore à la vapeur!

Derrière Mayerhofen commencent les *Gründe* (au singulier: *Grund*), nom donné aux hautes vallées de la Zillertal. Elles sont au nombre de quatre: la **Zillergrund**, qui s'étend sur 14 km vers le sud-est, de Mayerhofen à l'auberge du Bärenbart (1 450 m); la **Stilluppgrund**, la plus profonde et la moins habitée; la **Tuxer Grund**, la plus facile d'accès, la plus peuplée et appréciée des skieurs parce que les glaciers de Hintertux offrent de bonnes possibilités de glisse jusqu'au milieu de l'été; et enfin la **Zemmgrund**, qui mène au cœur des Alpes de la Zillertal.

Depuis la construction du **barrage du Schlegeis**, la Zemmgrund est équipée d'une bonne route jusqu'au nouveau **refuge Dominikus**, dans la Zamsertal. Cette vallée secondaire de la Zemmgrund, près de l'**hôtel Breitlahner**, permet d'atteindre le barrage (1 782 m) en autocar ou en voiture.

La *Zillertaler Höhenstrasse* (route des Crêtes), qui serpente entre 1 700 m et 2 000 m d'altitude sur le versant occidental, permet d'avoir une vue incomparable sur la vallée et les montagnes qui la dominent au sud, avec leurs glaciers imposants. Elle est accessible au départ de Ried, d'Aschau, de Zellberg et de Hippach. Cette route atteint son point culminant à 2 050 m d'altitude, juste sous l'**Arbiskopf** (2 133 m), d'où l'on jouit d'un panorama unique.

Si l'on a choisi de rester dans la vallée, on peut visiter l'**église paroissiale de Fügen**, de style gothique tardif, avec ses vestiges de fresques du début du XIVe siècle et l'**église de pèlerinage Saint-Pancrace**, construite à la fin du XVe siècle sur une hauteur du village. Ses autels datent du XVIIe siècle. La vue sur la vallée y est très belle.

Ellmau, face au Wilder Kaiser.

A la bifurcation vers le **col de Gerlos** (Gerlospass), **Zell am Ziller** est le chef-lieu de la vallée de Ziller. Cette station doit son nom à une cellule monacale (*Zelle*) que saint Rupertaurait fondée à cet endroit au VIIIe siècle. L'actuelle **église paroissiale** a été édifiée en 1782 par André Hueber, architecte originaire de Kitzbühel. Cet édifice rococo a conservé le clocher à dôme pointu de l'ancienne église gothique. Franz Anton Zeiller, de Reutte, a peint la grande coupole centrale d'une seule immense fresque ; il est aussi l'auteur de celles qui ornent les murs, ainsi que du tableau du maître-autel.

Alors que la Zillergrund, la Stilluppgrund et la Zemmgrund sont restées plutôt à l'écart de la civilisation, la Tuxer Grund est un centre touristique animé. **Tux**, **Lanersbach** et **Hintertux** sont des stations fréquentées depuis la construction du téléphérique qui a ouvert les glaciers aux skieurs, même l'été, ainsi qu'un vaste secteur d'excursions en haute montagne, avec le **Hoher Riffler** (3 231 m), l'**Olperer** (3 476 m) et le **Hoher Wand** (3 060 m). Et on peut se réchauffer dans les piscines d'eau radioactive.

Les vallées de Wipp et de Stubai

Entre les Tuxer Alpen à l'est et les Stubaier Alpen à l'ouest se trouve le **col de Brenner**, percée la plus basse de tout ce massif (1 374 m) et donc la plus facile d'accès. C'est aussi le plus ancien col alpin : les Illyriens y avaient tracé un chemin muletier et les Romains une voie carrossable. Au Moyen Age, les souverains et les armées empruntaient cette route. Aujourd'hui, la route nationale, l'autoroute et le chemin de fer essaient de faire face à la circulation croissante.

Exploit technique, le **pont de l'Europe** (Europabrücke) enjambe la **vallée de la Sill** à **Schönberg** ; avec 800 m de long et 110 m de haut, c'est le pont autoroutier le plus élevé d'Europe. Symbole de la technologie de pointe, il incarne aussi la menace qui pèse sur la vallée : le vacarme et les gaz d'échappement des files ininterrompues de voitures.

La première et la plus ancienne localité de la vallée de Wipp est **Matrei am Brenner**. Ses maisons à pignons avec fenêtres en encorbellement, portails et voûtes gothiques au rez-de-chaussée donnent un aspect moyenâgeux à ce village qui s'étend le long de la rue principale. L'**église paroissiale** du XIIe siècle est ornée de fresques baroques aux couleurs vives peintes par Josef Adam Mölk au XVIIIe siècle.

A l'est, dans la **vallée de Navis**, la **chapelle Sainte-Catherine**, construite sur les restes du château d'Aufenstein, possède deux statues en bois du début du XIVe siècle.

Depuis l'incendie qui ravagea le village de **Steinach** en 1853, il ne reste plus de l'ancienne église paroissiale que le chœur avec le superbe autel de Johann Perger, originaire du Tyrol du Sud ; l'un et l'autre furent intégrés à la nouvelle église.

Au nord du bourg de **Trins** commence la montée vers le **Blaser** (2 244 m), montagne la plus fleurie du Tyrol.

A gauche, une rue de Kitzbühe à droite, la forteresse de Hasegg.

A **Schönberg**, on bifurque vers la **vallée de Stubai**, vallée secondaire – mais d'une très grande importance – de la Wipptal. Elle mène au cœur des **glaciers géants du Stubai**, auxquels on accède par la télécabine du Stubaier Gletscherbahn.

Mieders, **Telfes**, **Fulpmes** et **Neustift** sont toutes les quatre des stations animées. Chacune d'elles possède une église paroissiale construite au XVIIIe siècle par Franz de Paula Penze, architecte tyrolien et curé de Telfes. La plus belle de ses œuvres est l'église de Neustift, que Josef Anton Zoller, Josef Keller et Josef Haller ornèrent d'une profusion de fresques baroques.

Fulpmes est la patrie des forgerons. C'est là que s'est implantée très tôt la plus célèbre ferronnerie du nord du Tyrol. A l'époque, le torrent local, le Plövenbach, actionnait les marteaux, et quelques ateliers anciens sont encore en activité sur ses rives. Les piolets et les pitons de Fulpmes sont connus dans le monde entier ; on les admire au **musée de la Forge**.

La sortie nord de la vallée de Wipp est marquée à l'est par le **Patscherkofel** et à l'ouest par la **Nockspitze**. A leurs pieds, un haut plateau abrite de jolis villages comme **Mutters** et la station de ski d'**Axams**, mondialement connue depuis les jeux Olympiques de 1964 et 1976 ; entre les deux se trouve **Götzens**, avec sa superbe **église baroque** construite par Franz Singer et achevée en 1780. Mathieu Günther ajouta aux décorations en stuc des fresques aux couleurs vives du rococo tardif.

Les vallées d'Ötz, de Pitz et de Kaun

L'Ötztal est la vallée la plus longue et la plus impressionnante de toutes celles qui débouchent dans l'Inntal. **Obergurgl**, au fond de la vallée, se trouve à plus de 50 km de la bifurcation d'**Ötz**. La dénivellation de 1 235 m fait de ce trajet une véritable ascension. La vallée se présente comme une sorte d'escalier géant ; elle s'ouvre en

La vallée de Lermoos avec la Zugspitze en arrière-plan.

plusieurs paliers qui se sont formés à la période de la fonte des glaciers. Des marches étroites et raides, traversées de torrents au lit profond, alternent avec des vallées larges et fertiles dans lesquelles les villages se sont établis. Au printemps, l'Ötztaler Ache surgit entre les ravins étroits en cascades impressionnantes en direction de l'Inn. Ce torrent a la réputation d'être l'un des plus sauvages parmi les amateurs de kayak.

C'est tout au fond, à **Zwieselstein**, que la vallée de l'Ötz se divise en deux bras, les **vallées de Gurgl** et de **Vent** qui abritent les deux villages les plus hauts des Alpes orientales, **Obergurgl**, à 1 920 m et **Vent** à 1 895 m. Ces deux vallées s'enfoncent jusqu'au pied des glaciers.

En outre, la vallée d'Ötz permet d'atteindre deux autres points d'altitude par des routes carrossables : le **col de Timmel**, à 2 474 m, et le parc de stationnement de la route du **glacier de Rettenbach** (Rettenbachferner), à 2 803 m.

Toutefois, avant de pénétrer dans la vallée d'Ötz, il ne faut pas manquer de faire un crochet par l'**abbaye cistercienne de Stams**. Fondée en 1268, à la mort de Conradin, dernier des Hohenstaufen, c'est l'une des plus célèbres d'Autriche, avec Göttweig et Melk. Cent ans plus tard, le monastère avait pris une telle extension qu'en 1362 Charles VI décida de lui confier les joyaux de la couronne. L'église abbatiale, longue de 81 m, avait à l'origine un plafond plat qui fut voûté au début du XVIIe siècle.

Le bourg d'**Ötz** se distingue par son **église paroissiale** dressée sur une colline et par ses maisons anciennes aux façades peintes. La plus belle est l'**auberge Stern** ; ses fresques datent de 1573. A l'écart de la vallée, le **Piburgersee** est un petit lac très apprécié des baigneurs.

La station thermale la plus importante de la vallée d'Ötz est **Längenfeld**, qui doit sa renommée à ses sources sulfureuses. L'église paroissiale, dont l'extérieur est de style gothique tardif,

Surf des neiges sur les sommets alpins.

est dominée par un clocher de 74 m de haut. Sur la rive opposée du torrent, la chapelle de la Peste a été érigée en 1661 sur le Kropfbühel.

Sölden, à 1 377 m d'altitude, est entièrement consacrée aux sports d'hiver. **Hochsölden**, 700 m plus haut, ainsi que la route du glacier du Rettenbach, attirent les skieurs jusqu'au milieu de l'été. En revanche, les alpinistes préfèrent la vallée de la Venter Ache et la station de Vent, au départ de Zwieselstein. C'est en effet de là qu'ils peuvent atteindre plusieurs sommets de plus de 3 000 m par les chemins les plus courts.

Obergurgl et **Hochgurgl** sont également des stations de ski. Un réseau dense de remontées mécaniques sillonne les pentes dans toutes les directions vers les sommets environnants. C'est aussi à Hochgurgl que s'amorce la route à péage du col du Timmelsjoch, qui assure la liaison avec le Tyrol du Sud. Le **Windegg**, à 2 080 m, offre un vaste panorama qui englobe toute la vallée de Gurgl et une partie du grand Gurgler Ferner. Au nord, on aperçoit de larges pans de la vallée d'Ötz.

Comme cette vallée ne marque que la limite orientale des Ötztaler Alpen, c'est la **Pitztal**, vallée mitoyenne de l'Inntal et parallèle à l'Ötztal, qui pénètre jusqu'au cœur des Alpes de l'Ötztal. La majeure partie de cette vallée est sombre comme une gorge. Seules quelques cuvettes ensoleillées abritent des villages. Wenns, Jenzens et Sankt Leonhard doivent leur essor aux skieurs et au téléphérique du **glacier de Mittelberg**. La plus grande curiosité de la vallée de Pitz est l'**hôtel de ville** (Platzhaus) **de Wenns**, couvert de fresques Renaissance.

La vallée nord-sud la plus occidentale des Ötztaler Alpen est la **Kaunertal**. Elle s'amorce au sud de Landegg, près de **Prutz im Inntal**, puis oblique vers le sud et se termine au **lac de barrage de Gepatsch**, où elle forme un vaste domaine skiable sur le glacier et les pentes de la **Hochvernagt Spitze** (3 539 m).

A **Kaltenbrunn**, l'**église paroissiale** était déjà un lieu de pèlerinage en 1285. Le chœur gothique, achevé en 1502, a été construit sur la demande de l'archiduc Sigismond ; la nef principale abrite la chapelle miraculeuse, coiffée d'une coupole, avec l'image miraculeuse en bois de la Vierge à l'Enfant, de 1400.

De Landeck à l'Arlberg

Le confluent de la **Sanna** et de l'**Inn** était déjà habité avant les Romains. Au XIIIe siècle, Meinhard II du Tyrol fit agrandir la **forteresse** existante et lui donna l'ampleur qu'on lui voit aujourd'hui. La chapelle, de la même époque, fut décorée de fresques dans la première moitié du XVIe siècle. De nos jours, ce château abrite le **Musée régional**.

L'édifice le plus remarquable de **Landeck** est l'**église paroissiale** du quartier d'Angedair. Ses fenêtres à encadrement de style gothique flamboyant, ses voûtes sur croisée d'ogives et son superbe retable dit Schrofensteineraltar, en gothique flamboyant

A gauche, la Zugspitze vue du Tyrol ; à droite, membre d'une société de ti... du Tyrol en costume traditionnel

également, font d'elle l'église gothique la plus harmonieuse du Tyrol.

A **Pians** s'ouvre à gauche la **vallée de la Trisanna**, dite Paznauntal, tandis que celle de la **Rosanna** continue tout droit pour monter à l'assaut de l'Arlberg. Près du **château fort de Wiesberg**, la voie ferrée coupe la vallée à une hauteur de 86 m, sur le célèbre **pont de la Trisanna** (Trisannabrücke). La Paznauntal, qui était autrefois à l'écart de la civilisation, est ouverte au tourisme, surtout depuis la construction de la *Silvretta Hochalpenstrasse* (2 030 m au col) et l'aménagement du domaine skiable d'**Ischgl**.

L'Arlberg

De même, ce sont les skieurs qui ont fait la célébrité de l'Arlberg. Ce qui n'était qu'une montagne couverte de pins (*Arlen*) est devenu l'un des paradis du ski. Faire du ski sur l'Arlberg implique d'aller à **Sankt Anton**, à **Zürs am Arlberg** ou à **Lech**

am Arlberg, même s'il faut, pour y arriver, emprunter la *Flexenstrasse*, c'est-à-dire la route du **col de Flexen**. Tout le secteur de la Valluga en fait partie, au même titre que la région qui borde la rive est du Lech.

Il a fallu la connivence de la technique et du ski pour amorcer l'essor de cette région privilégiée. Tout a commencé avec la construction de la voie ferrée à travers le massif de l'Arlberg : le 20 septembre 1884, l'empereur François-Joseph fit le voyage avec toute la cour pour inaugurer le tunnel ferroviaire. Puis il y eut l'achèvement de la *Flexenstrasse*, en 1900, jusqu'à Lech et, enfin, la naissance du ski. L'Arlberg offre non seulement des pentes de 1 500 m de dénivelé sans obstacle, mais aussi un climat idéal : il est peu d'endroits où la neige soit aussi abondante.

En 1890, le père Müller, curé de **Warth im Lechtal**, fut le premier à s'essayer en cachette à ce nouveau sport. Après ce premier pas courageux, les choses se précipitèrent. En 1901, le club de ski de l'Arlberg était fondé à Sankt Christoph et Hannes Schneider, originaire de Stuben, commençait à adapter la technique importée de Scandinavie aux conditions spécifiques des Alpes. Puis Stefan Krukkenhauser mit au point la technique des skis parallèles et celle de la godille.

Jusqu'à récemment, ce qui faisait la joie des skieurs faisait le malheur des automobilistes car le **col de l'Arlberg** est l'unique liaison entre le Vorarlberg et le Tyrol. Or ce col à 1 793 m d'altitude était souvent infranchissable à cause de la neige ou des avalanches. Il fallut attendre la fin de 1978 pour que le tunnel routier, long de près de 14 km, garantît une liaison sûre, quelles que fussent les conditions climatiques et un allégement de la circulation sur le col. Aussi les automobilistes peuvent-ils dorénavant profiter aussi bien des pentes herbeuses de la région du col, d'où l'on a des points de vue magnifiques sur **Stuben** et la vallée de Kloster, que du tunnel et des galeries pare-avalanches de la *Flexenstrasse*.

A gauche, la chasse en montagne ; à droite, fresque décorant le mur d'une maison à Holzgau.

LE VORARLBERG

Brigantium se niche dans le creux du lac de Constance *« comme dans une coquille d'or »*, c'est du moins ce que saint Colomban, missionnaire irlandais, en dit en arrivant à Bregenz en 610 pour prêcher le christianisme.

Bregenz la séductrice

Il exprimait là ce que ressent le touriste qui, doucement bercé dans un bateau qui dessert le lac, approche de la rive de Bregenz, ou celui qui, contemplant le site du haut du Pfänder, embrasse la ville, le lac, la vallée du Rhin et les montagnes suisses. C'est surtout à vol d'oiseau que l'évidence de cette comparaison saute aux yeux – la ville s'est en effet implantée sur une pente douce, en bordure d'une vaste baie du lac de Constance (Bodensee), abritée à l'est par le belvédère du Pfänder. A l'ouest, le Rhin offrait une protection contre les ennemis venus de la plaine.

Les Celtes avaient déjà pris conscience de l'intérêt de ce site protégé de trois côtés, à un carrefour de routes commerciales du nord des Alpes, et ils y établirent Brigantion. Plus tard, les Romains, après avoir conquis les Alpes, construisirent Brigantium, avec un forum, une basilique, des thermes et des temples, auxquels ils ajoutèrent le premier port fortifié. Après les attaques des Alamans, au IIIe siècle, les Romains se retranchèrent dans l'actuelle ville haute, plus facile à défendre, et y construisirent un nouveau fort à la place de l'*oppidum* celte.

Après la retraite des Romains, au milieu du Ve siècle, les Alamans s'emparèrent de la ville puis occupèrent progressivement les vallées du bassin du Rhin. Cependant, ce n'est pas à Bregenz que les nouveaux maîtres du pays, les comtes de Montfort, établirent leur capitale, mais à Feldkirch, sur le Schattenberg. Bregenz dut attendre 1860 et la constitution de la première diète régionale pour devenir, au moins de fait, le centre administratif du Vorarlberg, qui, à l'époque, appartenait encore au Tyrol. En 1918, Bregenz devint de droit la capitale du *Land* du Vorarlberg.

La ville basse

La ville basse (Unterstadt), avec ses bâtiments gouvernementaux et administratifs néo-classiques, son musée régional et son complexe ferroviaire, s'est établie sur un terrain remblayé au pied de l'ancienne cité fortifiée. La vie commerçante s'y concentre.

Au Moyen Age, les eaux du lac baignaient encore les murs de fondation de la **chapelle du Lac** (Seekapelle) dédiée à saint Georges. A sa place, on érigea en 1445 le premier monument commémoratif aux morts de la guerre de l'Appenzell. L'église actuelle, construite d'après les plans de Christian Thumb, fut achevée en 1698. On remarque, à l'extérieur, un clocher octogonal à bulbe et, à l'intérieur, un rare exemple de retable de la Renaissance tardive. L'œuvre, achevée en 1615, représente un groupe de la Crucifixion entouré de saint Jean-Baptiste et de saint Jean l'Évangéliste.

Hans Georg Kuen bâtit en 1686 une halle au blé contre le mur nord de la Seekapelle, qui fut transformée en 1810 en **hôtel de ville** (Rathaus). En 1898, on lui donna une large façade de style néo-Renaissance. Elle est ornée de portraits en mosaïques de l'empereur Auguste, du comte Ulrich de Montfort, du duc Sigismond d'Autriche, de l'impératrice Marie-Thérèse et de l'empereur François-Joseph.

Le monument le plus imposant de la ville basse est l'**église du Cœur-de-Jésus** (Herz-Jesukirche), au pied du Pfänder. Cet édifice gothique, le plus vaste du Vorarlberg, a été édifié par Joseph Cades, originaire de Stuttgart, et achevé en 1908. La structure équilibrée de sa façade laisse deviner que l'architecte s'est inspiré des églises médiévales en brique d'Allemagne septentrionale, lesquelles ont également servi de modèles pour l'intérieur : les voûtes en croisée d'ogives suivent les règles de la construction basilicale. L'impression d'austérité que produit cette vaste église a été encore renforcée en 1958, lorsque 24 nouveaux vitraux ont été sertis dans les nefs

Pages précédentes, chevaux sur les alpages d Vorarlberg. A droite, fromagerie dans la Bregenzerwald.

latérales et dans les bras du transept. Ils sont l'œuvre du peintre Martin Häusle, de Feldkirch, et illustrent la vertu théologale d'Espérance.

En longeant **Maurachgasse** vers la ville haute, on traverse le quartier de l'ancien port romain. On passe ensuite **Untere Tor** («porte du bas») pour pénétrer au cœur de la ville médiévale. Elle fut tracée vers 1200 par Hugo von Tübingen, devenu plus tard Hugo de Montfort, avec un sens aigu de l'urbanisme, sur les restes de la ville fortifiée des Romains. On peut encore voir des vestiges des remparts de la ville médiévale.

La ville haute

Le monument emblématique de la **ville haute** (Oberstadt), est la **Martinsturm** (tour Saint-Martin). Depuis le XIIIe siècle, elle servait à engranger la dîme perçue par les premiers comtes de Bregenz. Au XIVe siècle, deux étages furent transformés en double chapelle. Finalement, au début du XVIe siècle, Benedetto Prato, de Rovereto, suréleva la tour et lui donna sa coupole à lanterne. Vers 1360, un peintre souabe décora l'intérieur de la chapelle de fresques illustrant des scènes de la vie du Christ, au milieu desquelles il peignit un saint Christophe sur le mur nord, une sainte Ursule dans la nef, sur le mur est, et un Christ en croix sur le mur sud, aux pieds duquel est assis un joueur de violon. On dit que sainte Ursule, en allant de Rome à Cologne, s'arrêta à Bregenz; le Christ au violoniste traduit les relations commerciales avec l'Italie car on trouve le modèle de cette peinture dans la cathédrale de Lucques.

En prenant l'**escalier de Saxe** (Meissnerstiege), on laisse au-dessous la **vallée du Thalbach** (Thalbachgrund) et on monte vers l'**église paroissiale Saint-Gall**. Fondée par les missionnaires Gall et Colomban, elle a été remaniée en style baroque par Michael Kuen aux XIVe-XVe siècles et reconstruite au XVIIIe siècle d'après les plans de Franz Anton Beer, qui utilisa les anciens murs. La tour ouest, de 1480, avait déjà reçu son

Bregenz en 1822.

toit à pignon baroque en 1673. La nef unique de cette église paraît plus large qu'elle ne l'est en réalité à cause de sa faible hauteur de plafond. Sa décoration riche en stuc rococo très homogène, est due à Abraham Bader; Ignaz Wegscheider apporta aussi son concours aux peintures du plafond. On remarque le maître-autel en faux marbre brun-rouge, également d'Abraham Bader. L'impératrice Marie-Thérèse fit un don de 1 500 florins à l'église et, en signe de reconnaissance, on donna ses traits à l'une des bergères du tableau d'autel.

En allant s'établir sur la ville haute, la population d'autrefois exprimait déjà le peu d'intérêt qu'elle portait au lac, malgré le pittoresque de la baie, à l'extrémité orientale du lac de Constance. Aucun édifice important ne fut construit sur la rive et on laissa même, à la fin du XIXe siècle, la compagnie des chemins de fer aménager ses voies et ses installations entre le lac et la ville. Depuis, il faut traverser l'unique passage à niveau pour aller au bord de l'eau ou dans le port, ou pour embarquer sur l'un des paquebots blancs de la flotte du lac de Constance. La construction d'une digue-promenade de 9 km le long de la plage, de Lochau, au nord, à l'embouchure de la **Bregenzer Ache** à l'ouest, n'est qu'une maigre consolation.

Le **festival de Bregenz** a beaucoup fait pour le renom de la ville depuis plusieurs décennies. En 1946, l'intendant du **théâtre provincial du Vorarlberg** (Landestheater) fit ancrer un radeau dans le vieux port et monter *Bastien et Bastienne* ainsi que le ballet de la *Petite Musique de nuit* de Mozart. Ce petit radeau s'est agrandi et la scène flottante mesure 60 m sur 40 m; elle est fixée sur des pilotis à 25 m de la rive. La tribune peut accueillir 4 400 spectateurs.

Malgré tous les artifices de la technique, une représentation sur cette scène flottante est un événement: le spectacle, le décor naturel formé le lac, les reflets du ciel étoilé dans l'eau et le murmure des vaguelettes sur les bords de la scène donnent une atmosphère à laquelle nul ne reste insensible.

Procession de la Fête-Dieu à Hörbranz.

A l'ouest de la scène, l'**abbaye cistercienne de Mehrerau**, fondée en 1097 par le comte Ulrich X de Bregenz pour des moines bénédictins, fut un haut lieu de la Contre-Réforme au XVIe siècle. La nouvelle église abbatiale, construite par Franz Anton Beer et achevée en 1743, fut vendue et démolie en 1808. Les pierres servirent à bâtir une partie du môle du port de Lindau. En 1854, des moines cisterciens suisses rachetèrent les ruines et élevèrent sur les fondations de l'église médiévale un édifice néo-roman, achevé en 1859, qui fut remanié en 1964. Les travaux mirent au jour les vestiges d'une basilique romane de 1200, ouverte à la visite. Cette abbatiale, impressionnante de sobriété, est une halle élevée coupée par un transept, et prolongée par un chœur semi-circulaire. Chacune des trois chapelles du mur droit de l'édifice abrite une œuvre d'art intéressante : un portrait de sainte Anne et deux personnages de 1515, une *Annonciation* de la seconde moitié du XVe siècle et un triptyque illustrant des scènes du chemin de croix de la fin du XVe siècle. Sous la tribune, on peut admirer une peinture de la Vierge à l'enfant (1490), d'une beauté exceptionnelle.

La Bregenzerwald

En 830, le prieur du monastère de Reichenau, Wahlafried Strabo, qualifia de *« contrée sauvage et désertique »* l'arrière-pays de Bregenz et les forêts qui longent la **Bregenzer Ache** jusqu'au col du Hochtannberg, à 1 675 m. C'est seulement vers le milieu du Xe siècle que les comtes de Bregenz commencèrent à chasser dans ces montagnes richement boisées et à les faire défricher. Mais la vie politique n'évolua pas dans le sens prévu par les comtes. En effet, les colons qui s'étaient établis dans la vallée de la Bregenzer Ache formèrent une communauté libre, sur le modèle suisse, une sorte de république de paysans dirigée par un bailli élu pour sept ans, assisté de 24 conseillers et d'un parlement de 48 députés. La constitution contenait un code de lois et donnait au gouvernement un pouvoir législatif.

Régate sur le lac de Constance

Il fallut attendre la première moitié du XIXe siècle pour que fût étendu le réseau des voies de communication. L'ouverture réelle du pays ne commença qu'en 1912, après la construction du chemin de fer et son prolongement jusqu'à Bezau, après douze ans de travaux. Quant au réseau routier actuel, il a vu le jour après la Seconde Guerre mondiale. On peut aller en voiture de Dornbirn à Schwarzenberg par Bödele ou à Damüls par le col de Furka ou celui de Faschina ; on peut aussi, en partant de la vallée du Lech, rejoindre la vallée de la Bregenzer Ache par le Hochtannberg.

De Bregenz, il faut passer par les **gorges du Schwarzachbach** pour atteindre **Alberschwende**, au pied du Brüggelekopf. Un tilleul vieux de mille ans décore la place de l'Église de cette petite commune. Il rappelle qu'elle est née d'une ferme que le comte Rodolphe von Bregenz offrit en cadeau au monastère de Mehrerau vers 1110.

Hittisau, avec ses nombreux alpages privés et **Sibratsgfäll**, la plus jeune commune de la Bregenzerwald, sont des stations calmes à l'atmosphère agréable.

L'**église de Langenegg** est pour le moins étrange. Elle a été construite en 1775 par Johann Michael Koneberg, qui la décora de peintures l'année suivante : on peut voir dans la grande nef des scènes de la vie de la Vierge, sa naissance, son mariage et l'Assomption. La fresque peinte sous la tribune relate l'expulsion des marchands du Temple, parmi lesquels on distingue une femme vêtue du costume local de la Bregenzerwald portant au bras un panier d'œufs.

A **Schwarzenberg**, sur la route de Bödele, se trouve la maison natale d'Angelika Kauffmann. Elle peignit en 1757, à l'âge de seize ans, les médaillons des apôtres sur les murs de la grande nef de l'église paroissiale ; en 1802, elle fit don à l'église du tableau qui domine le maître-autel et représente le couronnement de la Vierge par la Sainte Trinité.

Le bourg de **Bezau** est le centre principal de la Bregenzerwald. Il faut visiter le **Musée régional** et sa belle collection d'art et d'artisanat. Bezau a conservé le terminus et une locomotive à vapeur du petit train de la Bregenzerwald.

Mellau, à quelques kilomètres en amont, est dominée par l'énorme **Kanisfluh**. Ses cinq murailles rocheuses, qui totalisent 6 km de large et 1 300 m de haut, tombent à pic dans la vallée.

Damüls et Schoppernau

Damüls, au pied du **Glatthorn**, est une pure colonie de Valaisans. C'est aussi le village le plus élevé du Vorarlberg (1 430 m). Selon un document datant de 1313, les Valaisans reçurent la haute vallée des comtes de Montfort. En 1484, ils firent ériger par Rolle Maiger, architecte originaire de Röthis, l'imposante **église paroissiale Saint-Nicolas**, dont le plafond à caissons en bois a été peint de scènes de la vie de la Vierge par Johann Purtscher en 1693. Les murs sont une véritable Bible en images. Sur le mur nord, la Passion est représentée en quatre rangées ; le Christ serrant entre ses dents le glaive de la justice pour annoncer le Jugement dernier occupe la voûte du chœur ; sur le mur sud, les œuvres de charité apportent la consola-

Jeune fille en costume du Montafon.

tion. L'*Adoration des mages* enfin est une œuvre connue. Au-dessus de la scène de l'Adoration proprement dite, des princes sortent de trois vallées sur leurs chameaux, des moines sur leurs mulets ainsi que des bourgeois et des paysans sur des chevaux, pour rendre hommage au Sauveur. Ces superbes fresques ont été exécutées autour de 1500 par un maître inconnu.

L'église de Damüls fut remaniée en style baroque à partir de 1630. C'est Erasmus Kern qui a sculpté le retable du maître-autel et les personnages qui le décorent, ainsi que l'autel de la Peste, sur le mur nord. Le Christ de la Peste (environ 1635) se trouve sur l'autel latéral de gauche. Saint Théodule, sur l'autel latéral de droite, est beaucoup plus ancien : 1400 environ. Le tabernacle du chœur porte l'année 1485 et la signature de l'architecte Rolle Maiger.

Le dernier bourg de la vallée de la Bregenzer Ache à avoir une certaine importance est **Schoppernau**. De tout temps, ses habitants ont été obligés d'aller chercher leur subsistance ailleurs. Malgré les conditions de vie difficiles, ces paysans réussirent à construire une église majestueuse, dans la seconde moitié du XVIIIe siècle. Les stucs et les fresques datent de 1796. Schoppernau, avec un télésiège et trois téléskis, dispose aussi d'un magnifique domaine skiable.

Perdue au fond de la vallée, **Schröcken** est une ancienne colonie de Valaisans du XIVe siècle. En 1863, elle fut ravagée par un incendie qui n'épargna pas la vieille église au clocher élancé.

Passé Schröcken, la route serpente vers le **col du Hochtannberg**, derrière lequel se niche le dernier village du Vorarlberg, **Warth am Lech**. Par une journée sans risques d'avalanches, il n'y a que quelques kilomètres à parcourir pour gagner le monde agité de l'Arlberg.

Dornbirn

La première ville derrière Bregenz quand on se dirige vers la vallée du Rhin est à la fois la plus grande et la plus

La Bregenzer Ache.

jeune du Vorarlberg : **Dornbirn** date de 1901 et a été formée par la fusion de quatre villages. Dornbirn rassemble donc fermes, grands jardins et champs au milieu des maisons bourgeoises et des établissements industriels.

Au centre de la ville, l'**église paroissiale Saint-Martin**, de style néo-classique, fut achevée en 1840. Son portique soutenu par six colonnes ioniques évoque un temple grec. Les mosaïques de verre qui ornent le fronton représentent l'entrée de Jésus à Jérusalem, et la grande fresque de l'intérieur, le Jugement dernier.

A côté de l'église, la **maison Rouge** (Rotes Haus), l'une des plus anciennes, est l'emblème de la ville. Terminée en 1634, c'est une maison typique de la vallée du Rhin : construction massive, richement ornée, posée sur un socle en maçonnerie.

A Dornbirn, on peut visiter le **musée d'Histoire naturelle du Vorarlberg**, consacré à la géologie, à la flore et à la faune de la région ainsi que les **gorges de la Rappenlochschlucht**, profondes de 60 m, creusées par la Dornbirner Ache au moment de la fonte de l'ancien glacier du Rhin.

Au début du Moyen Age, les Alamans avaient réussi à pénétrer jusqu'à **Hohenems** et à vaincre les Rhéto-Romans. Un château fort y avait été construit au IXe siècle pour assurer la surveillance de la frontière. L'empereur Frédéric Barberousse la céda au chevalier d'Ems, qui en fit un puissant château fort. La dynastie des Ems vit également s'accroître son influence, jusqu'à Marcus Sitticus, qui devint prince-archevêque de Salzbourg en 1612.

Alors qu'il était évêque de Constance, Marcus Sitticus avait commencé la construction d'un nouveau palais dans la vallée. La partie médiane du **palais** actuel date de 1576, les deux allées latérales et les murs aveugles, contre les rochers, de 1610. La somptueuse façade donnant sur la ville est divisée en onze arcades et le portail central est surmonté du blason de Marcus Sitticus. Des concerts sont donnés l'été dans la jolie cour intérieure.

Paysage la Grosswalsertal.

L'**église paroissiale**, reliée au palais par une galerie, date de 1581. Elle possède un superbe retable Renaissance avec un couronnement de la Vierge gothique flamboyant dans sa partie médiane.

De la forteresse des comtes d'Ems, il reste une aile qui s'appelle le **château Glopper**. Cette construction de style gothique tardif se compose d'une citadelle prolongée par un fossé et un bastion. L'ancien **hôtel de ville** remonte aussi à l'époque de Marcus Sitticus, qui le fit ériger en 1567, à l'occasion du synode de Constance, afin de recevoir ses hôtes.

La vallée rhénane du Vorarlberg

Götzis, l'ancienne Cazzeses, est mentionnée pour la première fois dans les documents officiels en 842 ; elle a dû son importance économique précoce au droit d'étape que lui conférèrent les comtes de Montfort.

L'**ancienne église paroissiale** (Alte Pfarrkirche), consacrée dès 1514, est abondamment ornée de fresques qui datent de 1600 environ. Sur le mur de gauche, on peut voir des scènes de la vie du Christ ; la voûte du chœur donne une évocation frappante du Jugement dernier ; le mur de droite présente la Vierge, des saints et la famille du donateur. Le tabernacle (1597) est l'œuvre d'Esaias Gruber, originaire de Lindau. La **nouvelle église paroissiale** est du XVIIe siècle.

Le porche en bois de l'**église de pèlerinage Saint-Arbogast** est décoré d'une série de tableaux de 1659, œuvre de Leonhard Werder qui représente des épisodes de la vie légendaire de saint Arbogast, évêque de Strasbourg.

Le bourg de **Rankweil** se serre autour d'une pittoresque montagne isolée qui était déjà un lieu sacré rhétique en 1500 av. J.-C. et sur laquelle les Celtes, puis les Romains construisirent des fortifications. Au début du IXe siècle, les évêques de Chur y firent bâtir une première chapelle qui devint l'**Église-du-Château** (Kirchenburg) à la fin du XVe siècle. Deux tours et un mur d'enceinte circulaire qui englobe le cimetière révèlent la vocation défensive du site. La précieuse croix d'argent baroque, décorée de reliefs par Johann Caspar Lutz en 1728, qui se trouve dans l'abside du chœur, renferme une croix de bois du XIIIe siècle qui aurait été trouvée par un berger près de Sulz en 1233.

De Feldkirch à Bludenz

C'est le roi franc Louis III qui baptisa **Feldkirch** lorsqu'il fit don d'*ad Veldkirichum* au monastère de Saint-Gall en 909. La cité prit son essor lorsque le comte Hugo de Montfort transféra sa résidence de Bregenz au **Schattenburg** de Feldkirch – à cause de sa situation au carrefour des routes de l'Arlberg et des cols alpins – et fonda vers 1200 une nouvelle ville sous la protection de cette place forte.

Malgré les troubles politiques, Feldkirch a conservé son plan médiéval régulier et ses places entourées de vieilles maisons à arcades. Certes, les remparts médiévaux ont été rasés depuis longtemps, mais on en suit facilement le tracé grâce aux tours qui subsistent. La **Churer Tor**, la **Wasserturm**, la **Diebsturm**

Uniforme d'autrefois dans le Montafon.

(tour des voleurs, transformée en prison), la **Pulverturm** et la **Mühletor** encadrent l'ancien territoire de la ville. La plus belle pièce des anciennes fortifications est la **Katzenturm** (tour des chats) érigée vers 1500, qui mesure 40 m de haut et 38 m de circonférence. A l'origine, elle se terminait par une couronne de créneaux qui cédèrent la place, au XVIIe siècle, à un clocher abritant la plus grosse cloche du Vorarlberg (7,5 t).

La **place de la Cathédrale**, sur laquelle règne une grande animation, était occupée par le cimetière communal. **Saint-Nicolas**, église paroissiale élevée à la dignité de cathédrale (Dompfarrkirche), est un édifice gothique flamboyant à deux nefs, dont la tour asymétrique se dresse à l'extrémité de la nef latérale nord. L'église a été construite par Hans Sturn, de Göfis, et achevée en 1487. Le chœur, de 1520, a des éléments qui annoncent déjà le style Renaissance. La pièce la plus précieuse est le tableau Renaissance peint en 1521 par Wolf Huber, sur l'autel de droite ; il représente la déposition du Christ. La chaire, unique en son genre, semble surgir d'un socle de pierre en forme d'étoile à six branches. La nacelle hexagonale ornée d'une riche décoration de feuillage repose sur un pilier en fer forgé garni d'arabesques en fer forgé et en dorures. La partie supérieure, également en fer forgé, est divisée en cinq compartiments et décorée des ornements qui caractérisent le gothique flamboyant (pinacles, arcs en accolade, fleurons, lignes contournées). Dix statuettes en bois polychrome sont intégrées à la chaire. Cette œuvre achevée en 1520 a initialement servi de tabernacle.

Le **Schattenburg** fut fondé vers 1185 par le comte Haug von Tübingen, qui adopta en 1200 le nom de comte Hugo de Montfort. C'est également lui qui fit construire le beffroi de 23 m de haut qui est le cœur du château actuel. Après l'extinction de la famille Montfort, le Schattenburg passa aux mains des Habsbourg en 1436. L'empereur Maximilien Ier le fit agrandir vers 1500 et lui donna les proportions qu'on lui voit aujourd'hui. Il abrite le **Musée régional**.

La tradition est vivace dans la vallée de Montafon.

La Walgau et Bludenz

Derrière les gorges de l'Ill commence la **Walgau**, vallée qui s'étend de Feldkirch à Bludenz. Elle est encadrée au sud par le Rätikon et au nord par le Walser Kamm et les contreforts des Lechtaler Alpen. La vallée doit son nom aux Rhéto-Romans qui s'y étaient établis à l'origine et que les Alamans baptisèrent Valaisans. Dès le début, les colons s'installèrent sur les cônes de déjection des torrents ou sur les terrasses formées par les moraines.

Le meilleur exemple en est **Göfis**, qui existait en 850 sous le nom de Segavio. A l'époque, Göfis avait son église et était la propriété de l'empereur. En 1490, le bâtisseur de la cathédrale de Feldkirch, Hans Sturn, enfant du pays, put construire une nouvelle église pour ses compatriotes. En 1972 pourtant, elle dut laisser la place à un édifice moderne qui ne garda que le chœur du précédent. C'est un exemple de fusion heureuse entre l'ancien et le moderne.

L'**église Saint-Martin de Ludesch** est typique de l'architecture de la Walgau. Cette chapelle gothique de 1480 fait partie, grâce aux trésors qu'elle contient, des édifices sacrés les plus intéressants du Vorarlberg. Le retable du maître-autel, de 1629, allie le gothique à des éléments Renaissance. Les retables des autels latéraux sont de 1487 et 1488. Les fresques des murs et des voûtes de la nef (vers 1600) représentent les saints et des scènes de la vie de la Vierge et de la Passion.

Bludenz est située en retrait de la bifurcation des vallées de Klost et de l'Ill, à l'extrémité de la Walgau. Elle doit son existence au comte Rodolphe von Werdenberg qui, en 1258, hérita des Montfort le Montafon et les vallées de la Grosswalser et de Klost. Pour en assurer la sécurité, il fit bâtir un château fort à Bludenz et établir, à l'instar des Montfort de Feldkirch, une cité au pied du château, sur un plan quadrilatéral. Son objectif était évidemment d'exploiter à son avantage le trafic du col de l'Arlberg. En 1394, le dernier des

Les torrents du Montafon, le paradis du kayak?

Werdenberg fut obligé de vendre son empire aux Habsbourg.

Le château fort des Werdenberg s'élevait sur le rocher même où trône le **château baroque de Gayenhofen**, construit au XVIIIe siècle par un bailli autrichien. Il est occupé par l'administration du district. L'ancêtre de l'**église paroissiale Saint-Laurent** occupa également la situation privilégiée du château fort. Elle est mentionnée dès 830, longtemps avant la forteresse. Quant à l'édifice actuel, il fut achevé vers 1514 et le clocher en 1670. La décoration intérieure baroque date du XVIIIe siècle.

Les vallées des Valaisans

Au début de notre ère, les hautes vallées à l'ouest de l'Arlberg furent occupées par des paysans et des chasseurs rhéto-romans qui s'établirent exclusivement dans le fond de la vallée. La situation ne changea que vers 1400, lorsque des Valaisans allemands chassèrent les Rhéto-Romans de la haute vallée du Rhône, reprirent leurs terres puis s'établirent à leur tour sur les vallées de la Grosswalser et de la Kleinwalser, auxquelles ils donnèrent leur nom, le Montafon et la vallée de Brandner.

La vallée de la **Grosswalser** est une vallée latérale de celle de l'Ill dont elle s'éloigne vers le nord-est sur 25 km; elle est bordée par le Walser Klamm sur son côté ensoleillé et par les Lechtaler Alpen sur le versant opposé. La vallée s'élève des profondeurs de la Walgau jusqu'au **col de Schadona** (1 850 m), qu'on franchit pour rejoindre Schröcken am Hochtannbergpass, de l'autre côté. Deux routes permettent d'accéder à la vallée de la Grosswalser: l'une d'elles serpente sur le côté ombragé, de Ludesch à Ragall, l'autre ouvre le versant ensoleillé de Thüringen au Faschinajoch et le passage vers Damüls, dans le fond de la Bregenzerwald.

Le petit village de **Ragall** a été colonisé par les Rhéto-Romans puis par les Valaisans. Son **église paroissiale** a été précédée par une chapelle rhéto-romane du XIIe siècle; le chœur gothique date d'un agrandissement de l'église effectué

En traîneau à Lech am Arlberg.

en 1460. Les stucs du plafond, agrémentés de riches peintures représentant des plantes et des feuilles, furent achevés en 1899.

A **Sankt Gerold**, l'ancien **prieuré**, à l'écart du bourg, ne manque pas d'intérêt. Un noble s'était retiré à cet endroit pour y vivre en ermite. Le 1er janvier 949, le prieur du monastère releva l'ermite de son vœu, et celui-ci lui légua sa cellule en échange, laquelle servit de base à la fondation d'un couvent. On y organise aujourd'hui des séminaires, des concerts et des représentations théâtrales.

Le bourg le plus important de cette vallée est **Sonntag**, avec ses nombreux hameaux et fermes isolées. Le **Musée régional** de la vallée de la Grosswalser a été aménagé dans le hameau de **Flecken**. Il présente des *Stuben* (salles de séjour) anciennes et des ateliers d'artisan, et donne un aperçu complet de la vie des paysans valaisans, de leurs coutumes et de leurs costumes.

Le hameau de **Buchburg** est le meilleur point de départ pour des ascensions en montagne dans toutes les directions. Étant donné la richesse et la diversité de sa flore, cette région est le plus vaste parc végétal du Vorarlberg. On y trouve encore des prairies constellées de fleurs de montagnes, toutes les espèces de gentianes des Alpes, des édelweiss et de magnifiques orchidées dans les petits coins isolés. Les zones rocheuses qui les dominent sont le domaine des aigles royaux et des bouquetins. On a vraiment l'impression ici que la pollution n'est qu'une mauvaise plaisanterie.

La localité la plus élevée de la vallée de la Grosswalser est **Fontanella**, village formé de fermes et de maisons éparpillées dans la nature. Jusqu'en 1806, elle appartenait à la commune de **Damüls**, située de l'autre côté du **col de Faschina** et, jusqu'en 1673, la population n'avait d'autre lieu de culte que l'église de Damüls. La station voisine, **Faschina** est devenue, comme Fontanella, un paradis du ski, avec son télésiège du Hahnenkopf qui monte à 1 830 m d'altitude. C'est aussi un lieu de séjour apprécié des colonies de vacances.

Les compétitions de ski passionnent les foules.

Une vallée autrichienne en Bavière

D'Autriche, la vallée de la **Kleinwalser**, qui s'étend derrière le **col du Hochtannberg**, n'est accessible qu'à pied. Pour y aller en voiture, il faut faire le tour par l'**Allgäu** bavarois et le village d'**Oberstdorf**.

Étant donné ces impératifs géographiques, les empires austro-hongrois et allemand se sont mis d'accord dès 1871 pour intégrer la vallée de la Kleinwalser à l'union douanière (*Zollverein*). De nos jours, cette vallée a davantage le caractère allemand, bien qu'elle appartienne toujours autrichienne. Elle fait partie de l'espace économique allemand (le mark y a cours), si bien que ce coin de terre autrichienne a adhéré à la Communauté européenne avant l'Autriche. Dans la vallée de la Kleinwalser, les douaniers sont allemands et les gendarmes autrichiens.

Le plus gros bourg de cette vallée est **Riezlern**, où ont été installés un **Musée valaisan**, un casino et, bien entendu, des remontées mécaniques.

A skieur audacieux, rien impossible !

Hirschegg et **Mittelberg** sont aussi des stations tournées vers le tourisme. Mittelberg possède la plus ancienne **église paroissiale** de la vallée, consacrée en 1390 et agrandie en 1463 et 1694. Les fresques du XVe siècle montrent la création du monde et des scènes de la vie du Christ ; le retable du maître-autel date du XVIIe siècle.

La **vallée de Brand** fut également colonisée par les Valaisans. En 1347, douze familles reçurent la vallée en fief héréditaire. Elles construisirent le hameau de **Brand**, devenu un centre touristique grâce à la conjonction de plusieurs cadeaux de la nature : le **Lünersee**, lac d'altitude (2 000 m), et la **Schesaplana**, plus haute montagne du **Rätikon** (2 965 m), située au point de rencontre du Vorarlberg, du Liechtenstein et de la Suisse.

La vallée de Klost

A Bludenz, on a l'impression que la vallée principale du Vorarlberg, celle de l'**Ill**, se prolonge en ligne droite vers

le sud-est, ce qui ne se vérifie que sur le plan géographique. En effet, c'est de cette partie-là de la vallée que l'Ill descend.

Mais sous l'angle de la circulation, il en va tout autrement. A la sortie de Bludenz, la vallée se poursuit d'est en ouest, par la courte **Klostertal**. La voie ferrée, la route nationale et l'autoroute quittent la vallée principale de l'Ill pour emprunter la Klostertal et monter à l'assaut du **col de l'Arlberg** (1 793 m). Cette route a toujours été la seule liaison est-ouest entre le Rhin et l'Inn, entre l'Autriche et sa partie la plus occidentale, le Vorarlberg, jusqu'au percement du tunnel en 1978.

Il va de soi que le trafic routier puis ferroviaire par le col a déterminé de tout temps la vie dans la vallée de Klost. Étant donné les difficultés de cette voie de passage et les dangers qu'elle présentait, le comte Hugo Ier de Montfort chargea les chevaliers hospitaliers de Saint-Jean de Jérusalem (devenus chevaliers de Malte) de construire un hospice en haut du col pour venir en aide aux voyageurs. Cet hospice prit le nom de **Klösterle**, et il a donné son nom à la vallée.

Henri Fidelkind suivit cet exemple en 1386. Il fonda la fraternité de Saint-Christophe, chargée de rechercher et de réconforter les voyageurs égarés ou épuisés. Cette communauté construisit un petit hospice à proximité du col, le fameux **Saint-Christophe en Arlberg**, connu des skieurs du monde entier, et surtout des jeunes, puisque le bâtiment a été transformé en auberge de jeunesse. L'hospice des chevaliers de Saint-Jean avait cessé ses activités au XVIIe siècle.

En 1884, la voie ferrée menant de Bludenz à Landeck fut inaugurée. Pour le passage du col, entre Langen et Sankt Anton, on perça un tunnel de 10 km, première liaison entre le Vorarlberg et le Tyrol.

La route suivit cet exemple et, en 1978, fut ouvert le **tunnel routier de l'Arlberg** qui, avec près de 14 km, est le plus long d'Autriche. La route du tunnel de l'Arlberg, conçue comme une autoroute, contourne les villages, qui ont ainsi retrouvé leur paix d'antan. Et l'on peut de nouveau consacrer un instant de contemplation aux curiosités locales.

La première sur le trajet est à **Braz**, colonie sédentaire la plus ancienne de la vallée. Son nom vient du rhéto-roman *prats*, qui signifie «vaste prairie».

L'**église paroissiale** d'**Innerbraz** a été remaniée en style baroque à la fin du XVIIIe siècle par des artistes tyroliens. Les fresques de la voûte sont de Carl Klausner, originaire de la vallée de Paznau.

Dès le IXe siècle, les Rhéto-Romans avaient fait de **Dalaas**, le bourg suivant, le centre d'une exploitation du fer. Les Valaisans reprirent les mines mais ils recherchaient de l'argent. Les forges et ateliers de traitement du métal étaient installés en aval, à **Danöfen**. A Klösterle, on peut voir encore le bâtiment de l'ancien hospice, fermé au XVIIe siècle.

A **Langen**, la route et la voie ferrée disparaissent, happées par la montagne, de sorte que le village de **Stuben**, sur le versant, au-dessus des tunnels, a retrouvé aussi son calme d'autrefois. Il doit son nom à une *Wärmestube* (salle où l'on peut se réchauffer) installée au Moyen Age par les chevaliers de Saint-Jean. La petite **église** de Stuben a un chœur gothique, une nef baroque et une Madone d'une grande beauté (1630).

Au-dessus de Stuben, on arrive à la bifurcation vers le **col de Flexen**, au nord, par une route creusée dans le roc, qui mène à **Zürs** et à **Lech am Arlberg** en longeant des parois quasi verticales, la Flexenstrasse.

Le Montafon

Les centrales hydroélectriques sont au **Montafon** (tel est le nom de la haute vallée de l'Ill) ce que le trafic routier et ferroviaire est à la vallée de Klost. C'est pour elles que le Montafon et la Paznauntal ont été raccordés par un **lac de barrage**, le **Silvretta-Stausee**, à 2 036 m, exactement au haut du col, entre les deux vallées. C'est là que l'Ill, alimentée par les **glaciers de la Silvretta**, rencontre la **ligne de partage des eaux** du Rhin et du Danube. En outre, comme la direction que prend son cours se montre capricieuse, il a fallu barrer le

Pistes de sk[i] abruptes sur l'Arlberg.

lac à ses deux extrémités. La route construite au moment des travaux pour assurer le transport du matériel s'est révélée excellente et elle traverse un secteur grandiose des Alpes de haute altitude, où rochers et névés forment un panorama d'une harmonie parfaite. Les crêtes escarpées à reflets brun rouge ou gris vert sont tempérées par des champs de névés aux pentes douces. Il n'y a pas moins de 74 sommets à plus de 3 000 m au-dessus du lac, côté sud.

La *Silvretta-Hochalpenstrasse* («haute route alpine de la Silvretta»), dans sa partie supérieure, est une route à péage exploitée par les centrales hydroélectriques du Vorarlberg. Elle commence au petit village de **Sankt Anton im Montafon**, partie du Montafon à propos desquels les habitants du Vorarlberg, particulièrement doués pour les affaires, prétendent, non sans raison, qu'ils en ont fait le «parc alpin du Montafon».

Que ce soit à **Schruns-Tchagguns**, à **Sankt Gallenkirch**, à **Gaschurn** ou à **Partenen**, partout les coquettes maisons du Montafon réjouissent l'œil, partout on trouve des remontées mécaniques.

Jusqu'à une époque récente, la **vallée du Montafon** venait heurter les murailles abruptes des géants de la Silvretta, qui interdisaient toute pénétration, aussi régnait-il une certaine pauvreté dans la région en dépit de la découverte du fer et, plus tard, de l'argent. Les bénéfices de l'exploitation minière tombaient dans l'escarcelle des seigneurs du pays, l'évêché de Chur, ainsi que dans celles des Fugger, célèbres banquiers d'Augsbourg. De cette richesse, il restait peu de chose dans la vallée. C'est la raison pour laquelle on y trouve peu d'édifices marquants et peu d'œuvres d'art.

Toutefois, **Bartholomäberg**, «terrasse ensoleillée de la vallée» et commune la plus ancienne du Montafon, en possède aussi l'église la plus précieuse. **Saint-Barthélemy** existait déjà à l'époque romane, dont il subsiste une croix processionnelle du XIIe siècle qui est l'objet d'art roman le plus important du Vorarlberg. Un retable gothique dédié à sainte Anne et achevé vers 1525 orne le mur droit de l'église. L'édifice actuel est une construction baroque du XVIIIe siècle. Elle possède en outre de nombreux joyaux: le plafond à caissons peint avec des portraits des apôtres, de 1742, ainsi que les somptueux retables de 1737 et de 1746.

Schruns avait déjà son tribunal sous l'impératrice Marie-Thérèse, au XIIe siècle, et elle fut reliée par une voie ferrée à Bludenz. Cette voie n'est plus fréquentée que par des trains touristiques à vapeur. Schruns ne manque ni d'hôtels ni de remontées mécaniques. Le **Musée régional** du Montafon donne un excellent aperçu de la nature et de l'histoire de la vallée.

Vers la Suisse et le Tyrol

Le village le plus élevé du Montafon est **Gargellen**. L'ancien village d'été des mineurs s'est transformé en charmante station qui a perdu toute trace de sa pauvreté d'antan.

Le chemin qui mène au **col du Schlappinh** (2 203 m) est un sentier de berger très ancien qui conduisait à Klosters, dans le Prättigau suisse. La vallée et le col forment la frontière entre les massifs du Rätikon et de la Silvretta.

On retrouve également à **Partenen** des chemins que les anciens fréquentaient. Un sentier muletier en partait pour rejoindre le Tyrol par le **col de Zeinis**, un autre rejoignait l'Engadine par le **col de Vermunt**. Les Romains empruntaient déjà le Zeinisjoch et les bergers de la basse vallée de l'Engadine passaient le col de Vermunt l'été pour gagner les alpages du Montafon. A présent, ce sont les alpinistes qui suivent leurs traces.

Les lacs du complexe hydroélectrique du Montafon occupent un cirque naturel grandiose accessible par les routes à péage (*Silvretta-Stausee*, *Speicher Kops*) ou par les téléphériques (*Vermunt-Stausee*).

C'est de la **Bielerhöhe** qu'on a la vue la plus majestueuse, avec le **Silvrettasee**. Du Veesenmeyerstein, on voit tout le lac de même que le **Piz Buin** (3 321 m) et le glacier de l'**Ochsentaler**. Enfin, on peut traverser le lac en bateau à moteur ou encore le contourner à peine deux heures de marche.

Sur l'Arlberg, les sports d'hiver ne se limitent pas au ski de piste.

INFORMATIONS PRATIQUES

Préparatifs et formalités de départ — 314
Passeports, visas. Douane. Monnaie et devises. Réservations.

Se rendre en Autriche — 314
En avion. En train. Par la route.

Pour mieux connaître l'Autriche — 316
Géographie. Économie. Gouvernement. Population. Climat.

A savoir sur place — 317
Jours fériés. Heures d'ouverture. Offices religieux à Vienne.
Émissions radiodiffusées. Courant électrique. Pourboires.
Heure locale. Postes, télégraphe et téléphone.

Comment se déplacer — 318
En train. En bateau. Autobus et autocars. Taxis et voitures.
Deux-roues.

Activités culturelles — 322
Musées et curiosités. Maisons de musiciens à Vienne.
La route du baroque. Concerts de musique baroque. Festivals.
Billetteries générales à Vienne.

Les sports — 327
Golf. Équitation. Établissements thermaux. Randonnées cyclistes.
Écoles d'escalade. Ski. Ski hors-piste. Ski d'été. Autres sports sur glace
et sur neige. L'*hydrospeed*. Camps sportifs. Rafting. Deltaplane
et parapente. Aviation ultra légère. Ballons et montgolfières.
Ruée vers l'or

Où loger — 332
Hôtels et pensions. Auberges de jeunesse. Camping.
Logement chez l'habitant.

Où se restaurer — 338
Les vins. *Heurigen*. Petit glossaire culinaire. Restaurants.
Cuisine régionale. *Keller*. Cafés de Vienne. Cafés-concerts à Vienne.
Pâtisseries à Vienne. *Beiseln* à Vienne. Cafés-théâtres à Vienne.

Vie nocturne — 341
Bars et boîtes de nuit. Casinos.

Adresses utiles — 342

Petit lexique — 343

Bibliographie — 344

PRÉPARATIFS ET FORMALITÉS DE DÉPART

PASSEPORTS, VISAS

L'entrée de l'Autriche dans l'Union européenne a entraîné une grande simplification des formalités de voyage. Pour les pays membres de l'Union européenne, la carte d'identité suffit. L'Autriche se prépare également à ratifier les accords de Schengen, ce qui facilitera encore les formalités.

Pas de papiers spéciaux pour la voiture. Toutefois, l'assurance aux tiers est obligatoire, et les automobilistes doivent être munis de la carte verte.

● **Ambassades d'Autriche**

En France
6, rue Fabert, 75007 Paris, tél. 01 40 63 30 63
En Belgique
47, rue de l'Abbaye, 1000 Bruxelles
tél. (02) 6 40 18 27
En Suisse
Kirchenseldstrasse 28, 3005 Berne
tél. (31) 351 01 11
Au Canada
Wilbrod Street 445, KIN 6M7 Ottawa
tél. (613) 563 14 44

● **Ambassades en Autriche**

Ambassade de France
Technikerstrasse 2, 1040 Wien
tél. (0222) 505 47 47
Ambassade de Belgique
Wohllebeng 6, 1010 Wien
tél. (0222) 50 22 70
Ambassade de Suisse
Prinz Eugen Strasse 7, 1030 Wien
tél. (0222) 79 50 50
Ambassade de Canada
Laurenzerberg 2, 1010 Wien
tél. (0222) 53 38

DOUANE

Tous les articles d'usage courant peuvent être importés en Autriche, sans faire l'objet de déclaration.

Font également partie de cette catégorie : bijoux personnels, deux appareils de photo et une caméra d'amateur avec 10 films pour chaque appareil, une paire de jumelles, instruments de musique, téléviseur, radio et magnétoscopes portatifs ainsi que le matériel et les cassettes qui s'y rapportent, une machine à écrire portative, équipements de camping et de sport, y compris les bateaux de moins de 5,50 m de longueur.

Les personnes de plus de 17 ans peuvent importer 200 cigarettes ou 50 cigares ou 250 g de tabac, 2,25 l de vin et 1 l d'alcool en franchise de droits.

Les personnes justifiant d'un domicile en Autriche peuvent en outre importer des cadeaux d'une valeur ne dépassant pas 2 500 schillings (1 250 F).

MONNAIE ET DEVISES

L'unité monétaire autrichienne est le schilling (AS), qui se divise en 100 groschen (Gr).
Billets de banque : 1 000, 500, 100, 50 et 20 AS.
Pièces de monnaie : 100, 50, 25, 20, 10, 5 et 1 AS, 50, 10, 5 et 2 Gr.

On peut changer l'argent étranger dans les banques et les bureaux de change. A titre indicatif, au moment de la rédaction de ce guide, le taux de change entre la France et l'Autriche est de 1 F pour 2,04 AS.

L'importation et l'exportation des devises sont libres en Autriche. L'importation de schillings autrichiens est également libre ; en revanche, l'exportation est limitée à 100 000 AS. Pour des sommes supérieures, une autorisation spéciale est nécessaire.

RÉSERVATIONS

Pour un voyage en haute saison touristique (juillet et août, Noël et Pâques), il est prudent de réserver le logement : la plupart des hôtels et des auberges affichent complet à ces époques de l'année.

SE RENDRE EN AUTRICHE

EN AVION

L'aéroport de Vienne-Schwechat est relié à plus de 60 villes étrangères, mais les grandes villes d'Autriche, Graz, Innsbruck, Linz et Salzbourg possèdent également un aéroport qui les rend accessibles soit directement de l'étranger, soit en passant par Vienne.

Pour tout renseignement, s'adresser à l'aéroport de Vienne-Schwechat :
Service d'informations de l'aéroport
Tél. (0222) 711 10 22 31 ou 22 32 (24 h/24)
Ouvert tous les jours de 9 h à 22 h.

Les compagnies d'aviation internationales d'Autriche sont Austrian Airlines, Tyrolean et Lauda Air. Austrian Airlines assure aussi des vols au départ de Nice.

Austrian Airlines
Swissair, 4-14, rue Ferrus, 75014 Paris
tél. 01 45 81 11 01
Air France
113, avenue des Champs-Élysées, 75008 Paris
tél. 01 42 99 21 99
Lauda Air/Lufthansa
21-23, rue Royale, 75008 Paris
tél. 01 42 65 37 35
Aéroport de Nice-Côte d'Azur
06200 Nice, tél. 04 93 21 30 30

● **Vienne-Schwechat**

C'est à l'aéroport de Vienne-Schwechat que débarque la majorité des passagers qui viennent en Autriche. L'aéroport est situé à 19 km du centre-ville et il est accessible par l'autoroute en 25 mn.
  Un service d'autocars relie toutes les heures de 6 h 40 à 22 h 30 (de 3 h 30 à 22 h 30 d'avril à octobre) l'aéroport aux gares du Sud et de l'Ouest (Südbahnhof et Westbahnhof). Des autobus assurent également une liaison directe avec le City Air Terminal, à l'hôtel Hilton, dans le IIIe arrondissement. La fréquence des départs est de 20 mn de 5 h à minuit (24 h/24 d'avril à octobre).

Austrian Airlines
Kärntner Ring 18, 1010 Wien
tél. (0222) 505 57 57
Lufthansa
Mariahilferstrasse 123, 1010 Wien
tél. (0222) 59 91 10
Swissair
Kärntner Ring 18, 1010 Wien
tél. (0222) 505 57 57
Air France
Kärntnerstrasse 49, 1010 Wien
tél. (0222) 51 41 80
Air Canada
Krugerstrasse 4, 1010 Wien
tél. (0222) 515 55 37 ou 38
British Airways
Kärntner Ring 10, 1010 Wien
tél. (0222) 50 57 69 10
Lauda Air
Opernring 6, 1010 Wien
tél. (0222) 514 77
Tyrolean
Opernring 1, 1010 Wien
tél. (0222) 586 36 74

● **Linz**
Vols réguliers entre Linz-Hörsching et Vienne, Francfort, Zurich. Pour le Salzkammergut, il est préférable de débarquer à Salzbourg.

● **Graz**
Vols réguliers entre Graz-Thalerhof et Vienne, Francfort, Munich, Innsbruck.

● **Klagenfurt**
Vols réguliers entre Klagenfurt-Wörthersee et Vienne, Francfort, Zurich, Munich.

● **Salzbourg**
Vols réguliers entre Salzbourg-Maxglan et Vienne, Francfort, Paris, Linz, Zurich, Amsterdam.

● **Innsbruck**
Tyrolean Airways relie la capitale du Tyrol à Vienne, Francfort, Dusseldorf, Zurich et Graz.

EN TRAIN

La gare de l'Ouest (Westbahnhof) et la gare du Sud (Südbahnhof) sont les deux grandes gares de Vienne qui assurent le trafic avec l'étranger.
  Depuis l'ouverture des frontières avec la Tchécoslovaquie, la gare François-Joseph, d'où partent les trains pour Prague, a retrouvé un peu de son animation d'antan.
  Vienne est reliée aux pays occidentaux par des trains internationaux. De la gare de l'Est de Paris, des trains quotidiens rallient Vienne en seize heures.
Service d'informations
Tél. (0222) 17 17 (24 h/24)

Prinz Eugen : Hanovre, Dortmund, Francfort, Salzbourg, Vienne
Ostende-Wien Express : Paris, Bâle, Zurich, Innsbruck, Salzbourg, Vienne
Arlberg Express : Paris, Bâle, Zurich, Innsbruck (changement de train), Salzbourg, Vienne
Orient-Express : Paris (départ chaque soir), Strasbourg, Munich, Salzbourg, Vienne, (Budapest, etc.)
Mozart-Express : Paris (départ chaque matin), Strasbourg, Munich, Salzbourg, Vienne

PAR LA ROUTE

Le code de la route est le même en Autriche que dans les pays européens.
  Il est obligatoire d'être muni de pneus neige ou de pneus à clous du 15 novembre au 7 avril, ou de chaînes sur routes enneigées. L'ARBÖ et

l'ÖAMTC possèdent plus de 100 points de location de chaînes dans tout le pays.

La vitesse est limitée à 130 km/h sur les autoroutes, 100 km/h sur les routes ordinaires (80 km/h dans le Vorarlberg) et 50 km/h dans les localités. Le taux d'alcoolémie autorisé est de 0,8 g. Les contrevenants s'exposent au retrait du permis de conduire et à une amende d'au moins 8 000 AS (environ 4 000 F). Les enfants de moins de douze ans doivent être à l'arrière. Le port de la ceinture de sécurité est obligatoire pour le conducteur et les passagers, y compris à l'arrière.

Dans certaines villes, le règlement du stationnement de courte durée s'effectue au moyen de tickets qu'on se procure dans les bureaux de tabac (*Tabak Trafik*), dans les banques et dans les stations service.

En cas d'accident entraînant des dommages corporels, il faut appeler la police. Les étrangers doivent utiliser les formulaires types de déclaration du Comité européen des assurances. L'ÖAMTC et l'ARBÖ entretiennent sur les axes de circulation importants des services de dépannage également ouverts aux non-membres, contre paiement des frais.

La station Österreich 3 (Ö 3) donne toutes les heures, après le bulletin d'informations, des renseignements sur la circulation et l'état des routes. En cas d'obstacle important, les renseignements sont diffusés en cours de bulletin. Dans Vienne et sa banlieue, l'émetteur radio Blue Danube diffuse les informations concernant la circulation en français et en anglais entre 7 h et 10 h, 12 h et 14 h, 18 h et 20 h.

ÖAMTC Urgence Dépannage: *tél. 120*
ARBÖ Urgence Dépannage: *tél. 123*
Pompiers: *tél. 122*
Police: *tél. 133*
Ambulances: *tél. 144*

POUR MIEUX CONNAÎTRE L'AUTRICHE

Géographie

L'Autriche est bordée au nord par l'Allemagne, la République tchèque et la Slovaquie, à l'est par la Hongrie, au sud par l'Italie et la Slovénie, à l'ouest par la Suisse et le Liechtenstein. Sa superficie totale est de 83 850 km^2; elle s'étire d'est en ouest sur 525 km et du nord au sud entre 46 km et 265 km.

Les deux tiers du pays sont occupés par les Alpes qui s'abaissent lentement à l'est pour former le plateau granitique de la Haute-Autriche et le plateau de gneiss de la Basse-Autriche, ainsi que la grande plaine pannonique du Burgenland.

Les Alpes, dont le plus haut sommet est le Grossglockner avec 3 797 m, forment un paysage de toute beauté. Les Alpes orientales sont constituées par trois chaînes de montagnes qui s'étirent d'ouest en est : les Alpes calcaires du Nord, les Alpes centrales et les Alpes calcaires du Sud. Le massif le plus haut, celui des Alpes centrales, comprend entre autres : le Rätikon, les Alpes de l'Ötztal et les Alpes de la Zillertal, les Hautes et les Basses Tauern et les Alpes d'Eisenerz. Les Alpes calcaires du Nord forment la frontière avec l'Allemagne et se terminent à l'est par la forêt viennoise. Les Alpes calcaires du Sud qui, avant 1919, appartenaient entièrement à l'Autriche, se trouvent maintenant en grande partie dans le Tyrol du Sud devenu italien à cette date, et se prolongent par les Alpes carniques et les Karawanken jusqu'en Slovénie. L'est de l'Autriche est plat ou légèrement vallonné, et couvert de forêts.

Le Danube est alimenté par de nombreux affluents alpins, petits et grands, venant du sud ; il arrose l'Autriche sur 350 km et entraîne ses eaux vers la mer Noire. Seules les eaux du Vorarlberg et du nord-est du pays échappent au Danube ; les premières font partie du bassin du Rhin et les secondes à la Moldau et à l'Elbe.

Économie

L'Autriche est dotée d'une industrie moderne très performante. Il faut citer tout particulièrement les industries électrique, électronique, chimique et textile. L'industrie alimentaire et celle du traitement du bois atteignent un niveau également très élevé.

L'Erzberg styrien, près de Leoben, concentre toute l'exploitation du minerai de fer qui est envoyé dans les usines Voest-Alpen, à Linz, le plus grand complexe industriel d'Autriche, pour y être traité et transformé en fer et en acier.

On a trouvé du pétrole dans le Marchfeld, au nord de Vienne, mais la majeure partie de l'énergie est fournie par les centrales hydro-électriques. L'Autriche est un grand exportateur de courant électrique.

L'élément capital de l'économie nationale est le tourisme sans lequel le bilan commercial serait déficitaire.

GOUVERNEMENT

L'Autriche est divisée en neuf provinces administratives, les *Länder* : Vienne, Basse-Autriche, Burgenland, Haute-Autriche, Styrie, Carinthie, Salzbourg, Tyrol et Vorarlberg. C'est une république à deux chambres, le *Nationalrat* comprenant 183 députés et le *Bundesrat* de 58 membres qui forment ensemble l'assemblée nationale. Le gouvernement est élu tous les quatre ans au scrutin secret et proportionnel.

Les *Länder* jouissent d'une grande autonomie. Ils sont gouvernés par le *Landeshauptmann* (gouverneur) élu par le *Landtag* (diète provinciale). Les fonctionnaires administratifs forment le *Bezirkshauptmannschaft* (administration du district).

Le chef de l'État est le président de la République et le gouvernement est dirigé par le chancelier.

POPULATION

Sur les 7,9 millions d'Autrichiens, 98 % parlent allemand, 90 % sont catholiques et 6 % protestants. Il existe de petites minorités croates, hongroises et slovènes en Carinthie, en Styrie et dans le Burgenland. Vienne a 1 515 000 habitants, le cinquième de la population totale.

Nombre d'habitants dans les villes principales

Graz	242 000
Linz	204 000
Salzbourg	137 000
Innsbruck	117 000
Klagenfurt	90 000
Sankt Pölten	50 000
Bregenz	26 000
Eisenstadt	10 100

CLIMAT

La diversité des données climatiques est due en grande partie aux Alpes. Les versants nord ont un climat typique d'Europe centrale, avec des étés chauds mais souvent arrosés par de très fortes précipitations ; le meilleur exemple en est la célèbre *Schnurlregen* («averse» en dialecte). Au sud des Alpes, en Carinthie, le climat prend déjà un caractère méridional, plus chaud et moins arrosé qu'au nord. Dans les montagnes, les étés sont très chauds et les hivers très enneigés. L'est jouit d'un climat continental. Le Burgenland subit l'influence du climat de la grande plaine hongroise : étés brûlants et hivers froids.

Températures moyennes

	Vienne	Salzbourg	Innsbruck	Klagenfurt
J	1	3	3	3
F	2	3	3	2
M	4	4	4	3
A	9	8	8	8
M	4	13	12	13
J	18	17	17	17
J	19	19	19	19
A	19	19	18	19
S	15	15	14	15
O	9	9	9	9
N	3	2	3	2
D	1	3	3	3

À SAVOIR SUR PLACE

JOURS FÉRIÉS

Nouvel an (1er janvier), Épiphanie (6 janvier), lundi de Pâques, 1er mai, Ascension, lundi de Pentecôte, Fête-Dieu, Assomption (15 août) fête nationale (26 octobre), Toussaint (1er novembre), Immaculée Conception (8 décembre), Noël (25 décembre), Saint-Étienne (26 décembre).

HEURES D'OUVERTURE

En général, les magasins sont ouverts du lundi au vendredi de 9 h à 18 h (avec une pause de 13 h à 14 h), le samedi de 8 h à 12 h (17 h le premier samedi du mois). Les magasins d'alimentation ouvrent dès 8 h.

Les banques sont ouvertes du lundi au vendredi de 9 h à 12 h 30 et de 13 h 30 à 15 h, le jeudi jusqu'à 17 h 30.

OFFICES RELIGIEUX À VIENNE

Offices catholiques
Tél. (0222) 515 52
Offices protestants
Tél. (0222) 512 83 92
Offices israélites
Tél. (0222) 531 04
Centre islamique de Vienne
Tél. (0222) 30 13 89

ÉMISSIONS RADIODIFFUSÉES

La radio autrichienne diffuse tous les jours de 8 h 05 à 8 h 15 de brèves informations en français et en anglais sur Ö 1. A Vienne, radio Blue

Danube diffuse aussi des émissions en langue anglaise jusqu'à 19 h.

COURANT ÉLECTRIQUE

Courant alternatif à 220 V ; on peut utiliser les prises normales et les prises de terre.

POURBOIRES

On donne de 10 à 15 % de pourboire quand on est satisfait du service. Dans les restaurants et les cafés, le pourboire est toujours inclus dans l'addition mais il est d'usage d'« arrondir » la somme.

HEURE LOCALE

L'Autriche vit à l'heure officielle de l'Europe centrale. L'heure autrichienne est identique à l'heure française.

POSTES, TÉLÉGRAPHE ET TÉLÉPHONE

● **Téléphone**

Pour appeler l'Autriche depuis la France, composer le *00*, le *43* (indicatif de l'Autriche), l'indicatif de la ville (en supprimant le *0*) et le numéro du correspondant. Pour Vienne, composer le *00 43 1* sans l'indicatif de la ville. Le tarif régulier est de 4,46 F/mn ; le tarif réduit est de 3,09F/mn de 21 h 30 à 8 h en semaine, du samedi 14 h au lundi 8 h et les jours fériés toute la journée. Pour appeler la France depuis l'Autriche, composer le *00 33* et le numéro du correspondant sans le *0* par lequel il débute. Le tarif régulier est de 8 AS/mn ; le tarif réduit est de 6 AS de 18 h à 8 h en semaine, de 8 h à 18 h les samedi, dimanche et jours fériés. Pour téléphoner à l'intérieur de l'Autriche, composer l'indicatif de la ville en entier (avec le *0*) puis le numéro du correspondant.
Renseignements
Intérieur : *16*
Étranger : *18*
Télégrammes : *190*

● **Poste**

Les bureaux de poste sont ouverts du lundi au vendredi de 8 h à 12 h et de 14 h à 18 h. Nombre d'entre eux fonctionnent le samedi de 8 h à 10 h. On peut acheter des timbres dans les débits de tabac Tabaktrafik et dans les hôtels. Une lettre de France pour l'Autriche s'affranchit à 2,80 F et d'Autriche pour la France à 7 AS (carte postale : 5,50 AS).

OBJETS TROUVÉS À VIENNE

Bureau central des objets trouvés
Wagasse 22, 1090, tél. (0222) 31 66 11
Bureau central des chemins de fer pour les objets trouvés
Langgauergasse 2, 1150, tél. (0222) 56 50 29

COMMENT SE DÉPLACER

Freytag & Berndt offre un grand choix de cartes de l'Autriche : cartes de randonnées à l'échelle de 1/50 000 et 1/100 000, carte donnant la nomenclature des codes postaux, carte au 1/500 000 avec plus de 6 000 noms et adresses d'organisations, cartes en relief et cartes pour différents sports : randonnées à bicyclette, rafting et kayak. On trouve dans les capitales de chaque province des plans de la ville du 1/10 000 au 1/25 000 ainsi qu'un opuscule spécial pour Vienne au 1/20 000.

L'office national du tourisme possède toujours une réserve de cartes pour chaque région. Ce matériel est gratuit, on peut se le procurer dans les différents syndicats d'initiative ou à l'office central de Vienne.

EN TRAIN

Le réseau ferroviaire autrichien couvre 5 800 km et est relié au réseau ferroviaire de l'Europe occidentale et orientale.

Les trajets Vienne-Salzbourg et Vienne-Graz sont desservis toutes les heures, Vienne-Innsbruck et Vienne-Villach toutes les 2 heures.

Il existe diverses réductions : cartes d'abonnement pour toute l'Autriche ou pour une région, Rabbit Cards, cartes Eurorail, Interrail, cartes vermeil, pour groupes et pour enfants. Ces derniers voyagent gratuitement jusqu'à l'âge de sept ans s'ils ne réclament pas de place réservée. La réservation d'une place assise coûte 30 AS. Pour les TEE et les trains IC, il faut payer un supplément qui inclut la réservation de la place.

Presque tous les trains de jour possèdent un wagon-restaurant ; tous les trains de nuit ont des wagons-lits et des wagons-couchettes. A l'intérieur de l'Autriche, les trains-autos circulent au départ de Vienne pour Villach, Salzbourg, Innsbruck, Feldkirch, Lienz et Graz.

Pour tous renseignements, composer le *(0222) 17 17* (Vienne), le *(0316) 17 17* (Graz), le *(0512) 17 17* (Klagenfurt), le *(0732) 17 17* (Linz), le *(0662) 17 17* (Salzbourg), le *(04242) 17 17* (Villach).

● **« Petits trains »**

Toute une série de trains à voie étroite sont encore en service en Autriche ou ont été rétablis. Ces dernières années, ils sont devenus une véritable attraction touristique et circulent encore en grande partie avec des locomotives à vapeur :
Le *Steyrtalbahn* relie Steyr à Grünburg en longeant la vallée de la Steyr.
Le *Gurktalbahn* traverse la région des Nockberge, en Carinthie, de Treibach-Althofen à Pöckstein-Zwischenwässern.
Le *Feistritztalbahn* relie Weiz à Birkfeld, dans la Styrie orientale.
Le *Lokalbahn Payerbach-Hirschwang* parcourt le sud de Vienne, tout comme le *Schneebergbahn* qui grimpe jusqu'à 1 795 m d'altitude, la plus haute gare d'Autriche.
Le *Mariazellerbahn* relie Sankt Pölten au célèbre lieu de pèlerinage de la Styrie, Mariazell.
Dans le Vorarlberg, le *Montafonerbahn* va de Bludenz à Schruns-Tschagguns. Au Tyrol, on prendra le célèbre *Zillertalbahn*.
Dans la région frontalière, entre la province de Salzbourg et la Styrie septentrionale, le *Murtalbahn* relie Unzmarkt et Tamsweg.
Il existe aussi le *Privatbahn Vöklamarkt-Attersee* dans le Salzkammergut et le *Stainzer Flascherlzug* qui relie Preding-Wieseldorf et le château de Stainz.

En bateau

De début avril à fin octobre, le Danube est sillonné par des services de bateaux réguliers. Vienne est reliée à Passau et à Budapest. On trouve également des traversées régulières sur tous les grands lacs d'Autriche.
Un service est assuré entre Vienne et Budapest (aller et retour) par l'aéroglisseur *Donaupfeil* de la compagnie de Navigation sur le Danube (Erste Donau Dampfschiffahrtsgesellschaft) : départ de Vienne au Reichsbrücke à 8 h 10, arrivée à Budapest à 12 h 50 ; retour : départ de Budapest à 14 h 10, arrivée à Vienne à 19 h 50.
Pour la République tchèque et la Slovaquie, un hydroglisseur de la compagnie de Navigation sur le Danube (CSPD) assure la liaison Vienne-Bratislava : départ de Vienne au Reichsbrücke à 8 h 30, arrivée à Bratislava à 9 h 30 ; retour : départ de Bratislava à 16 h, arrivée à Vienne à 17 h 15.
En France, Alsace Croisières et La Cordée Voyages et, en Autriche, DDSG Blue Danube Schiffahrt et Donauland-Strudengau organisent de nombreuses croisières sur le Danube.

On peut se procurer leurs brochures aux adresses suivantes :

Alsace Croisières
166, bd du Montparnasse, 75014 Paris tél. 01 42 79 84 84
La Cordée Voyages
10, rue de Pologne, 78100 Saint-Germain-en-Laye, tél. 01 30 61 65 60
DDSG Blue Danube Schiffahrt
Handelskai 265, 1020 Wien tél. (0222) 72 75 04 10
Donauland-Strudengau
Stadtplatz 7, 4360 Grein, tél. (07268) 72 90

Autobus et autocars

Environ 70 lignes internationales d'autobus assurent les liaisons entre l'Autriche et les pays européens. Les lignes autrichiennes de transport en commun assurent principalement les trajets qui ne sont pas desservis par les chemins de fer. Presque tous les syndicats d'initiative locaux organisent en outre des excursions en autocar dans leur région.

Taxis et voitures

● **Taxis**

Les taxis sont équipés de compteurs étalonnés. Ils attendent les passagers aux têtes de station et n'ont pas le droit de s'arrêter s'ils sont hélés dans la rue.
Radio taxis
Tél. 31 300 ou 40 100 ou 60 160 ou 91 011

● **Location de voitures**

La plupart des organismes internationaux de location de véhicules sont représentés en Autriche. Il existe aussi quelques sociétés privées locales. Des bureaux sont souvent établis dans les aéroports et les gares principales des villes importantes.

Avis
Opernring 5, 1010 Wien, tél. (0222) 587 62 41
Budget-Rent a Car
Wien Hilton, 1010 Wien, tél. (0222) 714 65 65
Hertz
Kärntner Ring 17, 1010 Wien tél. (0222) 512 86 77
Inter-Rent
Schubert Ring 7, 1010 Wien, tél. (0222) 75 67 17
Reisemobil-Vermietung Benkö
Rechte Wienzeile 21, 1040 Wien tél. (0222) 571 11 99 93

Le métro de Vienne (U-Bahn et S-Bahn)

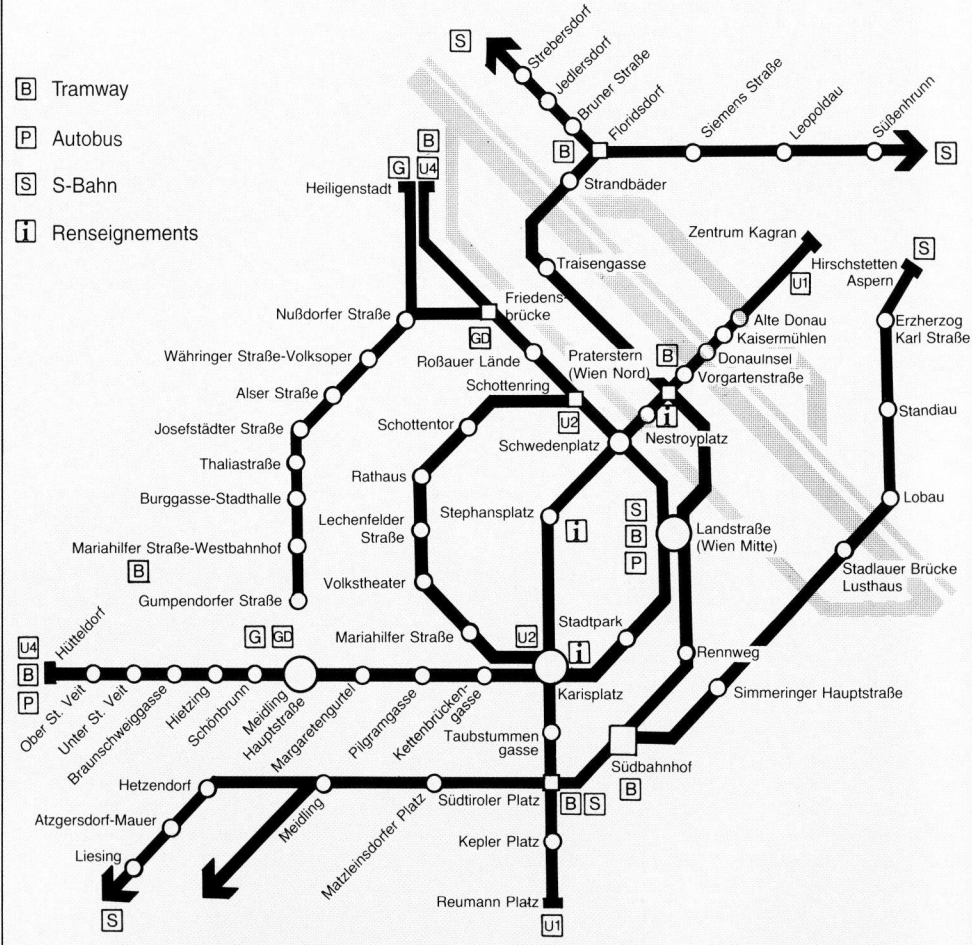

• Excursions en voiture

Traversée de l'Autriche d'ouest en est
Bregenz – forêt de Bregenz – Schröcken-col du Hochtannenberg – vallée de la Lech – Holzgau-Reutte – Leermoos – Ehrwald – Fernpass – Nassereith – Mieminger Plateau – Innsbruck – Hall – Schwaz – Zillertal – Gerlos – Passstrasse – Krimml – Zell am See – Saalfelden – Mühlbach am Hochkönig – Sankt Johann im Pongau – Radstadt – Schladming – Gröbming – Admont – Hieflau – Mariazell – Lilienfeld – Vienne

Circuit autour du Grossglockner
Zell am See – Bruck – Fusch – Grossglockner-Hochalpenstrasse (48 km, pente de 12 % maximum, 39 virages en épingle à cheveux) – Heiligenblut – Winklern – Lienz – Matrei – Felbertauerntunnel – Mittersill – Zell am See

Le Salzkammergut au départ de Salzbourg
Salzbourg – Hof – Fuschl – Wolfgangsee – Sankt Gilgen – Sankt Wolfgang – Strobl – Bad Ischl – Bad Goisern – Hallstatt – Obertraun – Gosau – Pass Gschütt – Abtenau – Golling – Hallein – Salzbourg

Circuit des lacs de Carinthie
Klagenfurt – Pörtschach – Moosburg – Feldkirchen – Gerlitzer Strasse – Ossiach – Treffen – Millstatt – Villach – Maria Gail – Velden – Maria Wörth – Pyramidenkogel-Strasse – Klagenfurt

• Routes panoramiques

Vienne
Höhenstrasse (route des hauteurs) : de Vienne à Klosterneuburg, avec vue superbe sur la capitale.

Burgenland
Burgenländische Rotweinstrasse (route du vin rouge) : de Siegendorf à Mattersburg.

Basse-Autriche
Hochkarstrasse (route du Hochkar) : de Gösting à Hochkar avec vue sur toute la région du Hochschwab.

Haute-Autriche
Cumberland Kasbergalm-Strasse : de Grünberg à Kasbergalm avec vue sur l'Ötscher et le Dachstein.

Styrie
Südsteirische Weinstrasse (route du vin de Styrie méridionale) : de Bad Radkersburg à Lavamünd (en Carinthie) avec vue sur le Koralpe.

Carinthie
Malta-Hochalm-Strasse : de Gmünd au barrage de Kölnbrein.
Nockalmstrasse : de Reichenau à Innerkrems avec vue sur les Alpes de la vallée de Gurk.
Villacher Alpenstrasse : de Villach à Rosstratte avec vue sur le Dachstein et le Grossglockner.

Province de Salzbourg
Gerlos-Strasse : de Krimml à Zell am Ziller (au Tyrol) avec vue sur le Grossvenediger, le Wildkar et la Dreiherrenspitze.
Felbertauer-Strasse : de Mittersill à Matrei (dans le Tyrol oriental) avec vue sur le Grossvenediger et le Grossglockner.
Grossglockner-Hochalpenstrasse : de Bruck à Heiligenblut (en Carinthie) avec vue sur le Grossglockner et l'Edelweissspitze.

Tyrol
Achenseestrasse : de Wiesing à Maurach.
Aussichtstrasse über den Piller (route panoramique sur le Piller) : de Wenns dans la Pitztal à Kauns dans la Kaunertal.
Fernpassstrasse : de Nassereith à Erwald avec vue sur les Mieminger Gebirge.
Hahntennjochstrasse : d'Imt jusqu'à la vallée du Lech.
Timmelsjoch-Hochalpenstrasse : de Sölden à Meran (en Italie) avec vue sur les Ötztaler Alpen.
Zirlerbergstrasse : de Seefeld à Innsbruck avec vue sur les monts du Karwendel.

Vorarlberg
Arlberg-Pass-Strasse (route du col de l'Arlberg) : de Langen à Sankt Anton (dans le Tyrol).
Flexenstrasse : de Langen à Lech avec vue sur les Lechtaler Alpen.
Hochtannbergstrasse : de Schröcken à Warth avec vue sur les Alpes de l'Allgäu.
Silvretta-Hochalpenstrasse (haute route de la Silvretta) : du Montafon dans la Paznauntal (au Tyrol) avec vue sur le Piz Buin.

• Cols alpins

Achenpass : Glashütte – Achenpass
Arlberg : Sankt Anton – Arlberg – Stuben
Bieler Höhe : Partenen – Galtür
Brenner : Innsbruck – Sterzing (Italie)
Ferbertauern : Mittersill – Matrei in Osttirol
Fernpass : Nassereith – Ehrwald
Flexenpass : Stuben – Lech am Arlberg

Furka Joch: Laterns – Damüls
Gerlospass: Krimml – Gerlos
Grossglockner-Hochalpenstrasse: Ferleiten – Heiligenblut
Pass Gschütt: Abtenau – Gosau
Hochtannbergpass: Schröcken – Warth
Iselsberg: Lienz – Winkern
Katschberg: St Michael – Spittal an der Drau
Nassfeld: Hermagor – Pontebba
Packsattel: Wolfsberg – Köflach
Plöckenpass: Kötschach – Paluzza (Italie)
Präbichl: Leoben – Eisenerz
Pyhrnpass: Windischgarsten – Liezen
Radstädter Tauern: Radstadt – Mauterndorf
Reschenpass: Nauders – Mals
Pass Thurn: Mittersill – Kitzbühel
Timmelsjoch: Obergurgl – St Leonhard
Turracher Höhe: Predlitz – Reichenau
Wurzenpass: Villach – Kranjska Gora (Slovénie)

● **Remontées mécaniques**

L'Autriche, avec ses nombreuses stations de sports d'hiver, totalise 4 000 téléphériques, télésièges et téléskis qui permettent d'atteindre les Alpes jusqu'à une altitude de 3 000 m.

● **Points de vue exceptionnels**

Les 20 points de vue cités ci-dessous sont tous accessibles par téléphérique ou chemin de fer à crémaillère. Pour donner une idée sur ces points de vue, on a indiqué leur altitude et le point de départ pour les atteindre.

Ankogel: 2 722 m, Mallnitz
Bell Alpin Weisse: 2 352 m, Uttendorf
Bürgeralpe: 1 267 m, Mariazell
Dachstein: 2 700 m, Ramsau
Eisriesenwelt: 1 586 m, Werfen
Gaislacher Kogel: 3 058 m, Sölden
Goldeck: 2 142 m, Spittal an der Drau
Hafelekar: 2 334 m, Innsbruck
Hoadl: 2 340 m, Innsbruck
Kitzbüheler Horn: 1 996 m, Kitzbühel
Kitzsteinhorn: 3 029 m, Kaprun
Krippenstein: 2 109 m, Obertraun
Patscherkofel: 2 248 m, Igls
Rüfikopf: 2 360 m, Lech
Schattberg: 2 020 m, Saalbach
Schmittenhöhe: 1 965 m, Zell am See
Stubnerkogel: 2 245 m, Badgastein
Valluga: 2 811 m, Saint Anton
Zehnerkar: 2 357 m, Obertauern
Zugspitze: 2 966 m, Ehrwald

ACTIVITÉS CULTURELLES

En Autriche, les musées sont de véritables *Schatzkammer* (trésors). Le pays a eu de nombreux mécènes, membres de la famille impériale ou de la haute aristocratie; ces derniers avaient les moyens de se procurer des objets d'art d'une valeur exceptionnelle. Vienne, à elle seule, compte aujourd'hui près de 100 musées, et presque toutes les petites villes ont leur musée local qui abrite les témoignages d'une longue histoire.

MUSÉES ET CURIOSITÉS

● **Vienne**
(Indicatif *0222*)

Appartements impériaux
Hofburg, Michaelerplatz, 1010, tél. 533 75 70
Ouvert tous les jours de 9 h à 17 h.
Bibliothèque nationale
Josefsplatz 1, 1010, tél. 534 10
Ouvert de janvier à mai et de novembre à décembre du lundi au samedi de 10 h à 12 h, de juin à octobre de lundi à samedi de 10 h à 16 h, les dimanche et jours fériés de 10 h à 13 h.
Caveau impérial ou crypte des Capucins
Neue Markt, 1010, tél. 512 68 53
Ouvert de 9 h 30 à 16 h.
Château de Schönbrunn
Schönbrunner Schloss-Strasse, 1130
tél. 81 11 32 39
Ouvert d'avril à octobre de 8 h 30 à 17 h et de novembre à mars de 8 h 30 à 16 h 30.
Collections de l'Albertina
Augustinerstrasse 1, 1010, tél. 534 83
Consulter le programme mensuel.
Collection des Porcelaines et de l'Argenterie de la cour
Hofburg, Michaelerplatz, 1010, tél. 533 75 70
Ouvert tous les jours de 9 h à 17 h.
Galerie d'Art autrichien et international des XIXe et XXe siècles
Palais du Belvédère (supérieur), Prinz-Eugenstrasse 27, 1040, tél. 795 57
Ouvert de 10 h à 17 h sauf le lundi.
Galerie d'Art médiéval
Palais du Belvédère (inférieur), Rennweg 6a, 1030, tél. 795 57
Ouvert de 10 h à 17 h sauf le lundi.
Galerie de l'académie des beaux-arts
Schillerplatz 3, 1010, tél. 588 16
Ouvert les mardi, jeudi et vendredi de 10 h à 14 h, le mercredi de 10 h 13 h et de 15 h à 18 h, le week-end et les jours fériés de 9 h à 13 h.

ACTIVITÉS CULTURELLES 323

Josephinum (musée d'Histoire de la médecine)
Währinger Strasse 25, 1090, tél. 403 21 54
Ouvert du lundi au vendredi de 9 h à 15 h sauf les jours fériés.
Kunsthaus Wien
Untere Weissgerberstrasse 13, 1030 tél. 712 04 91
Ouvert de 10 h à 19 h.
Maison de Sigmund Freud
Berggasse 19, 1090, tél. 319 15 96
Ouvert de juillet à septembre de 9 h à 18 h, d'octobre à juin de 9 h à 16 h.
Musée d'Art sacré
Zwettlhof, Stephansplatz 6, 1010 tél. 51 55 25 60
Ouvert les mardi, mercredi, vendredi et samedi de 10 h à 16 h, le jeudi de 10 h à 18 h, le dimanche et les jours fériés de 10 h à 13 h.
Musée d'Art baroque autrichien
Palais du Belvédère (inférieur), Rennweg 6a, 1030, tél. 795 57
Ouvert de 10 h à 17 h sauf le lundi.
Musée d'Art moderne
Palais Liechtenstein, Fürstengasse 1, 1090 tél. 317 69 00
Ouvert de 10 h à 18 h sauf le lundi.
Musée des Arts appliqués
Stubenring 5, 1010, tél. (0222) 711 36
Ouvert du mardi au dimanche de 10 h à 18 h, nocturne le jeudi jusqu'à 21 h.
Musée des Beaux-Arts
Burgring 5, 1010, tél. (0222) 521 77
Ouvert du mardi au dimanche de 10 h à 18 h, nocturne le jeudi jusqu'à 21 h.
Musée ethnographique
Neue Burg, Heldenplatz, 1010 tél. (0222) 534 30
Ouvert de 10 h à 16 h sauf le mardi.
Musée historique de la Ville de Vienne
Karlsplatz, 1040, tél. 505 87 47
Ouvert de 9 h à 16 h 30 sauf le lundi.
Musée des Horloges et des Montres
Schulhof 2, 1010, tél. 533 22 65
Ouvert de 9 h à 16 h 30 sauf le lundi.
Musée Juif de la Ville de Vienne
Drotheergasse 11, 1010, tél. 535 04 31
Ouvert de 10 h à 18 h sauf le samedi, nocturne le jeudi jusqu'à 21 h.
Musée du Théâtre
Lobkowitzplatz 2, 1010, tél. 512 88 00
Ouvert de 10 h à 17 sauf le lundi.
Musée du XXe siècle
Scweizer Garten, 1030, tél. 799 69 00
Ouvert de 10 h à 18 h sauf le lundi.
Musée des Voitures historiques
Château de Schönbrunn, 1130, tél. 877 32 44
Ouvert de novembre à mars de 10 h à 16 h, d'avril à octobre de 9 h à 18 h. Fermé le lundi.

Muséum d'Histoire naturelle
Burgring 7, 1010, tél. 521 77
Ouvert de 9 h à 18 h sauf le mardi; en hiver, le 1er étage seulement de 9 h 15 h.
Trésor de l'ordre Teutonique
Singerstrasse 7, 1010, tél. 512 10 65
Ouvert de novembre à avril les lundi, jeudi et samedi de 10 h à 12 h, les mercredi, vendredi et samedi de 15 h à 17 h, de mai à octobre les lundi et du jeudi au dimanche de 10 h à 12 h, les mercredi, vendredi et samedi de 15 h à 17 h.
Trésor du Palais impérial
Hofburg, Schweizerhof, 1010, tél. 533 79 31
Ouvert de 10 h à 18 h sauf le mardi.

A cette liste des musées les plus connus, on peut ajouter: les musées de l'Action sanitaire, d'Anatomie pathologique, de l'Armée, de l'Art populaire et du Folklore, de la Boulangerie, du Cinéma, du Cirque et des Clowns, du Chauffage, de Criminologie, de l'Electropathologie, de l'Espéranto, des Fiacres, du Football, des Globes, de la Mode, de l'Orfèvrerie, des Pompes funèbres, des Pompiers, des Poupées et des Jouets, du Prater, du Tabac, de la Verrerie, de la Viticulture.

Un forfait (180 AS) permet de circuler librement à Vienne en bus, métro et tramway pendant 72 h et de bénéficier des tarifs réduits dans les musées et autres curiosités touristiques. On se procure ce ticket « Spécial Vienne » dans les hôtels, les bureaux d'information touristique et aux guichets de vente des transports public viennois.
Bureau officiel d'information touristique
Kärntner Strasse 38, 1010
Ouvert de 9 h à 19 h.

● **Burgenland**
(Indicatif d'Eisenstadt 02682)

Château de Halbturn
7131 Halbturn, tél. (02172) 22 37
Carrières romaines
7062 Sankt Margarethen, tél. (02680) 21 88
Musée du Burgenland
Museumgasse, 7000 Eisenstadt, tél. 626 52
Musée Haydn
Joseph-Haydngasse 21, 7000 Eisenstadt tél. 626 52
Musée juif autrichien
Unterbergstrasse 6, 7000 Eisenstadt, tél. 651 45

● **Basse-Autriche**

Cabinet des estampes de l'abbaye de Göttweig
Stift Göttweig, 3511 Furth, tél. (02732) 55 81 26
Château de Schallaburg
3382 Loosdorf, tél. (02754) 63 17

Monastère des chanoines augustins
Stiftsmuseum, Stiftsplatz
3400 Klosterneuburg, tél. (02243) 62 10
Musée de l'abbaye de Melk
Stift Melk, 3390 Melk, tél. (02752) 23 12
Musée africain
Schloss Ludwigstorff, 2405 Bad Deutsch-Altenburg, tél. (02165) 32 82
Musée de l'Armée
3300 Stift Ardagger, tél. (07479) 239
Musée d'Art et trésor
Stift Herzogenburg, 3130 Herzogenburg
tél. (02782) 31 12
Musée autrichien des Francs-Maçons
Schloss Rosenau, 3924 Rosenau
tél. (02822) 82 21
Musée baroque de la Basse-Autriche
Schloss Heiligenkreuz-Gutenbrunn
3454 Reidling, tél. (02782) 40 97
Musée de la Préhistoire
Schloss Asparn, 2151 Aspern an der Zaya
tél. (02577) 239

● **Haute-Autriche**

Musée de l'Afrique
Schloss Riedegg, Mariannhiller Missionshaus,
4210 Gallneukirchen, tél. (07235) 22 24
Musée des Dessins rupestres
4582 Spital am Pyrhn, tél. (07563) 202
Musée lacustre d'Autriche
Marschall-Wrede-Platz, 5310 Mondsee
Musée de la Préhistoire
Seestrasse 56, 8430 Hallstatt, tél. (06134) 208
Musée de la Province
Museumstrasse 14, 4020 Linz
tél. (0732) 27 34 55
Nouvelle Galerie
Blütenstrasse 15, 4020 Linz, tél. (0732) 23 40 55

● **Styrie**

Château de Riegersburg
8333 Riegersbrug, tél. (03153) 213
Johanneum
Rauberg 10, 8010 Graz, tél. (0316) 70 31 24 54
Musée d'Histoire de l'art et d'Histoire naturelle de l'abbaye des Bénédictins
Benediktinerstift, 8911 Admont
tél. (03613) 23 12 35
Salines
8992 Altaussee, tél. (06152) 71 32

● **Carinthie**

Musée régional
Burggasse 8, 9020 Klagenfurt
tél. (04222) 53 63 05 42

Musée diocésain
Haus am Dom, Lidmanskygasse 10/III
9020 Klagenfurt, tél. (04222) 577 70
Musée des Mines d'Or
Schloss Grosskirchheim, 9843 Döllach
tél. (04852) 226
Musée de plein air de Carinthie
9063 Maria Saal, tél. (04223) 352
Musée de la province de Carinthie
Museumgasse 2, 9020 Klagenfurt
tél. (04222) 53 63 05 52

● **Province de Salzbourg**
(Indicatif de Salzbourg 0662)

Forteresse de Hohensalzburg
5020 Salzbourg, tél. 84 11 34
Galerie de la Résidence
Residenzplatz 1, 5020 Salzbourg, tél. 84 15 61
Maison natale de Mozart
Getreidegasse 9, 5020 Salzbourg, tél. 843 13
Musée baroque de Salzbourg
Jardin Mirabell, 5020 Salzbourg, tél. 774 32
Musée Carolino Augusteum
Museumsplatz. 6, 5020 Salzbourg, tél. 841 13 40
Musée de la Cathédrale
5020 Salzbourg, tél. 84 25 92
Musée des Celtes
Pflegerplatz 5, 5400 Hallein, tél. (06245) 27 83
Musée des Salines
Dürrnberg, 5400 Hallein, tél. (06245) 52 85

● **Tyrol**
(Indicatif d'Innsbruck 05222)

Arsenal Maximilien Ier
Zeughausgasse, 6020 Innsbruck, tél. 58 74 39
Église de la Cour et chapelle d'Argent
Rennweg 1, 6020 Innsbruck, tél. 143 02
Hofburg
Rennweg 1, 6020 Innsbruck, tél. 271 86
Musée du Berg Isel
Bergisel 3, 6020 Innsbruck, tél. 223 12
Musée des Chasseurs impériaux
Klostergasse 7, 6020 Innsbruck, tél. 58 23 12
Musée d'Histoire de l'Art
Schloss Ambras, 6020 Innsbruck, tél. 484 46
Musée tyrolien Ferdinandum
Museumstrasse 15, 6020 Innsbruck, tél. 594 89

● **Vorarlberg**

Abbaye de Wettingen-Mehrau
6900 Bregenz, tél. (05574) 314 61
Musée alpin de la Transhumance
6952 Hittisau, tél. (05513) 63 54
Musée du Vorarlberg
Kornmarkt, 6900 Bregenz, tél. (05574) 227 97

Maisons de musiciens à Vienne

Maisons de Beethoven
- Maison Pasqualati
Mölker Bastei 8, 1010, tél. 535 89 05
- Maison du Testament de Heiligenstadt
Probusgasse 6, 1190, tél. 37 54 08
- Maison de l'Héroïque
Döblinger Hauptstrasse 92, 1190, tél. 369 14 24
Maison de Haydn
Haydngasse 19, 1060, tél. 596 13 07
Maison de Mozart
Domgasse 5, 1010, tél. 513 62 94
Maisons de Schubert
- Maison natale
Nussdorfer Strasse 54, 1090, tél. 317 36 01
- Maison mortuaire
Kettenbrückengasse 6, 1040, tél. 581 67 30
Maison de Johann Strauss
Praterstrasse 54, 1020, tél. 214 01 21
Ces lieux commémoratifs sont ouverts de 9 h à 12 h 15 et de 13 h à 16 h 30 sauf le lundi.

La route du baroque

La route du baroque comprend un grand tour de l'Autriche. De Salzbourg au Vorarlberg en passant par la Haute-Autriche, la Basse-Autriche, Vienne, le Burgenland, la Styrie, la Carinthie et le Tyrol, on croise de nombreux chefs-d'œuvre de cette époque féconde.

Pour toute information, s'adresser à l'office autrichien du tourisme. On y trouve des brochures détaillées sur les différentes étapes de la « route du baroque ».

Concerts de musique baroque

● **Vienne**

Des concerts de musique baroque sont donnés toute l'année à Vienne, dans les deux grandes salles suivantes :
Musikverein
Bösendorferstrasse 12, 1010, tél. (0222) 505 81 90
Konzerthaus
Lothringerstrasse 20, 1030, tél. (0222) 72 12 11

● **Basse-Autriche**

Festival international de Musique sacrée
3100 Sankt Pölten, Lilienfeld und Herzogenburg, tél. (02742) 21 01
Concerts au château de Grafenegg
Tél. (02735) 22 05 27
De mai à octobre.
Cycle de concerts de Göttweig
3511 Furth, tél. (02732) 55 81

Concerts d'été dans le château de Schallaburg
Schloss Schallaburg, 3382 Schallaburg tél. (02754) 63 17
Concerts de Pentecôte dans l'abbaye de Melk
Stift Melk, 3390 Melk, tél. (02752) 23 07

● **Haute-Autriche**

Concerts de la Haute-Autriche
Holzbergerweg 18, 4060 Leonding tél. (07585) 28 10 44
Semaines musicales du Danube
Schloss Greinburg, 4360 Grein an der Donau tél. (07268) 513
D'août à septembre.

● **Province de Salzbourg**

Festival de Salzbourg
5010 Salzbourg, tél. (0662) 77 47
En juillet et août.
Concerts du Château
Makartplatz 9, 5024 Salzbourg tél. (0662) 87 11 25
Concerts de la Forteresse
Anton-Adlgasser-Weg 4, 5020 Salzbourg tél. (0662) 82 58 58
De mai à octobre.
Sérénades Mozart
5071 Siezenheim 342, tél. (0662) 85 11 68

● **Tyrol**

Concerts au château d'Ambras
Schloss Ambras, Blasius-Hueber-Strasse 12 6020 Innsbruck, tél. (0512) 57 10 32
En juillet et août.
Festival de Musique ancienne
Blasius-Hueber-Strasse 12, 6020 Innsbruck tél. (05222) 310 32
Seconde quinzaine d'août.

Festivals

L'Autriche est l'un des berceaux de la musique classique. Un grand nombre de festivals annuels de musique maintiennent le flambeau de cette tradition.

La majeure partie d'entre eux a lieu pendant l'été. L'office du tourisme autrichien envoie, sur demande, un aperçu des programmes annuels. Un grand nombre de concerts et de manifestations musicales sont également donnés en dehors du cadre de ces festivals (*tél. (0222) 5 87 20 00*).

Voici une liste de festivals et les adresses où l'on peut se procurer les programmes et les billets d'entrée.

● Vienne
(Indicatif *0222*)

Semaines musicales de Vienne
Lehargasse 11, 1060, tél. 58 92 20
Théâtres nationaux
Goethegasse 1, 1010, tél. 51 44 40
Été musical de Vienne
Kulturamt der Stadt Wien, Rathaus, 1010
tél. 40 00 84 00
Festival Haydn et Schubert, festival de Musique sacrée
Bösendorferstrasse 12, 1010, tél. 505 86 81
Viennale
Uraniastrasse 1, 1010, tél. 526 59 47
Festival de l'École classique de Vienne
Preindlgasse 1, 1030, tél. 876 46 23
Festival d'été dans le théâtre du château de Schönbrunn
Fleischmarkt 24, 1010, tél. 512 01 00 33

● Burgenland

Festival de Mörbisch
7072 Mörbisch, tél. (02685) 818 10
Festival Haydn
Schloss Esterházy, 7000 Eisenstadt
tél. (02682) 633 84

● Basse-Autriche

Festival d'opérettes de Baden
Kurdirektion, 2500 Baden
tél. (02252) 86 80 02 31
Fêtes des châteaux du Marchfeld
Körnermarkt 13, 3500 Krems
tél. (02732) 80 13 37

● Haute-Autriche

Concerts de la Haute-Autriche
4060 Leonding, tél. (0732) 28 10 44
Festival de l'opérette de Bad Ischl
Herrengasse 32, 4820 Bad Ischl
tél. (06132) 237 66
Festival international Bruckner
Untere Donaulände 7, 4010 Linz
tél. (0732) 77 52 30

● Styrie

Styriate Graz
Palast Attems, 8010 Graz
tél. (0316) 129 41 22
Été musical d'Admont
8911 Admont, tél. (03613) 21 64
Bad Aussee
Hauptstrasse 48, tél. (03622) 525 11 21

● Carinthie

Festival d'été de Carinthie
Stift Ossiach, 9570 Ossiach, tél. (04243) 25 10
Festival international de musique de Millstatt
Rathaus, 8972 Millstatt, tél. (04766) 20 22

● Province de Salzbourg

Festival de Salzbourg
Festspielhaus, 5010 Salzbourg
tél. (0662) 804 53 61
Concerts du Château
Makartplatz 9, 5024 Salzbourg, tél. (0662) 727 88
Semaine de Mozart
Mozarteum, 5024 Salzbourg, tél. (0662) 87 31 54
Concerts de la Forteresse
Thumeggerstrasse 26c, 5020 Salzbourg
tél. (0662) 84 88 22
Sérénades Mozart
5071 Siezenheim 342, tél. (0662) 85 11 68
Semaines culturelles de Salzbourg
Waagplatz 1a, 5010 Salzbourg
tél. (0662) 84 53 46
Festival de jazz de Saalfelden
5751 Maishofen, tél. (06582) 44 83

● Tyrol

Concerts du château d'Ambras
Blasius Hueberstrasse 12, 6020 Innsbruck
tél. (0521) 57 10 32
Festival de musique de chambre de Pertisau
(Kammermusikfestival)
Fremdenverkehrsverband, 6213 Pertisau
tél. (05243) 52 60

● Vorarlberg

Festival de Bregenz
Festspiel- und Kongresshaus, 6901 Bregenz
tél. (05574) 492 02 33
Schubertiade Hohenems
Schweizer Strasse 1, 6845 Hohenems
tél. (05576) 20 91
Été musical du Montafon
Silberthalerstrasse 1, 6780 Schruns
tél. (05556) 721 32 / 722 53

BILLETTERIES GÉNÉRALES À VIENNE

Österreichischer Bundestheaterverband
Hanuschgasse 3, 1010
tél. 514 44-2959 ou 2960, fax 514 44-2969
Réservations de billets pour l'opéra national et le Volksoper (3 semaines avant la représentation), pour le Burgtheater et l'Akademietheater (10 jours avant). Vente de billets par

téléphone dans le monde entier avec carte de crédit (*tél. 513 1 513*). Renseignements quotidiens sur les programmes et les places disponibles (bande enregistrée, *tél. 15 18*).
Vienna Ticket Service
Börsegasse 1, 1010, tél. 534 13 69, fax 534 13 79
Billets pour concerts, comédies musicales et théâtres.

LES SPORTS

Golf

Österreichischer Golfverband
Maison des sports, tél. (0222) 655 21 63

● **Vienne et Basse-Autriche**

Golf Club Wienerwald (9 trous)
Klausenleopoldsdorf, tél. (0222) 82 31 11
Golf Club Wien-Freudenau (18 trous)
Tél. (0222) 218 95 64
Golf Club Schloss Ebreichsdorf (18 trous)
Ebreichsdorf, tél. (02254) 738 88
Golf Club Föhrenwald (18 trous)
Wiener Neustadt, tél. (02622) 521 71

● **Haute-Autriche**

Golf Club Am Mondsee (18 trous)
Sankt Lorenz Drachensee, tél. (06232) 38 35
Salzkammergut Golf Club (18 trous)
Bad Ischl, tél. (06132) 263 40
Golf Club Linz (18 trous)
Sankt Florian, tél. (07223) 28 73

● **Styrie**

Golf Club Schloss Pichlarn (18 trous)
Irdning, tél. (06382) 243 93
Golf Club Bad Gleichenberg (9 trous)
Bad Gleichenberg, tél. (03159) 37 17

● **Carinthie**

Golf Club Austria Wörthersee (9 trous)
Moosburg-Pörtschach, tél. (04272) 834 86
Golf Club Wörthersee (18 trous)
Velden, tél. (04274) 70 45

● **Province de Salzbourg**

Golf Club Gastein (9 trous)
Tél. (06434) 27 75
Golf Club Zell am See / Kaprun (36 trous)
Tél. (06542) 561 61

Jagd und Golfclub Schloss Fuschl (9 trous)
Tél. (06229) 23 90

● **Tyrol**

Golf Club Seefeld-Widmoos (18 trous)
Tél. (05212) 30 03
Golf Club Kitzbühel-Schwarzsee (18 trous)
Tél. (05356) 716 45

Équitation

● **Burgenland**

Neusiedler Csarda
Obere Wiesen 1, 7100 Neusiedl
tél. (02167) 86 59

● **Basse-Autriche**

Château d'Ernegg
3261 Steinakirchen am Forst
tél. (00441) 722 / 03 43

● **Haute-Autriche**

Reitergut Weissenhof
Atzelsdorf 3, 4563 Micheldorf
tél. (07582) 26 09

● **Styrie**

Islandpferdehof Hoyos
Windhof 70, 8102 Semriach, tél. (03127) 833 50

● **Carinthie**

Trattlerhof
9546 Bad Kleinkirchheim, tél. (04240) 81 73

● **Province de Salzbourg**

Reitschule Ganter
5741 Neukirchen am Grossvenediger 334
tél. (06565) 66 30

● **Tyrol**

Haflingerhof
6311 Wildschönau-Mühltal, tél. (05339) 88 10
Stanglwirt
6353 Going am Wilden Kaiser
tél. (05358) 20 00

● **Vorarlberg**

Auhof
Auweg 14, 6780 Schruns, tél. (05556) 722 69

ÉTABLISSEMENTS THERMAUX

Vienne
Amalienbad, Thermalbad Oberlaa
Burgenland
Bad Deutschkreuz
Basse-Autriche
Thermalstrandbad Baden, Thermalstrandbad Bad Vöslau, City Club Vienna, Vösendorf
Haute-Autriche
Solebad Bad Ischl, Felsenhallenbad Bischofsberg
Styrie
Therme Bad Radkersburg, Therme Waltersdorf
Carinthie
Kristallbad Bad Bleiberg, Thermal Römerbad Bad Kleinkirchheim, Therme Warmbad-Villach
Province de Salzbourg
Felsenbad Badgastein, Thermal Bad Hofgastein, Therme Optimum Kaprun
Tyrol
Centre de Loisirs Axams, Aquerena Stubai, Centre Sportif Olympique Seefeld
Vorarlberg
Bad Brand Gargellen, Bad Mittelberg

RANDONNÉES CYCLISTES

Les chemins de fer autrichiens offrent dans certaines gares des services de location de bicyclettes; il est possible de les remettre en fin d'excursion à n'importe quelle gare. Le billet de chemin de fer donne droit à une réduction de 50 % sur le prix de location de bicyclette. Voici quelques parcours intéressants.

Donauradweg
Passau – Vienne (300 km)
Neudiedler See Radweg
Mörbisch – Rust – Neusiedl – Illmitz (70 km)
Pinzgauradwanderweg
Zell am See – Kaprun – Mittersill – Neunkirchen am Grossvenediger (50 km)
Inntalradweg
Innsbruck – Hall – Wattens – Schwaz – Brixlegg – Kufstein (75 km)
Zillertalradweg
Fügen – Zell am Ziller – Mayrhofen et retour (30 km)

ÉCOLES D'ESCALADE

● **Haute-Autriche**

Alpenschule Gosau
4824 Gosau, tél. (06136) 546

● **Styrie**

Bergsteigerschule Dachstein-Tauern
8972 Ramsau am Dachstein 233
tél. (03687) 812 33

● **Carinthie**

Alpinschule Bad Kleinkirchheim
9564 Bad Kleinkirchheim, tél. (04240) 84 61
Alpinschule Mallnitz
9822 Mallnitz, tél. (04784) 290

● **Province de Salzbourg**

Club Alpin Extra
5441 Abtenau, tél. (06243) 29 39
Alpin und Bergsteigerschule Oberpinzgau
5741 Neukirchen, tél. (06564) 82 21

● **Tyrol**

Bergsporthochschule Kaisergebirge
6353 Going, tél. (05358) 27 50
Alpin und Wanderschule Kitzbühel
Tél. (05356) 24 96
Bergsteigerschule Piz Buin-Silvretta
6563 Galtür 74a, tél. (05443) 260

● **Vorarlberg**

Alpinschule Montafon
6780 Schruns, tél. (05556) 41 47
Bergschule Kleinwalsertal
6993 Mittelberg, tél. (05517) 58 60

SKI

L'Autriche possède environ 1 000 domaines skiables. On trouvera ci-dessous les numéros de téléphone des syndicats d'initiative les plus connus qui donnent tous les renseignements nécessaires concernant les pistes, leur niveau et leur état, les écoles de ski, les conditions d'enneigement, les dangers d'avalanches, etc.

● **Styrie**

8623 Aflenz, *tél. (03861) 22 88*
8992 Altaussee, *tél. (03622) 716 43*
8990 Bad Aussee, *tél. (03622) 523 23*
8163 Fladnitz, *tél. (03179) 231 80*
8962 Gröbming, *tél. (03685) 221 31*
8993 Grundlsee, *tél. (03622) 866 60*
8920 Hieflau, *tél. (03634) 294*
8785 Hohentauern, *tél. (03618) 335*
8665 Langenwang, *tél. (03854) 22 55*
8972 Ramsau am Dachstein, *tél. (03687) 818 33*

8970 Schladming, *tél. (03687) 222 68*
8982 Tauplitz, *tél. (03688) 24 46*

● **Carinthie**

9601 Arnoldstein, *tél. (04255) 22 60*
9546 Bad Kleinkirchheim, *tél. (04240) 82 12*
9843 Grosskirchheim, *tél. (04825) 521 21*
9844 Heiligenblut, *tél. (04824) 20 01 21*
6920 Hernagel, station de ski des Alpes Carniques, *tél. (04282) 20 43*
9640 Kötschach-Mautern, *tél. (04715) 85 16*
9821 Obervellach, *tél. (04782) 25 10*
9565 Turracher Höhe, *tél. (04275) 83 92*

● **Haute-Autriche**

4843 Ampflwang, *tél. (07675) 24 79*
4864 Attersee, *tél. (07666) 221*
4822 Bad Goisern, *tél. (06135) 83 29*
4820 Bad Ischl, *tél. (06132) 277 57*
4810 Gmunden, *tél. (07612) 43 05*
4824 Gosau, *tél. (06136) 82 95*
4830 Hallstatt, *tél. (06134) 208*
4573 Hinterstoder, *tél. (07564) 52 63*
4831 Obertraun/Dachstein, *tél. (06131) 351*
5360 St Wolfgang, *tél. (06138) 22 39*
4582 Spital am Pyhrn, *tél. (07563) 249*
3574 Vorderstoder, *tél. (07564) 82 55*

● **Province de Salzbourg**

5630 Bad Hofgastein, *tél. (06432) 71 10*
5640 Bad Gastein, *tél. (06434) 253 10*
5671 Bruck an der Glocknerstrasse *tél. (06545) 295*
5632 Dorgastein, *tél. (06433) 277*
5532 Filzmoos, *tél. (06453) 235*
5672 Fusch an der Glocknerstrasse *tél. (06546) 236*
3440 Golling, *tél. (06244) 43 56*
5771 Leogang, *tél. (06583) 234*
5090 Lofer, *tél. (06588) 321*
5722 Niedersill, *tél. (06548) 82 32*
5562 Obertauern, *tél. (06456) 252*
5162 Obertrum, *tél. (6219) 307*
5550 Radstadt, *tél. (06452) 305*
5661 Rauris, *tél. (06544) 62 37*
5760 Saalfelden, *tél. (06582) 25 13*

● **Tyrol**

6060 Absam, *tél. (05223) 31 90*
6274 Aschau im Zillertal, *tél. (05282) 29 23*
6094 Axamer Lizum, *tél. (05234) 81 78*
6230 Brixlegg, *tél. (05337) 625 81*
6262 Bruck am Ziller, *tél. (05288) 33 90*
6644 Ellmau, *tél. (05358) 23 01*
6563 Galtür, *tél. (05443) 521*
6353 Going, *tél. (05358) 24 38*
6444 Gries im Ötztal, *tél. (05253) 51 03*
6263 Hart im Zillertal, *tél. (05288) 23 09*
6654 Holzgau, *tél. (05633) 52 44*
6080 Igls, *tél. (0512) 37 71 01*
6460 Imst, *tél. (05412) 24 19*
6020 Innsbruck, *tél. (0512) 598 50*
6561 Ischgl, *tél. (05444) 52 66*
6365 Kirchberg im Tirol, *tél. (05357) 23 09*
6370 Kitzbühel, *tél. (05356) 22 72*
6345 Kössen, *tél. (05375) 62 87*
6330 Kufstein, *tél. (05372) 622 07*
6183 Kühtai, *tél. (05239) 222*
6764 Lech, *tél. (05583) 216 10*
5090 Lofer, *tél. (06588) 321*
9971 Matrei in Osttirol, *tél. (04875) 65 27*
6414 Mieming, *tél. (05264) 52 74*
6162 Mutters, *tél. (0512) 57 37 44*
6465 Nassereith, *tél. (05265) 52 53*
6433 Oetz, *tél. (05252) 66 69*
6380 St Johann im Tirol, *tél. (05352) 22 18*
6100 Seefeld, *tél. (05212) 23 13*
6450 Sölden, *tél. (05254) 22 12*
6762 Stuben, *tél. (05582) 761*
6293 Tuxertal, *tél. (05287) 606*
6280 Zell am Ziller, *tél. (05282) 22 81*

● **Vorarlberg**

6787 Gargellen, *tél. (05557) 63 03*
6793 Gaschurn, *tél. (05558) 82 01*
6952 Hittisau, *tél. (05513) 63 54*
6764 Lech, *tél. (05583) 216 10*
6991 Riezlern, *tél. (05517) 511 40*
6780 Schruns, *tél. (05556) 72 16 60*
6762 Stuben, *tél. (05582) 761*
6763 Zürs, *tél. (05583) 22 45*

SKI HORS-PISTE

Pour connaître les conditions d'enneigement dans les stations autrichiennes, il suffit de téléphoner aux clubs automobiles ou à direction des postes du Tyrol.
ÖAMTC
Tél. (0222) 71 19 97
ARBÖ
Tél. (0222) 89 12 17
Direction des postes du Tyrol
Tél. *(0512) 15 66*

SKI D'ÉTÉ

● **Tyrol**

Vallée de la Kaun (2 750 m-3 100 m)
Tél. (05475) 30 82 27

Glacier de la Pitztal (2 840 m-3 440 m)
Tél. (05413) 82 88
Glacier de l'Ötztal (2 800 m-3 200 m)
Tél. (05254) 22 19
Glacier de la Stubai (2 600 m-3 200 m)
Tél. (05226) 81 13
Glacier de l'Hintertux (2 660 m-3 260 m)
Tél. (05287) 60 63 08

● **Province de Salzbourg**

Kitzsteinhorn (2 450 m-3 029 m)
Tél. (06547) 87 00

● **Styrie**

Glacier du Dachstein (2 300 m-2 700 m)
Tél. (03687) 812 41

● **Carinthie**

Glacier de la Mölltal (2 700 m-3 100 m)
Tél. (04785) 615

AUTRES SPORTS SUR GLACE ET SUR NEIGE

On ne vient plus en Autriche uniquement pour le ski de piste. Outre la luge, le bobsleigh, le ski de fond et le curling, on peut apprendre le *snowboard* (190 stations), le *swingbo* (112 stations offrent aussi des cours), le monoski (160 écoles) et le *skibob* (138 stations). Pour le surf sur glace, il faut aller en Carinthie, à Feld am See. Voici une liste de syndicats d'initiatives du Burgenland donnant tous les renseignements souhaités ainsi que quelques adresses de stations qui possèdent des écoles d'initiation aux nouveaux sports de neige et de glace.

Syndicats d'initiative du Burgenland

7142 Illmitz, *tél. (02175) 23 83*
7100 Neusiedl am See, *tél. (02167) 22 29*
7071 Rust, *tél. (02685) 202*
7072 Mörbisch am See, *tél. (02685) 82 01*
7141 Podersdorf, *tél. (02177) 22 27*

Monoski, «snowboard», «swingbo»

● **Haute-Autriche**

École de ski Wurzeralm
4582 Spital am Pyhrn, tél. (07563) 70 66

● **Stryrie**

École de ski Mürztal
8665 Langenwang, tél. (03854) 23 37

Syndicat d'initiative
8630 Mariazell, tél. (03882) 23 66
École de ski Moscher
8785 Hohentauern, tél. (03618) 204

● **Carinthie**

Syndicat d'initiative
9546 Bad Kleinkirchheim, tél. (04240) 82 12
Syndicat d'initiative
6920 Hermagor, tél. (04282) 20 43

● **Province de Salzbourg**

Club Alpin
Markt 16, 5441 Abtenau, tél. (06243) 29 39
École de ski Badgastein
5640 Badgastein, tél. (06434) 22 60
École de ski Radstadt
5550 Radstadt, tél. (06452) 73 82

● **Tyrol**

École de ski Olympic
6094 Axams, tél. (05234) 88 80
École de ski
6632 Ehrwald, tél. (05673) 26 20
École de ski
6365 Kirchberg, tél. (05357) 22 09
École de ski
6631 Lermoos, tél. (05673) 28 40
École de ski
6380 St Johann im Tirol, tél. (05352) 22 18

● **Vorarlberg**

École de ski
6764 Lech, tél. (05583) 20 07
École de ski
6952 Hittisau, tél. (05513) 82 54
École de ski
6787 Gargellen, tél. (05557) 64 01

L'«HYDROSPEED»

Ce sport – descendre les torrents à l'aide d'un bateau gonflable – rencontre un grand succès. On trouve toutes les précisions concernant les trajets et les difficultés sur les cartes et sur les prospectus d'information. Voici la liste des torrents les plus appropriés à ce genre de sport.

● **Basse-Autriche**
Le Zwettl, le Kamp, le Mühlkamp, la Pielach et la Thaya
● **Haute-Autriche**
L'Alm, l'Aschach, l'Innbach, la Grosse Mühl, La Steyr et la Traun

- **Styrie**
L'Enns, la Laming, la Mur, La Mürz et la Salza

- **Carinthie**
La Drave, la Gurk et la Möll

- **Province de Salzbourg**
La Lammer, la Saalach, la Salzach et le Torrenerbach

- **Tyrol**
L'Inn, l'Isel, la haute Isar, la Kössener Ache et le Lech

CAMPS SPORTIFS

Sport Camp Tirol
6500 Landeck (Tyrol)
tél. (05442) 646 36
Alpines Rafting-Camp Iseltal
9951 Ainet (Province de Salzbourg)
tél. (04853) 52 31
Club Alpin Extra
Markt 79, 5441 Abtenau (Province de Salzbourg), tél. (06243) 29 39
Kajak und Rafting-Fun-Center
5090 Lofer (Province de Salzbourg)
tél. (06588) 75 24

RAFTING

- **Haute-Autriche**

Bad Goisern
Tél. (06135) 82 54
Sur la Traun, la Lammer et la Koppentraun.

- **Carinthie**

Obervellach
Tél. (04782) 25 10
Sur la Möll, la Gail et l'Isel.

- **Province de Salzbourg**

Abtenau
Tél. (06243) 29 39
Sur la Salzach et la Lammer.
Dorfgastein
Tél (06415) 81 67
Sur la Salzach.
Golling
Tél. (06466) 570
Sur la Salzach et la Lammer.
Saalbach-Hinterglemm
Tél. (06541) 70 08
Sur la Saalach.

- **Styrie**

Schladming
Tél. (03687) 225 74
Sur l'Enns.
Wildalpen
Tél. (03636) 204
Dans la vallée de la Salza.

- **Tyrol**

Fulpmes
Tél. (05225) 22 35
Sur l'Inn.
Sankt Johann im Tirol
Tél. (05352) 47 77
Sur la Tiroler Ache.

- **Vorarlberg**

Lech am Arlberg
Tél. (05583) 216 10
Sur le Lech.

DELTAPLANE ET PARAPENTE

- **Basse-Autriche**

Danneberg Fred
Brettl 28, 3264 Gersten, tél. (07480) 286

- **Haute-Autriche**

École de deltaplane et de parapente Gastnertal
4582 Spital am Pyhrn 132, tél. (07563) 71 66

- **Styrie**

Hängergleiterclub Steiermark
Carnerigasse 20, 8010 Graz, tél. (0316) 57 38 44

- **Carinthie**

Drachenflieger Klagenfurt
Ringstrasse 3, 9020 Klagenfurt, tél. (0463) 34 74 92

- **Province de Salzbourg**

École de deltaplane et de parapente
5733 Bramberg 211, tél. (06566) 82 07

- **Tyrol**

Himberger Sepp
6345 Kössen 252, tél. (05375) 6559
Girstmaier Bruno
Patriasdorferstrasse 8, 9900 Lienz
tél. (04852) 373 55

● **Vorarlberg**

Greber Kaspar
Bühel 853, 6863 Egg, tél. (05512) 33 22

AVIATION ULTRA-LÉGÈRE

Ultralight, section amateur
Prinz-Eugen-Strasse 12, 1040 Wien
tél. (0222) 50 51 02

BALLONS ET MONTGOLFIÈRES

Erster Österreichischer Montgolfieren- und Aerostatic Club
8010 Graz, tél. (0361) 343 85
Union Aeronautic Styria
8182 Puch bei Weiz, tél. (03177) 21 31
Erster Kärntner Ballonfahrverein
Kiesweig 17, 9500 Villach, tél. (0436) 215 51
Österreichischer Alpenballonsportclub Salzburg
5033 Salzbourg, tél. (0662) 62 49 15
Vorarlberger Ballonfahrerclub
Brezeggstrasse 22, 6900 Bregenz
tél. (05574) 391 46
Erster Oberösterreichischer Ballonfahrverein
4693 Desselbrunn 21, tél. (07643) 389 10
Tiger–Heissluftballonclub Weinviertel
Felix-Grafe-Gasse 4/147/7, 1100 Wien
tél. (0222) 68 13 87

RUÉE VERS L'OR

Syndicat d'initiative de Heiligenblut
9844 Heiligenblut, tél. (04824) 20 01 21
Syndicat d'initiative de Rauris
5661 Rauris, tél. (06544) 237

OÙ LOGER

HÔTELS ET PENSIONS

L'hôtellerie d'Autriche correspond aux normes internationales. Même dans les petits hôtels et auberges de campagne, les clients sont assurés de trouver une propreté et un service dont l'Autriche peut être fière.
Les hôtels sont répartis en 3 catégories symbolisées par des étoiles. Les prix sont indiqués par personne ; ils peuvent varier suivant les saisons – saison d'été d'avril à octobre, saison d'hiver de novembre à mars – et les circonstances (festival, par exemple).
***** hôtel de grand luxe, entre 1 500 et 5 000 AS
**** excellent hôtel, entre 900 et 1 500 AS
*** très bon hôtel, entre 500 et 900 AS

Les pensions se distinguent des hôtels en ce qu'elles mettent l'accent sur la chambre et le petit déjeuner. Ce sont le plus souvent des établissements de moindre taille situés dans des immeubles abritant également des logements privés et des bureaux, gérés par le propriétaire lui-même qui sait leur donner sa marque personnelle.
A Vienne, les bureaux d'information touristique de l'office de tourisme de la ville de Vienne peuvent dépanner les visiteurs en leur trouvant une chambre pour le soir même.

● **Vienne**
(Indicatif *0222*)

Hôtels 5 étoiles

Ambassador *****
Neuer Markt 5, 1010, tél. 514 66
Ana Grand Hotel Wien *****
Kärntner Ring 9, 1010, tél. 515 80
Bristol *****
Kärntner Ring 1, 1010, tél. 515 16
Hilton *****
Am Stadtpark, 1030, tél. 717 00
Im Palais Schwarzenberg *****
Schwarzenbergplatz 9, 1030, tél. 798 45 15
Imperial *****
Kärntner Ring 16, 1010, tél. 501 10
Inter-Continental Vienna *****
Johannesgasse 28, 1037, tél. 711 22
Sacher *****
Philarmonikerstrasse 4, 1010, tél. 514 56

Hôtels 4 étoiles

Amadeus ****
Wildpretmarkt 5, 1010, tél. 533 87 38
Am Parkring ****
Parkring 12, 1015, tél. 51 48 00
Am Stephansplatz ****
Stephansplatz 9, 1010, tél. 534 05
Astoria ****
Führichgasse 1, 1015, tél. 515 77
Erzherzog Rainer ****
Wiedner Hauptstrasse 27-29, 1040, tél. 501 11
Kaiserin Elisabeth ****
Weihburggasse 3, 1010, tél. 515 26
Parkhotel Schönbrunn ****
Hietzinger Hauptstrasse 10-20, 1130, tél. 878 04

Hôtels 3 étoiles

Alpha ***
Boltzmanngasse 8, 1090, tél. 319 16 46
Austria ***
Wolfengasse 3, 1010, tél. 515 23

Casino Zögernitz ***
Döblinger Hauptstrasse 76, 1190, tél. 368 41 00
Rosen-Hotel Am Augerten ***
Heinestrasse 15, 1020, tél. 214 35 07
Wandl ***
Petersplatz 9, 1010, tél. 534 55

Pensions

Apartment-Pension Riemergasse ****
Riemergasse 8, 1010, tél. 512 72 20
Pension Elite ***
Wipplingerstrasse 32, 1010, tél. 533 25 18
Neuermarkt ****
Seilergasse 9, 1010, tél. 512 23 16
Am Operneck ***
Kärntnerstrasse 47, 1010, tél. 512 93 10
Haydn ***
Mariahilferstrasse 57-59, 1060, tél. 587 44 14

● **Burgenland**

Burgenland ****
Franz Schubert-Platz 1, 7000 Eisenstadt
tél. (02682) 696
Parkhotel ****
Haydngasse 38, 7000 Eisenstadt
tél. (02682) 43 61
Schmidt ****
7072 Mörbisch am See, tél. (02685) 82 94
Seehotel Rust ****
7071 Rust am See, tél. (02685) 381
Wende ****
7100 Neusiedl am See, tél. (02167) 81 11

● **Basse-Autriche**

Almschloss ****
2500 Baden bei Wien, tél. (02252) 482 40
Grand hôtel Sauerhof zu Rauenstein****
Weilburgerstrasse 11-13, 2500 Baden bei Wien
tél. (02252) 412 51
Gars ****
3571 Gars am Kamp, tél. (02985) 26 66
Benediktinerhof ****
2352 Gumpoldskirchen, tél. (02252) 621 85
Alte Mühle ***
Mühlengasse 36, 3400 Klosterneuburg
tél. (02243) 77 88
Babenbergerhof ***
Babenbergergasse, 2340 Mödling
tél. (02236) 222 46
Central ***
2380 Perchtoldsdorf, tél. (0222) 86 02 23
Panhans *****
2680 Semmering, tél. (02664) 81 81
Château de Rosenau ***
3910 Zwettl, tél. (02822) 82 21

● **Haute-Autriche**

Oberndorfer ****
4864 Attersee, tél. (07666) 364
Kurhotel ****
4822 Bad Goisern, tél. (06135) 83 05
Zum Goldenen Schiff ****
4820 Bad Ischl, tél. (06132) 42 41
Schenner
4820 Bad Ischl, tél. (06132) 246 00
Parkhotel am See ****
Schiffslände 17, 4810 Gmunden am Traunsee,
tél. (07612) 42 30
Seehotel Schwan ****
Rathausplatz 8, 4810 Gmunden am Traunsee,
tél. (07612) 42 30
Sporthotel Gosau ****
4824 Gosau am Dachstein, tél. (06136) 73 70
Seehotel Grüner Baum ***
4830 Hallstatt, tél. (06134) 263
Berghotel Hinterstoder ****
4573 Hinterstoder, tél. (07564) 54 21
Schillerpark *****
4020 Linz, tél. (0732) 69 50
City-Hotel ****
Schillerstrasse 52, 4020 Linz, tél. (0732) 526 22
Domhotel ****
Baumbachstrasse 17, 4020 Linz
tél. (0732) 77 84 41
Drei Mohren ***
4020 Linz, tél. (0732) 27 26 26
Motel Mondsee ****
5310 Mondsee, tél. (06232) 28 76
Weisses Kreuz ****
5310 Mondsee, tél. (06232) 22 54
Haus am See ***
4831 Obertraun, tél. (06131) 371
Kreuzberghof ****
4780 Schärding am Inn, tél. (07712) 23 02
Erzherzog Franz Ferdinand ***
4490 Sankt Florian, tél. (07224) 254
Eden ****
5360 Sankt Wolfgang im Salzkammergut
tél. (06138) 23 26
Post ****
5360 Sankt Wolfgang im Salzkammergut
tél. (06138) 23 46
Im Park ***
4400 Steyr, tél. (07252) 27 83 10

● **Styrie**

Post ****
8911 Admont, tél. (03613) 24 16
Seevilla ***
8922 Altaussee, tél. (03622) 713 02
Post ***
8990 Bad Aussee, tél. (03622) 25 39

Alpenhof ****
8990 Bad Aussee, tél. (06152) 523 23
Austria am Kurpark ****
8344 Bad Gleichenberg, tél. (03159) 22 05
Kurschlössl ****
8344 Bad Gleichenberg, tél. (03159) 29 12
Grand Hotel Wiesler *****
Grieskai 4-8, 8020 Graz, tél. (0316) 90 66
Hotel Erzherzog Johann ****
Sackstrasse 3-5, 8010 Graz, tél. (0316) 81 16 16
Hôtel Europa ****
Bahnhofgürtel 89, 8020 Graz, tél. (0316) 90 76
Schlossberghotel ****
Kaiser-Franz-Josef-Kai 30, 8010 Graz
tél. (0316) 80 70
Hôtel Grazerhof ***
Stubenberggasse 10, 8010 Graz
tél. (0316) 82 43 58
Brücklwirt ****
8700 Leoben, tél. (03842) 817 27
Mariazellerhof ****
8630 Mariazell, tél. (03882) 21 79
Berghof ****
8972 Ramsau am Dachstein, tél. (03687) 818 48
Edelweiss ****
8972 Ramsau am Dachstein
tél. (03687) 819 88
Sporthotel Royer *****
8970 Schladming, tél. (03687) 232 40
Breilerhof ***
8970 Schladming, tél. (03687) 226 71
Sporthotel Tauplitzalm ***
8982 Tauplitzalm, tél. (03688) 22 68
Seehotel Jägerwirt ****
8864 Turrach, tél. (03533) 42 75

● **Carinthie**

Kurhotel Ronacher *****
9546 Bad Kleinkirchheim, tél. (04240) 282
Hôtel Alte Post ****
9546 Bad Kleinkirchheim, tél. (04240) 212
Weisses Rössl ***
9546 Bad Kleinkirchheim, tél. (04240) 568
Europa ***
9583 Faak am See, tél. (04254) 22 92
Glocknerhof ****
9844 Heiligenblut, tél. (04824) 22 44
Romantikhotel Musil ****
Zehnte-Oktober-Strasse 14, 9200 Klagenfurt
tél. (0463) 51 16 60
Kurhotel Carinthia ****
Achte-Mai-Strasse 45, 9200 Klagenfurt
tél. (0463) 51 16 45
Wörthersee ****
9200 Klagenfurt, tél. (0463) 211 10
Rosen ***
9200 Klagenfurt, tél. (0463) 234 15

Seehotel Pirker ****
9082 Maria Wörth, tél. (04273) 22 81
Strandhotel Harrich ***
9082 Maria Wörth, tél. (04273) 22 28
Seewirt ****
9872 Millstatt am See, tél. (04766) 21 10
Postilion am See ***
9872 Millstatt am See, tél. (04766) 25 52
Semslacherhof ***
9821 Obervellach, tél. (04782) 21 88
Schlosswirt ***
9570 Ossiach am See, tél. (04243) 347
Pörtschacherhof ****
9210 Pörtschach am See, tél. (04272) 23 35
Château de Leonstein ****
9210 Pörtschach am See, tél. (04272) 28 16
Gasthof Seerose ***
9210 Pörtschach am See, tél. (04272) 25 02
Wörthersee ***
9210 Pörtschach am See, tél. (04272) 37 21
Parkhotel *****
9220 Velden am See, tél. (04274) 22 98
Casino Hotel ****
9220 Velden am See, tél. (04274) 512 34
Château de Velden ****
9220 Velden am See, tél. (04274) 26 55
Europa ****
9500 Villach, tél. (04242) 267 66
Goldenes Lamm ***
9500 Villach, tél. (04242) 241 05
Pension Karawankenblick ***
9500 Villach, tél. (04242) 21 73 33

● **Ville de Salzbourg**
(Indicatif 0662)

Bristol *****
Makartplatz 4, 5020, tél. 87 35 57
Goldener Hirsch *****
Getreidegasse 37, 5020, tél. 80 84
Holiday Inn Crowne Plaza *****
Rainerstrasse 6-8, 5021, tél. 889 78
Österreichischer Hof *****
Schwarzstrasse 5-7, 5020, tél. 889 77
Sheraton *****
Auerspergstrasse 4, 5020, tél. 889 99
Austrotel ****
Paris-Lodron-Strasse 1, 5020, tél. 88 16 88
Bayrischer Hof ****
Kaiserschützenstrasse 1, 5020, tél. 469 70
Maria Theresien Schlössl ****
Morzger Strasse 87, 5034, tél. 82 01 91
Goldene Krone ***
Linzer Gasse 48, 5020, tél. 87 23 00
Jedermann ***
Rupertgasse 25, 5020, tél. 87 32 41
Pension Am Dom ***
Goldgasse 17, 5020, tél. 84 27 65

● **Province de Salzbourg**

Lindenhof ****
5441 Abtenau, tél. (06243) 22 93
Elisabethpark *****
5640 Badgastein, tél. (06434) 25 51
Europäischer Hof ****
5640 Badgastein, tél. (06434) 252 60
Salzburger Hof ****
5640 Badgastein, tél. (06434) 20 37
Savoy ****
5640 Badgastein, tél. (06434) 25 88
Kurhaus Alpenblick ***
5640 Badgastein, tél. (06434) 20 62
Grand Parkhotel ****
5630 Bad Hofgastein, tél. (06432) 63 56
Astoria ****
5630 Bad Hofgastein, tél. (06432) 627 70
Dachstein ****
5532 Filzmoos, tél. (06453) 218
Alpenkrone ***
5532 Filzmoos, tél. (06453) 280
Mohrenwirt ****
5330 Fuschl am See, tél. (06226) 228
Seewinkl ***
5330 Fuschl am See, tél. (06226) 32 44
Kaprunerhof ****
5710 Kaprun, tél. (06547) 72 34
Alpengasthof Wüstlau ***
5710 Kaprun, tél. (06547) 84 61
Schloss Mittersill ***
5730 Mittersill, tél. (06562) 45 23
Romantik Jagdhotel ***
*Wald, 5741 Neukirchen am Grossvenediger
tél. (06565) 64 17*
Alpina ****
5562 Obertauern, tél. (06456) 336
Alpengasthof Seitenalm ***
5550 Radstadt, tél. (06452) 490
Sonne ***
5753 Saalbach, tél. (06541) 72 02
Ingonda ***
5753 Saalbach, tél. (06541) 262
Hollweger ****
5340 Sankt Gilgen, tél. (06227) 226
Parkhotel Billroth ****
5340 Sankt Gilgen, tél. (06227) 217
Hôtel Alpenland ****
*5600 Sankt Johann im Pongau
tél. (06412) 702 10*
Gasthof Hirschenwirt ***
5600 Sankt Johann im Pongau, tél. (06412) 60 12
Salzburger Hof *****
5700 Zell am See, tél. (06542) 28 28
Clima Seehotel ****
5700 Zell am See, tél. (06542) 25 04
Hôtel Bellevue ***
5700 Zell am See, tél. (06542) 310 40

● **Tyrol**

Neuwirt ****
6094 Axams, tél. (05234) 81 41
Brixleggerhof ***
6230 Brixlegg, tél. (05337) 26 30
Alte Post ***
6166 Fulpmes, tél. (05225) 23 58
Fluchtorn ****
6563 Galtür, tél. (05443) 202
Paznauerhof ***
6563 Galtür, tél. (05443) 234
Badhotel ****
6294 Hintertux, tél. (05287) 312
Hintertuxerhof ****
6294 Hintertux, tél. (05287) 316
Europa-Tyrol *****
*Südtiroler Platz 2, 6020 Innsbruck
tél. (0512) 59 31*
Alpin-Parkhotel ****
*Pradler Strasse 28, 6020 Innsbruck
tél. (0512) 34 86 00*
Goldener Adler ****
*Herzog-Friedrich-Strasse 6, 6020 Innsbruck
tél. (0512) 58 63 34*
Maria Theresia ****
*Maria-Theresien-Strasse 31, 6020 Innsbruck
tél. (0512) 59 33*
Heimgartl ***
*Hoher Weg 12, 6020 Innsbruck
tél. (0512) 26 76 41*
Weisses Kreuz ***
*Herzog-Friedrich-Strasse 31, 6020 Innsbruck
tél. (0512) 594 79*
Happy Kirchberg ****
6365 Kirchberg in Tirol, tél. (05357) 28 42
Tyroler Hof ****
6365 Kirchberg in Tirol, tél. (05357) 26 65
Ehrenbachhöhe ****
6370 Kitzbühel, tél. (05356) 21 51
Goldener Greif ****
6370 Kitzbühel, tél. (05356) 43 11
Sporthotel Reisch ****
6370 Kitzbühel, tél. (05356) 336 60
Zur Tenne ****
6370 Kitzbühel, tél. (05356) 44 44
Bellevue ***
6370 Kitzbühel, tél. (05356) 27 66
Gasthof Eggerwirt ***
6370 Kitzbühel, tél. (05356) 24 55
Edelweiss ****
6631 Lermoos, tél. (05673) 22 14
Drei Moren ***
6631 Lermoos, tél. (05673) 23 62
Sonne ****
Johannsplatz, 9900 Lienz, tél. (04852) 633 11
Dolomiten ***
9900 Lienz, tél. (04852) 629 62

Glocknerhof ***
9900 Lienz, tél. (04852) 621 67
Goldried ****
9971 Matrei in Osttirol, tél. (05273) 62 69
Elisabeth *****
6290 Mayrhofen, tél. (05285) 29 29
Alpenhotel Kramerwirt ****
6290 Mayrhofen, tél. (05285) 26 15
Altenburg ***
6162 Mutters, tél. (0512) 68 70 53
Berghof ****
6162 Mutters, tél. (0512) 58 50 21
Bergwelt ****
6456 Obergurgl, tél. (05256) 274
Fender ***
6456 Obergurgl, tél. (05256) 226
Alpenhotel Ötz ***
6433 Ötz, tél. (05252) 62 32
Furtners Sporthotel ****
6213 Pertisau, tél. (05243) 55 01
Wilder Kaiser–Gasthaus ***
6351 Scheffau am Wilden Kaiser
tél. (05358) 81 18
Astoria *****
6100 Seefeld, tél. (05212) 227 20
Lärchenhof *****
6100 Seefeld, tél. (05212) 23 83
Alpengasthof ***
6100 Seefeld, tél. (05212) 22 49
Central ****
6450 Sölden, tél. (05254) 22 60
Alphof ****
6450 Sölden, tél. (05254) 25 59
Hospitz *****
6580 Sankt Anton am Arlberg
tél. (05446) 26 11
Neue Post ****
6580 Sankt Anton am Arlberg
tél. (05446) 221 30
Hôtel Grischuna ***
6580 Sankt Anton am Arlberg, tél. (05446) 23 04
Theresia Sporthotel ****
6280 Zell am Ziller, tél. (05282) 22 27
Zellerhof *****
6280 Zell am Ziller, tél. (05282) 26 12

● **Vorarlberg**

Schlosshotel ****
Schlossplark 5, 6700 Bludenz
tél. (05552) 630 16
Mercure ****
6900 Bregenz, tél. (05574) 461 00
Weisses Kreuz ****
Römerstrasse 5, 6900 Bregenz, tél. (05574) 49 88
Central ****
Kaiserstrasse 26, 6900 Bregenz
tél. (05574) 478 00

Bischof ****
6850 Dornbirn, tél. (05572) 649 01
Hirschen Gasthof ***
6850 Dornbirn, tél. (05572) 34 56
Bären ****
Bahnhofstrasse 1, 6800 Feldkirch
tél. (05522) 220 50
Weisses Kreuz ****
Altenstadt, 6800 Feldkirch
tél. (05522) 287 88
Bachmann ****
6787 Gargellen, tél. (05557) 63 16
Alpenrose ***
6787 Gargellen, tél. (05557) 63 14
Arlberg *****
6764 Lech am Arlberg, tél. (05583) 213 40
Hotel Post *****
6764 Lech am Arlberg, tél. (05583) 220 60
Berghof ****
6764 Lech am Arlberg, tél. (05583) 26 35
Burg ****
6764 Lech am Arlberg, tél. (05583) 22 91
Alpenhof-Messmer ****
6780 Schruns, tél. (05556) 72 66 40
Löwen ****
6780 Schruns, tél. (05556) 71 41
Arlberg ***
6762 Stuben am Arlberg
tél. (05582) 12 15 21
Montafoner Hof ****
6774 Tschagguns, tél. (05556) 74 40 00
Albona *****
6763 Zürs am Arlberg, tél. (05583) 23 41
Zürserhof *****
6763 Zürs am Arlberg, tél. (05583) 25 13
Enzian ***
6763 Zürs am Arlberg, tél. (05583) 224 20

AUBERGES DE JEUNESSE

On les appelle en allemand *Jugendherberge*, *Jugendgästehaus* ou *Gästehaus*.

● **Vienne**
(Indicatif *0222*)

Jugendgästehaus
Friedrich Engels Platz 24, 1200
tél. 33 28 29 40
Jugendherberge
Myrthengasse 7, 1070, tél. 523 63 16
Gästehaus Ruthensteiner
R. Hamerling-Gasse 24, tél. 830 82 65
Turmherberge Don Bosco
Lechnerstrasse 12, 1030, tél. 713 14 94
Réservé aux garçons.
Jugendgästehaus Hütteldorf-Hacking
Schlossberggasse 8, 1130, tél. 877 15 01

● **Burgenland**

Neusiedl am See
Herbergsgasse 1, tél. (02167) 22 52
Rust
Am Seekanal 1, tél. (02685) 245
Purbach
Türkenhain, tél. (02683) 55 38

● **Basse-Autriche**

Annaberg
Annarotte 77, tél. (02728) 84 96
Klosterneuburg-Gugging
Türkenhain, tél. (02243) 835 01
Melk
Abt Karl-Strasse 42, tél. (02752) 42 17
Krems
Kasernstrasse 77, tél. (02732) 834 52

● **Haute-Autriche**

Ampflwang
Stefan-Demuth-Haus, Hüblstrasse 11
tél. (0732) 77 26 33
Bad Ischl
Am Rechensteg 5, tél. (06132) 265 77
Freistadt
Schlosshof 3, tél. (07942) 43 65
Gosau
168, Bischof-Doktor-Eder-Haus
tél. (06136) 83 52
Hallstatt
Lahn 50, tél. (06134) 279
Hinterstoder
Mitterstoder 137, tél. (07564) 52 27
Linz
Kapuzinerstrasse 14, tél. (0732) 728 27 20
Mondsee
Krankenhausstrasse 9, tél. (06232) 24 18
Steyr
Hafnerstrasse 14, tél. (07252) 455 80

● **Styrie**

Admont
Schloss Röthelstein 50, tél. (03613) 24 32 85
Bad Aussee
Lerchenreith 148, tél. (03622) 522 38
Graz
Idlhofgasse 74, tél. (0316) 91 48 76
Riegersburg
3 Im Cillitor, tél. (03153) 217

● **Carinthie**

Heiligenblut
Hof 36, tél. (04824) 22 59

Villach
Dinzlweg 34, tél. (04242) 563 68

● **Ville de Salzbourg**

Jugendherberge Aignerheim
Aigner Strasse 34, tél. (0662) 62 32 84
Eduard Heinrich Haus
Eduard Heinrich-Strasse 2, tél. (0662) 259 76
Jugendherberge
Glockengasse 8, tél. (0662) 87 62 41

● **Province de Salzbourg**

Bad Gastein
Ederplatz 2, tél. (06434) 20 80
Hallein
Schloss Wispach, tél. (06245) 803 97
Sankt Gilgen
Mondseer Strasse 7-9, tél. (06227) 365
Sankt Johann im Pongau
Alpendorf J. H. Weitenmoos, tél. (06412) 62 22
Zell am See
Seespitzstrasse 13, tél. (06542) 571 85

● **Tyrol**

Innsbruck
- Jugendherberge Innsbruck, Radetzkystrasse 47
tél. (0512) 49 58 87
- Studenheim, Reichenauerstrasse 147
tél. (0512) 34 61 79
Reutte
Professor Dengl-Strasse 20, tél. (05672) 30 39
Sillian
Arnbach Nr. 84, tél. (04842) 63 21

● **Vorarlberg**

Bregenz
Belruptstrasse 16a, tél. (05574) 42 28 67
Feldkirch-Levis
Reichstrasse 111, tél. (05522) 731 81

CAMPING

L'office du tourisme autrichien envoie sur demande une carte détaillée de tous les terrains de camping en Autriche. Si l'on voyage avec une caravane, il est prudent de se renseigner pour savoir quels sont les routes et les cols interdits à ce genre de véhicules.

LOGEMENT CHEZ L'HABITANT

On trouve partout, le long des routes, les petits panneaux marqués *Zimmer frei* (chambres à louer). Les syndicats d'initiative des centres touristiques ont un service qui s'occupe du logement chez l'habitant. C'est la manière la plus économique de se loger en Autriche et on est sûr d'avoir une chambre propre et un accueil chaleureux.

OÙ SE RESTAURER

Les vins

La tradition du vin est ancienne en Autriche; elle remonte aux Romains qui cultivaient déjà la vigne autour de Vindobona. Mille ans plus tard, ce furent les monastères qui se chargèrent de cette noble tâche. Quelques espèces particulières se sont épanouies sous le climat autrichien. Plus d'un tiers de la superficie viticole est consacrée au *Grüner Veltliner*, dont on aime le fin pétillement et le goût légèrement âpre. Le *Blaufränkischer*, vin rouge plus corsé et plus fruité, est aussi très apprécié de tous, connaisseurs et profanes.

Les provinces autrichiennes productrices de vin sont au nombre de quatre : Vienne, la Basse-Autriche, le Burgenland et la Styrie.

Les vins sont répartis en 4 catégories selon leur qualité : *Landwein* (vin de pays), *Qualitätswein* (vin de qualité supérieure), *Kabinettwein* (AOC) et *Prädikatswein* (grand vin).

Dans la plupart des régions viticoles, le vigneron invite à une dégustation. Mieux encore, on peut avoir le privilège de s'asseoir à l'ombre de grands arbres autour de longues tables rustiques en bois brut et d'être servi par le vigneron lui-même.

Pour de plus amples renseignements, s'adresser au :
Weinmarketing Servicegesellschaft
Gumpendorfer Strasse 8, 1040 Wien
tél. (0222) 587 47 67

● **Les vins blancs**

Riesling : vin excellent, racé, étoffé, beaucoup de bouquet (origine : la Wachau)
Grüner Veltliner : fruité, épicé, légèrement pétillant (origine : Basse-Autriche, Burgenland)
Traminer : beaucoup d'arôme
Zierfandler : bouquet très soutenu
Müller-Thurgau : étoffé, très apprécié
Welschriesling : finement épicé (origine : Burgenland, Styrie)
Weisser Burgunder («bourgogne blanc») : bouquet qui rappelle la noisette
Neuburger : vin riche et fort (origine : Basse-Autriche, Burgenland)

● **Les vins rouges**

Zweigelt blau : fruité
Blauer Portugieser : doux (origine : Basse-Autriche)
Blauer Burgunder («bourgogne bleu») : ardent, bouquet qui rappelle la noisette (origine : Basse-Autriche et Burgenland)
Schilcher : fruité, légèrement amer (origine : Styrie)

« Heurigen »

Ces guinguettes ne se trouvent pas uniquement autour de Vienne, mais dans toutes les régions viticoles. Voici une liste non exhaustive des producteurs et leur numéro de téléphone.

● **Vienne**

Fuhrgassl-Huber
Tél. (0222) 440 14 05
Hengl-Haselbrunner
Tél. (0222) 32 33 30
Mayer am Pfarrplatz
Tél. (0222) 37 33 61

● **Gumpoldskirchen**

Berghof-Stift Melk
Tél. (02252) 621 85
Weinstadl
Tél. (02252) 622 18

● **Perchtoldsdorf**

Killermann
Tél. (0222) 86 82 84

● **Krems**

Kremser Sandgrube
Tél. (02732) 831 91

● **Dürnstein**

Alter Klosterkeller
Tél. (02732) 53 62

● **Donnerskirchen**

Martinsschlössl
Tél. (02683) 86 36

● **Purbach**

Pauli's Stuben
Tél. (02683) 55 13

Türkenkeller
Tél. (02683) 51 12

● **Graz**

Stiegelmar
Tél. (02173) 22 03

PETIT GLOSSAIRE CULINAIRE

Backhendl	Poulet pané et frit à l'huile
Beinfleisch	Viande de bœuf bouillie
Beuschl	Ragoût d'abats (cœur et poitrine)
Erdäpfel	Pommes de terre
Faschiertes	Viande hachée
Fritatten	Crêpes coupées en lamelles
Geselchtes	Viande fumée
Grammeln	Rillons
Gugelhupf	Kougelhof
Häuptsalat	Laitue
Karfiol	Chou fleur
Kohlsprossen	Choux de Bruxelles
Kren	Raifort
Krenfleisch	Porcelet bouilli avec la couenne dans une sauce au raifort
Kukuruz	Maïs
Marillen	Abricots
Obers	Crème fouettée
Palatschinken	Crêpes
Paradeiser	Tomate
Powidl	Compote de prunes
Ribisel	Groseilles
Ringlotten	Reine-claude
Schlagobers	Crème fraîche
Schöpsernes	Viande de mouton
Schwammerl	Champignons
Selchfleisch	Viande fumée
Tafelspitz	Morceau spécial de bœuf cuit à l'eau, sorte de pot-au-feu
Topfen	Fromage blanc
Zwetschken	Prunes

RESTAURANTS

La gastronomie autrichienne a acquis depuis longtemps une réputation internationale et presque toutes les villes d'une certaine importance possèdent d'excellents restaurants.

Quelques très bonnes tables

● **Vienne**
(Indicatif *0222*)

Altwienerhof
Herklotzgasse 6, 1150, tél. 83 71 45
Korso bei der Oper
Mahlerstrasse 2, 1100, tél. 515 16

Palais Schwarzenberg
Schwarzenbergplatz 9, 1030
tél. 798 45 15
Steirereck
Rasumofskygasse 2, 1030, tél. 713 31 68
Vier Jahreszeiten
Johannesgasse 28, 1030, tél. 750 51 43
Zu den Drei Husaren
Weihburggasse 4, 1010, tél. 512 10 92

● **Burgenland**

G'würzstöckl
Schubertplatz 1, Eisenstadt, tél. (02682) 55 21 30

● **Basse-Autriche**

Landhaus Bacher
3512 Mautern bei Krems, tél. (02732) 229 37

● **Haute-Autriche**

Allegro
Schillerstrasse 68, Linz, tél. (0732) 66 98 00

● **Styrie**

Plabutscher Schlössl
Göstlinger Strasse 129, Graz, tél. (0316) 57 10 55

● **Carinthie**

Kellerwand
Mauthen 24, Kötschach-Mauthen
tél. (04715) 269
Wörther See
Villacher Strasse 338, Klagenfurt
tél. (0463) 29 31

● **Province de Salzbourg**

Brunnwirt
Fuschl, tél. (06226) 236
Goldener Hirsch
Getreidegasse 37, Salzbourg
tél. (0662) 84 85 11
Mesnerhaus
Kirchenplatz, Mauterndorf, tél. (06472) 75 95
Villa Hiss
Badgastein, tél. (06434) 382 80
Weisses Kreuz
Mondsee, tél. (06232) 22 54

● **Tyrol**

Kapeller
Philippine–Welser Strasse 96, Innsbruck
tél. (0512) 431 06

● **Vorarlberg**

Zoll
Arlbergstrasse 118, Bregenz, tél. (05574) 317 05

Cuisine régionale

Les spécialités autrichiennes diffèrent selon les régions. Voici quelques-unes des meilleures auberges servant une cuisine typique du terroir.

● **Burgenland**

Taubenkobel
7081 Schützen am Gebirge, tél. (02684) 22 97

● **Basse-Autriche**

Landgasthof Hütt
3452 Mitterndorf, tél. (02275) 254
Jamek
3610 Joching, tél. (02715) 22 35
Château de Rosenau
3924 Rosenau, tél. (02822) 82 21
Château de Dürnstein
3601 Dürnstein, tél. (02711) 212

● **Haute-Autriche**

Vogelkäfig
4040 Neulichtenberg, tél. (0732) 23 40 37
Villa Schratt
4820 Bad Ischl, tél. (06132) 76 47

● **Styrie**

Zum Klein-Hapl
8580 Köflach, tél. (03144) 34 94
Château d'Ober-Mayerhofen
Sebersdorf, tél. (0333) 29 59

● **Carinthie**

Château de Leonstein
9210 Pörtschach, tél. (04272) 281 60

● **Province de Salzbourg**

Braugasthof Sigl
5162 Obertrum, tél. (06219) 51 62
Döllerer
5440 Golling, Tél. (06244) 22 00
Château de Mönchstein
5020 Salzbourg, tél. (0662) 848 55 50
Château de Prielau
5700 Zell am See, tél. (06542) 26 09
Château de Helbrunn
5020 Salzbourg, tél. (0662) 84 12 78

● **Tyrol**

Lendbräu
6130 Schwaz, tél. (05242) 720 02

Cuisine étrangère à Vienne

Asia
Himmelpfortgasse 27, 1010
tél. (0222) 512 72 77
Bambus
Auerspergstrasse 2, tél. (0222) 42 27 75
Carpaccio
Paniglgasse 22, tél. (0222) 505 99 88
Grotta Azzurra
Babenbergerstrasse 5, 1010
tél. (0222) 586 10 44
Koh-I-Noor
Marc-Aurälestrasse 8, 1010
tél. (0222) 533 00 80
Ristorante Firenze
Singerstrasse 3, 1010, tél. (0222) 513 43 74
Shalimar
Schmalzhofgasse 11, 1060
tél. (0222) 56 43 17
Sushi-yu
Ungarngasse 6, 1030, tél. (0222) 713 89 14

«KELLER»

● **Vienne**

Piaristenkeller
Piaristengasse 45, 1080, tél. (0222) 42 91 52
Urbanikeller
Am Hof 12, 1010, tél. (0222) 63 91 02
Wiener Rathauskeller
Rathausplatz 1, 1010, tél. (0222) 42 12 19

● **Eisenstadt**

Schlosstaverne
Esterhazyplatz 5, tél. (02682) 636 75

● **Rust**

Rathauskeller
Hauptplatz, tél. (02685) 261

● **Salzbourg**

Zum Mohren
Judengasse 9, tél. (0662) 84 23 87

● **Graz**

Hofkeller
Hofgasse 8, tél. (0316) 30 24 39

VIE NOCTURNE

● **Villach**

Rauchkuchl
Klagenfurter Strasse 62, tél. (04242) 270 42

● **Innsbruck**

Der Keller
Müllerstrasse 2a, tél. (0512) 58 30 47

● **Dornbirn**

Günthers Weinstube
Riedgasse 10, tél. (05572) 626 79 11

CAFÉS DE VIENNE

Central
Herrengasse 14, 1010, tél. (0222) 53 33 76 30
Hawelka
Dorotheergasse 6, 1010, tél. (0222) 512 82 30
Landtmann
Dr. Karl-Lueger-Ring 4, 1010
tél. (0222) 532 06 21
Ministerium
Georg-Coch-Platz 4, 1010, tél. 512 92 25
Museum
Friedrichstrasse 6, 1010, tél. (0222) 56 52 02
Prückl
Stubenring 24, 1010, tél. (0222) 512 61 15
Sacher
Philharmonikerstrasse 4, 1010
tél. (0222) 514 56
Sperl
Gumpendorfer Strasse 11, 1060
tél. (0222) 56 41 58

CAFÉS-CONCERTS À VIENNE

Bräunerhof
Stallburggasse 2, 1010, tél. (0222) 512 38 93
Dommayer
Dommayergasse 1, 1130, tél. (0222) 877 54 65
Schwarzenberg
Kärntner Ring 17, 1010, tél. (0222) 512 73 93
Walzerkonzertcafé DDS Johann Strauss
Am Donaukanal, 1010, tél. (0222) 533 93 67
Le long du canal du Danube, descente au Marienbrücke.

PÂTISSERIES À VIENNE

Demel
Kohlmarkt 14, 1010, tél. (0222) 533 55 66
Gerstner
Kärntnerstrasse 11, 1010, tél. (0222) 512 49 63
Heiner
Kärntnerstrasse 21-23, 1010, tél. (0222) 52 68 63

« BEISELN À VIENNE »

Bastei-Beisel
Stubenbastei 10, 1010, tél. (0222) 512 43 19
Figlmüller
Wollzeile 5, 1010, tél. (0222) 512 61 77
Ofenloch
Kurrentgasse 8, 1010, tél. (0222) 533 88 44
S'Glacisbeisel
Messepalast, esc. 14, 1070
tél. (0222) 526 67 95
S'Schrammelbeisel
Kalvarienberggasse 51, 1170
tél. (0222) 42 43 46

CAFÉS-THÉATRES À VIENNE

Alt-Wien
Bäckerstrasse 6, 1010, tél. (0222) 512 17 60
Daniel Moser
Rotenturmstrasse 14, 1010, tél. (0222) 513 28 23
Kaktus
Riemergasse 1-3, 1010, tél. (0222) 533 19 38
Krah-Krah
Rabensteig 8, 1010, tél. (0222) 63 81 93
Oswald & Kalb
Bäckerstrasse 14, 1010, tél. (0222) 512 13 71

VIE NOCTURNE

BARS ET BOÎTES DE NUIT

● **Vienne**
(Indicatif 0222)

Bristol Bar
Kärntner Ring 1, 1010, tél. 51 51 65 35
Une des meilleures adresses.
Eden-Bar
Liliengasse 2, 1010, tél. 512 74 50
Cravate de rigueur, orchestre.
Jazz-club Opus One
Mahlerstrasse 11, 1010
Jazzland
Franz Joseph Kai 29, 1010, tél. 63 25 75
Klimt Bar
Hotel Hilton, am Stadtpark, 1030, tél. 717 00
Style Art nouveau.
Queen Anne
Johannesgasse 12, 1010, tél. 512 02 03
Nina's Club Bar
Bauernmarkt 21, 1010
Excellente animation.
Orient Bar
Orient Hotel, 1, Tiefer Graben 30-32
La boîte la plus sélect de Vienne.

Orchidee
Schönbrunnerstrasse 137, 1050
Spectacles, salons particuliers.
Renz
Zirkusgasse 50, 1020, tél. 24 31 35
Le Montmartre de Vienne, spectacle, pièces séparées.
Volksgarten
Volksgarten, 1010
Pour les jeunes.

● **Graz**

Ernst Fuchs Bar
Hôtel Erzherzog Johann, Sachstrasse 3-5
Nummer 1
Triesterstrasse 25
Ska
Grabenstrasse 8

● **Kitzbühel**

Take Five
Heroldstrasse 1

● **Klagenfurt**

Scotch Club
Pfarrplatz 20

● **Linz**

Club Emanuela
Rudolfstrasse 90
Bains romains.

● **Salzbourg**

Cats Club
Esshauerstrasse 5
Salon en velours rouge rétro.

● **Velden**

G.I.G.
Klagenfurter Strasse 46
Schlossbar
Schlosshotel
Ambiance très *gemütlich*.

CASINOS

Baden
Kurpark, 2500 Baden
Badgastein
Grand hôtel de l'Europe, 5640 Badgastein
Bregenz
Symphonikerplatz, 6900 Bregenz

Cercle de Vienne
Kärntnerstrasse 41, 1010 Wien
Graz
Landhausgasse 10, 8010 Graz
Kitzbühel
Hotel Goldener Greif, 6370 Kitzbühel
Kleinwalsertal
6991 Riezlern
Il s'agit d'un territoire hors frontière, ce qui explique que les mises se font en marks allemands.
Linz
Rainerstrasse 12-14, 4020 Linz
Salzbourg
Château de Klessheim, 5020 Salzbourg
Seefeld
Hotel Karwendelhof, 6100 Seefeld
Velden
Casino, 9220 Velden

ADRESSES UTILES

EN FRANCE, BELGIQUE, SUISSE ET CANADA

Office national autrichien du tourisme
BP 475, 75366 Paris Cedex 08
tél. 01 53 83 95 20, fax 01 45 61 97 67
Les bureaux ne sont pas ouverts au public mais on peut recevoir une documentation très complète en appelant ou en écrivant. Service Minitel : 3615 Autriche.
Institut culturel d'Autriche
30, bd des Invalides, 75007 Paris
tél. 01 47 05 27 10
Office national autrichien du tourisme
Avenue Louise 106, 1050 Bruxelles
tél. (02) 646 06 10
Österreich Werbung
Zweierstrasse 146, Postfach, 8036 Zürich
tél. (01) 451 15 51
Office national autrichien du tourisme
1010 Sherbrooke Ouest, 1410 Montréal
H3A 2R7 Canada, tél. (514) 849 37 09

EN AUTRICHE

● **A Vienne**

Österreich Werbung
Margaretenstrasse 1, 1040 Wien
tél. (0222) 587 20 00
Ouvert du lundi au vendredi de 10 h à 17 h, le jeudi jusqu'à 18 h.
Wiener Tourismusverband
Obere Augartenstrasse 40, 1025
tél. (0222) 21 11 40

● **Dans les «Länder» autrichiens**

Burgenland Tourismus (Burgenland)
*Schloss Esterházy, 7000 Eisenstadt
tél. (02682) 633 84*
Kärntner Tourismusgesellschaft (Carinthie)
Casinoplatz 1, 9220 Velden, tél. (04274) 521 00
Niederösterreich-Information (Basse-Autriche)
Heidenschuss 2, 1010 Wien, tél. (0222) 533 31 14
Landesverband für Tourismus in Oberösterreich (Haute-Autriche)
Schillerstrasse 50, 4010 Linz, tél. (0732) 60 02 21
Salzburger Land-Tourismusgesellschaft (Province de Salzbourg)
*Alpenstrasse 96, 5033 Salzbourg, Postfach 8
tél. (0662) 62 05 06*
Steirische Tourismusgesellschaft (Styrie)
St. Peter Hauptstrasse 243, 8042 Graz-Sankt Peter, tél. (0316) 403 03 30
Tirol Werbung (Tyrol)
Bozner Platz 6, 6010 Innsbruck, tél. (0512) 53 20
Vorarlberg-Tourismus (Vorarlberg)
*Römerstrasse 7/I, 3901 Bregenz
tél. (05574) 42 52 55*

PETIT LEXIQUE

Ce petit lexique élémentaire aidera les non-germanistes à se repérer sommairement.

Alm	Alpage
Apotheke	Pharmacie
Ausgang	Sortie
Bach	Ruisseau
Bad	Bain
Bahnhof	Gare
Baum	Arbre
Berg	Montagne
Blick	Vue
Blut	Sang
Boden	Plateau
Brücke	Pont
Brunn	Fontaine
Bund	Fédération
Burg	Forteresse
Dach	Toit
Dom	Cathédrale
Donner	Tonnerre
Dorf	Village
Ebene	Plaine
Eck	Coin
Eingang	Entrée
Eis	Glace
Eisverkaufer	Glacier, pâtissier
fahren	Aller (en véhicule)
Feld	Champ
Fels	Rocher
Ferner/Gletscher	Glacier
Fluss	Rivière
Frau	Femme
Gasse	Petite rue
Gasthof	Auberge
Gebirge	Massif montagneux
Graben	Fossé d'effondrement
Graf	Comte
Haus	Maison
Heim	Maison, foyer
Herzog	Duc
Hof	Cour
Höhe	Hauteur
Höhle	Grotte
Horn	Corne
Hütte	Refuge
Joch	Col
Kaiser	Empereur
Kammer	Chambre
Kette	Chaîne
Kirche	Église
Klamm	Ravin
König	Roi
Kopf	Tête
Kreuz	Croix
Landschaft	Paysage
Land	Province
Mann	Homme
Markt	Marché
Meer	Mer
Mitte	Milieu
Mond	Lune
Mühl	Moulin
Ort	Endroit
Palatz	Palais
Pass	Col
Pfaaramt	Paroisse
Platz	Place
Rad	Roue
Rathaus	Hôtel de ville
Reich	Empire
reisen	Voyager
Reiter	Cavalier
Ritter	Chevalier
Saal	Salle
Salz	Sel
Schloss	Château
Schnee	Neige
Schwan	Cygne
See	Lac
Sonne	Soleil
Staat	État
Stadt	Ville
Stein	Pierre
Stift	Abbaye
Strasse	Rue
Tag	Jour

Tal	Vallée
Teil	Partie
Tor	Porte
Turm	Tour
Uhr	Montre, horloge
Viertel	Quart, quartier
Wald	Forêt
Wasserfall	Cascade
Wasser	Eau
Weg	Chemin
Weinberg	Vignoble
Wein	Vin
Welt	Monde
Wetter	Temps (qu'il fait)
Zeit	Temps (qui passe)
Zug	Train
weiss	Blanc
schwarz	Noir
grau	Gris
grün	Vert
rot	Rouge
gelb	Jaune
blau	Bleu
gross	Grand
klein	Petit
hoch	Haut
spitz	Pointu
neu	Nouveau
schön	Beau
kalt	Froid
warm	Chaud
hell	Clair, vif
heilig	Saint
links	À gauche
rechts	À droite
hinter	Vers l'arrière, après
hinten	À l'arrière
nieder	En bas
oben	En haut
ober	Supérieur
unter	Sous
vor	Devant, avant
fern	Loin
eins	Un
zwei	Deux
drei	Trois
vier	Quatre
fünf	Cinq
sechs	Six
sieben	Sept
acht	Huit
neun	Neuf
zehn	Dix
elf	Onze
zwölf	Douze

BIBLIOGRAPHIE

Histoire

Béhar P., *L'Autriche-Hongrie, une idée d'avenir*, Desjonquères, Paris, 1991

Bérenger J., *Histoire de l'Autriche*, PUF - Que sais-je ? Paris, 1994 ; *L'Autriche-Hongrie de 1815 à 1918*, Armand Colin, Paris, 1994

Berthier de Sauvigny G. de, *Metternich*, Fayard, Paris, 1986

Bethouard A., *Metternich et l'Europe*, Perrin, Paris, 1979

Bled J.-P., *François-Joseph*, Fayard, Paris, 1987 ; *Rodolphe et Mayerling*, Fayard, Paris, 1989

Clot A., *Soliman le Magnifique*, Fayard, Paris, 1983

Corti E.-C., *Élisabeth d'Autriche*, Payot, Paris, 1992

Dugast Rouillé M., *Charles de Habsbourg*, Duculot, Paris, 1991

Erlanger P., *Rodolphe II de Habsbourg*, Perrin, Paris, 1983

Fejtö F., *Joseph II*, Perrin, Paris, 1982 ; *Requiem pour un empire défunt*, Seuil, Paris, 1993

Horwitz G. J., *Mauthausen, ville d'Autriche : 1938-1945*, Seuil, Paris, 1992

Kreissler F., *Histoire de l'Autriche*, PUF - Que sais-je? Paris, 1977

Milza O., *Histoire de l'Autriche*, Hatier, Paris, 1995

Molnar M. et **Reszler A.**, *Le Génie de l'Autriche-Hongrie : État, société, culture*, PUF, Paris, 1989

Pierre B., *Le Roman du Danube*, Plon, Paris, 1991

Tapié V.-L., *L'Europe de Marie-Thérèse : du baroque aux Lumières*, Fayard, Paris, 1973

Vienne-Budapest : 1867-1918, Autrement, Paris, 1996

Waldheim K., *Le Miracle autrichien*, Denoël, Paris, 1973

Arts et architecture

Brion M., *La Vie quotidienne à Vienne à l'époque de Mozart et de Schubert*, Hachette, Paris, 1986

Costumes à la cour de Vienne (1815-1918), Paris-Musées, Paris, 1995

De Coster L. et **Nizet F.**, *16 promenades dans Vienne*, Casterman, Paris, 1992

Frödl D., *Klimt et l'école de Vienne*, Chêne, Paris, 1990

La Grange H.-L. de, *Vienne, une histoire musicale*, Fayard, Paris, 1995; *Gustav Malher: chronique d'une vie*, 3 vol., Fayard, Paris, 1980-1984
Pollack M., *Vienne 1900*, Gallimard, Paris, 1992
Tapié V.-L., *Le Baroque*, PUF, Paris, 1991; *Baroque et classicisme*, Hachette, Paris, 1986
Waissenberger R., *Vienne: 1815-1848, l'époque de Biedermeier*, Seuil, Paris, 1986

LITTÉRATURE

Bachmann I., *Franza*, Seuil - Points, Paris, 1993; *Requiem pour Fanny Goldmann*, Actes Sud, Paris, 1987
Bernhard T., *Origine I*, Gallimard - Folio, Paris, 1996; *La Cave II*, Gallimard, Paris, 1983; *Le Souffle III*, Gallimard, Paris, 1983; *Heldenplatz (place des Héros)*, Arche, Paris, 1990; *Déjeuner chez Wittgenstein*, Arche, Paris, 1990; *Le Neveu de Wittgenstein*, Gallimard - Folio, Paris, 1991
Canetti E., *La Langue sauvée, histoire d'une jeunesse (1905-1921)*, LGF, Paris, 1984; *Le Flambeau dans l'oreille, histoire d'une vie (1921-1931)*, LGF, Paris, 1985; *Jeux de regards, histoire d'une vie (1931-1937)*, LGF, Paris, 1990
Doderer H. von, *Les Démons*, 3 vol., Gallimard, Paris, 1992
Fried E., *Cent Poèmes sans frontières*, Bourgois, Paris, 1978; *La Démesure de toutes choses; 35 paraboles*, Actes Sud, Paris, 1984

Handke P., *Le Malheur indifférent*, Gallimard - Folio, Paris, 1977; *La Courte Lettre pour un long adieu*, Gallimard - Folio, Paris, 1986; *Le Chinois de la douleur*, Gallimard, Paris, 1986
Haushofer M., *Le Mur invisible*, Actes Sud, Paris, 1992
Hofmannsthal H. von, *Le Chevalier à la rose et d'autres pièces*, Gallimard, Paris, 1979
Musil R., *L'Homme sans qualités* (2 vol.), Seuil - Points, Paris, 1995; *Les Désarrois de l'élève Toerless*, Seuil - Points, Paris, 1995
Roth J., *La Marche de Radetzky*, Seuil - Points, Paris, 1994; *La Crypte des capucins*, Seuil, Paris, 1983
Schnitzler A., *Une Jeunesse viennoise: 1862-1889*, LGF, Paris, 1988; *Vienne au crépuscule*, Stock, Paris, 1991; *La Ronde* (pièce de théâtre), Stock, Paris, 1984
Sperber M., *Ces temps-là* (mémoires en 3 vol.), Calmann-Lévy, Paris, 1976, 1977, 1979
Zweig S., *Ivresse de la métamorphose*, Belfond, Paris, 1984; *Le Monde d'hier*, Belfond, Paris, 1993; *Correspondance avec Sigmund Freud*, Rivages, Paris, 1995

RANDONNÉES

Theiller J.-L., *Autriche: 250 jours de randonnée. Circuits faciles et hautes routes*, La Cadole, Vélizy, 1995
Wagner G., *50 randonnées en Autriche*, Astrolabe, Paris, 1984

CRÉDITS PHOTOGRAPHIQUES

Illustration de couverture : *l'église d'Ötzerau (Tyrol)*	© **Pratt-Pries/DIAF**
66, 67, 275, 281g	**Tony Anzenberger**
159, 234	**Anzenberger/Caputo**
70-71, 157, 161, 173, 250, 253	**Anzenberger/Horvath**
27, 145	**Anzenberger/Kraus**
185d	**Anzenberger/Lehmann**
138	**Anzenberger/Mathis, Anzenberger/Pretsch**
23	**Anzenberger/Reismann**
22, 24, 26, 72-73, 91, 124-125, 158	**Anzenberger/Sattlberger**
169, 177g, 177d, 184, 216, 220, 243, 274, 290	**Anzenberger/Trumler**
11, 79, 81, 96-97, 142, 162, 190, 202-203, 207, 208, 218, 219, 221, 226, 237, 266-267, 268-269, 277, 279, 291, 292-293, 295, 297, 298, 300, 301, 302, 305, 309	**Anzenberger/Wiesenhofer**
25, 120-121, 135, 144, 146, 182, 183, 230, 278, 280, 306	**Anzenberger/Zach-Kiesling**
42, 44, 48, 62	**Art and History Collection**
30	**Archives de la ville d'Augsberg**
12-13, 100-101, 107g, 236, 242, 276	**Basta**
52, 132, 143, 252, 255, 256, 259, 288	**Bodo Bondzio**
64, 78, 129	**Service de la chancellerie**
98-99, 103, 104, 105, 109, 222-223, 229, 238, 241, 258, 271, 281d, 287, 299, 303, 304, 307, 311	**Contrast**
16-17	**Annabel Elston/Apa**
1, 85, 160, 164-165, 166, 174, 175, 176, 178, 180, 185g, 284	**Wolfgang Fritz**
6-7, 82, 107d	**Christian Hager**
20-21, 92, 93, 94, 111, 116, 117, 118, 119, 133, 136, 137, 140, 141, 147, 149, 154, 156, 168, 172, 181, 186, 187, 188, 192-193, 197, 204, 206, 209, 211, 214, 215	**Janos Kalmar**
28-29, 31, 33, 41, 43, 46, 50, 63, 65, 76g, 76d, 77, 126, 127, 128, 254, 272, 296	**Wilhelm Klein**
14-15, 18-19, 32g, 37, 83, 84, 113, 199, 205, 210, 217, 224, 235, 239, 240, 263, 264, 273, 283, 285, 289	**Deiter Maier**
74, 112	**OFW**
179, 282, 312	**Gustav Sonnewend**
88, 89, 90, 103, 130, 155, 163, 170, 194, 227, 231, 232	**Evelyn Tambour**
32d, 40, 47, 54, 55, 56, 57, 58, 59, 61	**Topham Picture Source**
106, 112, 152, 153, 191, 196, 198, 233, 260, 261, 262, 286	**Transglobe**
110, 189, 246, 247, 248, 252, 171	**U.S. Press**
34-35, 45, 53	**Musée historique de la ville de Vienne**
68-69	**VFW/Weinsenhofer**
38, 39, 51	**WARCH**
49	**Wallace Collection**
Cartes *Avec la collaboration de*	**Berndtson & Berndtson** **V. Barl**

INDEX

A
Saint-Pierre de Salzbourg (abbatiale), 251
Abfaltern, 242
Abfaltersbach, 242
Académie d'œnologie du Burgenland, 161
Admont, 205
Aflenz, 213
Aggsbachdorf, 180
Aggstein, 180
Aguntum, 31, 241
Aigen, 205
Aigen-Schägl, 190
Albeck (château fort d'), 236
Alberndorf im Pulkautal, 175
Alberschwende, 299
Alland, 168
Allgäu, 307
Alpes carniques, 230
Alpes d'Eisenerz, 207
Alpes de Kitzbühel, 260, 263
Alpes de l'Allgäu, 280
Alpes de la Gurktal, 213, 237
Alpes de la Lechtal, 280
Alpes de la Seetal, 213
Alpl (mont), 214
Alt-Teufenbach (château d'), 213
Altausseer See (lac), 199
Altenfeld-Mühltal (parc sauvage d'), 190
Altenmarkt, 188
Altlengbach, 167
Altmann & Kühne (pâtisserie), 133
Altnagelberg, 177
Am Hof (église), 83
Am Sachsengang (taverne), 170
Amalienbad, 144
Ambras (château d'), 279
Ampflwang, 191
Angelbach, 177
Anras, 242
Anschluss, 63-65
Apetlon, 156
Arbiskopf (mont), 283
Arc de triomphe d'Innsbruck, 270
Arlberg (col de l'), 290, 308
Arlberg (tunnel de l'), 308
Arlberg, 288, 290
Arnsdorf, 180
Arsenal de Graz, 215
Asch, 242
Asparn an der Zaya, 174
Assling (parc sauvage d'), 242
Assling, 241
Atelier viennois, 53
Attems (palais), 84, 216
Attersee, 195
Ausserfern, 280
Axams, 286

B
Babenberg, 33
Bad Aussee, 199
Bad Deutsch Altenburg, 172
Bad Gams, 219
Bad Gleichenberg, 221
Bad Goisern, 197
Bad Hofgastein, 258
Bad Ischl, 197
Bad Leonfelden, 190
Bad Radkersburg, 220
Bad Sankt Leonhard, 234
Bad Tatzmannsdorf, 163
Bad Vöslau, 170
Bad Wörschach, 205
Baden, 169
Badgastein, 258
Ballhausplatz, 135
Bannberg, 241
Bartholomäberg, 310
Bassgeigenersee (lac), 228
Batthyany (palais), 135
Belvédère, 83, 141-142
Berchtesgaden, 253
Berg im Drautal, 239
Berg Isel (mont), 273, 274
Berghausen, 220
Berndorf, 170
Bernstein, 163
Bezau, 299
Biberwier, 282
Bibliothèque nationale, 83, 135
Bielerhöhe (mont), 310
Birkkarspitze (mont), 279
Bischofshofen, 255
Blaser (mont), 284
Blockheid'Eibenstein (parc de), 177
Bludenz, 304
Böckstein, 258
Bohême (forêt de), 190
Brand (vallée de), 307

Brand, 307
Brandenberg (vallée de la), 278
Braunerhof (café), 148
Braunsberg (mont), 172
Braz, 308
Bregenz (chapelle du lac de), 294
Bregenz, 294-298
Bregenzer Ache (la), 297, 298
Bregenzerwald, 298-299
Breitenbrunn, 158
Brenner (col du), 284
Bristol (hôtel), 140
Brixen (vallée de), 277
Brixen im Thale, 277
Bruck (château de), 241
Bruck an der Leitha, 173
Brückl, 227
Bruckner (maison de), 185
Buchberg (mont), 167
Buchburg, 306
Buchsee (lac), 278
Buchstein (monts du), 206
Bummerlhaus, 186
Bundeskanzlerramt, 135
Burger (vallée de la), 242
Bürgeralpe (mont), 214
Burgtheater, 139
Burgtor, 139

C
Calafatti (palais), 146
Carnuntum, 31, 173
Cave des Turcs, 158
Central (café), 136, 147
Centre alpin (refuge du), 263
Chancellerie, 135
Cheval blanc de Pörtschach (auberge du), 226
Cheval blanc de Sankt Wolfgang (auberge du), 195
Christkindl, 187
Christkindlmarkt, 137
Cimetière central de Vienne, 148
Cimetière Saint-Pierre, 251
Colonne de la Peste (Linz), 185
Colonne de la Peste (Mödling), 169
Colonne de la Peste (Vienne), 83, 133
Colonne de la Peste de Vienne, 83, 133

Colonne de la Trinité (Klagenfurt), 225
Colonne des Turcs (Graz), 215
Colonne Sainte-Anne (Innsbruck), 273
Constance (lac de), 294
Cour d'Innsbruck (église de la), 270, 271
Cumberland (château de), 196

D

Dachstein (grottes du), 198
Dachstein (monts du), 198, 199, 204, 263
Dalaas, 308
Damüls, 299, 306
Danöfen, 308
Danube (île du), 145
Danube (vallée du), 170
Dellach im Drautal, 239
Demel (pâtisserie), 134
Deutsch Griffen, 236
Deutsch-Wagram, 173
Deutsches Eck, 253
Deutschlandsberg, 219
Diebsturm (Feldkirch), 302
Diglas (café), 147
Dobersberg (château de), 348
Dobersberg, 177
Dobrasee (lac), 178
Döllach-Grosskirchheim, 232
Dolomites de Lienz, 239, 241
Dölsach, 241
Dominikus (refuge), 283
Donnersbach, 205
Donnerskirchen, 159-160
Dornbirn, 300-302
Drachenwand (mont), 195
Drassnitz (gorges de), 239
Drave (la), 237, 241
Drosendorf, 176
Dürnstein, 82, 181
Dürnberg (monts du), 254

E

Ebene Reichenau, 237
Ebensee, 197
Eckartsau (pavillon de chasse), 171
École espagnole, 46, 134
Edelweiss-Spitze (mont), 234, 262
Egerer (château d'), 188

Eggenberg (château d'), 84, 216
Eggern, 177
Ehrenhausen, 217
Ehrwald, 282
Eibiswald, 219
Eichberg, 220
Eisenerz, 207
Eisenstadt, 76, 84, 155
Eisriesenwelt (grottes de l'), 255
Elbingenalp, 282
Enns (l'), 186, 187, 205
Enzigerbodensee (lac), 265
Erlahof (château d'), 180
Erlaufsee (lac), 214
Erzberg (mont), 208
Esterházy (château), 84, 155
Europe (pont de l'), 284

F

Falkenstein (château de), 230
Fallbach, 175
Fallturm (maison), 230
Faschina, 306
Feistritz, 237
Felbtauern (tunnel des), 265
Feldkirch, 302
Fernpass (col de), 281
Flattach, 231
Flattnitz, 236
Flecken, 306
Flexen (col de), 290, 308
Florianihaus, 156
Fontanella, 306
Forêt viennoise, 167
Forstenstein, 162
Francs-Maçons (maison des), 216
Frankenburg, 191
Franz-Josefs-Höhe, 233
Franzensburg (pavillon), 169
Frauental (château de), 219
Freisitz-Roith (château de),196
Freistadt, 189
Freudenau, 144
Freyung, 135
Frieditz, 175
Fügen, 283
Fulpmes, 286
Fürstenfeld, 221
Fuscher Ache (vallée de la), 261
Fuscher Törl (mont), 262
Fuschersee (lac), 234

Fuschl (hôtel de), 194
Fuschlsee (lac), 194, 262

G

Gaicht (col de), 281
Gail (vallée de la), 230
Gailtaler (monts), 230
Gaisloch (gorges de), 239
Gamlitz, 220
Gargellen, 310
Gars am Kamp, 178
Gaschurn, 310
Gastein (la), 257
Gayenhofen (château de), 305
Gepatsch (lac de), 288
Geras (monastère de), 176
Gerlos (col de), 265, 284
Gesäuse (gorges du), 206
Gitsch (vallée de la), 230
Glanz, 220
Glatthorn (mont), 299
Glockenspiel, 250
Glödnitz, 235
Glopper (château de), 302
Gloriette, 144
Gmünd im Walviertel, 177
Gmünd in Kärnten, 229
Gmunden, 196
Goess de Klagenfurt (palais), 225
Göfis, 304
Goldegg (château de), 257
Goldene Adler (auberge), 270
Goldene Krone (hôtel), 282
Goldenes Dachl (maison), 75, 270
Golling, 254
Görz, 238
Gosausee (lac), 199
Gössl, 199
Göttweig (abbaye de), 82, 181
Götzens, 286
Götzis, 302
Graben, 133
Graz, 214
Greifenburg, 238
Gröbming, 205
Groppenstein (château de), 231
Gross Gerungs, 177
Grossarl (vallée de la), 257
Grosschweinbarth, 173
Grossenzersdorf, 170

Grossglockner, 232-234, 261-262
Grossvenediger, 243, 265
Grosswalser (vallée de la), 305
Grünau-Marien (cascade de), 214
Grundlsee (lac), 199
Grünsee (lac), 213
Gstatterboden, 206
Gucklöchern des Lindwurms (cascade des), 232
Guerriers (chapelle des), 241
Gumpoldskirchen, 169
Gurgl (vallée de), 287
Gurk (la), 235
Güssing, 162, 163

H
Hafelekar (mont), 279
Hafnersee (lac), 228
Hagenberg, 175
Hagengebirge (massif des), 255
Hahnenkamm (mont), 275
Hainburg, 172
Halbturn am See, 84, 157
Haldensee (lac), 281
Hall, 278
Hallein, 254
Hallstatt (culture de), 31, 198
Hallstatt, 197
Halstätter See (lac), 198
Haras Piber, 217
Hard, 176
Hardegg, 176
Harrach (château des comtes de), 173
Harrach et Ferstel (palais), 135
Hasegg (château de), 278
Haus im Ennstal, 204
Hauser Kaibling, 205
Hausruckviertel, 191
Hawelka (café), 147
Heidenreichstein (château de), 177
Heidenreichstein, 177
Heiligenblut, 233
Heiligenkreuz, 168
Heinfels (château de), 242
Heiterwanger See (lac), 282
Helbling (maison), 270
Heldenplatz, 135
Helenental, 168
Hellbrunn (château de), 253

Herberstein (palais), 216
Hermagor, 230
Héros (place des), 135
Herrengasse, 135
Herrensee (lac), 177
Hieflau, 206
Hinterbrühl, 168
Hinterer Schafbühel (mont), 265
Hinterhaus (château de), 180
Hinterstein See (lac), 277
Hintertux, 284
Hirschegg, 307
Hirschenwies, 177
Hitler, 63, 65
Hittisau, 299
Hochgurgl, 288
Hochkalter (mont), 260
Hochkönig (mont), 255, 260
Hochleithen (forêt de), 174
Hochosterwitz (château de), 228
Hochschwab, 213
Hochsölden, 288
Hochstein (mont), 241
Hochstrahlbrunnen, 141
Hochtannberg (col du), 300, 307
Hochtor (monts du), 206, 207, 234
Hochtor (tunnel du), 262
Hochvernagt Spitze (mont), 288
Hofapotheke, 134
Hofburg, 134-135
Hofer (statue d'Andreas), 270
Hofgarten, 277
Hohe Munde (mont), 280
Hohe Salve (mont), 277
Hohe Tauern (massif des), 243,
Hohe Tauern (parc des), 234
Hohen Sonnblick (mont), 233
Höhenburg (mont), 263
Hohensalzburg (château de), 75, 251
Hohenwerfen (château de), 75, 255
Hoher Riffler (mont), 284
Hoher Wand (mont), 284
Holleneg (château de), 219
Höllengebirge (massif des), 197
Hopfgarten (église de), 277
Hôtel de ville de Vienne, 137

Hubertussee (lac), 214
Hundertwasser (maison), 143

I
Ill (l'), 307
Illmitz, 156
Impérial (hôtel), 140
Inn (l'), 191, 270, 277, 288
Innerberger Getreidestadel, 187
Innerbraz, 308
Innsbruck, 270
Innsbruck (collégiale d'), 274
Innviertel, 191
Irdning, 205
Irschen, 239
Ischgl, 290
Isel (l'), 243

J
Jagdhof, 194
Jahrlingmauer (mont), 206
Jardin botanique de Linz, 186
Jardin Mirabell, 253
Jardin public de Vienne, 139
Jausenstation (café), 167
Jochberg, 275
Joching, 180
Johnsbach, 206
Jois, 158
Judenburg, 213

K
Kahlenberg (mont), 167
Kahlenbergdorf, 148
Kaiser (gorges du), 278
Kaiserbach (vallée de), 277
Kaltenbrunn, 288
Kammer, 196
Kammerhof de Bad Aussee, 199
Kammerhof de Gmunden, 196
Kammersee (lac), 199
Kaning, 228
Kanisfluh (mont), 299
Kaprun, 259, 263
Karl-Marx-Hof, 131
Karlinger Kees (mont), 265
Karlskirche, 83, 140
Karlsplatz, 140
Kärntnerstrasse, 140
Karwandel (monts du), 270, 279

Kasperl, 146
Kastenreith, 188
Katzenturm (Feldkirch), 303
Kaun (vallée de), 288
Kautzen, 177
Kefermarkt, 190
Kellerberg, 237
Keutschach, 228
Keutschacher See (lac), 228
Khuenburg (palais), 216
Kirchberg, 277
Kirchheim (château de), 232
Kitzbühel, 274
Kitzbüheler Horn (mont), 275
Kitzsteinhorn (mont), 263
Klagenfurt, 213, 225
Klausenleopoldsdorf, 168
Klausgrabenschlucht (gorges du), 187
Klein-Wein, 181
Kleinreifling, 188
Kleinwalser (vallée de la), 307
Klopeiner See (lac), 227
Klost (vallée de), 307
Klösterle (hospice de), 308
Klosterneuburg, 84, 167
Kohlmarkt, 133
Kohlreit (mont), 167
Kolbnitz, 230
Kolm, 227
Kölnbrein (barrage de), 229
Kolschitzky, 49
Königssee (lac), 253, 260
Koppenbrüllerhöhle (grottes de), 198
Koralpe (parc de la), 235
Kötschach-Mauthen, 230
Kramsach, 278
Kreiglach, 213
Krems, 181
Kremsmünster (abbaye de), 80
Kreuzeck (monts de), 230, 239
Krimml (cascade de), 265
Krimmler Ache (la), 265
Krippenstein (mont), 198
Krumau am Kamp, 178
Krummsee (lac), 278
Krumpendorf, 226
Krumpental (la), 207
Kufstein (château fort de), 277
Kulisse (cabaret), 148

Kunderklamm, 278
Kundl, 277
Kursalon, 144
Kürsinger (refuge de), 265

L

Laa an der Thaya, 175
Lächerwald (mont), 263
Lainach, 232
Lammer (gorges de la), 254
Lamprechtsofenloch (grottes de), 261
Landeck, 288
Landhaus de Graz, 215
Landhaus de Klagenfurt, 225
Landhaus de Vienne, 135
Landsberg (château de), 219
Landtmann (café), 139, 147
Lanersbach, 284
Langbathseen (lac de), 197
Lange Lacke (parc de), 156
Langen, 308
Langenegg, 299
Längenfeld, 287
Laussa, 187
Lavamünd, 235
Lavant (vallée de la), 234
Lavant, 241
Laxenburg, 169
Lech (le), 280
Lech am Arlberg, 290, 308
Leibnitzer Frauenberg (mont), 220
Leisach, 241
Leiser Berge (monts), 174
Leiser Berge (parc des), 175
Leisserhof, 160
Lendorf, 238
Leoben, 210
Leoganger Steinberge (massif des), 260
Leopoldinentempel, 155
Leopoldsberg (mont), 167
Leopoldsteiner See (lac), 207
Lermoos, 282
Leutschach, 220
Lichtenfels, 178
Liechtenstein (château), 174
Liechtenstein (gorges du), 257
Lieding, 236
Lienz (défilé de), 241
Lienz, 241
Liezen, 205
Limberg (château de), 219
Linke Wienzeile, 143

Linz, 184-186
Litschau, 177
Lockenhaus am Geschriebenstein, 163
Lofer, 261
Loipersdorf, 220
Loos (maison), 134
Loosdorf, 175
Losenstein, 187
Loser (mont), 199
Lueg (col de), 254
Lünersee (lac), 307
Lungau, 257
Lusthaus, 146

M

Machland du Sud, 190
Magdalensberg (mont), 225
Maisau, 179
Majolikahaus, 143
Mallnitz, 231
Mammuthöhle (grottes de), 198
Manège d'hiver, 83, 134
Manufacture de céramique de Gmunden, 196
Marchfeld, 170
Margaritzersee (lac), 263
Maria Alm, 260
Maria Kirchenthal (église), 261
Maria Plain (basilique de), 80, 253
Maria Wörth, 227
Mariastein (église de), 277
Mariazell, 84, 214
Marie-Thérèse (statue de), 139
Martinsturm de Bregenz, 296
Matrei am Brenner, 284
Matrei in Osttirol, 243
Mauerbach, 167
Mautern, 181
Mauterndorf, 257
Mautturm de Leoben, 210
Mayerhofen, 282
Mayerling, 56, 168
Médaillons (maison aux), 143
Mehrerau (abbaye de), 298
Meinl (Julius), 133
Melk (abbaye de), 81, 179
Melker Hof, 136
Mellau, 299
Meranhaus, 210
Metropol (cabaret), 148
Michaelerplatz, 134

Michelstetten, 175
Mieders, 286
Mieminger Berge (massif des), 280
Millstätter See (lac), 228
Minimundus, 225
Minoritenplatz, 135
Mirabell (château), 80, 253
Mistelbach, 174
Mittelberg (glacier de), 288
Mittelberg, 307
Mittersill, 265
Mittewald, 242
Mödling, 168
Mold, 179
Möll (château de), 210
Möll (la), 230
Möllbrücke, 230
Mölltal (glacier de la), 231
Mönchsberg, 249
Mondsee (lac de), 195
Mondsee, 195
Montafon (vallée du), 310
Montafon, 308
Moorbad Harbach, 178
Moorbad Schwanberg, 219
Mooserbodensee (lac), 263
Moosham (château de), 257
Mörbisch am See, 161, 162
Mühlviertel, 188
Mur (la), 213
Murau, 213
Musée celte de Hallein, 254
Musée d'Apiculture, 171
Musée d'Art autrichien du XIXe et du XXe siècle, 142
Musée d'Art baroque du Belvédère, 142
Musée d'Art médiéval du Belvédère, 142
Musée d'Art populaire de Grossschweinbarth, 174
Musée d'Art populaire de l'Enns, 205
Musée d'Art populaire du Tyrol, 273
Musée d'Histoire de l'Art d'Admont, 206
Musée d'Histoire de l'Art de Vienne, 139
Musée d'Histoire naturelle d'Admont, 206
Musée d'Histoire naturelle de Vienne, 139
Musée d'Histoire naturelle du Vorarlberg, 301
Musée de Kufstein, 277

Musée de la Bergerie, 174
Musée de la Bière, 175
Musée de la cathédrale de Salzbourg, 250
Musée de la Chasse d'Eggenberg, 217
Musée de la Chasse de Fuschl, 194
Musée de la Forge, 286
Musée de la Lavanttal, 235
Musée de la Pêche, 171
Musée de la Randonnée, 214
Musée de Leoben, 210
Musée de Steyr, 187
Musée des Chasseurs impériaux, 273
Musée des Minéraux, 237
Musée des Poupées, 228
Musée des Roches, 163
Musée du Bois, 213
Musée du Fer, 208
Musée du Monde du travail, 187
Musée du Silo, 176
Musée du Tissage, 176
Musée du Vignoble, 174
Musée ethnographique, 135
Musée du Ferdinandeum, 273
Musée Haydn, 173
Musée pannonien, 157
Musée Porsche, 229
Musée préhistorique, 175
Musée régional de Bezau, 299
Musée régional de Feldkirch, 303
Musée régional de la Grosswalserta, 306
Musée régional de Landeck, 288
Musée régional de Schruns, 310
Musée régional de Spittal an der Drau, 238
Musée régional du Mühlviertel, 189
Musée régional du Pongau, 257
Musée régional du Vorarlberg, 295
Musée scolaire de la Basse-Autriche, 175
Musée valaisan de Riezlern, 306
Museum (café), 147

Musikverein, 141
Mutters, 286

N
Nashmarkt, 148
Navis (vallée de), 284
Neu-Montfort (château de), 302
Neu-Teufenbach (château de), 213
Neue Hofburg, 135
Neukirchen, 265
Neulengbach, 167
Neunagelberg, 177
Neunbrunnen (cascade des), 232
Neusiedl (lac de), 155-157
Neusiedl am See, 157
Neustift, 284
Niedere Tauern, 213, 257
Niedermair (cabaret), 148
Niedersulz, 174
Niederwein (château), 171
Nockspitze (mont), 270, 286
Nonnberg (monastère de), 252
Nussdorf, 148, 195

O
Oberdrauburg, 239
Obergurgl, 286, 287
Oberhausen, 171
Oberndorf (château d'), 210
Oberndorf, 254
Obersalzberg (plateau de l'), 253
Obertraun, 198
Obertsdorf, 307
Obervellach, 230
Oberwart, 163
Ochsenschlucht (gorges d'), 239
Ochsentaler (glacier de l'), 310
Odelstein (grottes d'), 207
Oggau, 160
Olperer (mont), 284
Opéra de Vienne, 139
Ort (château d'), 196
Orth an der Donau, 171
Osnabruck (refuge d'), 229
Ossiach, 84, 228
Ossiacher See (lac), 228
Ottenstein (château), 178

Ottensteinsee (lac), 178
Ottoburg, 270
Ötz (vallée de l'), 286
Ötz, 286, 287

P
Pallas-Athéna (fontaine de), 139
Parlement, 139
Parndorfer Platte, 156
Parseier Spitze (mont), 280
Partenen, 310
Pasterze (glacier de), 233
Paternion, 238
Patscherkofel (mont), 270, 286
Pêcheurs (église des), 161
Peigarten (château), 176
Petronell, 173
Pfaffstätten, 169
Pians, 290
Piburgsee (lac), 287
Pinzgau, 259, 262
Pitz (vallée de), 288
Piz Buin (mont), 310
Planai-Hochwurzen, 205
Plansee (lac), 282
Plongeurs (auberge des), 198
Pöckstein (palais épiscopal de), 235
Podersdorf am See, 156
Pongau, 257
Porcia de Klagenfurt (palais), 225
Porcia de Spittal an der Drau (palais), 238
Porcia de Vienne (palais), 135
Pörtschach, 226
Pötslingberg (mont), 186
Poysdorf, 174
Präblich (col de), 210
Prater, 145
Preitenegg, 234
Pressbaum, 167
Pressegger See (lac), 230
Promenade de l'Empereur-Guillaume, 258
Prückl (café), 147
Prugg (château de), 173
Purbach am Neusiedler See, 158
Purkersdorf, 167
Puster (la), 241
Pusztascheune, 156
Putz im Inntal, 288
Pux (château de), 213
Puxer Loch (grottes fortifiées de), 213

R
Raabs an der Thaya, 176
Radstadt, 255
Radstädter Tauern (col des), 255
Raga (gorges de), 231
Ragall, 305
Raggabach (cascade du), 231
Ramsau, 205
Ramsau-Rössing, 205
Rangersdorf, 232
Rankweil, 302
Rappenlochschlucht (gorges de la), 301
Rastenberg (château), 178
Rastenfel, 178
Rathaus de Vienne, 137
Rätikon (mont), 307
Ratsch, 220
Rattenberg, 278
Rauschelsee (lac), 228
Reichenfeld, 234
Reichersberg, 191
Reichraming, 187
Reichramingbach, 188
Reichraminger Hintergebirge (massif des), 186, 188
Reichspitze (mont), 265
Reintaler See (lac), 278
Reisseck Seen (plateau de), 230
Reiteralm, 205
Rekawinkel, 167
Rettenbachferner (glacier de), 287
Retz, 175
Reutte, 281
Ried im Innkreis, 191
Riegersburg (château de), 176, 221
Riezlern, 307
Ring, 53, 129, 136-140
Rodolphe (refuge), 265
Rofangebirge (massif des), 278
Rohrau, 173
Rohrbach, 190
Rosanna (la), 288
Rosegger Waldheimat (forêts de), 214
Rosenau (château de), 178
Rosenburg (château de), 179
Rosswiese (lac de la), 230
Rottenmanner Tauern (mont), 213
Rouge (maison), 301
Route de Malta-Hochalm, 229
Route du baroque, 80
Route du fer, 186, 206
Route du Grossglockner, 232-234
Route du Rossfeld, 253
Rust, 160

S
Saalbach (la), 260
Saalbach, 260
Saalbach-Hinterglemm, 260
Saalfelden, 260
Sacher (hôtel), 140
Sachsenburg, 238
Sachsengang (château de), 170
Saint-Arbogast de Götzis (église), 302
Saint-Barthélemy de Bartholomäberg (église), 310
Saint-Charles-Borromée (église), 83, 140
Saint-Christophe (hospice), 308
Saint-Étienne (cathédrale), 132
Saint-Étienne (place), 131
Sainte-Marie des Neiges (église), 135
Salzach (gorges de la), 254
Salzach (la), 249, 254, 257, 259
Salzberg, 198
Salzbergwerk, 198
Salzbourg, 249
Salzbürger Hütte (refuge de), 263
Sandl, 189
Sandstein-Wienerwald (parc de), 167
Sankt Andrä, 235
Sankt Anton im Montafon, 310
Sankt Anton, 288
Sankt Bartholomä, 253
Sankt Gallenkirch, 310
Sankt Georgen am Längsee, 227

Sankt Georgen ob Murau, 213
Sankt Gerold, 306
Sankt Gilgen, 195
Sankt Johann im Pongau, 257
Sankt Johann im Tirol, 275
Sankt Margarethen im Burgenland, 161
Sankt Martin, 261
Sankt Paul im Lavanttal, 235
Sankt Peter am Bichl, 225
Sankt Peter am Kammersberg, 213
Sankt Pöltener, 265
Sankt Primus am Turner See, 227
Sankt Ulrich, 235
Sankt Wolfgang, 195
Sankt-Wolfgangsee (lac), 195
Sanna (la), 288
Sarajevo, 59
Saualpe (parc de la), 235
Schadona (col de), 305
Schafberg (mont), 195
Schalppin (col de), 310
Schärding (château de), 191
Schärding, 191
Schattberg (mont), 260
Schattenburg (château fort de), 302, 303
Schatzkammer, 135
Schesaplana (mont), 307
Schichtturm, 208
Schieferstein (mont), 187
Schiele (Egon), 79
Schladming, 204
Schladminger (mont), 213
Schlaining (château de), 163
Schlegeis (barrage du), 283
Schlosshof, 84, 171-172
Schmiedinger Kees (mont), 262
Schmittenhöhe (mont), 259 (mont), 260
Schneefernerkopf (mont), 282
Schober (mont), 262
Schönberg (Arnold), 78
Schönberg, 284
Schönbrunn (palais de), 83, 143-144
Schönbühel, 180
Schöpfl (mont), 168
Schoppernau, 300
Schottengasse, 136
Schottenhof, 136
Schottentor, 136

Schröcken, 300
Schruns, 310
Schruns-Tchagguns, 310
Schwammerlturm à Leoben, 210
Schwarzachbach (gorges du), 299
Schwarzenberg (mont), 257
Schwarzenberg (place), 137, 141
Schwarzenberg, 299
Schwarzer Adler (hôtel), 282
Schwarzsee (lac), 213, 275
Schwaz, 278
Schwechatbach (défilé du), 168
Sécession (pavillon de la), 142
Seckau (abbaye de), 213
Seebergsattel (mont), 214
Seefeld in Tirol, 280
Seeschloss (château),196
Seewalchen, 196
Seewinkel, 156
Seisenberg (gorges de), 261
Sibratsgfäll, 299
Sichelsee (lac), 242
Sievering, 148
Sill (la), 284
Sillian, 242
Silvretta (glacier de la), 308
Silvretta (massif de la), 310
Silvretta-Stausee (lac), 308
Silvrettasee (lac), 310
Simpl (cabaret), 148
Sirnitz, 236
Sobieski (Jean), 45
Sölden, 288
Sonntag, 306
Sooss, 170
Sophienalpe, 167
Sopron (Ödenburg), 154
Spektakel (cabaret), 148
Sperl (café), 148
Spittal an der Drau, 229, 238
Spitz, 180
Sportgastein, 259
Staatsoper, 139
Stadtpark, 144
Stainach, 205, 284
Stainz (château de), 219
Stallburg, 134
Stammersdorf, 148
Stams, 287
Starhemberg (palais), 135
Stein (château de), 239
Stein (col de), 261

Stein à Teufenbach (château de), 213
Stein an der Donau, 181
Steinach, 284
Steinbach, 196
Steinernes Meer, 260, 263
Stephansdom, 132
Stephansplatz, 131
Stern (auberge), 287
Sternstein (mont), 190
Steyr (la), 186
Steyr, 186
Steyrer Kripper, 187
Stibischofen (château de), 210
Stilluppgrund (vallée de la), 283
Stockenboi, 238
Stoob, 163
Stopfenreuth, 171
Strassburg, 236
Strassen, 242
Stripsenjoch (mont), 277
Strobl, 195
Stubach (vallée de la), 265
Stubai (glacier de), 286
Stubai (vallée de la), 286
Stuben, 290, 308
Stübing, 217
Sulzbach (vallée de la), 265

T
Tamsweg, 257
Tauern (tunnel des), 231, 258
Tauernkraftwerke (lac de), 263
Tauplitz, 205
Tausendeimerberg (mont), 180
Techendorf, 229
Telfes, 286
Tène (civilisation de la), 31
Tennengebirge (massif des), 255, 263
Teufenbach, 213
Thal, 241
Thalbach (vallée du), 296
Thalgau, 194
Thaya (vallée de la), 176
Thaya im Waldviertel, 176
Thayatal (parc de la), 177
Thonet, 133
Thurnbergersee (lac), 178
Timmel (col de), 287
Toplitzsee (lac), 199
Tote Gebirge (massif des), 197, 199

Tour de l'Empereur (Kufstein), 277
Tour de la Monnaie (Hall), 278
Tour des Païens, 132
Tour des Turcs, 158
Tour Noire (Mödling), 169
Trabuschgen (château de), 231
Train à vapeur de la Zillertal, 283
Train à vapeur du Burgenland, 162
Train à vapeur du Waldviertel, 177
Train-musée de la Gurktal, 235
Tratzberg (château de), 278
Traun (la), 197
Traunsee (lac), 196
Trautenfels (château de), 205
Trauttmannsdorf (palais), 135
Treffen, 228
Triesting (vallée du), 170
Trins, 284
Trisanna (la), 288, 290
Tristacher See (lac), 241
Trofaiach, 210
Trofeng (la), 207
Tullnerbach, 167
Turner See (lac), 227
Turrach (gorges de la), 213
Turracher Höhe (col de la), 237
Turracher Höhe (mont), 213
Turrachsee (lac), 213
Tux, 284
Tuxer Grund (vallée de la), 283

U
Und, 181
Université de Graz, 215
Université de Vienne, 38, 137
Unterach, 195
Untere Tor à Bregenz, 296
Unterried, 242
Untersberg (mont), 253
Unzmarkt-Frauenburg, 213
Urslau (vallée de l'), 260
Ursulinenhof, 186

V
Valluga (mont), 280
Velden, 226

Vent (vallée de la), 287
Vent, 287
Vermunt (col de), 310
Viehberg (mont), 189
Vienne la Rouge, 63
Vienne, 83, 124-148
Vieux Danube, 145
Villach, 237
Village-musée (Magdalensberg), 225
Village-musée (Petronell-Carnuntum), 173
Village-musée (Stübing), 217
Vilsalpsee (lac), 281
Volksgarten, 139
Vorarlberg (théâtre du), 297
Vordernberg, 210
Votivkirche, 136

W
Wachau, 179
Waidhofen an der Thaya, 176
Waldenstein (château), 234
Waldschule, 214
Waldviertel, 176
Walgau, 304, 305
Waltersdorf, 221
Warth am Lech, 300
Warth im Lechtal, 290
Wasserfallbodensee (lac), 263
Watzmann (mont), 260
Weiden am See, 156
Weinberg (château), 190
Weindom, 160
Weinviertel, 173
Weissbach, 261
Weissbriach, 230
Weissee (lac), 265
Weissenbach, 196
Weissenkirchen, 181
Weissensee (lac), 229
Weissenstein (château de), 243
Weitensfeld, 236
Weitra, 177
Weittalfall (cascade de), 239
Weng bei Admont, 206
Wenns, 288
Werfen, 255
Wettersteingebirge (massif des), 280
Weyer Markt, 188
Weyregg, 196
Wien (la), 136, 144
Wiener-Secession (café), 147
Wienerwald, 167

Wienerwaldsee (lac), 167
Wiesberg (château fort de), 290
Wiesen, 242
Wildbach (château de), 219
Wilder Kaiser (mont), 275
(mont), 277
Wildestein (cascade de), 227
Wildgerlossee (lac), 265
Wildgerlosspitze (mont), 265
Wildkogel (mont), 265
Wildschönau (vallée de la), 278
Wilfersdorf, 174
Willendorf, 180
Wilten (église de), 274
Wilten, 274
Windegg (mont), 288
Winkelau, 175
Winklern, 232
Wipp (vallée de la), 284
Wolfsberg, 235
Wolkenstein (château de), 205
Wolkersdorf, 173
Wörgl, 277
Wörschächer (gorges de), 205
Wörther See (lac), 225
Württemberg (château de), 196
Wurzeralm, 205

Z
Zauner (pâtisserie), 197
Zeinis (col de), 310
Zell am Moos, 195
Zell am See, 259, 261
Zell am Ziller, 284
Zeller See (lac), 195, 259
Zeltweg, 213
Zemmgrund (vallée de la), 283
Zentralfriedhof, 148
Ziller (le), 282
Zillergrund (vallée de la), 283
Zirknitz (vallée du), 232
Zollfeld (trône ducal de), 33
Zugspitze (mont), 280
Zur Goldenen Gans (maison), 225
Zürs, 290, 308
Zweinitz, 236
Zwettl, 177, 178
Zwieselalpe, 199
Zwieselstein, 287
Zwischenwässern, 235